FAISEURS D'HISTOIRES

Dina Nayeri

FAISEURS D'HISTOIRES

Récit

Traduit de l'anglais (États-Unis)
par Claire-Marie Clévy

PRESSES DE LA CITÉ

Publié sous le titre original *The Ungrateful Refugee* par Canongate Books Ltd, Édimbourg, Royaume-Uni, en 2019.

ISBN 978-2-258-19390-1
Dépôt légal : septembre 2020

Presses de la Cité
un département **place des éditeurs**

place des éditeurs

Pour Sam et Elena
Grâce à vous, tous les pays sont le mien

Pourquoi m'as-tu menti ?
J'ai toujours pensé que je disais la vérité.
Pourquoi m'as-tu menti ?
Parce que la vérité ment comme rien d'autre et que j'aime la vérité.

Mark Strand, « Élégie pour mon père »

C'est hors de question. Vous ne vous installerez pas aux Pays-Bas.

Geert Wilders, message aux réfugiés, 2015

Faire attendre : prérogative constante de tout pouvoir, « passe-temps millénaire de l'humanité ».

Roland Barthes

NOTE DE L'AUTEURE

J'ai tenté de recréer des événements, des lieux et des conversations d'après mes souvenirs et mes entretiens avec d'autres personnes. J'ai changé le nom de certains individus et endroits, et modifié des caractéristiques et détails qui auraient pu permettre de les identifier, tels que leur apparence physique, leur profession et leur lieu de résidence. En général, si je ne précise pas le patronyme d'une personne, c'est que j'ai changé son prénom pour la protéger. C'est le cas par exemple de Darius, Taraa, Farzaneh, Majid, Valid, Minoo et tous les enfants. Pour des raisons évidentes, les membres de ma famille dérogent à cette règle.

Lorsque j'ai rapporté les récits de fuite d'autres personnes, je les ai adaptés afin d'en dire le plus possible dans chaque scène. Je n'ai décrit que des événements que l'on m'a relatés minutieusement. Après cela, j'ai fait des recherches sur l'époque, le cadre et le contexte de chaque histoire, et leur ai donné vie en ayant recours à des détails sensoriels que j'avais trouvés et imaginés. Toutes les erreurs qui pourraient subsister sont de mon fait.

Je suis restée fidèle au vocabulaire employé à certaines périodes et endroits. Par exemple, bien que j'utilise désormais le mot « sans-papiers », ce n'était pas le cas dans les années 1980. À l'époque, nous disions « clandestin ». Même aujourd'hui, c'est ce mot que j'entends dans les conversations quotidiennes des réfugiés et avocats. Aseptiser la langue a ses dangers. Je me suis efforcée de ne pas le faire, y compris lorsqu'il s'agissait de mes propres réflexions. Par exemple, je ne parle plus de « chochotte » pour évoquer quelqu'un de faible. Mais je le faisais à seize ans.

Concernant l'histoire de Kambiz Roustayi, j'ai imaginé les événements précédant son arrivée en Europe à partir du peu d'informations qu'il avait communiquées à ses amis et soutiens. Les scènes qui touchent au reste de sa vie, après sa rencontre avec les gens que j'ai interviewés, sont basées sur la description qu'ils m'ont faite de ses années aux Pays-Bas.

Les vers cités lors de la manifestation au Parlement britannique en mars 2018 sont tirés d'une lecture publique. Je n'ai pas indiqué le nom de la poétesse, car elle est peut-être sans-papiers.

Les passages de ce livre qui ont trait à ma propre vie sont véridiques, selon mes souvenirs et mon point de vue.

PREMIÈRE PARTIE

LA FUITE

(de la bonne foi, des risques crédibles et de l'opportunisme)

1

Nous sommes devenus des réfugiés. D'une certaine manière, ce statut nous paraissait plus stable que celui des dix mois passés, quand nous vivions cachés aux Émirats arabes unis. Là-bas, nous étions des clandestins : le sentiment étourdissant de déracinement, d'incertitude et de manque était le même, mais nous devions trouver notre propre refuge. Sans État pour nous dire : « D'accord, nous allons vous prendre en charge », nous étions si déboussolés que nous avions du mal à envisager l'étape suivante. C'était peut-être pour cela que chaque avancée s'était faite à la dernière minute, résultat de la générosité des autres ou d'un coup de chance. De miracles. Alors quand nous avons atterri à Rome, à l'hiver 1989, je débordais d'amour pour l'Italie et tous les Italiens ; un sentiment que je n'avais jamais éprouvé vis-à-vis de Dubaï ou Sharjah. Cet aéroport était si européen, si imprégné d'aisance ; je voulais courir vers chaque stand, humer le chocolat occidental et palper les tissus luxueux. Mais un homme en costard noir brandissait une pancarte au nom de Maman, et on nous a escortés vers une voiture.

Ma mère, mon petit frère et moi nous sommes serrés sur la banquette, frigorifiés et crasseux après le long vol. Je me suis efforcée de rester éveillée pendant le trajet dans la campagne italienne. Enfin, au bout d'une heure, nous avons aperçu un bâtiment sur une colline, ressortant au milieu du paysage vallonné. On nous avait dit qu'on nous emmènerait dans « un bon camp de réfugiés », un havre temporaire pour les migrants qui demandaient l'asile ailleurs qu'en Italie. L'endroit s'appelait Barba, et avait été un hôtel. Le gouvernement italien l'avait loué pour héberger des gens comme nous, réfugiés politiques ou victimes de persécutions religieuses, ainsi que des migrants aux besoins particuliers : des personnes âgées, des enfants. C'était excitant de voir Barba apparaître à l'horizon, et de savoir que même si nos vêtements, notre literie et notre vie quotidienne seraient ceux de réfugiés, même si nous resterions cloîtrés là, nous habiterions en haut d'une colline, dans les vestiges d'un bel hôtel.

L'heure du dîner était passée quand nous nous sommes engagés dans une route pentue et tortueuse. Notre chambre était petite, peut-être encore plus que celle de la pension infestée de cafards à Sharjah, et nous n'avions pas de frigo ni de plaque électrique, cette fois. Juste une salle de bains et un lit. Assis sur le matelas, nous nous sommes demandé où nous trouverions de l'argent, si nous nous ferions des amis parmi nos voisins. Y aurait-il des gens qui parlaient persan ? Comment de temps resterions-nous là ? Quel pays finirait par nous accueillir ? Nous nous demandions ce que nous allions manger pour le dîner, aussi.

Nous étions en train d'envisager de marcher jusqu'à Mentana pour faire des courses, quand quelqu'un a frappé à la porte. Une Italienne, jeune, avec une coupe de cheveux du genre punk, nous a fait comprendre par gestes que nous avions raté le repas. Ce soir-là, j'ai découvert la cafétéria, un cercle de verre surplombant la vallée verdoyante. Vide et sombre à cette heure, elle se remplirait au matin de familles déplacées comme la nôtre, d'Iraniens, d'Afghans, de Russes, de Roumains. Elle résonnerait de nombreuses langues, de nombreuses sortes de prière. Il y aurait des enfants, des mères, des grand-mères. Mais pour l'instant, le calme régnait. Dans la pénombre et un silence pesant, nous avons mangé un bol de pâtes réchauffées, en remerciant le Ciel que les repas soient fournis.

Malgré sa charpente grandiose, l'hôtel Barba était un camp de réfugiés, et nous avions interdiction d'en sortir, car nous n'avions pas de papiers italiens. On nous servait de la soupe, des pâtes, du café et du pain à heure fixe, et nous restions là dans le froid de l'hiver, à prier pour être partis avant l'été. Chaque jour, à l'arrivée du postier, nous nous bousculions devant les casiers à courrier, jouant des coudes pour mieux voir. « Quelqu'un a reçu sa lettre ? » voulions-nous savoir. Quand c'était le cas, la foule faisait silence tandis que la personne en question ouvrait l'enveloppe, les doigts tremblants, et parcourait sa lettre avant de se mettre à pleurer en silence dans sa main, marmonnant des imprécations, ou bruyamment à genoux, en remerciant son dieu. Tout le monde espérait désespérément une lettre des États-Unis, d'Angleterre, d'Australie ou du Canada (des pays anglophones où il y avait de la place). Une lettre signalerait la fin de notre attente ; notre vie pourrait commencer.

En l'absence de travail ou d'école, notre seule occupation consistait à rêver – un état frustrant –, et à lutter contre la solitude. Nous mangions avec nos compatriotes ; nous priions à notre manière, certains avant le repas (assis, la tête baissée), d'autres après (debout, main dans la main). Par temps frais, les enfants se faufilaient dans un verger voisin pour voler des pêches et des prunes vertes, parce que notre langue réclamait quelque chose d'acide, et que nous n'avions rien d'autre pour assouvir ce besoin. J'essayais d'enseigner des mots d'anglais à quelques hommes russes à forte carrure, sautillant dans le jardin avec ma jupe rose et pointant du doigt un arbre, une clôture, un tchador, une babouchka (les hommes prenaient des notes pour me faire plaisir).

Nous trouvions des moyens de plus en plus pathétiques de tromper notre ennui : une grand-mère afghane récupérait des briques sur un chantier voisin et les rapportait dans sa chambre sous son tchador. Sa fille lisait notre avenir dans du marc de café instantané. Un jeune soldat iranien au visage à moitié décoloré par une brûlure chimique subie pendant la guerre nous apprenait à jouer au foot. Malgré sa forme inédite de blancheur, il me paraissait aussi fascinant que les princes de mes livres de contes. Je pressentais peut-être qu'il était attiré par Maman. Et n'était-elle pas tout simplement moi, dans un autre corps ? Voilà un homme qui nous voulait, nous, qui voulait jouer avec moi et me faire rire, avant de vérifier du coin de l'œil que Maman nous observait.

Nous avions laissé Baba à Ispahan. Petit à petit, au fil des années, j'ai commencé à comprendre que je ne vivrais plus jamais avec mon père. Je commençais à comprendre d'autres choses, aussi, à sortir de ma coquille. Je passais du temps avec des grand-mères aimantes venues de nombreux pays. J'accompagnais Maman quand elle allait boire un thé et manger des oranges dans les chambres des chrétiens de Russie. Je lisais des livres en anglais, jouais à la marelle et étais obnubilée par l'idée de retrouver un chez-moi, de mettre un terme à cette période d'errance, de prendre racine, et par les mystères de l'âge adulte. Je brûlais d'envie d'entendre les histoires de chacun – je devenais une version ultérieure de moi-même.

Dans un camp de réfugiés, les histoires sont essentielles., Après avoir échappé aux griffes d'un cauchemar, tout le monde en a une. Tout le monde est désœuvré, sans permis de travail ni possibilité de s'enfuir, confronté à sa nouvelle place dans l'ordre des choses. Tout le monde est un étranger, qui a besoin de se présenter. Et le thé est bon marché (à Barba, nous venions tous de pays de buveurs de thé). Quelles meilleures conditions pouvait-on trouver pour mettre de l'eau à bouillir, s'installer sur des coussins autour d'une table basse et discuter ? À Barba, j'ai appris à écouter et savourer des détails surprenants, résultats d'un curieux concours de circonstances, qui ne se reproduira peut-être jamais : une grand-mère cachant des briques sous son tchador, une tache de crème sur un beau visage, une ruée vers la confiture.

Ce n'était pas seulement un passe-temps. Nos histoires regorgeaient de pouvoir. Les souvenirs des autres nous transportaient loin de nos lieux d'exil, vers des contrées hautes en couleur et pleines de vie, vers notre pays. Ils nous rappelaient la longue route insondable. Nous ne nous le savions pas encore, fraîchement rescapés que nous étions, mais d'autres écueils nous attendaient. Nous avions créé la grande histoire de notre vie ; ensuite, il y aurait l'attente, le camp, où nous la raconterions. Puis la bataille pour obtenir l'asile, où nous l'affinerions. Puis l'assimilation dans nos nouvelles vies, où nous la mettrions en scène pour le plaisir des natifs. Enfin, sur nos vieux jours peut-être, nous y reviendrions, la regarderions en face sans trépidation : un rapatriement.

Pendant deux décennies, notre fuite m'a définie. Elle dominait ma personnalité, motivait toutes mes décisions. Quand je suis arrivée à l'université, la première moitié de ma vie avait conduit à notre fuite, et la seconde avait été passée à la revivre, dans des églises et pendant des retraites où ma mère la transformait en parcours hagiographique, dans des dossiers de candidature à la fac où elle devenait un plaidoyer, pendant des soirées pyjama où elle servait à amuser la galerie, et lors des débats suivant une projection publique de mélodrames xénophobes comme *China Cry* et *Jamais sans ma fille*, des films parlant de femmes chrétiennes en danger de mort qui s'enfuyaient en Amérique. Notre histoire était un fil sacré tissé dans mon identité. Parfois, les gens me demandaient : *Mais il y a beaucoup de chrétiens qui vivent là-bas, non ?* Ou : *Ta mère n'aurait pas simplement pu dire qu'elle était musulmane ?* Il me faudrait longtemps pour passer outre ce genre de questions. Elles me faisaient l'effet d'une mauvaise note, d'une critique de mon visage et de mon corps, d'un détricotage de ce fil sacré : *Je suis une cargaison rescapée ; et donc, je suis magique. J'ai un but. À chaque fois que je fais du bon travail, je rembourse ma dette envers l'univers.* Sans cela, je serais une anonyme, une personne ordinaire qui se battait… pour quoi ? Des vétilles ineptes de la classe moyenne ?

Un jour, dans une église de l'Oklahoma, une femme m'a dit : « Je comprends tout à fait. Vous êtes venus chercher une vie meilleure. » J'ai cru que j'allais faire une crise cardiaque. Une vie meilleure ? À Ispahan, nous avions des roses jaunes, une piscine. Un cube vitré s'élevait au milieu de notre salon, avec un arbre à l'intérieur. J'avais un arbre dans ma maison ! J'avais les mains parcheminées de Morvarid, mon amie et nourrice, une villageoise de quatre-vingt-dix ans ; j'avais les rouleaux de pâte de fruits de ma grand-mère, les *schnitzels* de l'hôtel Koorosh, les cerises aigres, des vergers et une ferme – ma vie en Iran était un conte de fées. En Oklahoma, nous vivions dans un immeuble peuplé d'indigents et d'exclus. Ma vie était un grand parking gris avec des mégots de cigarette qui macéraient dans des flaques d'essence, des enfants à la peau luisante qui traînassaient sous le soleil de plomb, des enseignants nuls en maths. J'avais consacré ma jeunesse et toute ma magie à me sortir de là. Une vie meilleure ? Ces mots étaient restés coincés dans mon oreille comme du sable.

Petit à petit, j'ai eu l'impression que toutes ces répétitions de notre histoire ne servaient qu'à satisfaire les autres. Les sceptiques tiraient des conclusions à partir de détails que je leur avais fournis : les KitKat et les bananes parfaites dont j'avais rêvé enfant, mes ambitions scolaires. Je repensais à mon premier récit, face à un agent de l'immigration en Italie : comme il était cruel qu'avec la sueur et la poussière de notre fuite encore sur le front, nous ayons été obligés de transformer notre calvaire en belle histoire convaincante, ou risquer l'expulsion. Après avoir obtenu l'asile, nous avions dû revivre cette histoire encore et encore, pour mériter notre place, pour apaiser les sceptiques ordinaires. Chaque jour de leur nouvelle vie, les réfugiés sont sommés de se démarquer des opportunistes, des migrants *économiques*.

Comme la plupart des réfugiés qui viennent d'échapper à la mort, ma famille et moi étions dociles, fous de joie, reconnaissants. Mais nous n'étions pas indemnes. Si l'esprit rationnel est une route sans embûches, la nôtre avait des nids de poule, des poches de paranoïa et de peur. Certes, j'avais accès à la joie, à la logique et au changement. Mais un seul mot clé suffisait à m'ébranler pendant toute une journée ou une semaine, à me faire douter de ma valeur, de ma nouvelle place dans ce monde. Étais-je une *vraie* réfugiée ? Le sous-entendu me mortifiait.

Pourquoi les natifs entretiennent-ils cette distinction ? Pourquoi tourmenter des personnes vulnérables avec la menace de cette marque d'infamie ? Il m'a fallu des décennies pour le comprendre : leur instinct les pousse à se préserver de la concurrence d'une horde pleine de talent. À tracer une frontière autour d'un droit de naissance, un privilège. Contrairement aux migrants économiques, les réfugiés n'ont pas de libre arbitre ; ils ne présentent aucun danger. Ils sont souvent si détruits qu'ils ne demandent qu'à être remodelés à l'image des natifs. Étant bénéficiaires de la mansuétude des autres, ils peuvent inspirer la pitié. J'étais une immigrée acceptable, car je m'étais programmée avec des incantations : *Je suis une cargaison rescapée. Je ferai mes preuves, je rembourserai ma dette, je me transformerai.* Mais si vous êtes né dans le tiers-monde et que vous osez tenter votre chance avant d'être anéanti, vos rêves sont suspects. Vous êtes un profiteur, un opportuniste, un voleur. Vous ne savez pas rester à votre place.

Il y a quelque chose d'anormal et de sinistre là-dedans.

Il ne serait jamais venu à l'idée de ma mère de remettre en cause ces distinctions enracinées dans l'esprit des gens. Étions-nous de vrais réfugiés ? Elle balayait cette question en racontant notre histoire : elle avait failli être assassinée par le régime, alors elle n'aurait pas dû avoir à affronter les préjugés des autres. Elle fulminait quand elle entendait parler de demandeurs d'asile qui s'étaient fait passer pour des victimes de persécutions religieuses, et interrogeait les nouveaux arrivants sur la Bible et leur église clandestine – mais contrairement aux natifs qui nous entouraient, elle ne demandait jamais à personne de prouver sa peur. Un esprit torturé, la terreur d'un avenir gâché, sont ce qui vous permet de quitter votre pays ; un prérequis pour monter dans un canot, braver des montagnes grouillant de soldats. Aucune personne qui a vécu dans une dictature, qui s'est précipité vers un abri anti-aérien avec ses enfants, ne doute de cette peur. Ma mère juge le christianisme trop sacré pour qu'on s'en serve comme prétexte, et peine à accepter qu'un système rigide et illogique ne laisse pas d'autre choix à certaines personnes ; mais d'un autre côté, elle sait que les raisons qui poussent les gens à fuir sont complexes et confuses. Elles incluent toujours une peur, et en même temps un espoir tangible. C'est une réinvention qui naît de vos cauchemars, mais aussi de votre volonté et de votre capacité d'agir. Par conséquent, la séparation bureaucratique entre danger et opportunité est exaspérante et absurde. Où est l'humilité ? Où est la compassion ?

Et que considère-t-on comme un danger crédible, dans un pays où l'on pend les apostats, les homosexuels et les coupables d'adultère, et où un doigt haineux pointé sur vous suffit à vous désigner comme tel ? Un pays si corrompu qu'un seul mollah peut vous condamner sur un coup de tête au peloton d'exécution ou à la grue – l'équivalent de la potence –, et qu'une altercation avec un *pasdar*[1] peut vous valoir d'être arrêté pour une fausse affaire de drogue le jour suivant ? Un pays où l'administration est une plaisanterie ; où une poignée de personnes se répartissent discrètement les richesses ; où les jeunes hommes se morfondent sans travail ; où les jeunes femmes dépérissent à force d'ambitions et de désirs inassouvis ; où le murmure envoûtant de l'opium résonne sans cesse à votre oreille et où vos poumons s'emplissent d'un désespoir si épais qu'il ne vous reste plus qu'à devenir votre propre bourreau ?

Qu'est-ce qui est une fuite, dans ces circonstances, et qu'est-ce qui n'est qu'une migration opportuniste ? Qui est un vrai réfugié ? Quelle farce, cette idée que les « réfugiés » appartiennent à une catégorie sacrée, un peuple sanctifié pour avoir échappé à l'enfer… De ce fait, ils ne peuvent pas admettre avoir laissé le moindre soupçon de joie derrière eux, car ils risqueraient de redevenir des migrants. L'Iran actuel est un pays de réfugiés qui se contentent de petites joies, exilés du paradis pré-révolutionnaire que nous avons connu. À présent que la guerre d'Irak est terminée, on juge souvent leur détresse insuffisante. La Syrie est un enfer. L'Afghanistan, le Soudan du Sud, l'Érythrée aussi. L'Irak… un peu moins ? Et l'Iran ? Quel pays est assez infernal pour que les Occidentaux se sentent responsables, non seulement en tant qu'auteurs d'une bonne partie du désastre, mais aussi que premiers bénéficiaires des richesses de la planète, qui restent assis derrière un écran, l'œil méfiant et les mains molles, à regarder des étrangers souffrir ?

Pendant ce temps, nous confions à nos bureaucrates les moins compétents et les plus cyniques la tâche d'arbitrer une vérité complexe, en ne leur demandant pas de sauver des vies, ou de trouver les personnes les plus épuisées et désespérées, mais de débusquer les mensonges, de protéger nos prérogatives bien installées et notre espace, peu importe le

---

1. Les *pasdar*, aussi appelés *sepâh*, sont des membres du corps des Gardiens de la révolution islamique, une organisation paramilitaire iranienne chargée de maintenir l'ordre dans le pays. (*N.d.T.*)

coût moral – nous manquons à nos devoirs. Le mot « opportunisme » est encore plus rageant, un mensonge inventé par les privilégiés pour faire honte aux étrangers en détresse, qui rêvent d'avoir ne serait-ce qu'accès à une vie correcte. S'il s'agissait de leurs propres enfants, ils qualifieraient ces espoirs de « motivation » et d'« ambition ».

Et pendant que nous grommelons à propos de ce qu'on nous doit et de ce que l'on gardera, les déracinés attendent à notre porte. Ce sont des peintres, des chirurgiens, des artisans et des étudiants. Des enfants. Des mères. Le voisin qui fait une sauce délicieuse. La fille rigolote du cours de sciences. Le garçon qui danse comme un dieu. Le grand-oncle qui se trompe toujours de chemin. Ils subissent une transformation douloureuse, ressuscitant d'entre les morts, abandonnant leur visage et leur corps, leur identité, sans garantie d'en obtenir de nouveaux.

Un fonctionnaire hollandais demande à un réfugié iranien :

« Pensez-vous être en danger ?

— Oui, répond-il. Il y a vingt ans, j'ai été arrêté avec deux amis parce que nous étions communistes. Toutes les semaines, nous devons nous présenter au poste de police du quartier. La semaine dernière, mes deux amis ont disparu après s'y être rendus. Je me suis enfui.

— Avez-vous repris vos activités communistes en secret ?

— Non », dit le demandeur d'asile.

Ce n'est pas un dissident. Mais il est réellement persécuté.

« Alors vous n'êtes pas en danger, rétorque le fonctionnaire. Apparemment, vos amis ont repris leurs activités politiques. Mais pas vous, donc vous n'avez rien à craindre. »

Le fonctionnaire suppose non seulement que le gouvernement iranien est scrupuleux et juste (une idée risible), mais aussi qu'il est infaillible. Comment peut-on aborder avec honnêteté un système aussi malhonnête, qui ne sert que ses propres intérêts ? Les plus astucieux, qui se sont renseignés, savent qu'il est inutile d'expliquer le fonctionnement de la République islamique, la fréquence à laquelle des innocents disparaissent. Ils disent simplement : « Oui, j'ai repris mes activités », pour que le fonctionnaire puisse cocher une case.

La fuite marque le premier jour de la vie d'un réfugié. Le jour de notre départ, on m'a dit que je pourrais vivre comme bon me semblait, que le fait d'être une fille ne limiterait plus mon potentiel. Et c'était vrai. Je suis le produit des Trois Miracles de Maman. Cependant, on m'avait déjà imposé une limite. Jusqu'alors, le monde attendait que je me définisse. Aurais-je un tempérament artistique ou analytique ? Serais-je timide ou téméraire ? Croyante ou athée ? Or voilà qu'on me rangeait dans une première case : réfugiée, pas d'ici. Je ne m'en rendais pas encore compte, parce que la fuite est une expérience euphorique. C'est une plongée dans le brouillard, l'autodafé d'une ancienne vie, l'assassinat d'une vieille identité.

La fuite crée un caméléon, une créature aux aguets, toujours déguisée. À quoi ressemble cette première rougeur ? À une démangeaison. Pour moi, c'était une sensation de gêne quotidienne et incessante, dans ma tête et mon corps. Elle aggravait mes tocs. J'ai développé un tic au cou. Changer de couleur apaisait ces maux pendant un temps.

Aujourd'hui, trente ans ont passé ; j'ai tant de choses à dire. Le monde ne parle plus des réfugiés comme à mon époque. Le discours est devenu hostile, même dément, et j'ai du mal à repérer, dans cette horde furibonde, les âmes charitables que nous avons connues, les Américains, les Anglais et les Italiens qui nous ont aidés, qui nous ont tenu la main. Je sais qu'ils sont toujours là.

Qu'est-ce qui a changé, en trente ans ? Un recadrage s'impose. Je veux comprendre la réaction du monde à notre égard, la crise politique et historique que nos malheurs ont provoquée. Je m'en sens le devoir : j'ai vécu comme une Américaine pendant des années, lu des livres occidentaux. J'ai été musulmane et chrétienne. Je peux révéler aux natifs des secrets que les nouveaux venus n'osent pas dévoiler. Cela fait trente ans que je souhaite le faire, mais jusqu'à présent, cela me terrifiait.

En 2016, j'ai entrepris un itinéraire pour comprendre mon propre passé chaotique. Je venais de devenir mère, et je ne savais plus trop quel était mon but dans la vie. J'avais changé de visage et de couleur de cheveux, d'amis, de formation, de pays et de travail si souvent que j'avais l'impression d'avoir été écorchée vive. Mes souvenirs étaient devenus brumeux, et je les avais usés jusqu'à la corde pour les transformer en fiction. Alors que je m'étais targuée d'être un caméléon, comme beaucoup d'enfants d'immigrés, j'avais désormais l'impression que cela me salissait – que j'étais une menteuse.

J'ai voyagé pendant des mois. Je suis allée dans des camps de réfugiés en Grèce, dans des communautés de sans-papiers aux Pays-Bas. J'ai rendu visite à des avocats spécialisés en droit des étrangers, et à de nouveaux arrivants chez eux. J'ai bu du thé avec des réfugiés, des demandeurs d'asile et des citoyens naturalisés. Je me suis entretenue avec des mères, des migrants ayant fait le voyage seuls, des écoliers. Je cherchais des histoires, des rumeurs d'histoires étouffées par la honte et les traumatismes, et des mensonges aussi. J'ai essayé de retrouver des gens qui avaient vécu dans mon propre foyer pour réfugiés, l'hôtel Barba. J'ai parlé à mes parents, qui m'ont remis en tête les nombreuses complications liées au point de vue. On m'a raconté des dizaines d'histoires pendant mes voyages ; j'en ai choisi quelques-unes à suivre dans ces pages, des récits d'autant plus déchirants qu'ils sont désormais monnaie courante, et que les fonctionnaires chargés d'étudier les demandes d'asile ne les croient souvent pas.

Ainsi, je n'ai pas inclus l'histoire de ce Syrien rencontré à Berlin, qui a flotté avec un enfant pendant sept heures avant de se retrouver à nettoyer un bateau d'esclaves, ou des intellectuels ou militants incarcérés à cause de fatwas – même un partisan de Trump lambda reconnaît que ces gens méritent d'être sauvés. Ce qui m'intéresse, c'est le doute, les « masses déferlantes » tant redoutées. Ces récits parlent de déracinement et de transformation sans garantie, de refonte des visages et des corps, ces premiers pas assassins du réfugié – la destruction de soi, suivie d'une résurrection. Même si leurs premières vies étaient on ne peut plus différentes les unes des autres, ces hommes et femmes ont été jetés sur la même route et jugés ensemble. Certaines de leurs histoires sont loin d'être terminées, mais ils les ont déjà relatées si souvent, les ont répétées et récitées tant de fois, que ces quelques mois (ou années) bouleversants sont devenus leur identité entière. Rien d'autre n'importe à leur auditoire, et toutes les souffrances semblent insignifiantes après le miracle de la fuite. Mais ce miracle a-t-il vraiment eu lieu ? Désormais, ils ne luttent plus pour s'accrocher à la vie, mais pour préserver leur expérience, pour sortir cette vie de la pile des récits de fiction.

Même si la véracité de ces histoires m'est apparue très nettement, je sais qu'en tant qu'écrivain, je ne furetais pas dans les mêmes recoins que les autorités. Je ne cherchais pas d'incohérences. J'ai horreur des stratagèmes cyniques qui favorisent les meilleurs traducteurs et exploitent les trous de mémoire des victimes de traumatisme. Je n'ai pas de logiciel vérificateur d'accent. J'ai vu la vérité de ces histoires dans les cicatrices qui la corroboraient, dans les différentes perspectives sur un même événement, l'une montrant l'arrière aussi clairement que l'autre le devant – rien d'unidimensionnel. J'ai vu la vérité dans les yeux endeuillés et apeurés, dans les mains tremblantes, dans l'angoisse des enfants et la tristesse des personnes âgées.

Et pourtant, pour recréer ces histoires, j'ai été obligée d'inventer des scènes et des dialogues, comme on retouche une photo effacée. Les écrivains et les réfugiés doivent souvent passer par l'imagination pour atteindre la vérité. Quel choix nous laisse-t-on ? À l'instar des fonctionnaires, les lecteurs ont des lubies qu'il faut satisfaire. Vous verrez.

En attendant, où est le mensonge ? Toutes les crises de l'Histoire ont commencé par un récit, la première goutte d'un torrent déchaîné. Vous pouvez considérer ces vies comme un divertissement, une occasion de vous éduquer ou une menace contre votre personne. À vous de choisir comment entendre leur voix. Mettez tout votre savoir à contribution pour repérer chaque trait erroné de pinceau. Soyez le fonctionnaire. Ou, si vous préférez, lisez ces témoignages comme une boîte de lettres retrouvées dans des décombres, des dépêches d'un autre temps, que l'on dépoussière et que l'on croit sans hésiter, car les morts n'exigent rien de nous.

2

DARIUS

Darius prit une dernière bouffée de tabac et écrasa sa cigarette sur le carrelage à l'extérieur du salon de thé.

« Elle t'a envoyé un texto aujourd'hui ? demanda son ami.

— Non », répondit Darius.

Ils se tenaient sous le célèbre pont aux Trente-Trois Arches d'Ispahan, après un café et un narguilé du soir.

« Espérons que ça veuille dire…

— Oui. C'est dommage, quand même. Une si jolie fille », remarqua son ami.

Darius rit et lui dit au revoir. Sur le chemin du retour, sa poche vibra. Chaque notification de message lui glaçait le sang ces derniers temps. Il jeta un coup d'œil à son portable. C'était elle.

Dariuuuuuus ! Quoi de neuf ?

Il s'arrêta pour répondre – un refus sec. Pas de petits jeux.

S'il vous plaît, mademoiselle, arrêtez de m'écrire. Ça m'a causé beaucoup d'ennuis.

Elle répondit : *C'est bon. Je veux juste te dire bonjour.*

Effacez mon numéro, s'il vous plaît. Vous allez me faire tuer.

Il éteignit son portable et accéléra l'allure. Il était déjà vingt-deux heures passées. Il se trouvait à trois pâtés de maison de chez lui, en train de traverser une ruelle, quand ils arrivèrent.

« Hé, la couturière ! » cria une voix.

Darius était tailleur, et il était doué. Peu lui importait qu'ils trouvent ce métier méprisable. Il était grand et beau, et il savait coudre des vêtements qui allaient aux gens. Un jour, il gérerait une chaîne de magasins. Un jour, il ferait de magnifiques costumes occidentaux. Avant qu'il puisse se retourner, quelqu'un le frappa sur le côté du cou. Puis une matraque lui faucha les jambes et il se retrouva à terre, recroquevillé pour se protéger des coups de pied.

Dans le chaos, chaque détail se détacha de la réalité. Le monde se réduisit à une suite de sensations, et son cerveau endolori ne put retenir qu'une poignée d'informations : ses assaillants étaient des *bassidjis*, membres d'une milice volontaire impitoyable. Ils étaient quatre ou cinq, tous jeunes. Il se trouvait si près de chez lui que ses parents pouvaient probablement l'entendre hurler. Et l'un d'eux lui disait :

« Quitte l'Iran ou tu mourras. »

Après leur départ, il resta inanimé dans la ruelle pendant une heure. La dernière chose qu'il entendit fut un écho lointain :

« On ne veut plus te voir. »

Puis il rentra chez lui. Le lendemain, les médecins lui recousirent le visage, les bras et les jambes. Sa mère pleura dans sa chambre.

« De quel monde ces enfants ont-ils hérité ? demanda-t-elle à son mari, désespérée. À vingt-trois ans, notre garçon n'a jamais rien connu d'autre. Tu te souviens de l'époque avant la révolution ? Tu te souviens de 1978 ? »

Darius était né en 1992. Le paradis de l'ancien Iran ne lui inspirait aucune nostalgie, seulement de la curiosité et une certaine fierté. Malgré tout, il aurait aimé qu'on lui laisse une chance – d'avoir un commerce à lui, une vie, une famille. Il voulait dire à cette fille qu'il aurait aimé la fréquenter, même s'il la repoussait deux ou trois fois par semaine. Il aurait voulu l'emmener boire un café, voir le vent emmêler ses cheveux, la regarder rire au cinéma. Ils seraient peut-être tombés amoureux. Ou peut-être pas. Ils ne le sauraient jamais, parce que les parents de la jeune fille, tous deux des *sepâh*, tous deux miliciens et révolutionnaires avec des emplois au ministère, avaient découvert l'existence de Darius et décidé de le tuer.

Ils n'avaient aucune intention d'interroger leur fille, de lui dire ce qu'ils comptaient faire à Darius, ou d'admettre que c'était elle qui lui courait après.

Un an plus tard, ils revinrent à la charge. Les blessures de Darius avaient guéri, mais il avait des cicatrices aux bras et au visage. Il n'avait plus parlé à la fille, bien qu'elle ait essayé de le recontacter. Il était assis devant le *sofreh*[1] de sa mère, en train de dîner avec ses parents. Quelqu'un tambourina à la porte, et son père alla ouvrir. Les hommes s'engouffrèrent dans la maison, renversant un vase et piétinant le *sofreh* avec leurs chaussures.

« Tu as encore envoyé des messages à la jeune fille ? aboya l'un des hommes.

— Seulement pour la supplier de ne pas m'écrire, je vous jure. Vous pouvez vérifier. »

Darius essaya d'expliquer qu'elle ne comprenait pas ; qu'elle se sentait en sécurité grâce à ses parents, et pensait donc qu'il l'était aussi.

« Alors c'est la faute de la jeune fille, maintenant ? » rétorqua le *sepâh* le plus âgé.

Les hommes forcèrent Darius à se lever en l'empoignant par sa chemise et le traînèrent jusqu'à leur quartier général. Il y attendit pendant des heures, jusqu'à ce qu'un *sepâh* finisse par entrer dans la pièce. Il ne posa pas de questions à Darius, se contentant de lancer des accusations et d'observer sa réaction.

« Tu as déshonoré la fille de M. Mahmoodi.

— Non, monsieur. Ce n'est pas vrai, dit Darius en fixant la table.

— Tu es un agent communiste.

— Non, monsieur. Je suis tailleur. Je couds des chemises.

— Tu as bu.

— Non, monsieur. »

Il était épuisé. Ses réponses n'avaient aucune importance. Un garde entra dans la pièce, chuchota quelque chose au *sepâh* à propos d'un trafic de drogue. Les deux hommes voulaient que Darius les entende.

1. Tissu placé sur le sol ou sur une table, où l'on sert les repas. (*N.d.T.*)

Il avait envie de pleurer – ils ne le relâcheraient jamais. Il mourrait pendu à une grue ou fusillé, avant ses trente ans.

« Tu as bu, et agressé des *bassidjis* dans la rue », dit le garde.

Quand il secoua la tête, le *sepâh* le frappa à la tempe avec la crosse d'un énorme fusil. Darius tomba de sa chaise. Il s'agrippa à un pied de la table et remonta ses genoux contre son ventre, comme un nouveau-né. Avant de perdre connaissance, il sentit qu'on le frappait à la tête, deux fois, puis dans le dos, juste derrière son cœur. Ils avaient l'intention de le tuer.

Il se réveilla à l'hôpital. Ses parents se tenaient à son chevet. Son corps lui paraissait léger, et il avait la bouche sèche. Il avait passé trois mois dans le coma.

« Tu ne peux pas rester en Iran, lui dit son père. Ils t'assassineront. »

Sa mère lui expliqua que les hommes leur avaient rendu visite presque toutes les semaines. « Votre fils est un opposant au régime, leur avaient-ils dit. Il a des problèmes avec l'Islam. C'est un trafiquant de drogue. Un apostat. Un agent secret. Son sang est halal pour nous. »

Apparemment, c'était tout ce qu'ils voulaient – établir que le sang de Darius était halal. Quand ses parents étaient allés se plaindre qu'on harcelait leur fils, tous les agents avaient affirmé que Darius avait attaqué des *bassidjis* dans la rue.

« S'ils te retrouvent, tu es mort, lui dit son père. J'ai un peu d'argent de côté. Prends-le, s'il te plaît, et pars, vis ta vie. Tu pourras t'installer n'importe où si tu fais des efforts. Va trouver ton bonheur loin d'ici. »

Pendant deux semaines, Darius laissa sa famille le nourrir, recouvrant une partie des quinze kilos qu'il avait perdus. Il prit ses médicaments. Des failles obscures se formèrent dans sa mémoire. Il avait des cicatrices sur tout le corps à présent – sur les bras, le visage, le cou, les jambes. Tous les matins, ses parents le suppliaient de partir.

Quand on lui demande de décrire son voyage, Darius oublie des choses. Les événements lui reviennent dans le désordre. Il a des maux de tête. Une fois, dans un centre d'accueil, tous ses muscles se sont contractés, et un tic a déformé la moitié de son corps pendant des heures. Il est célibataire ; il a l'air en bonne santé, n'est pas désabusé au point de ne plus pouvoir rire de temps à autre. Mais il se perd dans des trous noirs ; il ne retrouve plus certains détails, comme un menteur. On le croit rarement. « Migrant économique », dit-on de lui, ne voyant que sa jeunesse et son potentiel. Dans les journaux et sur son iPhone, les Européens débattent toujours de ce que les réfugiés peuvent apporter ; ils se disent heureux d'accueillir ceux qui aideront l'économie, les « bons » migrants. Et pourtant, ils n'acceptent que ceux qui ont un pied dans la tombe. Si vous avez fait preuve d'autonomie, de jugeote ou d'assiduité au travail avant de partir de chez vous, vous êtes fichu. Les gens commencent à s'imaginer que vous avez monté une combine pour quitter votre pays et vous enrichir grâce à une idée (ou un cabinet médical, ou un atelier). Ils considèrent ce cabinet médical ou cet atelier qui n'existent pas encore comme un bien qu'on leur a volé. Mais dès l'instant où vous arrivez chez eux, même si vous avez réellement un pied dans la tombe, gare à vous si vous avez besoin d'aides sociales à un moment.

Darius se rendit en voiture jusqu'à Ourmia, une ville iranienne proche de la frontière turque. De là, il franchit la montagne à pied avec un passeur. Il portait des baskets et le trajet lui prit quarante-cinq minutes. Tous les deux ou trois pas, il croyait sentir une balle se loger dans sa jambe ou son dos. Il savait que le passeur l'abandonnerait s'il tombait.

« Tu es en Turquie maintenant, lui dit l'homme quelque part sur la montagne. Je te laisse ici. Bonne chance. »

Dans le village turc, on l'emmena jusqu'à une cabane en terre, où on l'accueillit pour le double du prix convenu.

« Appelle ta famille et demande-leur plus d'argent, lui dit-on. La traversée a été plus difficile que prévu. »

Il ne se rappelait pas avoir rencontré d'obstacle dont on ne l'avait pas averti avant le voyage, mais les jeunes Iraniens célibataires suscitent rarement la compassion – migrants économiques, profiteurs, opportunistes. Il paya. Il resta dans la cabane pendant quatre jours, à attendre l'étape suivante, même si la précédente disparaissait déjà dans les trous noirs, les parties abîmées et meurtries de son cerveau.

Le premier canot pneumatique était trop chargé : soixante personnes, dont beaucoup d'enfants épuisés qui observaient Darius avec timidité. Il chavira au bout de quelques mètres, déversant ses occupants dans la mer Égée. Tous les bagages furent emportés. Les plus forts regagnèrent le rivage à la nage, sans oser imaginer ce qui était arrivé aux autres, à ces enfants fatigués. Darius s'enfuit dans les bois ; des policiers turcs le retrouvèrent et le jetèrent en prison.

Il croupit dans une cellule pendant deux mois. Il n'avait pas de papiers, avait donné un faux nom et délirait de fièvre. Prisonnier d'hallucinations, il ne se souvient pas de grand-chose – il est si facile de remettre son histoire en doute. Pendant toute cette période, il n'ouvrit pas les yeux. On le relâcha quand il arriva à court de médicaments pour ses troubles neurologiques. Trop compliqué.

« Quitte la Turquie », lui dit-on, et il tâcha d'obéir.

Le second bateau où Darius monta atteignit Lesbos. Alors que des hommes ivres de joie sautaient de l'embarcation et commençaient à la tirer sur le rivage, une voix murmura :

« Ne vous réjouissez pas trop vite. C'est ici que ça devient vraiment difficile.

— On est en Europe, dit Darius dans le noir. On est en terre libre.

— Mais on ne va pas en Europe. On va à Moria. »

3

Je suis née en 1979, une année de révolution, et j'ai grandi pendant la guerre. La démangeaison est apparue dans mon cerveau alors que le conflit s'infiltrait dans notre quotidien – sirènes, rationnement, adultes serrés autour d'une radio. Elle s'est manifestée par un après-midi tranquille dans notre maison d'Ispahan, entre les roses jaunes et la piscine vide, chuchotant que je voudrais peut-être prendre un moment pour compter mes crayons. Puis, ce soir-là, elle est devenue plus téméraire, me suggérant de répartir le poids de ma couverture uniformément sur mes bras. La démangeaison a bientôt fait partie de moi, comme les taches de rousseur au-dessus de ma lèvre supérieure. Ce n'était pas un effet secondaire de cette matinée étouffante au bureau de l'ONU à Abu Dhabi, ou de ce mois de désœuvrement dans un camp de réfugiés italien. Ces jours-là l'ont simplement rendue insupportable.

Même à Ardestan, le village de mon père, où je gambadais avec mes cousins au bord de la rivière, cueillais des prunes vertes dans des vergers luxuriants et marchais dans les montagnes, la démangeaison était toujours là. Elle me forçait à repousser les cheveux châtains de ma grand-mère sous son tchador avec la tranche de mes mains, faisant le tour de son visage et pressant ses joues jusqu'à ce que je sois satisfaite. Elle prenait tellement de place dans ma personnalité, comme les taches de rousseur au-dessus de ma lèvre, qu'il m'arrivait d'essayer de lisser la peau parcheminée de ma nourrice de quatre-vingt-dix ans, Morvarid, passant mes paumes sur son front comme sur une lettre froissée.

Je grattais les croûtes de tout le monde. Il fallait que je remonte les fermetures Éclair jusqu'à ce que la languette ressorte en haut. Quand elle se déchaînait, la démangeaison devenait parfois un tic dans mon cou. D'autres fois, elle m'aidait à m'améliorer. Elle m'obligeait à colorier sans dépasser. Elle m'obligeait à asseoir mes peluches bien en rang. Je ne manquais jamais une miette d'un livre, parce que je vérifiais trois fois le numéro de chaque page.

De temps en temps, Maman s'amusait à dire que j'étais en train de devenir aussi maniaque que Maman Masi et Morvarid, une vraie petite vieille. Ça ne me dérangeait pas – j'aimais leur tchador à fleurs qui sentait le henné, leur ample giron et leurs récits alambiqués de commères, leurs plaisanteries grivoises. Étant petite, je me promenais avec un vieux tchador à fleurs que Morvarid avait cousu pour moi. Je le portais si souvent que j'avais commencé à perdre mes cheveux. Dans un accès de colère, Maman l'avait réduit en charpie.

À l'école, mon voile était de travers et mon écriture désastreuse, mais j'excellais en maths. Les institutrices de mon école pour filles de la République islamique étaient des créatures aux allures de sorcière, qui chatoyaient dans leur tchador d'un noir brut. Elles ne se penchaient pas vers vous pour remettre vos mèches folles en place. Elles filaient dans un courant d'air. Elles frappaient des paumes tendres à coups de règle. Elles s'adressaient à des fillettes de six ans en aboyant leur nom de famille : *Nayeri ! Ardestani ! Khalili ! Shirinpour* ! Dès que vous retroussiez votre voile pour aérer votre cou transpirant, elles surgissaient comme par magie, enveloppant de nouveau votre peau nue avec leur propre souffle brûlant. L'école était étouffante, et on confiait à des militantes la responsabilité de tenir les petites filles bien à l'écart des valeurs occidentales – cela les rendait cruelles. Si votre travail ne leur plaisait pas, elles le déchiraient tandis que vous restiez assise, humiliée, à tirer sur les échardes de votre pupitre rugueux. Elles scotchaient le classement hebdomadaire des élèves sur le mur en ciment à l'extérieur de la salle. Chaque semaine, vingt petites filles se ruaient vers ce mur. La cour de récréation était un bloc de béton. En face des salles de classe, on trouvait une grotte putride équipée de fontaines à eau et de toilettes à la turque sales, dont le sol était jonché de Kleenex humides, de noyaux de cerises et de paquets de pâte de tamarin vides qui répandaient un liquide marron visqueux dans les canalisations. Je préférais lui tourner le dos. Mais cela voulait dire affronter le classement ; le troisième mur était orné d'une fresque cauchemardesque représentant Khomeiny et le quatrième de l'énorme poing ensanglanté et de la rose des martyrs. La seule solution pour avoir quelque chose d'agréable à regarder consistait à se hisser en tête de la liste.

Un matin, Khadijeh, dont le nom figurait régulièrement à la fin du classement, a laissé échapper un filet d'urine silencieux à son bureau. Elle n'a pas bougé. Elle est restée figée, tandis que son uniforme gris s'assombrissait lentement sous sa taille, que des gouttes de sueur faisaient retomber sa frange sur son front et qu'elle pleurait sans bruit. Elle avait trois phrases de retard dans la dictée et elle avait renoncé, non seulement à terminer le contrôle, mais à toute cette histoire de civilisation. Quelle solution rapide et simple, de retourner à l'état sauvage : de demeurer là, dans son urine, à attendre d'être mise à la porte par une volée de corbeaux de la République islamique, à guetter le claquement et le sifflement du tchador de la directrice dans le couloir.

Le jour de la capitulation silencieuse de Khadijeh, j'étais la première du classement, alors j'avais quelque chose à regarder.

À la fin de la journée, je suis rentrée chez moi par le chemin le plus court, traversant des ruelles bordées de rigoles d'écoulement dans lesquelles des poissons sillonnaient la vieille ville. Je me suis dépêchée de regagner ma chambre, en pensant à Khadijeh, qui avait tout simplement baissé les bras. J'avais pitié d'elle, et je l'enviais. Je me suis agenouillée par terre pour examiner mes mines de crayon, puis j'ai observé l'étagère contenant les sept livres que j'avais achetés récemment et les quatre autres un peu plus anciens. Je ne devais pas compter les onze livres à la fois – il fallait que j'en compte sept, puis quatre. Et quand je retournerais acheter des livres, disons trois, je compterais ces trois-là, puis les sept autres, et si je m'en souvenais encore, les quatre derniers ; et ce à chaque fois que je sortirais de ma chambre. Cette tâche terminée, j'ai pris de grandes inspirations, jusqu'à ce que la chose qui flottait trop haut dans ma poitrine (j'imaginais une barre métallique) finisse par redescendre, s'éloignant de ma gorge. Des années plus tard, découvrant le mythe de Sisyphe en classe, j'ai dit : « C'est comme faire redescendre la barre », en tapotant ma poitrine ; mon professeur m'a regardée d'un drôle d'air.

La semaine suivante, pendant une séance de lecture silencieuse, un cadeau est arrivé pour moi. C'était la tradition. Si vous aviez de bons résultats, vos parents pouvaient vous envoyer une récompense, qu'on vous présentait devant les autres élèves. Mme Yadolai, mon institutrice de première année de primaire, une vieille femme que j'adorais et la seule dont j'ai retenu le nom, a apporté le cadeau dans ma classe de troisième année. C'était une cliente du cabinet dentaire de Baba, qui devait lui avoir remis le paquet. Baba ne s'embarrassait jamais de détails ; il confiait n'importe quoi à ses amis. C'était un livre sur les constellations. Tout le monde a applaudi. J'ai soulevé le couvercle de mon pupitre pour glisser le livre à l'intérieur, à côté de mes crayons et du paquet de pâte de tamarin que j'avais pressé à partir d'un coin puis refermé en l'enroulant, comme un tube de dentifrice.

Khadijeh n'est jamais revenue.

On m'a ordonné de travailler mon écriture. Je me suis installée avec Baba sur le tapis du salon, un Naïn rouge raffiné que Maman Masi avait fait elle-même sur son métier à tisser ; nous avons mangé des cerises aigres avec du sel, pendant que nous nous exercions. J'ai demandé à Baba où était Khadijeh. Il m'a répondu que tout le monde était fait pour un certain type de travail, et que Khadijeh avait peut-être compris assez tôt que l'école n'était pas pour elle. Voilà pourquoi je devais avoir vingt dans toutes les matières : pour me démarquer des Khadijeh de ce monde et réaliser mon formidable potentiel.

« Tu es la plus intelligente, m'a dit Baba. Tu pourras devenir médecin, ingénieure ou diplomate. Tu n'auras pas à t'occuper des tâches ménagères. Tu épouseras un autre médecin. Tu feras une thèse. » Sa voix n'exprimait ni doute ni crainte : les choses se passeraient ainsi, voilà tout. « Ta mère est arrivée dix-septième au Konkour. Et je ne parle pas du dix-septième centile : dix-septième dans tout le pays ! »

Si je devais dresser une liste des mantras de mon enfance, elle comprendrait certainement celui-ci : *dix-septième dans tout le pays.* Le résultat de ma mère à l'examen national d'entrée à l'université était passé dans la légende. J'étais issue d'une lignée de bêtes à concours.

Nous avons vraiment fait du bon travail, Baba et moi. Tandis qu'il vidait ses poches remplies de pistaches, de chocolat et de cerises aigres, nous sommes restés assis en tailleur par terre, genou contre genou, à chuchoter des secrets et des plaisanteries tout en traçant des K et des G épais et résolus. J'ai glissé nos feuilles complétées dans ma besace en cuir brut et le lendemain, je les ai montrées à mon institutrice, une femme que nous n'appelions que par le titre honorifique de *Khanom.*

Khanom a parcouru les feuilles pendant que je me tenais bien droite sur ma chaise, mains coincées sous les fesses. Elle a froncé les sourcils et soufflé par les narines. Puis elle a regardé les filles qui nous épiaient du coin de leur voile, a tapoté les feuilles sur mon pupitre pour les égaliser et les a déchirées en deux. Elle a attrapé mon cahier d'exercices et a déchiré les pages remplies à l'intérieur aussi, prenant soin de ne pas abîmer les autres. Elle voulait me montrer que mon travail valait moins que ces pages blanches.

Des larmes me picotaient le nez. J'ai imaginé qu'une porte blindée se refermait sur mes yeux, pour que rien ne puisse s'en échapper. J'ai repensé à Khadijeh, à sa capitulation dégoulinante. J'ai imaginé que sous son tchador, Khanom avait la peau sèche et couverte d'écailles, et qu'il lui fallait des larmes de fillette pour l'adoucir, parce qu'elle n'avait pas les moyens d'acheter de la crème Nivea au marché noir. J'ai essayé d'avoir pitié d'elle.

Peu avant mon entrée en primaire, ma famille avait passé trois mois à Londres. Ma mère s'était convertie au christianisme là-bas. Depuis notre retour, les institutrices essayaient de me soutirer des informations. Maman et Baba étaient tenus en haute estime à Ispahan. Ils avaient chacun un cabinet médical, des amis et des diplômes de l'université de Téhéran. Maman avait des yeux ronds et mélancoliques, des cheveux noirs de jais coupés à la Lady Di. Elle portait des robes élégantes et un stéthoscope, une sacoche en cuir vernis brillant – pas de cuir brut et de fermoir à clip d'écolière pour elle. Néanmoins, elle était désormais une apostate qui distribuait des tracts à ses patients, une grande croix accrochée à son rétroviseur. Baba était peut-être encore respecté, généreux et musulman, mais cela n'avait pas suffi à me protéger des injures, quand je m'étais déclarée l'alliée de ma mère.

« Quelle est ta religion ? » me demandaient les institutrices tous les jours.

Elles m'entraînaient à l'écart à la récréation, vers un banc entre la grotte des toilettes et la fresque cauchemardesque de Khomeiny, et me posaient la même question sans relâche.

« Je suis chrétienne », disais-je.

À l'époque, je pensais que « musulman » signifiait littéralement « une mauvaise personne », et aucun individu ni événement n'avait aidé à dissiper cette impression – pas même Baba ni sa mère, Maman Masi, qui était très croyante. Nous vivions sous la menace constante des bombes irakiennes. Nous endurions des arrestations arbitraires, des exécutions, les patrouilles de la police des mœurs qui sillonnait les rues à la recherche de pécheresses (on l'appelait *Gashte-Ershad*, « la patrouille des guides »). Malgré les persécutions et le sort terrible qu'on leur réservait, les chrétiens clandestins avec lesquels nous nous étions liés d'amitié semblaient déborder de gentillesse. Pendant ce temps, nos institutrices nous asticotaient avec avidité toute la journée, cherchant une occasion de nous humilier.

Plus tard, loin d'Ispahan, je rencontrerais des musulmans au grand cœur et je comprendrais qu'on ne m'avait montré qu'un tableau incomplet : que toute ignominie croît dans un sol natif, où les gens corrompus peuvent être corrompus sans conséquence, où les gouvernements existent pour les protéger. Ce n'est que parmi les marginaux, les rebelles, les étrangers et les dissidents que l'on trouve aisément un bon accueil. Depuis notre retour de Londres, nous avions perdu nos droits de natifs ; nous étions des exilés dans notre propre ville, désormais conscients de la magie et des promesses de l'Occident, et des personnes ignobles que nous avions été.

En 1985, alors que j'approchais de mon sixième anniversaire et que je n'avais pas encore intégré mon école pour filles islamique, nous avions rendu visite à ma chère Maman Moti – la mère de Maman – à Londres. Des années auparavant, Maman Moti s'était enfuie en Angleterre, n'emmenant qu'une de ses filles avec elle. Ce printemps-là, nous sommes allés assister au mariage de ma tante Sepideh, la sœur cadette de Maman, qui épousait un Anglais. C'était un séjour de courte durée, une visite familiale suivie d'une tentative d'émigration timide. Mais pendant ces quelques mois, on m'a inscrite à l'école pour la première fois. Je ne parlais que persan.

À l'aéroport, les agents de sécurité ont mis nos bagages sens dessus dessous. Ça n'avait pas l'air de déranger Baba, qui ouvrait ses valises tout en passant de la pommade aux hommes.

« *Ei Vai*, est-ce que j'ai laissé un paquet ouvert de Lucky Strike dans ma chemise ? Prenez-les, Agha. L'odeur abîmera le tissu... Je fume des Mehr, mais les gens offrent des choses vraiment curieuses à leur dentiste. »

Le vacarme et l'agitation étaient à leur comble. Un agent s'est emparé de Babaeejoon, un mouton en peluche que nous adorions, et l'a éventré d'un coup de couteau, arrachant son rembourrage pendant que mon frère, Khosrou, sanglotait sur l'épaule de Maman.

« Sois courageux, Khosrou *joon*, lui a dit Baba. Ils sont obligés de vérifier, pour que de vilaines personnes ne passent pas d'articles en contrebande. »

Même si on m'avait offert Babaeejoon après mon ablation des amygdales, sa mort est devenu le traumatisme de mon frère, car la peluche lui appartenait au moment de son éventration. Je me suis calmée en récitant les âges de tout le monde : tante Sepi avait dix-neuf ans. Maman avait vingt-huit ans. Maman Moti quarante-quatre. J'avais cinq ans, Khosrou deux. Dans l'avion, on nous a servi du gâteau de riz au safran.

Ce soir-là, j'ai dormi avec Maman Moti, ma grand-mère de la ville, comme je l'appelais. Avec ses cheveux relevés en torsade et ses chemisiers en soie, elle était diamétralement opposée à Maman Masi, qui ne dévoilait jamais sa chevelure teinte au henné au-delà de ses tempes. Un bruit m'a réveillée. Maman Moti priait.

« Je peux prier aussi ? » lui ai-je demandé.

Elle m'a parlé de Jésus, de l'amour et de la liberté, et je suis devenue croyante. Bientôt, Maman s'est convertie au christianisme aussi. À partir de ce moment-là, tout était un miracle. L'allergie au métal de Maman ? Disparue. Grâce à Jésus, elle pouvait de nouveau porter des bracelets. Tous les soirs, j'entendais Baba crier dans la pièce d'à côté. Avait-elle perdu la tête ? N'était-elle pas assez intelligente pour savoir que toutes les religions étaient manipulatrices et irrationnelles ? N'avait-elle pas vu son propre pays sombrer dans une folie intégriste ?

La vie de couple de mes parents était un désastre ; ils se disputaient, hurlaient et se jetaient des objets à la figure jusqu'au petit matin. Baba était prisonnier d'un démon qu'on ne pouvait nommer. Maman lui imposait des cures de désintoxication et il restait à la maison à trembler pendant un jour ou deux, jusqu'à ce que l'animal en lui se réveille et qu'il pourchasse ma mère pour récupérer les clés. Au début, ces crises de rage avaient une origine pathologique. Plus tard, elles seraient provoquées par un sentiment de perte imminente. J'avais entendu des histoires sur les débuts de leur relation, quand Baba cachait des amandes dans la maison et laissait des indices en vers pour Maman, parce qu'il savait qu'elle adorait les devinettes. Il avait une passion dévorante pour la poésie et les pique-niques au bord de la rivière, tout comme pour sa pipe. Pendant les repas de familles ou les fêtes, les gens guettaient son arrivée avec impatience. Et pourtant, j'avais peur de lui. Quand j'avais deux ans, il m'avait arraché les incisives, cassées par le chirurgien qui m'avait opérée des amygdales.

À Londres, Baba percevait une menace dans la nouvelle foi de Maman. La dévotion à un Dieu lointain peut elle aussi constituer une puissante addiction.

Maman a passé de nombreuses nuits à veiller avec sa mère absente, une femme assez jeune pour être de sa génération, dont elle avait recherché l'amour insaisissable toute sa vie. Elles buvaient du thé et parlaient de raison d'être et de foi. Ma mère, Sima, était la deuxième fille de Moti ; elle n'était pas son aînée infaillible et belle, Soheila, dont Moti se languissait le plus, ni son seul fils, ni sa précieuse benjamine, qu'elle avait prise avec elle le jour où elle avait fui en Angleterre, l'unique enfant qu'elle n'avait pas abandonnée et dans laquelle elle avait investi tous ses espoirs anglais. Maman n'était que la cadette consciencieuse. Celle qui étudiait ses manuels de médecine et cuisinait pour sa famille brisée. Celle qui faisait ce qu'on lui disait. Personne ne lui avait appris que c'était comme cela qu'on finissait par passer inaperçue. Elle s'était mariée jeune et avait découvert qu'on l'avait dupée : son époux était toxicomane. Maman détestait son métier de généraliste. Comme elle était arrivée dix-septième au Konkour, sa famille ne lui avait pas laissé d'autre choix que de faire médecine. Si elle avait avoué qu'elle rêvait parfois de gérer une exploitation agricole, on lui aurait ri au nez – son père était maire de la ville. Elle avait fait des études de médecine, épousé Baba. Elle avait trouvé de la bonté auprès de Maman Masi, une paysanne affectueuse aux doigts tachés de curcuma, qui vous étreignait et vous embrassait, vous nourrissait et vous complimentait. Maman Masi était assez âgée pour être la mère d'adultes.

Au moment de notre arrivée à Londres, Maman était à bout et impatiente que sa vie prenne enfin un sens. Piégée dans la République islamique, elle avait soif de rébellion, de liberté. Trop conservatrice pour devenir féministe, elle s'était rabattue sur la meilleure solution disponible : Jésus. Désormais, elle partageait quelque chose de plus crucial avec sa mère que Soheila ne l'avait jamais fait. Désormais, elle défendait un idéal que même la République islamique ne pourrait pas lui enlever, parce qu'elle était prête à mourir pour cela.

Maman Moti se targuait d'avoir le don de clairvoyance. Elle avait rêvé qu'un jour, ses quatre enfants seraient réunis autour d'elle en Occident et que ce seraient tous de vrais croyants. Ayant accompli son devoir, Maman a souri et entrepris de préparer le dîner.

Qu'est-ce que cela veut dire, croire *vraiment ?* Je ne le sais plus, même si je le savais à l'époque. Maman croyait en Jésus plus que je ne l'avais jamais vue croire en quoi que ce soit, et cela le rendait réel. Chaque soir, nous lui parlions toutes les deux, seules ou ensemble, avec plus de passion que nous n'en avions jamais mis à parler à quiconque.

Nous avons fêté mon sixième anniversaire avec un gâteau aux fraises, dans un parc de Golders Green. Nous avons laissé nos glaces fondre sur nos doigts. Nous avons vu des cheveux roux, blond platine, des peaux couleur café noir. Nous avons acheté des bananes et vagabondé dans la ville sans craindre les sirènes annonçant un bombardement ou la police des mœurs. Maman et Maman Moti avaient lâché leurs cheveux trop brossés sur leurs épaules. J'ai appris à écrire de gauche à droite et acheté trois nouveaux jouets : une ballerine qui dansait sur un podium, une Barbie, et une bande de pingouins qui montaient un escalier et redescendaient par un toboggan en spirale. Baba avait payé un tailleur pour faire coudre des boîtes de caviar iranien dans la doublure de sa valise. Il les a distribuées un soir, à une fête précédant le mariage.

Quand nos valises ont été rangées, j'ai commencé à imaginer une existence libre en Angleterre. J'étais convaincue que nous avions déménagé pour vivre avec ma chère et élégante Maman Moti et Gigi, son chat prétentieux. J'allais à l'école. J'apprendrais l'anglais. On ne m'a pas détrompée.

Au début, les autres enfants m'ont bien accueillie, m'ont enseigné des mots anglais avec des jouets et des images, m'ont expliqué comment fonctionnait le système des casiers et la file pour le lait. Mais au bout de quelques jours, un groupe de garçons a commencé à venir me chercher dans la cour de récréation, et sous prétexte de jouer, à me donner des coups de poing dans le ventre. Chaque matin qui passait, cela ressemblait de moins en moins à un jeu. Ils me suivaient à la trace en baragouinant on ne savait quoi, riant de mon air ahuri. Maman Moti m'a dit de prier et d'imaginer que Dieu me protégeait.

Un jour, je jouais avec d'autres filles à faire comme si la poignée de porte de la salle d'arts plastiques était une machine à glace. Cette salle se trouvait dans un local isolé au milieu de la cour goudronnée (comme un cabanon de jardin) et nous y allions souvent pendant la récréation. Alors que j'actionnais la poignée, un garçon a attrapé ma main et l'a fourrée dans l'ouverture de la porte. Un autre garçon a claqué le battant et j'ai entendu un craquement affreux.

D'abord, je n'ai rien senti – juste un picotement à la base de l'ongle de mon petit doigt, et ma main qui s'engourdissait. Mais ensuite il y a eu du sang – beaucoup – qui suintait autour des gonds et dégoulinait le long de la porte. Les adultes se sont précipités vers nous, émettant des sons étrangers. J'ai senti ma respiration changer et remonter vers le haut de ma gorge, où elle est devenue rapide et courte. Quand j'ai retiré ma main, l'extrémité de mon petit doigt, encore rattachée à un mince lambeau de peau, est tombée par terre. Le garçon avait l'air malade, le visage blafard et la bouche ouverte. Il ne s'est pas enfui. J'avais du sang poisseux jusqu'au coude, des traînées rouges sur le devant de mon tee-shirt, ainsi que sur mon visage, à présent. J'avais essuyé mes larmes sans réfléchir. C'est alors que le feu s'est déclaré à la place de mon ongle manquant et a jailli dans mon bras, redescendant par mon flanc.

J'ai hurlé.

Si j'avais eu sept ans, je me serais peut-être mieux débrouillée. J'aurais peut-être grappillé assez de mots d'anglais pour empêcher la bande de garçons blonds de me harceler tous les jours, de me donner des coups de poing dans le ventre, de tirer ma queue de cheval à l'heure du déjeuner. Si j'avais eu sept ans, j'aurais peut-être compris les mots que les enseignants me criaient à cet instant.

Mon sang a imbibé une première serviette en papier, puis une seconde, jusqu'à ce que le bitume élastique sous mes pieds soit couvert de fleurs rouges. Au milieu du chaos, l'une des adultes a ramassé mon petit bout de doigt. Elle l'a enveloppé dans une autre serviette en papier et me l'a donné, ce qui m'a paru logique. C'était un morceau de mon corps. Il fallait que je le garde. J'ai serré mon bout de doigt emmailloté contre ma poitrine pendant qu'on m'emmenait à l'hôpital.

Personne ne me l'a réclamé, jusqu'à ce que ce soit mon tour de voir le médecin, un homme aux larges épaules de l'âge de mes parents.

Encore des cheveux blonds, encadrant cette fois un visage bienveillant. Je lui ai tendu la serviette. Il a examiné le bout de doigt et m'a souri. Je n'ai pas saisi ce qu'il a dit mais ma mère était là et a déclaré que j'avais très bien fait de le garder. J'ai fermé les yeux pendant que le médecin recousait mon doigt.

« L'ongle ne repoussera pas », a-t-il expliqué à ma mère, et j'ai vu la douleur sur son visage quand elle m'a dit à la place qu'il ne pousserait peut-être pas aussi vite que les autres.

Nous sommes rentrées en voiture dans les rues embrumées, les mêmes rues que j'avais vues dans des dessins animés et des livres d'images à Ispahan, avec des étals débordant de bananes, des bouquets de ballons et des glaces où l'on plantait deux bâtonnets de chocolat. Quels miracles l'Angleterre m'avait offerts en un seul mois… Malgré ma main endolorie, j'aimais toujours ces rues. Je voulais arpenter celle de ma grand-mère à West Hendon, cherchant des pièces de monnaie pour m'acheter des Malteser et des vrais KitKat (avec le logo sur le chocolat) et des Hula Hoops. Je voulais aller au parc à Golders Green, faire un tour dans l'incroyable boutique Mothercare et au McDonald's attenant à Brent Cross. Je voulais continuer à apprendre des mots d'anglais pour poser à mes camarades toutes les questions que j'accumulais en prévision du jour où ma langue s'adapterait et où nous pourrions devenirs amis.

Vous saviez qu'il faut une semaine pour terminer un paquet de tamarin ?

Qu'est-ce qu'il y a au fond du hachis Parmentier, et pourquoi est-ce que ça résiste si bien quand je plonge ma fourchette dedans ?

Qui est Wee Willie Winkie ? Suis-je la seule à le trouver sinistre ?

Où sont vos hammams ? Pourquoi vous lavez-vous à côté des toilettes ?

Comment pouvez-vous accepter de vous assoir… sur des toilettes ?

J'adore vos cheveux jaunes ; vos taches de rousseur ; votre peau chocolat.

Vous voulez venir chez Maman Moti et rencontrer Gigi, son chat snob ?

Mais je n'ai rien pu faire ni dire de tout ça. Je n'avais pas les mots.

Ce soir-là, Maman Moti m'a dit de prier.

« Grâce à Dieu, on a pu recoudre ton doigt », a-t-elle déclaré.

J'ai rêvé que Jésus était assis au bord de mon lit. Cette fois encore, j'ai cru.

Dans les discussions des adultes à l'église de ma grand-mère et les murmures apaisants de mes parents, j'entendais toujours le même refrain sur la gratitude et mon doigt chanceux. Dieu m'avait protégée. C'était mon heure de gloire ! Mais j'étais furieuse. *Pourquoi personne n'est-il en colère ? Quelqu'un devrait punir ce garçon.*

Je ne suis jamais retournée dans cette école. Je me suis souvent demandé pourquoi ces garçons avaient été si gentils avec moi le premier jour, avant de se mettre à me traquer dans la cour. Des années plus tard, j'ai fini par conclure que ce devait être le temps qu'il leur avait fallu pour parler à leurs parents de la petite Iranienne.

Quelques semaines plus tard, nous étions de retour à Ispahan. On m'a envoyée dans une école pour filles islamique, en me disant qu'aucun garçon anglais cruel ne m'y suivrait. Ici, à la maison, j'étais en sécurité. L'école m'a fourni un voile qui couvrait ma nuque et mes cheveux. On m'a emmitouflée dans un manteau gris informe. Rien n'était simple ou pratique ; rien n'était à mon goût. Et donc, un jour de première année, j'ai commencé à compter des choses sur mes doigts chanceux.

Nous étions revenus transformés. Nous étions à présent des convertis dans la République islamique, des chrétiens clandestins appartenant à une église secrète. Nous avons enduré trois années cauchemardesques avant le jour de notre fuite – trois années d'arrestations et de menaces, d'intrusions de Gardiens de la révolution armés (*pasdar* ou *sepâh*), qui se glissaient sur la banquette de notre voiture aux feux rouges ou faisaient irruption au cabinet de Maman. Trois années de terreurs quotidiennes et d'excuses de Maman à propos de la foi et de l'inspiration divine.

C'était une douche froide chaque jour. La vie idyllique que je menais dans le village de mon père les vendredis, assise sur les genoux de ma douce grand-mère, à embrasser ses cheveux teints au henné, à écouter sa voix flûtée, à manger son poulet aux prunes ou son riz aux baies d'épine-vinette, alternait avec les retours à Ispahan, où nous retrouvions une nouvelle phase de la « guerre des villes » de Saddam Hussein (une série d'attaques aériennes qui avait coûté la vie à des milliers de personnes rien qu'en 1987). Tous les deux ou trois jours, des sirènes hurlaient. Nous calfeutrions nos fenêtres et courions nous réfugier à la cave, où nous discutions dans le noir avec nos voisins.

L'idée que Maman ait choisi ce moment pour faire du prosélytisme en dehors de son cabinet médical laissait Baba pantois – ils se disputaient tous les soirs. Construire une vie après la révolution leur avait demandé beaucoup d'efforts. Baba avait appris quels patients recevoir en priorité, quelles pattes graisser, quel tailleur trafiquait les valises, avec qui on pouvait fumer en relative sécurité. Or voilà que Maman sortait dans une ville dangereuse, entraînant ses deux enfants à sa suite, se débarrassant de son voile quand elle se glissait derrière des portes étrangères pour rencontrer des chrétiens. Elle racontait son histoire sur une station de radio chrétienne pirate, fourrait des tracts dans les tchadors d'autres femmes sous le nez de la police des mœurs et faisait tout ce qu'il était possible de faire pour attirer l'attention sur son apostasie. *Elle se sent peut-être coupable*, pensait Baba. Elle avait autrefois été une musulmane dévote et même si elle ne s'était jamais mêlée de politique, pour ne pas fâcher son père sévère et conservateur, elle avait participé aux manifestations contre le Shah avec d'autres étudiants en médecine, se couvrant les cheveux de son plein gré.

Mes institutrices ont commencé à me prendre à part à la récréation. Quand j'ai essayé de me soustraire aux leçons hebdomadaires sur l'Islam, elles m'ont retenue dans la cour et m'ont expliqué que Maman serait jetée en prison, battue, peut-être tuée.

Lorsque j'ai raconté à Baba que Khanom avait déchiré nos K et nos G fiers et élancés, un éclair a traversé son regard. Mon Baba était connu pour son hédonisme : son humour ravageur, son appétit gargantuesque, sa passion pour la poésie. Nous étions des âmes sœurs dans nos excès secrets. Cela dit, ses vices n'étaient pas tous joyeux. Il aimait le pavot, qui le rendait sujet à des crises de rage. Sa colère était lente à s'embraser, mais gare à vous si vous provoquiez l'étincelle.

Le jour suivant, nous nous sommes rangées par classe dans la cour de récréation et avons entonné les slogans réglementaires, de toute la force de nos petits poumons. Une élève plus âgée, de quatrième ou cinquième année, appuyait un mégaphone contre ses lèvres pour nous faire répéter des serments étouffés que nous ne comprenions pas : *Je suis la fille de la révolution. Je suis la fleur de mon pays. Mort à l'Amérique. Mort à Israël.*

Puis Baba a déboulé par le portail métallique, avec sa chemise et sa cravate occidentale, passant à pas furieux devant la fresque de Khomeiny. En quelques secondes, la directrice et deux enseignantes l'avaient rejoint, hochant la tête, levant et baissant les mains. Je n'entendais que des bribes de la conservation.

« Oui, Dr Nayeri... »

« Je parlerai avec elle... »

« Monsieur, nous sommes en plein... »

Quand la vieille Mme Yadolai est arrivée, il s'est calmé, car elle était aussi douce et inoffensive que Maman Masi, sa mère.

Khanom est sortie de notre rang pour se diriger vers lui. Elle paraissait petite, tout à coup, comme l'une d'entre nous. Avait-elle vingt ans ? Vingt-cinq ? Elle essayait de paraître forte, professionnelle, mais Baba était sur le sentier de la guerre. Il voulait sa tête.

« Ce n'est qu'une enfant ! » a-t-il tonné dans la cour, fondant sur mon institutrice deux fois plus vite qu'elle n'avançait vers lui. « Vous êtes une adulte. Elle n'est pas responsable... Ce n'est pas votre ennemie ! »

Khanom a marmonné qu'il n'était question que de mon écriture.

« Elle a travaillé dur et j'ai vérifié ses exercices, a continué à tempêter Baba. Vous n'avez pas honte ? Où avez-vous étudié ? »

J'ai noté que cette dernière question aurait son importance dans l'affaire. Qu'elle affecterait la crédibilité de Khanom, sa part de pouvoir face à mon père. Baba n'était pas sexiste. Si mon institutrice avait carré les épaules, clamé : « à l'université de Téhéran » et défendu son comportement, si elle avait dit : « Dina est bavarde, maniaque et bizarre, elle a une démangeaison dans le cerveau et une vilaine écriture, et l'un de ses yeux est trop petit », il aurait manifesté un minimum de respect pour ses méthodes. Je le sais parce que Baba – même s'il fumait de l'opium, battait ma mère et était incapable de lever le petit doigt pour s'occuper de lui-même – m'avait appris à ne jamais céder devant un homme. *Si tu baisses les yeux, ils frapperont plus fort. Montre-leur les crocs, pas la gorge.* Mais on était à Ispahan en 1987 et la plupart des Babas n'enseignaient pas ces choses à leurs filles. Cette pauvre femme ne faisait pas le poids.

Elle s'est mise à pleurer. Elle s'est délitée devant un homme qui a secoué la tête d'un air réprobateur avant de s'éloigner, s'arrêtant pour adresser un signe de la main à sa fille fascinée qui, debout dans une rangée de têtes grises ahuries, se construisait en silence une carapace plus solide.

Ce soir-là, nous sommes allés nous promener sur le pont aux Trente-Trois Arches et Baba nous a emmenés à l'hôtel Koorosh, mon restaurant préféré, où d'autres médecins de la ville et lui avaient leurs habitudes. Nous avons mangé des *schnitzels* et de la crème caramel sur une nappe blanche, bu des boissons gazeuses au yaourt avec trois brins de menthe. Je savais désormais que mon institutrice n'était pas un monstre écailleux, une sorcière ni une démone, et qu'il était important de ne pas flancher. Et je savais que j'étais capable de prendre le parti de quelqu'un qui ne voyait pas tout à fait les choses du bon côté. En temps de guerre, le mal et le bien passent d'un camp à l'autre sans arrêt, comme un ballon de football.

Quelques jours plus tard, Maman a été arrêtée dans la rue par la *Gashte-Ershad*. Nous attendions à un feu rouge et mon petit frère, Khosrou, a ouvert la portière arrière et s'est élancé au milieu de la circulation infernale du matin à Ispahan. Assise sur le siège passager à côté de Maman, je n'ai rien remarqué. J'ai seulement vu ma mère tirer sur le frein à main et bondir de la voiture, traversant trois voies avant de rattraper Khosrou. Pendant sa course, son voile a glissé en arrière, révélant une demi-tête de cheveux lâchés. Alors des cris se sont élevés. Un *pasdar* pointait Maman du doigt en vociférant :

« Attention à ton hijab, femme ! »

Il s'est approché de nous, ses cris redoublant de force et de fureur. Il s'est mis à insulter Maman, la traitant de tous les noms.

« Mon fils est descendu de la voiture », a-t-elle expliqué.

Elle avait déjà rajusté son hijab, chaque mèche soigneusement dissimulée. Mais l'homme s'est planté devant elle et a continué à la menacer et postillonner. Ils se tenaient à côté de la portière ouverte du côté conducteur. S'il s'était penché vers le véhicule, le *pasdar* aurait aperçu l'énorme croix accrochée au rétroviseur. Il en aurait peut-être fait un problème. Il a hurlé encore un moment, donné un avertissement à Maman, et rejoint les autres miliciens qui nous observaient depuis leur voiture.

Quand le *pasdar* est reparti, les joues de Maman brillaient de rage. Je me demande si elle s'imaginait ce que ce serait de vivre dans un pays où les hommes sont punis pour ce genre de choses, où les femmes peuvent se défendre. Je me demande si elle rêvait parfois d'asséner une grande gifle à un imbécile ou un autre. Khosrou et moi sommes restés dans la voiture, à visualiser des scènes violentes. Mon frère fixait le plafond avec une fureur contenue. Plus tard, il a expliqué à Maman comment il la protégerait, lui construirait un château sur une montagne très éloignée et le remplirait de Smarties.

Maman m'a déposée au cabinet dentaire de Baba pendant qu'elle allait faire des courses avec Khosrou – mon mal des transports chronique faisait de moi une passagère exécrable. Je me suis faufilée dans la salle de soins et je me suis assise sur la chaise de l'assistante pour regarder Baba poser un plombage. De longs cheveux aux reflets roux tombaient en cascade sur le dossier du fauteuil. Je me suis penchée pour mieux voir. La patiente portait un chemisier en soie et un jean. Son tchador était accroché à une patère près de ma tête – dans le cabinet de Baba, les femmes étaient libres de se découvrir ou non quand la porte était fermée.

« Tu ne vas pas dire bonjour, Dina *joon* ? » m'a demandé Baba.

Je me suis exécutée en marmonnant. Mon père a froncé les sourcils.

« Depuis quand es-tu si timide ? »

J'ai jeté un coup d'œil aux lèvres rouges et aux yeux maquillés de la femme. Elle ne me disait rien. De toute façon, qui pouvait reconnaître un visage à la bouche grande ouverte ? Mais alors Baba s'est redressé et sa patiente s'est assise pour cracher.

« Bonjour, Dina *joon* », a-t-elle dit.

Je connaissais cette voix – c'était ma maîtresse de première année, Mme Yadolai. La vieille Mme Yadolai, qui, par on ne savait quel sortilège, semblait avoir retrouvé ses vingt-cinq ou trente ans.

« Je t'ai vue réclamer le silence dans la salle d'attente, a-t-elle remarqué. Où as-tu déniché ce joli costume d'infirmière ? »

Elle parlait de la photo qui occupait un pan entier de la salle d'attente de Baba – un portrait de moi, un doigt posé sur les lèvres. J'ai haussé les épaules, trop subjuguée par le miracle qui s'opérait sous mes yeux.

« Ne sois pas malpolie, Dina, m'a tancée Baba.

— Pardon, ai-je dit. Comme vous avez de beaux cheveux roux, Mme Yadolai ! »

Le Petit Chaperon rouge était l'un des rares contes que les mollahs n'avaient pas interdit ; la plaisanterie n'était pas neuve. Avec un rire, Mme Yadolai a remercié Baba et récupéré ses affaires.

« On se verra à l'école », m'a-t-elle dit en se drapant dans son tchador noir, qu'elle a tiré sur ses tempes.

Malgré son maquillage, elle avait pris vingt ans en un seul geste. Un bon débarbouillage lui en ajouterait vingt de plus, et la priverait de tout son pouvoir : d'ici au lendemain matin, elle serait redevenue la vieille Mme Yadolai.

Je comprenais enfin la fonction du hijab.

J'ai commencé à croire que le christianisme était féministe. Des années plus tard, ma mère me dirait que quand elle était musulmane, elle cherchait simplement quelque chose, et que l'Islam ne correspondait qu'à une partie de ce qu'elle jugeait sacré. Elle avait trouvé dans le christianisme ses convictions sous leur forme la plus pure. Je sais désormais que je cherchais le féminisme, et en cours de route, je me suis séparée de toutes les doctrines et institutions qui ne correspondaient pas à mes attentes. L'Islam figurait en tête de liste. Avec le temps, la religion dans son ensemble suivrait.

Notre église n'était souterraine qu'au sens figuré du terme ; elle se cachait derrière des portails et d'épais rideaux. Les réunions avaient lieu selon un planning tournant chez des Assyriens et des Arméniens, qui échappaient en théorie aux persécutions, s'ils pouvaient prouver leurs origines et s'abstenir de tout prosélytisme. Seuls les apostats et les prêcheurs de bonne parole risquaient la prison et la mort. En nous accueillant chez eux, nos hôtes nés chrétiens liaient leur destin au nôtre, et cela créait des attaches qui dépassaient l'amitié.

Il n'était pas rare que nous entendions parler de pasteurs, même arméniens, qui s'étaient fait tuer ou avaient disparu dans la tristement célèbre prison d'Evin. Les tortures et les assassinats de prisonniers politiques y étaient systématiques. Nous nous concentrions sur autre chose. Après avoir franchi discrètement un portail, nous enlevions nos voiles, chantions des cantiques, préparions les festivités de Noël et écoutions les sermons amusants de notre pasteur assyrien corpulent et très barbu, Frère Yusuf. Maman nous avait expliqué ce qu'était Noël l'année où nous étions rentrés d'Angleterre. Elle nous avait décrit les chaussettes que l'on accrochait au pied du lit et le Père Noël, et j'avais pensé que ce personnage ressemblait à une version plus âgée de Frère Yusuf.

« S'il rend visite à tous les enfants du monde, pourquoi n'est-il jamais venu nous voir ? » avais-je demandé.

Maman m'avait répondu qu'il ne rendait visite qu'aux enfants chrétiens, dont nous faisions partie, maintenant. N'était-ce pas excitant ?

« Mais je n'avais jamais entendu parler de Jésus avant, avais-je rétorqué. Tu dis que le christianisme est juste. Si je n'étais pas au courant, pourquoi le Père Noël n'est-il pas venu me voir ? Et les enfants qui sont trop jeunes pour avoir une religion, alors ? Le Père Noël ne passe que dans les maisons où il y a des parents chrétiens ? »

Maman avait cligné des yeux plusieurs fois.

« Dina, c'est juste pour s'amuser. C'est peut-être le Père Noël qui vient, c'est peut-être Frère Yusuf qui se déguise. Tu veux avoir une chaussette avec des cadeaux, ou tu veux faire la grève parce que tu n'en as jamais eu ?

— J'en veux une, avais-je déclaré, remisant aussitôt mon scepticisme.

— Très bien », avait dit Maman, avant d'ajouter (comme elle le faisait souvent) : « Continue à poser ce genre de questions. Tu peux réfléchir par toi-même, maintenant ; ne répète plus ce qu'on te dit. »

Pendant un temps, c'est ce que j'ai fait. Je lisais ma bible, repérais des incohérences et les signalais à Frère Yusuf. Je posais souvent mes questions quand plusieurs familles étaient réunies autour de notre *sofreh*, ou du sien, pour partager un festin. Je n'avais jamais vu personne manger aussi lentement que Frère Yusuf. Il se délectait de chaque bouchée – la dégustant, la savourant et se léchant les lèvres, ses grosses joues barbues rebondissant quand il mâchait –, puis il hochait posément la tête et complimentait la personne qui avait cuisiné. Il traitait mes questions comme celles d'un adulte, comme si je participais à un débat théologique important. Cela dit, il ne résolvait pas toujours mes problèmes. Il expliquait la plupart des contradictions de deux façons : « Les règles étaient différentes au temps de l'Ancien Testament », ou « Ce n'est pas formulé comme ça dans le texte hébreu original ». Peu importait. L'essentiel, c'était qu'il était impressionné et me trouvait intelligente.

Quand Frère Yusuf et les chrétiens venaient chez nous, Baba filait à Ardestan ou s'enfermait dans son bureau – il méprisait Frère Yusuf, qu'il appelait « ce sale Assyrien » ou « ce charlatan barbu ».

Un jour de 1987, alors que la guerre se poursuivait, que les sirènes hurlaient et que les annonces d'exécutions s'enchaînaient, Maman a été arrêtée. J'ignorais ce qui s'était passé exactement, mais des hommes avaient fait irruption dans son cabinet, renvoyé ses patients chez eux et l'avaient interrogée pendant des heures. Ils lui avaient donné deux options : fournir des informations sur l'église clandestine ou risquer d'être incarcérée et exécutée.

Maman et Baba se sont disputés. Baba a menacé de la séparer de Khosrou et moi. Elle nous a emmenés à l'hôtel un soir, mais les réceptionnistes ne voulaient pas d'une femme seule avec deux enfants.

Ayant trouvé sa raison d'être, Maman a redoublé d'efforts. Elle cachait des piles de tracts chrétiens sous une mince couverture à l'arrière de sa voiture et les distribuait à ses patients ou connaissances. Elle a commencé à étudier le braille et la langue des signes, pour pouvoir évangéliser les sourds et les aveugles.

Elle a été arrêtée une nouvelle fois, son bureau mis à sac, ses dossiers volés. Elle s'attachait avec davantage de rigueur à son rôle de mère de famille, cousant des écureuils et des chats en peluche élaborés, plus vrais que nature. Elle avait trouvé de la mousse à matelas peu épaisse, avec laquelle elle avait fabriqué une petite voiture pour Khosrou. Plus la surveillance de la police des mœurs devenait étroite et insoutenable, plus Maman se reposait sur l'église et Frère Yusuf. Parfois, quand j'épiais leurs conversations dans le bureau du pasteur, je décelais une intimité qui me faisait l'effet d'une trahison envers Baba – ils discutaient d'un ton trop enjoué. C'était une étrange habitude des chrétiens convertis, ces échanges excessivement affectueux, censés imiter une relation entre frère et sœur : « mon très cher », « ma très chère » et ainsi de suite. Chaque fois que Maman s'entretenait avec le pasteur, il laissait la porte de son bureau grande ouverte.

Un après-midi, une voiture s'est arrêtée dans un crissement de freins derrière le haut mur qui séparait la maison de Frère Yusuf de la rue. La femme du pasteur est sortie précipitamment de la cuisine et a pris sa petite fille Rhoda dans ses bras. Son fils Yoonatan et moi avons interrompu notre partie de cartes. Maman et Frère Yusuf ont rangé leur bible et ma mère a remis son hijab. Un coup sourd a fait trembler le portail métallique à l'extérieur.

« Je vais enfoncer la porte ! » a crié un homme.

Et même si sa voix était furieuse, presque violente, toute ma peur s'est dissipée. Je connaissais cette voix et peu importait à quel point elle tempêtait ou qui elle menaçait, elle ne m'inspirait que de la joie.

Khosrou, lui, était terrifié. Il s'est réfugié dans les bras de Maman en hurlant. Il a sangloté un moment puis a froncé les sourcils, comme s'il venait de recevoir de nouveaux ordres, un nouveau rôle.

« Ne t'inquiète pas, maman. Je te protégerai ! »

Frère Yusuf avait à peine ouvert le portail que Baba s'est jeté sur lui et l'a saisi à la gorge. Il lui a crié des choses horribles.

« Sale Assyrien ! » a-t-il craché, dressé devant le pasteur, les poings toujours refermés sur le col de sa chemise. « Tu ne peux pas corrompre ta propre femme ? Tu sais quels problèmes tu nous as causés ? »

Pourquoi Baba était-il venu ce jour-là ? Il avait peut-être fumé, ou reçu une visite de la police des mœurs. Mais il n'a pas fait de mal à Frère Yusuf. Il a déversé toute sa colère et quand les femmes sont parvenues à le calmer il a tourné les talons, laissant Maman s'excuser encore et encore.

La guerre donnait l'impression que chaque chose serait la dernière de son espèce. Chaque après-midi paisible, chaque dîner en famille, chaque gorgée d'eau. À l'école, il arrivait que ma classe ne soit remplie qu'à un tiers, étrangement silencieuse et aérée, car les parents avaient entendu qu'un bombardement se profilait.

Nos institutrices semaient de terribles images au fond de notre esprit. Elles nous en disaient juste assez pour que je ressente le besoin d'interroger mon entourage sur le reste. L'année 1987 a été sanglante. Pour certains, 1988 serait pire. Des milliers d'intellectuels, de militants de gauche et de dissidents ont disparu, fusillés ou pendus à des grues, agonisant lentement. Pieds tranchés et dos écorchés, cuisses brûlées au fer, assassinats maquillés – c'était une purge telle qu'on n'en avait jamais connue en Iran. Dans mes cauchemars, ces images entraient en concurrence avec des scènes du Livre de la Révélation et de films sur l'enlèvement de l'Église : cavaliers, épidémies et Antéchrist. Lequel de ces destins était le pire ? Était-ce le genre de questions que beaucoup de fillettes de dix ans devaient trancher ?

J'ai décidé de parler à mon institutrice, pour faire la paix. Un jour à la sortie des classes, j'ai attendu que la salle se vide, rajusté mon voile, vérifié que mon pupitre était bien rangé, et je me suis approchée de son bureau.

« Khanom », ai-je dit.

Elle n'a pas levé les yeux des pages qu'elle corrigeait.

« J'ai travaillé mon écriture.

— C'est bien, a-t-elle répondu, la tête toujours baissée, ne me laissant voir que la bosse en tissu gris de sa tête. C'est pour ça qu'on est là.

— Je n'ai rien dit à Baba, ai-je repris, tâchant de rester digne. Il vérifie mes exercices. Je n'ai… »

Alors elle a fixé son regard glacial sur moi, croisant les bras d'une façon étudiée, raide.

« Mlle Nayeri, le monde est très dur pour les femmes, a-t-elle déclaré. Il est mille fois plus dur que pour les hommes. Quels que soient nos désaccords, on ne dénonce jamais l'une d'entre nous à un homme. Vous comprenez ? »

J'ai secoué la tête.

« Baba n'est pas un homme comme ça. Il était seulement en colère… »

Elle a levé les yeux au ciel, rebouché son stylo et s'est adossée à sa chaise.

« Qui est votre plus grande rivale en classe ? Qui détestez-vous plus que moi ?

— Je ne vous déteste pas, Khanom », ai-je dit.

C'était un désastre. Elle a attendu. Je ne voulais pas répondre, car Pooneh était aussi ma meilleure amie et une cousine éloignée. Je l'adorais et j'avais tellement envie de la battre que parfois, quand nous nous embrassions sur les deux joues comme nos parents nous avaient appris à le faire, je pressais mes lèvres contre son visage de toutes mes forces pour apaiser mes dents qui me démangeaient. C'était une affection douloureuse, complexe, comme un parrain de la mafia embrassant son frère ennemi pour la dernière fois.

Khanom souriait, à présent. Même si j'arrivais en tête du classement deux fois plus souvent que Pooneh, c'était moi qui essayais toujours de la dépasser, parce que j'attachais une importance manifeste à la chose, alors que ma cousine haussait les épaules, souriait et gonflait ses joues de porcelaine. L'idée de devoir endurer vingt ans de plus à me mesurer à Pooneh m'épuisait autant qu'elle me ravissait.

« Quoi que vous fassiez à l'autre pour gagner, dès l'instant où vous demandez l'aide d'un homme, vous êtes des traîtresses », a déclaré Khanom.

Puis elle est retournée à son travail.

« Je suis désolée, ai-je déclaré, même si j'avais l'impression que l'histoire avait été réécrite en ma défaveur. Je referai mes exercices. Je vous aime vraiment. »

Elle m'a regardée d'un drôle d'air. J'avais commis un faux pas : on ne dit pas à son institutrice qu'on l'aime. Pourquoi avais-je dit ça ?

L'espace d'un instant, nous sommes toutes les deux restées campées sur nos positions, Khanom décidée à m'ignorer, tandis que je refusais de quitter son champ de vision. J'ai dansé d'un pied sur l'autre, passé ma sacoche dans mon dos.

Elle a fini par relever les yeux, avec un sourire gentil, cette fois.

« Ça va aller, Mlle Nayeri, a-t-elle dit. Je vais bien. Je suis plus forte que vous ne le pensez. » Elle a fait semblant de contracter ses biceps sous son tchador et nous avons éclaté de rire. « Que diriez-vous de vous charger d'un travail très spécial, que seules les meilleures élèves peuvent faire ? »

Les extrémités de mes doigts se sont glacées – je connaissais les rituels et les récompenses de mon école, mais je voulais à tout prix faire plaisir à Khanom. Elle s'est levée de sa chaise avec un soupir fatigué et a ouvert la bibliothèque derrière elle. Elle en a sorti un bout de papier, coincé sous le mégaphone rouge. Comme je ne bougeais pas, elle me l'a agité sous le nez jusqu'à ce que je le prenne.

« Vous pourrez diriger les exercices demain matin, a-t-elle dit. Ne soyez pas triste. » Elle s'est penchée à ma hauteur et m'a effleuré la joue. « Nous sommes réconciliées. »

Puis elle m'a serrée contre elle, murmurant des paroles encourageantes à mon oreille. Elle sentait le savon de ma mère et j'ai passé un bras autour de son cou. Sous son tchador, une masse familière m'a rassurée ; une queue-de-cheval basse, qui s'arrêtait à ses épaules. Cela m'a redonné confiance : mon institutrice était humaine. Son corps n'était pas couvert d'écailles. Elle avait de vrais cheveux attachés en queue-de-cheval, comme une petite fille. J'aurais voulu continuer à les toucher, mais elle s'est redressée.

Je suis rentrée chez moi avec des semelles de plomb, sentant l'haleine des quatre cavaliers sur mon cou. Pourrais-je échapper à l'enfer, si j'encourageais une cour de récréation remplie de fillettes à réclamer la mort d'Israël, le peuple de Dieu ? Autant enfoncer les clous moi-même dans les mains et les pieds de Jésus. J'ai pensé à Rhoda et Yoonatan, imaginé Frère Yusuf en train de savourer la salade russe de ma mère et de s'affubler de sa fausse bedaine de Père Noël. J'allais tous les trahir.

Seule dans ma chambre, j'ai continué à me ronger les sangs. J'ai enlevé mon uniforme pour le mettre au sale. Je me suis assise à mon bureau et ai tenté de faire mes exercices de maths à travers mes larmes. Comment allais-je survivre à la journée suivante ? En plus de me condamner à l'enfer, elle serait humiliante. Moi qui m'étais vantée haut et fort de ma nouvelle foi... Quelques heures plus tard, Maman a débarqué dans ma chambre.

« Qu'est-ce que c'est ? » m'a-t-elle demandé.

Elle tenait mon manteau dans une main, le bout de papier avec les slogans dans l'autre.

« Pourquoi as-tu ces horreurs dans ta poche ? »

La barre métallique planait si haut dans ma gorge que j'avais du mal à respirer. J'ai tout avoué.

« Tu ne peux pas faire ça, Dina », a décrété Maman.

Elle m'a rappelé l'histoire de Pierre qui avait renié Jésus trois fois, de Judas, et de tous les autres traîtres de la Bible et de l'histoire.

« Quand les élèves se mettent en rang pour les slogans, qu'est-ce que tu fais d'habitude ?

— Je ne les répète pas. Je demande à Jésus de me donner de la force, comme tu me l'as conseillé.

— Tu diras à ton institutrice que ta mère t'interdit de participer.

Que dans ta religion, on ne récite rien. Ne discute pas du texte avec elle. Puis remets-toi en rang et fais comme d'habitude, d'accord ? »

J'ai hoché la tête.

Le jour suivant, je me suis traînée jusqu'à l'école. Je me séparais un peu plus de mon corps à chaque pas et quand j'ai franchi la grille de l'établissement, traversé la cour et grimpé sur l'estrade, je me sentais anesthésiée et molle, flottant hors de moi-même. J'étais déjà dans la voiture de Baba qui filait vers Ardestan, vers les bras flétris couleur henné de ma Morvarid. L'estrade ne faisait que quelques centimètres de haut. J'ai enchaîné les slogans avec le mégaphone rouge, attendant à peine que les autres aient fini de les répéter. J'ai repensé aux blondinets londoniens qui m'avaient frappée et m'avaient tranché le doigt et je me suis dit, peut-être que la méchanceté est génétique ; peut-être que certaines personnes, comme les garçons anglais et les filles persanes, ont ça dans le sang.

Quand ma voix a faibli, une enseignante a redressé mes épaules et le mégaphone et j'ai senti le goût du plastique et du métal sur mes lèvres. J'ai lu les derniers mots, puis je suis descendue de l'estrade pour rejoindre ma classe, rendant le papier à Khanom au passage. Dès l'instant où la dernière syllabe s'est échappée comme du phlegme de ma bouche, j'ai commencé à prier pour être pardonnée ; j'ai prié toute la journée. Je n'ai jamais avoué à Maman ce que j'avais fait. Elle s'en doutait peut-être. Il m'a fallu des mois pour échapper à l'écœurement de cette matinée et même à ce moment-là, elle a continué à me hanter : bien après avoir dit adieu à la République islamique, la guerre et mes années de réfugiée et être devenue une Américaine ordinaire, je resterais une personne qui avait grimpé sur une estrade dans une cour d'école d'Ispahan et crié *Mort à l'Amérique* dans un porte-voix.

Pendant quelques semaines, au printemps 1988, une pause apocalyptique s'est installée – c'était l'impression que cela donnait, quand les sirènes nous avertissaient de bombes déjà en route. Une pause durant laquelle nous levions les yeux vers le ciel, attendant qu'on nous confirme que cela valait la peine de poursuivre nos activités quotidiennes, que dans une heure, nous aurions toujours une maison et une école. Un corps. La télévision braillait des insanités – était-ce de la propagande, ou les producteurs avaient-ils sombré dans la folie ? Je frissonne encore au souvenir d'un film où deux garçons au crâne rasé et aux longues tuniques blanches, de bons petits musulmans habitant dans une ville moins sophistiquée, traversaient les ruines de leur quartier détruit par les bombes pour retrouver les cadavres de leurs parents. Ils passaient devant un homme en larmes qui portait le corps sans vie de son fils – leur ami. Quand ils découvraient les décombres de ce qui avait été le toit de leur maison, ils s'asseyaient dessus et pleuraient, caressant le sol, devenu le tombeau de leur famille, avec la main sacrée des nouveaux orphelins. Ce film passait à quinze heures, l'heure des programmes pour enfants.

Je n'arrivais pas à respirer. Je ne méritais pas de respirer. Rien ne m'appartiendrait pour toujours.

« Maman… » Je me précipitais vers elle et sanglotais dans sa jupe. « Raconte-moi une devinette. »

L'école était un lieu fantomatique, quasiment désert à présent. Les institutrices ne prenaient plus la peine de nous faire classe. Nous restions assises dans un silence solitaire, à écrire. Pendant la récréation, nous errions chacune de notre côté dans le couloir et la cour. Les groupes s'étaient dissous. Pooneh ne venait plus. Elle me manquait. J'avais besoin qu'elle soit là pour m'obliger à donner le meilleur de moi-même.

« Une rivale digne de ce nom est une chose précieuse », disait Baba.

« Tu ne devrais être en concurrence qu'avec toi-même », rétorquait Maman.

Y avait-il eu un jour où ces deux-là avaient été d'accord ?

Ispahan était devenue silencieuse et triste. Les gens sortaient furtivement, échangeaient des tickets de rationnement contre des produits de première nécessité, et se dépêchaient de rentrer chez eux, emportant leur thé dans les abris anti-aériens. Le Nouvel An a ralenti les choses. Il a apporté du poisson fumé, des fleurs sur les rosiers et de minuscules bourgeons roses, mais peu d'espoir. Nous nous réfugiions dans le cocon de l'église, écoutions parler de nos frères et sœurs assassinés et priions pour être sauvés.

Pendant ce temps, au ministère du Renseignement, un homme avait décidé de s'occuper personnellement du cas de Maman. Elle a été arrêtée une troisième fois à son cabinet, jetée en prison pour la nuit. L'homme l'a avertie que si elle refusait encore de livrer des informations sur son église, elle serait exécutée. Baba a payé pour qu'on la place en résidence surveillée. Avant de la relâcher, l'homme a prévenu Maman qu'il lui laisserait une dernière chance le lendemain ; si elle ne la saisissait pas, elle ne rentrerait plus jamais chez elle. Ce soir-là, des voitures de police ont encerclé notre immeuble.

Maman n'a pas dormi. Elle a préparé nos valises.

« Nous allons partir. Je le sais. C'est le moment où Jésus va faire des miracles. »

Khosrou était tendu, son petit front toujours plissé. Il allait devoir se dépêcher, s'il voulait construire son château pour Maman à temps.

« Ton Jésus va te sauver ? a hurlé Baba. Admets au moins que c'est moi qui vais faire tous ces miracles ! J'ai perdu ma famille à cause de ce bonimenteur, ce charlatan, cet escroc... Tu le remercieras bien de ma part. »

L'arrivée de ce jour avait heurté Baba comme un rocher dévalant une montagne ; il avait fait tant d'efforts pour l'empêcher de tomber... Mais Maman s'apprêtait à partir avec ses enfants et à l'abandonner, en même temps que son pays et sa vie.

Il a passé la nuit à téléphoner. Maman priait.

Le lendemain matin, pour ne pas éveiller les soupçons, Baba s'est rendu à son cabinet comme d'habitude, et moi à l'école. Quelques institutrices et élèves au hijab drapé sans enthousiasme erraient dans les couloirs. Nous avons lu en silence toute la journée et je suis repartie tôt. Une fois à la maison, j'ai préparé mon sac. La démangeaison me tourmentait et m'étouffait. Je fixais mes peluches et mes livres soigneusement rangés, mon système solaire, la poupée victorienne à la robe plissée où l'on pouvait cacher des secrets. Je n'avais pas le droit d'emmener l'écureuil au ventre blanc duveteux, ni mon chat, mon éléphant ou mon caneton. Ils seraient plus en sécurité ici, m'avait dit Maman. *Tu te souviens de Babaeejoon ?*

Je serrais dans mon poing des cerises aigres séchées qui se réchauffaient et se désagrégeaient, tachant ma paume d'un rouge vif. Je contemplais un tiroir rempli de baies séchées et de pâtes de fruits. J'ai mangé les cerises chaudes dans ma main.

Malgré les circonstances, j'avais hâte de partir : toutes sortes de possibilités attendaient hors de nos frontières. Si seulement j'arrivais à laisser mes affaires...

Assis dans la cuisine, nous avons attendu mon oncle Reza – le frère cadet de mon père. Baba lui avait demandé de venir nous chercher avec une voiture de location. Quelques mois plus tôt, nous avions quitté la maison avec la piscine et les roses. Nous vivions désormais au troisième étage d'un immeuble, et j'imagine que nous pensions nous enfuir par l'escalier de secours à l'arrière du bâtiment.

Reza avait treize ans à ma naissance. Désormais âgé de vingt et un ans, il avait des cheveux châtains souples et un sourire nonchalant, un jean délavé, le genre de jeunesse et de liberté que l'Iran n'accordait qu'à certains hommes, et seulement brièvement. Je ne pouvais pas imaginer de personne plus héroïque. Les vendredis à Ardestan, Reza m'installait à l'arrière de sa moto et nous filions à travers la campagne, longeant des rivières peuplées de canards et des vergers débordant de cerises aigres, de mûres, d'amandes et de prunes vertes, jusqu'à une montagne où des moutons paissaient. L'arrière de cette moto était la paix pour moi, un lieu où rien ne m'inquiétait. C'était la liberté, mes cheveux volant au vent tandis que j'enserrais la taille de mon oncle et criais contre son épaule. Comment vivrais-je, sans ces après-midis-là ? Qui serait mon nouvel oncle Reza ? Et s'il lui fallait des années pour nous suivre ? Et s'il ne le faisait jamais ?

À la table de la cuisine, Maman soulignait des passages de sa bible avec une troisième ou quatrième couleur (une pour chaque année). L'idée de devoir partir a commencé à m'affoler. J'aurais terminé ma troisième année de primaire dans deux mois. Il faudrait que j'apprenne l'anglais. Combien de temps cela mettrait-il ? Comment pourrais-je être première de la classe si je ne parlais pas anglais ?

« Maman », ai-je dit.

Elle a continué à lire.

« Maman !

— Quoi ? a-t-elle demandé en levant la tête.

— Comment dit-on "écrire" en anglais ? »

Elle me l'a expliqué, puis a froncé les sourcils et ajouté :

« Pourquoi ?

— Parce que tout sera pareil en maths, mais pendant les dictées, l'institutrice dit toujours : "écrivez ci, écrivez ça". Alors si je repère juste le mot "écrire" et que je note les sons que j'entends ensuite... »

Après trois ans de dictées iraniennes, après Khadijeh, je classais les contrôles en deux catégories : les faciles, et ceux ou une enseignante en tchador vous soufflait sur la nuque, hurlant des phrases que vous deviez écrire mot pour mot au stylo plume.

Maman a éclaté de rire.

« Les dictées anglaises ne sont pas comme ça. Tu verras. »

Au moment où Reza arrivait, des sirènes se sont mises à hurler. Nous avons observé les voitures de la police depuis la fenêtre de la cuisine ; elles ont hésité, puis se sont dispersées.

« Allons-y », a dit Reza.

Le hasard avait ouvert une faille dans la surveillance autour de Maman ; j'ai pris la main de mon oncle préféré pour la dernière fois, et nous nous y sommes engouffrés.

Nous avons sauté à l'arrière de la voiture avec nos valises. La rue était déserte, rien qu'un long vide traversé de rayons de soleil, où j'avais l'habitude de jouer avec les enfants du quartier. Estompées par la pluie, les pneus et les empreintes de pas, nos marelles tracées à la craie coloraient encore l'espace de bout en bout. Cette première étape du voyage serait courte. Nous prendrions l'avion pour Téhéran, puis la voiture jusqu'à Karaj, où nous pourrions nous cacher chez la grand-mère de Maman (la mère de Moti). Elle avait des coussins alignés contre un mur à côté d'une petite télévision, un mari alité et des cerisiers qui seraient en fleurs à cette époque.

Plus tôt dans la matinée, j'avais interrogé Baba avant qu'il parte au travail :

« Quand est-ce que tu viendras ?

— Bientôt, avait-il répondu. Je vous rejoindrai à Karaj. »

Reza a emprunté un itinéraire qui passait devant l'immeuble de mon père ; son cabinet était au troisième étage, sa salle de soins donnait sur la rue.

« Dites au revoir à votre Baba », a dit mon oncle d'une voix trop calme et basse.

J'ai plissé les yeux pour mieux voir l'homme à la fenêtre et j'ai agité la main. Je connaissais cette fenêtre, le grand fauteuil derrière, le bureau avec nos photos éparpillées sous du verre. Je n'ai pas réussi à distinguer le visage de Baba. Nous étions dans un véhicule en marche et il se trouvait trois étages plus haut.

À l'avant de la voiture, Maman fixait les rues d'un regard éploré, scrutant chaque enseigne de magasin et chaque poteau électrique. Dire au revoir à Baba m'avait troublée. Maman me disait toujours la vérité, toujours. Elle m'avait parlé de ses arrestations, des pasteurs exécutés. Mais je comprenais maintenant que nous allions refermer une porte encore plus hermétiquement que je ne le souhaitais, que je ne connaîtrais plus jamais cette vie de l'intérieur. Je ne m'assiérais plus à côté de mes cousins, ne chercherais plus mon nom au-dessus de celui de Pooneh, ne repousserais plus les cheveux de Maman Masi sous son voile. Morvarid mourrait sans moi.

Je me suis promis plusieurs choses : si nous parvenions aux États-Unis ou en Angleterre, je travaillerais vingt fois plus dur, pour ne pas subir le même sort que Khadijeh. J'apprendrais l'anglais et je deviendrais exceptionnelle. En Occident, les criminels ne détiendraient pas le pouvoir. Les institutrices seraient gentilles. Les rivales dignes de ce nom ne manqueraient pas.

Baba continuait à passer des coups de fil depuis son bureau. Je ne sais pas à quel moment ma famille a trouvé la solution pour quitter clandestinement Ispahan. Je sais seulement que c'est arrivé à la dernière minute, car quand nous avons pris la voiture pour l'aéroport, nous n'avions pas de billets d'avion et pas d'espoir. Tous les vols étaient annulés à cause du raid aérien. Mais par miracle, avant notre départ ou pendant le trajet, Baba a réussi à joindre un ami : peut-être un camarade de classe du village, un ex-prisonnier comme lui, un client de sa fumerie, ou plus probablement un patient qu'il avait soulagé d'une douleur.

À deux ou trois kilomètres du terminal, notre voiture est tombée en panne. La route était plate et sablonneuse, comme un désert, et il n'y avait pas de circulation, à présent que l'aéroport était fermé. Puis Reza a aperçu une jeep au loin. Alors qu'elle s'approchait, le vert olive de la police a taché l'horizon et Maman s'est mise à prier.

Reza avait-il une personnalité aussi extravertie que mon père ou mon frère ? Il m'a laissé le souvenir d'une personne réservée, avec un rire silencieux, et je ne l'ai jamais revu après ce jour-là. Il me reste une photo de nous deux à mon huitième anniversaire, en train de courir autour des dernières chaises musicales ; mes cheveux volent, Reza sourit. Il n'avait rien d'un cabotin, contrairement à Baba, mais à vingt et un ans, il était assez charismatique pour sympathiser avec un policier qui n'avait pas pris la peine de contacter les autorités centrales ce matin-là. Le nom sur ses papiers d'identité correspondait à celui de ma mère. Ses cheveux avaient des reflets roux comme les miens. Le policier était peut-être mauvais en maths (Reza était bien trop jeune pour être mon père) ou bien il n'avait pas envie de se fatiguer. Il a ressuscité notre batterie avec des câbles de démarrage et nous a escortés jusqu'à l'aéroport.

Quelques minutes plus tard, l'agent de sécurité qui était ami avec Baba (ou un de ses camarades de classe ou client) nous aidait à monter à bord d'un avion-cargo qui s'était arrêté pour se ravitailler en kérosène. Nous avons rejoint Téhéran sans nous faire repérer, assis à côté des marchandises. Pendant des décennies, je suis restée convaincue que notre fuite était prédestinée. Nous sommes allés nous réfugier chez mon arrière-grand-mère Aziz, à Karaj. À partir de là, Maman et Baba se sont démenés pour nous faire quitter le pays, et c'est à cet instant que nous avons assisté aux Trois Miracles de Maman, la fondation du récit de notre fuite, et donc de nos futures identités.

Peu avant notre départ, un homme a appelé le cabinet de Baba à minuit, pensant tomber sur un répondeur. Il souffrait le martyre à cause d'un abcès dentaire. Baba était affalé derrière son bureau, exhalant de la fumée dans le noir, se demandant comment nous allions pouvoir nous enfuir sans visa ni passeport, dans un pays où il fallait des mois pour obtenir ne serait-ce qu'un billet d'avion. Au milieu de ce brouillard, et sans raison particulière, il a répondu au téléphone. Son interlocuteur l'a supplié de l'aider. Mais Baba recevait sans arrêt des appels de ce genre. C'était l'un des meilleurs chirurgiens-dentistes d'Ispahan. « Je connais le docteur Nayeri, disaient les gens. Il a grandi à Ardestan et il conduit une voiture américaine. Il doit être doué. »

Juste avant de raccrocher, Baba a demandé : « Où travaillez-vous, Agha ? »

Au bureau des passeports, a répondu l'homme. Baba a éclaté de rire. C'était forcément une blague. Mais non : l'homme pouvait prouver ses dires. Quelques heures plus tard, Baba avait dégrisé et se penchait au-dessus de la bouche de l'homme pour un traitement radiculaire offert par le cabinet. Le matin suivant, ma mère, mon frère et moi avions nos passeports.

Nous avons décidé de tenter notre chance à Dubaï. Baba connaissait du monde là-bas. Et le passage par la Turquie semblait plus dangereux, plus proche d'un parcours de fugitifs. Il nous faudrait des visas et des billets d'avion, qui étaient tous déjà vendus depuis des mois. À l'époque, les Iraniens réservaient leurs vols à l'avance et payaient un tarif variable le jour du départ. Un matin, alors que nous prenions un petit déjeuner composé de pain, de fromage et de thé sucré avec Aziz, la radio a annoncé qu'en raison de l'inflation, Iran Air changeait sa politique tarifaire. Beaucoup de réservations avaient été annulées au passage. Maman a frappé dans ses mains et les a tendues vers le ciel.

« Un autre miracle ! »

Ce genre de remarques mettaient Baba hors de lui.

« Encore une fois..., c'était moi, disait-il. Pas Dieu. Je suis Dieu ! »

Peu après, un parent éloigné de Baba installé à Dubaï, un certain Jahangir, a accepté de nous servir de garant pour un visa touristique. Ses raisons demeurent un mystère pour moi ; seul Baba les connaît. Jahangir ignorait que Maman avait des ennuis, ou qu'elle prévoyait de rester à Dubaï après l'expiration de nos visas et de faire de nous des réfugiés, à la merci de l'ONU. En l'espace de quelques jours, au printemps 1988, nous quittions l'Iran en avion.

4

KAWEH ET KAMBIZ

Deux histoires m'obnubilent, ces derniers temps. Je les ai découvertes dans le journal à plusieurs années d'intervalles et ai décidé d'entamer des recherches à leur sujet il y un an. Au début des années 2000, deux jeunes hommes prometteurs quittaient l'Iran en passant par le Kurdistan. Ils ne se connaissaient pas, même s'ils auraient pu être frères. Leur visage et leur nom se ressemblaient étrangement. Cependant, le destin les recracherait aux deux extrémités d'un vaste spectre, deux pôles si éloignés que l'on se demande comment des sociétés civilisées peuvent accepter qu'une seule heure ou journée aient de telles conséquences (où est notre humilité ?). Tous deux avaient fui le danger et nourrissaient de grands rêves ; l'un recevrait l'étiquette d'opportuniste, l'autre de rescapé.

Kaweh et Kambitz ont quitté l'Iran au commencement de leur vie d'adulte. Sérieux et travailleurs, ils sont partis sans famille, sans argent ni vêtements de rechange. Je suis fascinée par l'endroit où leurs histoires divergent, la charnière cruciale où un homme est cru et l'autre non, cette station de pesage de la valeur humaine, gérée dans un but lucratif par les gagnants de la grande loterie de la naissance.

Comme beaucoup de garçons iraniens, Kaweh passait ses matinées dans une école islamique sévère, ses après-midis à taper dans un ballon de foot et frapper une balle de ping-pong pour défendre l'honneur de son village, et ses soirées à dévorer toute la littérature occidentale qu'il pouvait trouver. Son frère aîné étudiait les maths à la fac et lui rapportait des livres de Jules Verne : *Vingt mille lieues sous les mers, Le Tour du monde en quatre-vingts jours, Voyage au centre de la Terre.* Kaweh engloutissait ces romans la nuit, invitant Verne à lui révéler l'immensité du monde. Ses trois aînés, qui avaient environ dix ans de plus que lui, et sa petite sœur, qui en avait six de moins, se partageaient les chambres de la maison. Kaweh campait dans le salon. Il dormait, travaillait et allait à l'école seul, comme un enfant unique. Il avait développé une riche vie intérieure, sa solitude n'étant interrompuc que lorsque son père, un militaire sévère – un homme de peu de mots, qui n'avait aucun désir de grimper des montagnes ou d'explorer des rivières –, venait regarder *Hercule Poirot*.

Né en 1981 dans les montagnes verdoyantes du Kurdistan, le cou du « chat » (la forme de l'Iran contemporain sur une carte), Kaweh n'avait pas connu son pays avant la révolution de 1979. Dans son école, les professeurs vérifiaient les devoirs chaque jour. S'ils n'étaient pas faits, ils coupaient une baguette de bois dans un arbre et fouettaient les mains de leurs élèves, visant la chair tendre. En hiver, ils les obligeaient à enfoncer leurs mains dans la neige jusqu'à ce qu'elles soient engourdies. Ils forçaient leurs petits doigts à serrer des crayons.

Paveh était une bourgade kurde relativement pauvre, mais soudée. Tout le monde se connaissait et les enfants se disputaient les récompenses scolaires et sportives. Malgré cela, la loi obligeait la population à ne parler que persan à l'école, à la banque et dans d'autres commerces.

« Je ne comprends pas, dit Kaweh à sa mère un jour où ils cueillaient des aubergines et des tomates dans leur jardin. Hozan ne parle même pas bien le persan. En ville, on parle kurde, mais quand je vais à la poste pour lui donner une lettre, je dois lui expliquer ce que je veux en persan, en espérant qu'il ne se trompe pas. Si je dis un seul mot en kurde, il prend peur.

— C'est la loi, répondit sa mère, qui donna un coup de pied dans une noix tombée par terre et s'étira. Il ne veut pas d'ennuis. »

Quand ils eurent rempli deux paniers de pommes mûres et de légumes d'automne, Kaweh demanda :

« Daye, je peux avoir un peu d'argent ?

— Pour quoi faire ? demanda-t-elle, plongeant déjà la main dans la poche de sa jupe.

— Il y a une nouvelle boisson que les gens achètent sur la place. Elle les fait roter, et ils disent que c'est délicieux.

— C'est dégoûtant, Kaweh ! » dit sa mère en riant, et elle lui donna son argent.

Cet après-midi-là, Kaweh goûta son premier Coca-Cola, une joie de courte durée, puisqu'il recracha presque tout par le nez aussi sec.

« Ça pique comme des aiguilles ! » s'exclama-t-il.

Ce fut cette année-là que sa famille acheta une télévision et découvrit *Poirot* et d'autres feuilletons doublés sur les deux chaînes disponibles. Chaque soir, des voisins frappaient à leur porte pour les féliciter de cette acquisition. Les félicitations étaient encore plus chaleureuses quand on diffusait un match de foot. Bientôt, la première machine à laver arriva en ville et des frigos commencèrent à surgir un peu partout. La famille de Kaweh se procura toutes ces choses lentement et consciencieusement, et la vie devint plus variée et agréable. On avait le temps de se promener au bord de la rivière et de s'amuser dans la montagne enneigée, au fil des quatre saisons que connaissait la bourgade, et Kaweh commença à voyager pour des tournois de tennis de table et de foot.

L'interdiction de parler kurde le laissait toujours perplexe. Il voulait lire les mêmes magazines que ses frères. Il n'avait pas envie de parler à ses professeurs en persan. Tous les matins, il se réveillait au son des informations de la BBC et de Voice of America, que son père écoutait. C'est ainsi qu'il apprit l'existence du Parti démocratique du Kurdistan d'Iran (PDKI), l'organisation rebelle progressiste basée de l'autre côté de la frontière avec l'Irak, qui luttait pour les droits des Kurdes et l'autonomie de la province. Ses dirigeants étaient régulièrement pendus en place publique. Kaweh avait assisté à la mise en place des grues et des potences et aux proclamations : « Nous avons arrêté Untel pour trahison. Il sera exécuté aujourd'hui. » Le régime avait déclaré une guerre sainte contre le PDKI ; des milliers de personnes avaient été massacrées. Un jour, un habitant des environs avait été pendu, et on avait traîné son cadavre attaché à une voiture dans toute la ville, en guise d'avertissement pour quiconque envisagerait d'adhérer au parti.

Kaweh avait onze ans quand le chef du PDKI, Sadegh Sharafkandi, avait été assassiné par des agents iraniens au restaurant Mykonos à Berlin. Le prédécesseur de Sharafkandi, Abdul Rahman Ghassemlou, un héros de l'autonomie kurde, avait été tué en 1989 à Vienne. Les deux hommes avaient été enterrés au Père-Lachaise, à Paris. Ce second assassinat avait fait grand bruit à Paveh et dans les provinces kurdes. Les autorités iraniennes l'avaient-elles commandité ? Pendant des années, cette histoire avait pesé sur les cœurs kurdes, jusqu'à ce qu'en 1997 un tribunal allemand lance un mandat d'arrêt international contre le ministre du Renseignement iranien responsable.

Lorsque Kaweh atteignit l'âge de dix-sept ans, sa colère face au traitement infligé aux Kurdes avait atteint son paroxysme. Il trouvait de l'inspiration dans les histoires de ses héros politiques, qui lui donnaient envie d'agir. Un jour, son cousin Sattar, un garçon studieux du même âge que lui, prodige reconnu en maths, physiques et études coraniques, lui proposa de s'enfuir pour rejoindre le parti et défendre les droits des Kurdes.

« Portons-nous volontaires, dit-il. Si on est doués, ils nous enverront étudier en Europe. On pourra se battre pour une juste cause. »

Kaweh accepta. Chez lui, l'atmosphère était tendue. Il expliqua à ses parents qu'il allait participer à un tournoi de ping-pong d'une semaine et que son cousin s'était inscrit à un concours scolaire au même endroit.

« Où est le tournoi ? » demanda sa mère au dîner.

Les garçons avaient conclu qu'ils ne pourraient pas passer en Irak depuis Paveh, puisque tout le monde les connaissait. Ils avaient choisi une autre ville frontalière.

« Marivan », répondit Kaweh, en pensant au peu de choses qu'il pourrait emporter dans son sac et à ce qu'il devrait abandonner. « Je reviendrai dans une semaine. »

Kambiz vivait dans une province du nord de l'Iran, proche de celle de Kaweh. Si ce dernier habitait dans la partie avant du cou d'un chat tourné vers l'ouest, Kambiz se trouvait sur son dos, du côté est, à Shomal, où les gens allaient faire du vélo ou du ski dans l'Alborz, ou nager et déguster des poissons de la mer Caspienne. La mère de Kambiz avait entretenu toute sa vie une rivalité avec sa belle-sœur. À chaque fois que les enfants de cette dernière décrochaient une mention, une bonne note ou une victoire sportive, elle déclarait : « Kambiz jan, *tu dois aller à l'université pour me rendre fière. Prouve que tu as du talent. Ne me fais pas honte devant ma belle-sœur. »*

Kambiz envisageait de devenir ingénieur électricien. Dans sa chambre, il bricolait des gadgets, des vieux téléphones et des radios. Il était plutôt bon en maths et en physique. Mais les suppliques quotidiennes de sa mère l'épuisaient. Parfois, il regardait les épices dans sa cuisine, en pensant : « Pourquoi serait-ce un travail méprisable, de créer du plaisir avec des cuisses de poulet et un panier de racines broyées ? »

À la frontière, un homme expliqua à Kaweh et Sattar où aller, quel village irakien viser et où trouver le PDKI (leur quartier général se situait à Koy Sanjaq).

« Si vous traversez la frontière demain, leur dit-il, je pourrai vous rejoindre de l'autre côté, à Penjwen. »

Mais le jour même, des garde-frontières arrêtèrent les deux garçons et les interrogèrent. Sattar leur dit qu'ils allaient rendre visite à des parents pour une journée. Quand les hommes proposèrent de les laisser passer en échange d'une « friandise », Sattar sortit l'argent qu'ils avaient mis de côté.

« Il faut qu'on laisse nos affaires et qu'on traverse maintenant, chuchota-t-il à Kaweh. Les gens qui ne viennent qu'une journée n'apportent pas de sacs. »

Les deux garçons traversèrent la frontière, rejoignant le district de Penjwen. Ils n'avaient de quoi payer qu'un seul permis de voyage ; comme Kaweh avait l'air jeune, ils en achetèrent un pour Sattar. La première fois que le bus s'arrêta, des peshmergas, membres des forces armées du Kurdistan irakien, montèrent à bord. Kaweh fut arrêté. Les deux garçons se promirent de se retrouver et Sattar poursuivit son voyage jusqu'à Koy Sanjaq. Kaweh passa l'heure suivante à persuader les agents qu'il n'était qu'un gamin qui allait voir son oncle. Il n'avait rien sur lui, ni argent, ni vêtements. Un jeune peshmerga dit :

« Allez, ce n'est qu'un pauvre gamin qui va rendre visite à sa famille pour Norouz[1]. »

Après un trajet de plusieurs heures, Kaweh arriva au quartier général du PDKI.

« Je viens rejoindre le parti », annonça-t-il.

Alors qu'il demandait si Sattar était arrivé, une voiture s'arrêta devant le bâtiment et son cousin en descendit. Les deux garçons se jetèrent dans les bras l'un de l'autre en riant. Et l'agent d'accueil déclara :

« Vous êtes les bienvenus. »

Pendant les premiers jours, ils subirent une batterie de tests et d'interrogatoires : avaient-ils été envoyés par les services secrets iraniens ? Avaient-ils bien réfléchi à leur décision ? Les membres du parti furent étonnés que Kaweh, qui ne savait quasiment pas lire la langue, connaisse si bien la littérature et l'histoire kurde. Une fois leurs hôtes satisfaits, les garçons passèrent trente jours à l'Admission, un dortoir où quarante hommes attendaient d'entamer une formation de deux mois.

Durant cette période d'attente, les mères des deux cousins se présentèrent au quartier général et on leur accorda dix minutes avec leur fils dans une salle de visite. Elles portaient un tchador noir et avaient le visage rougi et strié de larmes. Elles embrassèrent les garçons et écoutèrent les instructions de deux jeunes membres du parti, habitués à voir surgir des mères affolées. Puis les hommes s'installèrent dans un coin de la pièce.

« Nous devons assister à la conversation pour nous assurer que vous ne révélez rien sur le parti », expliquèrent-ils – mais les garçons étaient libres de leur choix. Personne ne les forcerait à partir ou rester.

« Nous vous avons cherchés dans tous les hôpitaux d'Iran, com-

1. Norouz est le Nouvel An persan. (*N.d.T.*)

mença la mère de Kaweh, en essuyant ses larmes avec son tchador. Quelqu'un vous a vus à la frontière et nous a expliqué ce que vous aviez probablement fait. Dites-leur que vous allez rentrer à la maison. »

Kaweh secoua la tête.

« Je ne rentrerai pas. »

Les mains tremblantes, sa mère lui pinça la jambe, si fort qu'elle lui laissa un bleu. Pendant un temps, personne ne parla ; ils écoutèrent la mère de Kaweh pleurer. Puis la mère de Sattar tenta de raisonner les garçons, leur expliquant à quel point il serait utile pour le parti qu'ils étudient à l'université. Au bout de dix minutes, on raccompagna les deux femmes à la sortie. Elles téléphonèrent à nouveau, exigeant de parler aux garçons, puisqu'ils étaient mineurs. Lorsque Sattar s'entretint longuement avec son père, Kaweh comprit que son cousin allait flancher ; mais il ne pouvait pas rentrer avec lui. Il avait des ambitions politiques, l'envie de participer à quelque chose d'important.

Sattar repartit avec sa famille, pleurant pendant tout le trajet du retour. Il fut admis en physique à l'université Kermanshah. Il obtint sa licence, entama un master, puis abandonna les sciences et ouvrit une usine de production de volaille. Il rejetait la faute sur la rigueur de l'enseignement, disait qu'il n'avait pas réussi à tenir la cadence, mais le bruit courait qu'il avait été effrayé par les meurtres de scientifiques de haut niveau qui travaillaient pour le programme nucléaire de l'Iran. Les physiciens iraniens étaient en ligne de mire des assassins israéliens et des services secrets de leur propre pays ; combien de temps un scientifique de renom qui avait tenté de rejoindre une organisation dissidente survivrait-il ? Au final, Sattar choisit la paix, la sécurité et sa famille.

Kambiz avait rencontré une femme. Ils étaient allés prendre un thé ensemble et il avait pensé : cela mènera peut-être à quelque chose de bien. Il n'avait pas le moindre désir d'entrer en concurrence avec ses cousins. Il ouvrirait un commerce, fonderait une famille, créerait son propre bonheur. Il détestait la guerre et les excès de la révolution. Il écrivit deux articles sous un nom d'emprunt, pour de petites publications locales. Sa mère continuait à lui rebattre les oreilles à propos de la réussite de ses cousins, l'interrogeant sans cesse sur ses projets. Il n'arrivait à la faire taire qu'en détournant son attention :

« Maman, tu m'apprendrais à cuisiner le ghormeh sabzi ?

— Pourquoi aurais-tu besoin de ça ? répliquait-elle. Tu te marieras et ton épouse cuisinera pour toi.

— Mais en attendant… »

Petit à petit, Kambiz découvrit qu'il avait l'étoffe d'un cordon bleu. Il apprit les meilleures recettes : agneau et fenugrec ; aubergine et petit-lait ; noix et grenade avec du poulet. Un jour, alors qu'il cuisinait, des bassidjis *en civil surgirent chez lui, l'accusant d'adultère.*

Après une année à se charger de menus travaux, Kaweh devint professeur pour le parti. Il avait progressé en kurde et commença à écrire pour un journal. La première chose qu'il publia fut une nouvelle de Tchekhov, traduite du persan au kurde. Puis on lui confia un projet d'envergure : assurer la postérité du héros du peuple, le fondateur du PDKI, Abdul Rahman Ghassemlou. Kaweh devrait archiver tous les discours et articles jamais écrits ou enregistrés par le grand homme. Il était extatique – Ghassemlou était un véritable visionnaire, doté d'un cœur d'or. Il s'était battu comme un lion pour la démocratie, l'État de droit et l'autonomie du Kurdistan, transformant un petit parti d'opposition en véritable danger politique pour l'ordre établi. Ces heures passées en sa compagnie aidèrent Kaweh à entrer dans l'âge adulte, lui apprenant à s'exprimer, à raisonner et à convaincre.

Il ne fallut pas longtemps pour que la police iranienne repère Kaweh et découvre qu'il travaillait aux archives du parti. Des agents rendirent visite à sa famille, débitant des menaces et des promesses étranges.

« Nous pourrions vous priver de votre pension de retraite… Vous devez vous rendre compte que sa cause est perdue d'avance. Il n'a que deux options : rentrer, ou nous fournir des informations. S'il travaille avec nous, nous pourrons l'envoyer étudier en Europe. »

Un jour, un cousin plus âgé appela Kaweh pour l'inviter à déjeuner dans un restaurant de la ville voisine d'Arbil. Il avait l'air nerveux.

« Je suis venu voir un ami », expliqua-t-il.

Quand Kaweh arriva, deux hommes l'attendaient avec son cousin. Ils prétendaient être des connaissances de ce dernier, originaires d'Halabja, mais ils avaient l'accent de Kermanshah.

« Mes amis veulent t'aider, dit le cousin. Ils veulent que tu ailles étudier en Europe. Tu es si brillant…

— Vous n'êtes absolument pas d'Halabja, dit Kaweh. Je ne suis pas sourd. »

Son cousin lui prit la main.

« Ce sont des agents du renseignement iranien, finit-il par avouer. Ils veulent seulement discuter avec toi.

— Nous aurions pu te tuer à plusieurs occasions, si cela avait été notre intention, lui dit l'un des hommes. Ton père travaillait pour l'armée révolutionnaire. Tes frères sont fonctionnaires. Ta place est au sein de la révolution et nous voulons t'aider. »

Les hommes lui expliquèrent le genre d'informations qu'ils recherchaient et comment il pouvait les leur fournir. L'un d'eux lui tendit deux cents dollars américains, plus de trois ans de salaire dans le parti.

Kaweh prit l'argent, en pensant : *La République islamique ne m'a rien donné.* Il se souvint du calme dont Ghassemlou faisait preuve quand il était sous pression, de sa détermination. Il voulait lui ressembler.

« Vous ne pouvez pas espérer que je vous donne une réponse tout de suite, dit-il.

— Dans un mois, alors », déclara l'un des hommes – et quand il rangea son portefeuille, Kaweh aperçut un pistolet dans un étui. « Ça te va ? »

Kaweh acquiesça et quitta le restaurant, refusant qu'on le raccompagne en voiture.

On le rappela un mois plus tard.

« Tu as réfléchi ? »

Kaweh répondit qu'il avait décidé de refuser l'offre. La conversation dura moins de trente secondes.

La pression augmenta. De temps à autre, quelqu'un embarquait la mère de Kaweh dans une voiture, pour la déposer devant le quartier général du parti. « Allez chercher votre fils », lui ordonnait-on, avant de l'abandonner dans la rue comme un symbole vivant. Des membres du parti l'accueillaient et trouvaient un chauffeur pour l'escorter chez elle. Comme elle avait vieilli, pensait Kaweh.

En 2002, alors que ce harcèlement atteignait son paroxysme et qu'une intervention armée des États-Unis en Irak semblait inévitable, Kaweh décida de tout avouer au parti et de s'enfuir. Il rendit sa carte, serra la main de ses chefs et se mit en route. Il prit la direction de la Turquie avec un autre transfuge. Depuis la frontière irakienne, il leur fallut une semaine de voyage à travers montagnes et rivières pour arriver à destination. Parfois, ils marchaient quinze heures par jour. D'autres fois, un guide les accompagnait. Ils transportaient un sac à dos et dormaient dans la montagne. Des passeurs leur apportaient à manger – du thé pour le petit déjeuner, un concombre pour le déjeuner, un bout de pain et de fromage pour le dîner.

La route de la montagne était dangereuse. La région grouillait de combattants du PKK (le parti des travailleurs du Kurdistan, basé en Turquie), ainsi que de soldats iraniens et de peshmergas du sud de l'Irak. Il y avait de fortes chances pour que Kaweh et son compagnon se fassent abattre pendant la nuit. Et pourtant, ils auraient couru de plus grands risques en restant en Irak.

Une fois en Turquie, ils rejoignirent la ville de Van, où ils déposèrent une demande d'asile. Kaweh avait rassemblé des écrits, des documents officiels, des photos et des lettres témoignant de ses années dans le PDKI. Le Haut Commissariat des Nations unies pour les réfugiés (UNHCR) valida son dossier, estimant que même si le Kurdistan irakien n'était pas un endroit dangereux, les autorités iraniennes pourchassaient réellement Kaweh. Mais les autorités turques refusèrent d'honorer cette décision. Par conséquent, quand l'UNHCR obtint à Kaweh un entretien à l'ambassade de Finlande, il n'avait pas de permis pour franchir les postes de contrôle jusqu'à Ankara et il rata le rendez-vous.

Puis, un jour, des agents iraniens le contactèrent en Turquie. « Nous savons où tu es », lui dirent-ils. Kaweh commença à craindre d'être kidnappé ou expulsé. La police arrêtait souvent des demandeurs d'asile dans la rue, qu'elle livrait aux autorités iraniennes ou abandonnait dans la montagne, à la merci des passeurs, des balles perdues et des éléments. Attendre d'être capturé ou libéré était une torture psychologique. Kaweh ne mangeait que deux fois par jour et essayait de tuer le temps en dormant. Après deux ans d'incertitude insoutenable, qu'il passa à apprendre le turc tout seul dans une cabane en terre, Kaweh reprit la route, sa lettre de l'UNHCR en poche.

Quelques jours plus tard, il se trouvait sur un bateau affrété par des passeurs, à destination de la Grèce. Avant de monter à bord, il pensa : *Autant admettre que j'ai décidé de mourir.* Mais l'embarcation semblait neuve et performante et les passeurs lui avaient fait de belles promesses.

« Tu vois cette lumière ? lui avaient-ils dit en lui montrant une île à l'horizon. C'est la Grèce. Tu y seras en une demi-heure avec ce bateau moderne. Il a coûté très cher. Fais-nous confiance. »

Un homme manœuvrait l'embarcation principale, suivie par un canot délabré, avec à son bord un homme qui avait promis d'escorter les quinze réfugiés (dont deux enfants) pendant toute la traversée, par mesure de sécurité.

À mi-chemin de l'île, le moteur s'arrêta.

« Il y a un problème », dit le pilote. Il jeta un vague coup d'œil aux commandes, puis ordonna : « Montez tous dans l'autre bateau. Dépêchez-vous, ou on nous rattrapera. »

La suite de l'opération se déroula avec une telle fluidité qu'elle avait clairement été répétée à l'avance. Les deux passeurs transférèrent les réfugiés sur le vieux canot, leur montrèrent les commandes, puis sautèrent sur l'embarcation en bon état (qui fonctionnait de nouveau) et repartirent à toute vitesse en Turquie.

Seuls au milieu de l'eau, les réfugiés tentèrent de se diriger vers la Grèce. Il faisait nuit et de fortes pluies s'annonçaient. Le vieux canot se mit rapidement à tanguer et prendre l'eau. Si la police turque ne les avait pas interceptés, les passagers seraient morts. Mais sur le moment, cette intervention ne leur fit pas l'effet d'un coup de chance. Les policiers confisquèrent leur argent, leur téléphone, tous leurs objets de valeur. Ils reconduisirent Kaweh à la frontière et le laissèrent là. Mais il n'avait pas lâché sa lettre de l'UNHCR, le document qui garantissait qu'une organisation humanitaire respectée avait cru son histoire. Il la confia à un ami, avec ses autres papiers ; il se les ferait envoyer une fois son voyage terminé. Il savait que le plus grand obstacle ne résidait pas dans les montagnes, la mer, les passeurs corrompus ou les heures d'ennui et d'angoisse, mais dans l'éventualité que les gardiens de l'accès à la sécurité ne le croient pas.

Le passeur suivant lui dit :

« Je n'envoie pas des gens mourir en mer. J'utilise des camions. Tu ne connaîtras pas la destination du chauffeur ; ce sera peut-être la Bulgarie, la Grèce ou l'Italie. Quand tu seras là-bas, j'appellerai un autre contact pour l'étape suivante. Tu traverseras l'Europe. Pour toi, je veux l'Angleterre. »

L'Angleterre coûtait plus cher, évidemment. Kaweh s'en moquait. Il demanderait l'asile dès qu'il mettrait un pied en Europe. Qu'il devienne bulgare, italien ou français, il apprendrait la langue et s'arrangerait pour travailler dans le service public ; il serait un intellectuel et militant qui défendait les gens ordinaires, comme son héros Ghassemlou.

Kambiz prit la fuite. Ses études attendraient. Un jour, il deviendrait peut-être ingénieur électricien. Il était habile de ses mains et ça ne changerait pas en un ou deux ans. Mais pour l'heure, il n'avait aucune intention de finir pendu à une grue pour apaiser un mari jaloux. Au début des années 2000, il était encore assez facile de gagner la Turquie – quelques nuits dans la montagne, ou si on avait de la chance, un visa touristique. On ne risquait pas réellement sa vie avant d'avoir fait ce second choix : pénétrer en Europe par la terre ou la mer.

La nuit venue, le passeur entassa vingt et un adultes dans le premier camion. Le chauffeur leur donna des instructions pour le trajet :

« Ne faites pas de bruit. Quand on s'arrête, retenez votre respiration jusqu'à ce que j'ouvre la porte pour vous donner à manger. »

Toutes les dix ou douze heures, les passagers avaient trente secondes pour se soulager au bord de la route. Les nuits s'écoulaient en silence. De temps en temps, quand la circulation se réduisait, ils entendaient le conducteur parler au téléphone avec un passeur.

Ils dormirent deux nuits dans une usine en ruines, un grand bâtiment délabré qui sentait le moisi. Un passeur y laissa assez de nourriture pour leur permettre de survivre, et de nouveaux réfugiés. Au bout de deux jours, le premier groupe monta dans un minibus. Ils roulèrent un long moment, vingt et un passagers serrés les uns contre les autres, occupant chaque centimètre carré des sièges et des accoudoirs. Faire le trajet dans ce genre de véhicule présentait des risques, et les hommes n'avaient aucune idée d'où ils étaient – mais ils se trouvaient sur une route peu fréquentée et ils n'avaient pas d'autre choix. Quand ils parvinrent à l'arrêt suivant, ils voyageaient depuis six jours. Ils ne s'étaient pas lavés, n'avaient pas changé de vêtements et n'étaient sortis du minibus que la nuit. Ils n'avaient pas de papiers et ne savaient toujours pas où ils étaient.

Un autre camion les débarqua au bord d'une route dans une région boisée, derrière une station-service. Ils se cachèrent au milieu de grands arbres minces qui ne les auraient pas protégés en plein jour et attendirent que le passeur les appelle. Il y avait des Iraniens, des Afghans, des Kurdes, des Pakistanais, même des réfugiés africains. Kaweh écouta les bavardages des conducteurs qui allaient et venaient dans la station-service, regarda les panneaux et les publicités et décida qu'ils étaient en France ou en Belgique. Avant cet arrêt, le passeur s'était toujours adressé au chauffeur, qui donnait ses propres instructions aux passagers. « Vous devez vous taire, leur ordonnait-il. Si vous dites quoi que ce soit, on pourrait nous repérer. » Mais cette fois, les passeurs observaient la station-service de loin, se faufilaient entre les camions et attendaient que les conducteurs en descendent. Ils échangeaient des signaux depuis le parking et les arbres, mais aucun n'entra dans le bâtiment. Kaweh comprit que ses compagnons et lui tenteraient de terminer le trajet sans que le conducteur les remarque. Un seul mot pourrait signer leur perte.

Un passeur appela sept personnes, toutes kurdes, dont Kaweh et un enfant. C'était le premier qui voyageait avec lui. En deux ou trois minutes, on poussa le groupe à l'arrière d'un camion, les portes se refermèrent et le silence et l'obscurité les engloutirent. Kaweh s'inquiétait au sujet de l'enfant. Parviendrait-il à garder le silence ? À retenir ses larmes jusqu'à ce qu'ils atteignent l'Angleterre ?

L'intérieur du camion, renforcé avec du métal, était un espace gris brillant et effrayant. À une ou deux heures du matin, tous les réfugiés se tenaient assis, transis de froid, les yeux rougis ; ils restaient sur le qui-vive, même si aucun n'osait s'approcher de la petite lucarne placée en hauteur dans un coin.

« Quand est-ce qu'on fera savoir au conducteur qu'on est là ? chuchota un homme. Ou est-ce qu'il vaut mieux ne rien dire jusqu'au bout ?

— On sentira le moment où on montera sur le ferry pour l'Angleterre, dit un autre. Après ça.

— Bien après, dit un autre. C'est trop risqué de sortir à la frontière.

— Et on ne peut pas non plus attendre le terminus, quand ils déchargeront les marchandises. Si on se manifeste dans un endroit isolé, le conducteur nous laissera partir. Il n'aura pas envie de se compliquer la vie, et ça nous donnera quelques heures pour réfléchir, avant qu'on se livre aux autorités. »

Il s'avéra que certains passagers avaient de la famille en Angleterre et voulaient leur téléphoner avant que la police les arrête. La décision était donc prise. Les réfugiés passèrent le reste de la nuit à interpréter les mouvements du véhicule.

Ces longues nuits dans des camions ne dérangeaient pas Kaweh – elles étaient éreintantes, mais elles auraient une fin. Il savourait ce mouvement vers l'avant, la certitude que personne ne savait où il était. Chaque minute qu'il avait passée dans un refuge ou dans cette cabane en Turquie, à attendre qu'on le kidnappe, qu'on le tue ou qu'on le sauve, avait paru durer autant que cinq heures dans ce camion : il n'y a rien de pire que d'attendre que quelqu'un d'autre agisse. Mais cette nuit-là, les passagers n'étaient vulnérables que lorsque le véhicule s'arrêtait. Tant qu'il roulait, ils étaient en sécurité.

Malgré tout, la boîte métallique affectait leur moral.

« Et si les trafiquants essaient de nous tuer ? chuchota un jeune homme, la gorge serrée d'angoisse.

— On les maîtrisera », rétorqua un homme, qui frissonnait dans sa veste légère.

La traversée en ferry fut facile à repérer – roues bloquées, balancement de l'eau. Une heure après que le véhicule eut redémarré, quelqu'un se leva pour regarder par la lucarne.

« Les voitures roulent à gauche. »

Des cris étouffés résonnèrent dans la boîte métallique, comme des notes de musique. Toutes les lèvres tremblaient, tout le monde souriait jusqu'aux oreilles. Des larmes furent versées, des mains serrées.

« On y est », chuchota une voix rauque.

Kaweh arriva en Angleterre le 24 novembre 2004, avec de grands rêves. Il voyageait depuis plus d'une semaine. Il était sale, mal rasé ; son corps le démangeait. Il était transi de froid et affamé – sans chauffeur complice, il n'y avait eu personne pour nourrir les passagers pendant la dernière étape. Il avait un goût de fer dans la bouche. *Je serai anglais, alors*, pensa-t-il. Comme c'était réconfortant, de savoir enfin en qui il s'était réincarné, d'entrevoir la version de lui-même qui l'attendait au bout du chemin. *Comment s'appelle le parti des travailleurs ici ? Combien de temps me faudra-t-il pour maîtriser cette langue ?* Il fut brièvement étonné par sa propre audace, mais après tout, pourquoi aurait-il fait preuve de timidité ? Pourquoi aurait-il dû penser certaines choses impossibles ? Les services secrets d'une dictature brutale, l'une des plus brutales du monde, le pourchassaient. Il devait avoir de la valeur. *J'ai du talent*, pensa-t-il. *J'ai des idées. Ils peuvent appeler ça comme ils veulent – de l'opportunisme ou de l'ambition injustifiée –, mais j'en ferai quelque chose de bien. J'irai à l'université. Je les aiderai à devenir meilleurs.*

Six heures après Douvres, les passagers commencèrent à frapper les parois du camion et à crier. Ayant passé des jours à garder scrupuleusement le silence, ils pensaient que le moindre bruit les trahirait. Mais leurs appels étaient étouffés par les parois blindées du camion et il fallut une heure pour que le conducteur les entende. Puis le véhicule ralentit et s'arrêta sur une route peu passante. Le conducteur ouvrit une porte sur le côté du camion et dit :

« Allez-vous-en. »

Il faisait jour à présent et une ville se dessinait à l'horizon. Les réfugiés partirent dans cette direction, arrivant au centre du bourg vingt minutes plus tard. Certains entreprirent d'appeler leurs familles, demandant à des passants : « Bonjour, téléphone s'il vous plaît ? » En l'espace de quelques minutes, quelqu'un alerta la police, qui vint les arrêter.

Kaweh relâcha son souffle quand un agent s'approcha de lui. Il ne parlait quasiment pas anglais, mais il savait quels mots prononcer :

« Je suis réfugié », dit-il.

Kambiz traversa la Bulgarie, la Serbie, la Hongrie, l'Autriche, l'Allemagne et la Belgique. À partir de là, son camion ne prit pas la route de l'ouest et de Calais, comme celui de Kaweh. Il l'emmena vers le nord, aux Pays-Bas. Pendant le trajet, un Iranien sympathique donna à Kambiz le nom d'un habitant d'Almere qui fournissait du travail à tous les Iraniens compétents, qu'ils aient des papiers ou non. Kambiz avait appris à réaliser des travaux électriques de base, à force de bricoler. Il glissa le numéro dans sa poche. Il aurait besoin d'amis iraniens, d'une communauté.

Une fois descendu du camion, il quitta le groupe. Il se lava avec une bouteille d'eau dans un bois à l'abri des regards. Il avait un peu d'argent. Il acheta un billet de train pour Amsterdam. Là, il vagabonda le long de canaux bordés de fleurs. Il contempla les vieilles demeures à pignon, semblables à des maisons en pain d'épices de conte de fées, les blondes joyeuses à bicyclette, et il pensa : ça y est. J'en ai fini avec l'Iran, avec ce voyage, et je suis en Europe – l'avenir ne me réserve que de bonnes choses. Je suis jeune. J'ai du talent et une tête bien pleine. Je réussirai, ici. Je trouverai ma famille. Je trouverai ma vocation.

Il se rendit au centre d'accueil du village de Ter Apel, où tous les demandeurs d'asile devaient se présenter, et déclara :

« Je suis un réfugié. »

DEUXIÈME PARTIE

LE CAMP

(de l'attente et de l'entre-deux)

1

Dans l'avion qui nous emmenait loin d'Iran, nous avons passé notre temps à nous émerveiller en chuchotant de ce qui venait de se produire. Je n'arrêtais pas de demander confirmation à Maman :

« C'est fini, maintenant ? Ils ne nous suivront pas ? Comment peut-on être sûrs que ces choses étaient des miracles ? »

Pendant des années, les Trois Miracles de Maman deviendraient notre identité, l'histoire de notre émigration et par conséquent de notre vie. Quand j'aurais abandonné ce récit depuis longtemps, ma mère s'y cramponnerait encore ; aujourd'hui, il continue à définir son existence.

« Parce qu'elles avaient très peu de chances d'arriver, répondait Maman.

— Est-ce qu'il y aura des Smarties là-bas ? » demandait Khosrou.

Depuis notre retour de Londres, trois ans plus tôt, mon frère se raccrochait à la promesse de Smarties et de *Divist-jib*, ou « deux cents poches », traduction que ses oreilles de petit garçon avaient faite des mots *digestive biscuit*. J'imaginais un Anglais corpulent avec une toque et une petite fourchette, qui imprimait exactement deux cents encoches sur la face chocolatée de chaque biscuit.

« Combien de chances ? » demandais-je – je voulais des chiffres.

Combien de fois les histoires comme la nôtre tournaient-elles mal ? Je savais que je n'aurais pas dû douter, que mes doutes révèleraient la fragilité de ma foi et empêcheraient de bonnes choses de m'arriver à l'avenir. Et j'étais vraiment croyante. Mais j'étais aussi une enfant à l'esprit mathématique et je me posais des questions que mon manque de vocabulaire statistique ne me permettait pas de formuler, à l'époque. À la place, je n'arrêtais pas d'interroger ma mère sur mes jouets et mes livres :

« Tu me promets que personne n'entrera dans ma chambre ? »

Miraculeuse ou pas, la façon dont notre fuite s'était déroulée signifiait que nous ne serions pas des réfugiés à notre arrivée aux Émirats arabes unis. Nous avions obtenu un visa de trois mois grâce au riche parent de Baba, M. Jahangir, le miracle numéro trois, l'homme qui avait surgi de nulle part pendant nos semaines de cavale. Mais Maman savait que nous serions bientôt obligés de devenir des réfugiés. Ou pire, des clandestins. Nous n'avions pas l'intention de rentrer en Iran une fois notre visa expiré. Le lendemain de notre arrivée, Maman a déposé une demande d'asile en Europe auprès du bureau de l'ONU à Abu Dhabi, en espérant que nous recevrions une réponse avant que notre visa expire et que les services de l'immigration émiratis découvrent que nous avions abusé de leur hospitalité. Nous n'avons pas fait part de ces projets à M. Jahangir.

« Ça pue ! » ai-je grogné sur les genoux de Maman pendant le trajet en voiture étouffant et transpirant jusqu'à Sharjah, la ville en bordure de Dubaï où nous devions nous installer. « Je n'arrive pas à respirer. »

Elle tenait ma tête sur sa longue jupe en jean, comme elle l'avait fait des centaines de fois quand nous traversions le désert vers notre maison d'Ardestan, durant une enfance accablée par les manies et le mal des transports. Les odeurs auxquelles je n'étais pas habituée me rendaient folle, même si j'apprenais peu à peu à les transformer en les associant à des idées agréables – premier indice de tout ce que je pourrais changer, si j'y mettais vraiment du mien, dans cet esprit défectueux et irrité que Maman s'amusait à comparer à celui de Morvarid et des autres vieilles villageoises grincheuses que j'avais aimées. Mais avec les odeurs des autres humains, ça ne fonctionnait jamais. Elles me donnaient envie de m'arracher la peau.

Maman a loué une chambre simple dans une pension fréquentée par d'autres évadés qui ne bénéficiaient pas du statut de réfugiés. Je détestais ce bâtiment, un complexe industriel enfumé, composé de studios aux murs fins comme du papier et d'un hall d'entrée vitré semblable à une cellule, où le gérant, un étudiant coréen, regardait la télévision toute la journée. Nous puisions notre loyer mensuel dans la sacoche vitale de Maman (qui contenait l'argent et les passeports), partagions un lit et essayions de faire abstraction des cafards et des souris. La nuit où j'ai vu mon premier cafard, j'ai bondi sur le matelas, où je me suis roulée en boule et me suis balancée jusqu'à ce que j'arrête d'imaginer l'insecte en train de courir sur mon corps. Maman m'a rejointe sur le lit avec Khosrou et nous en avons fait un jeu, pelotonnés tous les trois. Nous étions sur un bateau, désormais. La mer était déchaînée.

« Gare à vos jambes ! nous a avertis Maman, et nous avons poussé des cris de peur ravis. Ne laissez pas les requins croquer vos orteils ! Une grande vague arrive !

— Oh non ! Le requin ! ai-je crié en me blottissant dans les bras de ma mère. Il est sous le bateau ! On va mourir ! On est morts !

— Qui est le meilleur rameur ? a demandé Maman, et Khosrou s'est mis à sauter sur place, haletant et bombant le torse. Ne faites pas chavirer le bateau !

— Il faudra peut-être jeter quelqu'un en pâture au requin, ai-je dit, en regardant mon petit frère et ses membres juteux.

— Dina ! » a protesté Maman.

Elle nous a serrés contre elle, sous les draps, et sa douce odeur poudreuse de jonquille nous a bientôt calmés. Nous étions enfin seuls, Khosrou, Maman et moi. Nous avions une petite salle de bains, un mini-frigo, une plaque électrique et des murs nus ; et nous étions à l'abri.

« Qu'est-ce que Baba fait en ce moment, à ton avis ? » ai-je demandé à ma mère, pressant mon visage contre la peau douce sous son bras.

Je pensais à mon Baba joueur, qui n'avait plus personne avec qui jouer, manger une glace en douce ou lire de la poésie. Baba n'avait aucun sens de la mesure ou de l'à-propos, aucun de ces instincts que possèdent les parents. Quand j'avais deux ou trois ans, il me réveillait régulièrement à minuit pour que je mange une glace avec lui. Et lorsque nous étions seuls, il me posait des questions qui me laissaient perplexe, comme : « Où est l'huile d'olive ? », ou : « On a reçu du courrier aujourd'hui ? »

« Je ne sais pas, a répondu maman. Peut-être qu'il arrache une dent, ou qu'il fait un traitement radiculaire ? Peut-être qu'il est allé à Ardestan et qu'il mange un bon *ghorme sabzi* en ce moment... Aïe, arrête ! »

Je venais d'arracher une croûte sur son bras.

« Elle était prête ! » ai-je dit, tandis que Maman frottait la peau à vif que j'avais exposée. Je me suis blottie de nouveau sous son bras. « Je veux du *ghorme sabzi*.

— Je veux des Smarties ! a renchéri Khosrou, pelotonné sous l'autre bras de Maman. Et des *schnitzels* au poulet ! »

Nous prononcions cela *sheh-ni-sel*.

« On ne mangera plus jamais de *schnitzels*, ai-je rétorqué. Il n'y a que l'hôtel Koorosh qui en fait, et l'hôtel Koorosh est à Ispahan. »

J'ai repensé à notre plat des grandes occasions, si délicieux avec sa peau citronnée qui se séparait des fines escalopes.

« On peut trouver des *schnitzels* ailleurs, a dit Maman.

— Non, ai-je déclaré. Il n'y a que l'hôtel Koorosh qui en fait. Tout le monde sait ça. L'hôtel Koorosh me manque. Tu penses que Baba y est ce soir ?

— Babaeejoon me manque », a dit Khosrou – après des années, il regrettait encore cette peluche, éventrée par des agents de sécurité à la recherche d'articles de contrebande.

« Peut-être que demain, on trouvera des Smarties et des *schnitzels*, et vous pourrez écrire une lettre à Baba », a dit Maman.

Elle a bâillé et nous nous sommes endormis serrés les uns contre les autres, comme nous le ferions tous les soirs pendant seize mois.

Les Émirats arabes unis étaient un pays étrange, où l'instabilité du Moyen-Orient se heurtait à la décadence de l'Occident. Les plages du golfe Persique étaient bordées d'hôtels de luxe, mais si vous osiez dépasser leurs piscines pour vous engager dans la mer, du pétrole brut se collait comme du goudron sur vos jambes, suggérant une marée noire toute proche, ou un avion abattu par des missiles. À Dubaï, un centre commercial entier était consacré à la vente de l'or, et athées comme croyants y dépensaient des sommes indécentes pour des babioles. Des burqas, des tchadors et des voiles filaient dans les rues, tandis que des Occidentales à la tête nue côtoyaient dans des cafés des millionnaires arabes vêtus de tuniques blanches immaculées, qui donnaient une grâce de mariée à leurs mouvements.

Maman et moi nous sommes débarrassés de notre voile comme d'un mouchoir sale. Je gardais les cheveux relevés en queue-de-cheval ou lâchés, même dehors, et ma mère avait quelques tenues occidentales simples qu'elle portait à tour de rôle. Après trois ans passés à transpirer et me gratter dans un uniforme d'écolière islamique et un hijab réglementaire trop serré, la chaleur émiratie ne m'atteignait pas – je ne m'étais jamais sentie aussi libre.

Et pourtant, pour la première fois, la gestion de l'argent était devenue un problème urgent et visible. Nous n'en avions pas beaucoup et la vie était chère à Dubaï. Tous les Iraniens que nous aurions pu y croiser auraient été richissimes. Les réfugiés de notre pays transitaient rarement par Dubaï : on pouvait se rendre en Turquie sans visa, à l'arrière d'un camion. Mais Maman avait plus ou moins choisi Dubaï sous le coup de l'affolement et nous saurions bientôt si nous avions été sages ou idiots de nous écarter du troupeau.

Nous passions la plupart de nos matinées dans notre chambre grise cubique, fuyant la chaleur suffocante (on aurait pu cuire un œuf au plat sur le trottoir) et essayant de prononcer les sons et syllabes que Maman avait retenus de ses cours d'anglais à la fac. Nous avions trouvé une piscine publique au bord de la mer, mais l'entrée était trop chère le soir ; tout le monde voulait nager après le coucher du soleil. Pendant la journée, l'eau était quasi bouillante mais les tarifs moins élevés, et nous avions la piscine pour nous tous seuls. Maman enfilait des collants sous son maillot une pièce, par pudeur et pour se protéger du soleil accablant, et nous apprenait à faire la planche.

Un jour, nous nous sommes aventurés hors de la piscine, en direction du golfe – il n'était qu'à quelques pas. Maman ne nous en a pas empêchés. Malgré ses opinions conservatrices et sa piété, elle aimait se lancer dans des aventures avec nous – elle venait tout juste d'avoir trente-deux ans, d'échapper à une union malheureuse, et elle avait envie de vivre. Nous nous sommes précipités dans l'eau inconsidérément, bêtement, étant donné que la plage était déserte et couverte d'une substance noire et gluante. Nos orteils s'y sont enfoncés et nous les avons remués en riant. Quand nous sommes ressortis, nos jambes et nos pieds étaient veinés de goudron noir poisseux. Nos orteils étaient collés. Nous avons essayé de nous débarrasser de cette chose en tirant dessus et la grattant, mais elle refusait de partir. Les employés de la piscine nous ont fusillés du regard avant de nous envoyer à la station-service, où le pompiste nous a montrés comment nous laver avec du gasoil. Cette nuit-là nous avons dormi dans un brouillard de vapeurs d'essence.

Le soir et les journées où il faisait plus frais, nous explorions Dubaï. Nous faisions du lèche-vitrine, imaginant les articles que nous pourrions acquérir une fois que nous serions chez nous, où que ce soit. J'achèterais un couvre-lit Mon Petit Poney ; Khosrou voulait des jouets Transformers. Le caractère occidental de Dubaï me séduisait et aujourd'hui encore, j'associe certains objets à ces premiers jours fugitifs. Les terrains de jeux se composaient d'immenses fruits exotiques – des toboggans-bananes, des portiques-ananas, des balançoires à bascule en forme de cerises. J'aimais le toboggan-alligator, la façon dont on émergeait de sa gueule béante, sans avoir été mangé. Des poulets rôtis tournaient derrière des portes vitrées embuées, les volailles du haut, rouges et juteuses, dégoulinant sur les plus pâles en dessous. Les Maltesers et les bananes me faisaient toujours de l'œil. À Dubaï, il y avait des supermarchés avec des rayons interminables, des caddies, des montagnes de friandises occidentales. Des gaufrettes à la vanille. Des Cornetto. Des boîtes de Spam, faussement alléchantes. Du poulet KFC accompagné de boissons gazeuses au yaourt et à la menthe (une combinaison magique). Et les cornflakes : dans une ville qui vous faisait transpirer au bout de quelques pas, les pétales de maïs trempés dans du lait glacé étaient une révélation. Ils vous rafraîchissaient la bouche comme un plongeon dans la mer Caspienne en été. Malgré tout, ils n'étaient pas assez sucrés à notre goût.

Et puis nous avons découvert les Frosties, et nous avons été occupés pendant des semaines – à les manger, à attendre de les manger, à marcher en nous souvenant de leur goût.

« Pourquoi est-ce qu'ils ne deviennent pas tout mous dans le lait ? » ai-je demandé un jour, sans raison, alors que nous nous promenions. « Pourquoi est-ce que les biscuits deviennent mous, et pas les Frosties ?

— Ne parle pas de nourriture tout le temps, Dina, a dit Maman en s'épongeant le front. Tu veux que les gens pensent que tu es une *nadid-badid* ? »

C'était un souci primordial, apparemment, après la perte d'une vie entière : ne pas être considéré comme quelqu'un qui a vu, fait et mangé autant de choses que tout un chacun. La nonchalance face au déracinement – c'était notre stratégie.

Ces premiers jours à la pension nous ravissaient, parce que nous étions seuls au pays des merveilles. Rien ne paraissait réel, là-bas ; nous ne faisions que passer, ou jouer dans une pièce de théâtre, et pendant un moment, nous nous sommes contentés de laisser le temps s'écouler. Notre vie s'était réduite à nous trois dans un lit (ou un bateau qui chavirait, une île déserte, un château enchanté), en cavale, délivrés. Même si cela ne devait pas durer, nous vivions dans un pays de Smarties, de vrais KitKat et de Big Mac. Nous n'allions pas à l'école. Maman n'était pas obligée de partir travailler. Nous marchions beaucoup, essayant de marquer chaque jour d'une pierre blanche pour nous en souvenir plus tard. Les jours s'estompaient malgré tout.

Puis nous avons reçu une invitation de M. Jahangir, notre garant. Nous avons pris soin de nous habiller et nous coiffer correctement.

« C'est impossible de rester propre par cette chaleur ! a maugréé Maman en nous aidant à nous préparer. Quand on sort, vous ressemblez à des enfants de médecin, et le temps qu'on arrive, on dirait que vous venez de traverser le Sahara.

— On peut emporter nos vêtements et nous changer là-bas », a dit Khosrou, fixant Maman avec de grands yeux sincères.

Il ne vivait que pour la protéger et pensait toujours sérieusement ce qu'il disait.

« On n'aura qu'à se changer dans leur jardin, ai-je plaisanté. Fastoche ! »

Maman a rejeté la tête en arrière et éclaté de rire – une victoire à chaque fois, pour moi.

« Excusez-moi, monsieur..., a-t-elle dit. Si vous nous laissez une minute avec nos sacs plastiques, vous verrez qu'on est des gens très respectables, pas du tout *dehati*.

— Peut-on juste emprunter votre douche, s'il vous plaît ? ai-je gloussé.

— On peut jouer avec votre Nintendo ? a crié Khosrou, sautant de joie.

— Ça, tu pourras le demander, a dit Maman en lui caressant la joue. C'est permis. »

Nous avons joué à ce jeu tout au long du trajet.

M. Jahangir vivait dans une grande maison avec sa jolie femme et son fils et sa fille préadolescents, qui devaient être jumeaux. Quand nous sommes arrivés, ils nous ont toisés comme des marchandises défectueuses. Les yeux endormis aux paupières tombantes de la fille exprimaient à la fois l'ennui et une sorte de perfidie patiente et calculée. Ils étaient très beaux, tous les quatre. Et la première fois que nous avons pénétré dans le vestibule de leur maison, attendant qu'on nous invite à entrer, Khosrou et moi avons dansé d'un pied sur l'autre, muets et disgracieux, tels les enfants de la bonne.

Devant leur immense porte, j'ai soudain eu honte de nos plaisanteries.

Les jumeaux parlaient trois langues, écoutaient Michael Jackson et buvaient du Pepsi. Ils avaient chacun une chambre, tapissée de posters de musiciens. La fille portait des pin's de rock stars sur sa veste en jean et un maillot de bain Speedo moulant. Elle avait noué son tee-shirt à la taille, et l'a ôté d'un geste théâtral avant de plonger dans leur piscine privée. Puis elle a fait des longueurs pendant que son père la chronométrait. Nous leur avons rendu visite à plusieurs reprises en l'espace de dix mois ; à chaque fois, la fille me scrutait avec un dédain que je n'avais associé qu'aux Anglais, jusque-là. *Comment a-t-elle appris à prendre cet air*, me suis-je demandé, *alors qu'elle n'est même pas blonde ?*

« Ton maillot est trop grand », m'a-t-elle dit un jour, en pointant du doigt les plis sur mes bretelles et mon bas-ventre.

Rien ne m'allait, à l'époque. Je n'avais pas de hanches et ma culotte tombait systématiquement sur mes chevilles quand je courais trop vite.

Il m'avait fallu deux mois loin de mon école pour filles d'Ispahan, où mes notes m'avaient valu le respect, pour me rendre compte que je n'avais rien de spécial. Ces gens étaient mieux que nous. Ils savaient comment paraître britanniques, ou américains.

Un matin, après une visite chez les Jahangir, j'ai trouvé Maman assise à la table pliante près de la plaque électrique, en train de se triturer les lèvres. Ses sourcils étaient froncés très bas, comme si elle venait de prendre une décision.

« On ne va pas rester là à attendre, a-t-elle déclaré. Tant qu'on est ici, on peut s'occuper de deux choses : vous pouvez apprendre à nager et à parler anglais. »

J'ai compris que ces compétences étaient ce qui nous séparait des Jahangir. Les gens cultivés et respectables parlaient anglais. Et ils savaient nager.

Maman a trouvé une école élémentaire dans le quartier, où nous sommes allés nous renseigner – ils pourraient peut-être nous aider. Nous avons été accueillis par la directrice, une femme gentille et mince avec une longue natte et un sari. Elle nous a expliqué que le semestre avait commencé depuis longtemps, qu'il y avait des frais de scolarité à payer, que nous n'étions pas des candidats habituels. Elle paraissait décidée à nous empêcher de nous inscrire et je ne pense pas que cela ait été le projet de Maman ; on était presque en mai. La cloche a sonné et des enfants en uniforme ont envahi les couloirs – la directrice nous a dit que l'école était bilingue anglais-hindi, alors même les cours de langue ne nous seraient pas d'une grande utilité. Elle nous a offert des cahiers d'exercices déjà utilisés (eux aussi peuplés d'écoliers et d'adultes indiens), que Maman a acceptés avec joie.

Une fois dans notre chambre, Maman a effacé les réponses dans les cahiers, s'assurant de ne laisser aucune trace qui nous aurait permis de tricher. Nous ne serions pas notés pour ce travail ; nous serions jugés à chaque syllabe qui sortirait de notre bouche. Aurions-nous l'air cultivés dans notre prochaine vie, ou échouerions-nous dans la classe des ignares ? Cela semblait d'une importance capitale, maintenant que nous n'avions plus rien. L'idée d'un déclassement me terrifiait. Pendant mes trois années dans mon école de filles à Ispahan, j'avais appris que seules deux choses m'aidaient à sortir du lot : ma place de première de la classe et les diplômes de docteur en médecine obtenus par mes parents à Téhéran. Quelle honte ce serait de perdre cela, d'avoir l'air d'une péquenaude face aux autres enfants, et que les plus ordinaires d'entre eux me prennent en pitié.

J'ai inscrit mon nom dans mon cahier de vocabulaire anglais fraîchement effacé et je me suis mise au travail.

Quelques jours plus tard, peu après une nouvelle visite cruelle chez les Jahangir, quand Khosrou avait encore cinq ans et que j'allais bientôt en avoir neuf, nous avons découvert en nous réveillant que Maman était déjà debout, en train de lire sa bible et de la souligner avec une quatrième ou cinquième couleur.

« Bonjour ! » a-t-elle claironné.

J'ai flairé une manigance. Elle s'est levée et a ouvert le robinet dans la salle de bains.

« Allez, les enfants, lavez-vous et on y va. »

Puis elle s'est interrompue, a marqué une infime hésitation tandis qu'elle choisissait nos sous-vêtements et nos tee-Às. Quelque chose se tramait ; je l'ai su à cet instant, avant qu'elle ne reprenne la parole :

« Dina, Daniel, allez, habillez-vous ! On va au parc. »

Daniel ? Qui était Daniel ?

Les yeux en forme de pièce de monnaie de Khosrou se sont arrondis de plus belle. C'était un gamin potelé, qui aimait se donner des airs virils – surtout quand il s'agissait de Maman et de sa protection au quotidien. Tous les jours, il lui prenait la main (pas l'inverse) et faisait comme s'il comprenait parfaitement ce qui se passait et maîtrisait la situation.

À présent il m'interrogeait du regard, mais j'étais encore déroutée.

« Dina, Daniel ! a répété Maman. Allez ! On a du pain sur la planche.

— Qui est Daniel ? » ai-je demandé, hésitante, mais aussi excitée.

J'adorais quand Maman mijotait quelque chose. Je pensais que c'était une guerrière. Et je commençais à saisir : ce n'était pas une trahison mesquine ; c'était une stratégie. Maman ne nous laisserait pas paraître moins convenables que ces fichus Jahangir.

Elle a souri. Je ne me souviens pas si elle m'a expliqué : *ce sera le nom de ton frère à partir de maintenant, parce que les Occidentaux n'arrivent pas à prononcer Khosrou.* Elle l'a dit après, très souvent. Mais à cet instant ? Je me souviens d'une matinée précipitée et de l'application avec laquelle elle a joué le jeu – il fallait qu'elle mène cette tâche à bien, comme si elle habituait un bébé à faire ses nuits ou devait terminer un flacon d'antibiotiques. Quand mon frère a compris, ses yeux se sont emplis de larmes. Il était temps pour le gentil Khosrou de nous dire adieu, de céder la place à Daniel, son homologue américain. Il avait cinq ans. Jusqu'à cette année-là, environ, à chaque fois qu'il sentait les larmes lui brûler les paupières, il levait les yeux, fixait le plafond et attendait que ça passe. Il pensait que s'il ne voyait personne, personne ne pouvait le voir. Qu'il pouvait se cacher dans les fissures du plafond et revenir fort et courageux, sans avoir pleuré. Mais même si je disparaissais de son champ de vision dès que son regard se tournait vers le ciel, j'étais toujours là. Je voyais son menton tremblant et ses joues frémissantes, ses sourcils furieux, toutes ces choses très intimes.

Le fait que Maman tienne bon a été un signal pour nous – elle adorait Khosrou ; ses larmes la faisaient fondre. Mais pas cette fois. Elle nous a aidés à nous habiller et à préparer nos affaires. Elle nous a promis une journée amusante, peut-être un poulet rôti pour le dîner. Mon frère est resté désorienté un moment, éclatant en sanglots de temps à autre, mais il a fini par se résigner. Et le matin du troisième jour, Daniel était Daniel aussi facilement que j'étais Dina. (Et cela m'a paru étrange de l'appeler Khosrou jusqu'à maintenant. Je suis contente de ne plus avoir à le faire.)

Bientôt, les longues journées brumeuses de solitude au sein de notre trio ont pris fin. Baba nous a envoyé de l'argent par l'entremise d'un coursier. Il nous a aussi envoyé un ami, un homme qu'il avait connu pendant son incarcération pour usage d'opium. (J'étais allée le voir en prison une fois. Ce souvenir demeure indélébile : un gardien vêtu de l'uniforme vert olive terrifiant des *pasdar* qui m'assoit sur une moto, Maman derrière moi, enveloppée dans un long tchador noir, la cour à l'extérieur de la cellule de Baba qui se profile. Un homme mince qui agite la main. Son crâne rasé et son pyjama blanc. Son sourire enthousiaste.)

L'ami de la prison s'était installé à Sharjah avec sa femme et ses quatre enfants et possédait deux restaurants iraniens. À partir de ce moment-là, nous avons mangé gratuitement au restaurant Ispahan au moins une fois par semaine, Daniel et moi courant autour de la fontaine carrelée scintillante avec les plus jeunes enfants pendant que la femme du gérant prenait les commandes. Qui sait s'ils envoyaient la note à Baba après coup ? Cela m'aurait étonnée. L'Iran fonctionne sur les services que l'on vous doit ; et partout où il allait, Baba en accumulait. Ils nous sauveraient à plus d'une reprise. Pendant des années, dans les périodes les plus difficiles, un homme apparaîtrait parfois à notre porte avec une enveloppe remplie de billets. Ou quelqu'un nous appellerait pour nous inviter à manger.

Même si cette famille avait de l'argent aussi, nous nous sentions bien plus à l'aise avec eux. C'étaient des campagnards, comme Baba, mais beaucoup moins éduqués – ce qui rendait l'arrangement plus équitable et digne pour nous tous. Ils nous nourrissaient et nous leur montrions des choses intéressantes que nous avions lues dans des livres. Leur respect affiché pour notre Baba émoussait la honte de recevoir leur charité. Le père avait une moustache aussi épaisse et noire qu'une brosse à reluire. Leur maison était décorée comme à Ispahan, avec de vieux tapis persans et des chaises au dossier doré tape-à-l'œil, des nougats dans des coupelles en argent, rien d'occidental. Au-dessus du restaurant, une enseigne annonçait : « Une cuisine qui a du cœur. » En mai, ils m'ont acheté un gâteau pour mon neuvième anniversaire et leur benjamine a soufflé les bougies avec moi. Elle aimait défaire mes tresses pour me brosser les cheveux. Elle n'avait jamais entendu parler de Michael Jackson, n'avait jamais fait une longueur de sa vie.

Et comment aurions-nous appris à nager en Iran, de toute façon ? Les filles devaient se couvrir de la tête aux pieds et presque toutes les piscines publiques étaient réservées aux hommes.

Un matin, la benjamine et moi sommes arrivées au restaurant avec des glaces. Nous nous sommes assises près de la fontaine et nous avons ri et comploté. Ce soir-là, Maman m'a dit d'un ton incertain, comme si elle y avait réfléchi toute la journée :

« Dina *joon*, tu as neuf ans maintenant. Ne mange plus de glace en public. »

Cela m'a laissée perplexe pendant longtemps, jusqu'à ce qu'une décennie plus tard, après des années de disputes violentes à propos de la longueur de mes jupes et mon droit de me raser les jambes, je finisse par comprendre qu'une chose pernicieuse me séparerait à jamais de ma mère. Elle avait été élevée dans l'idée que tous les penchants répugnants des hommes étaient de sa faute, et de la faute de sa fille.

Maman devait rêver que tous les hommes de Sharjah deviennent aveugles jusqu'à ce que nous puissions fuir en Europe. Et elle pensait pouvoir accélérer le processus en travaillant toujours plus dur, peu importait à quoi. Elle lisait des livres, nous apprenait des mots d'anglais, nous faisait réciter nos tables de multiplication et matin et soir, elle soulignait sa bible avec de nouvelles couleurs.

Quelques mois après notre arrivée, nous faisions des courses dans un bazar en plein air à Dubaï quand Maman a remarqué un homme habillé à la façon arabe qui nous observait. Il était grand et mince, avec une courte barbe à la mode et un regard chaleureux. Quand il a vu que nous l'avions repéré, il s'est approché de nous.

« Vous êtes iraniens », a-t-il dit dans un persan parfait.

Puis il a plaisanté sur ce marché de mauvais goût, ses tissus, son or, les femmes avec d'énormes téléphones portables. Maman a ri. L'homme a fait une autre plaisanterie. Bientôt, il nous guidait dans le bazar. Un livre a attiré mon attention. C'était un imagier anglais, organisé en plusieurs catégories : fruits, moyens de transport, logements. La page intitulée « famille » présentait l'arbre généalogique des Windsor. L'homme m'a acheté le livre et j'ai passé ma journée à étudier la famille royale anglaise. Les princes avaient l'air plus cultivés et raffinés que les Jahangir eux-mêmes.

Maman et le bel homme sont devenus amis. Il nous emmenait nous promener. Je suppose que ma mère et lui discutaient d'Ispahan et de Dubaï, de la cuisine iranienne et de leurs dieux opposés. J'essayais de ne prêter attention qu'à son visage, qui était d'une beauté frappante, même s'il portait la longue tunique blanche de l'ennemi. À cette époque, j'avais déjà classé les hommes en plusieurs catégories et je savais que ceux qui portaient ce genre de tenue voulaient me priver de ma force. Malgré tout, j'aimais cet étranger. Il était drôle, gentil, et nous divertissait pendant des heures. C'était plus facile de parcourir Dubaï avec lui. Les gens semblaient le connaître et le respecter. Ma mère ne se couvrait jamais les cheveux, ne trahissait ses principes d'aucune autre manière pour cette amitié. Cela attirait les regards, et après des mois à vivre comme une déracinée, une petite fille invisible sans même une école où briller, j'adorais qu'on me remarque.

Peu après notre rencontre, le nouvel ami séduisant de Maman nous a révélé qu'il était un prince mineur. J'étais ébahie, même s'il a précisé que cela ne voulait rien dire – les princes ne manquaient pas dans le monde arabe. Pourtant, en un seul mot, l'homme avait été paré de toute l'aura que mon imagination de fillette pouvait lui conférer. Et lorsqu'il a déclaré à Maman : « Ta fille est très intelligente », j'ai définitivement oublié mes objections. C'était mon ami.

Ça ne durerait pas. Un jour, l'homme nous a invités à dîner chez lui, pour la seule et unique fois. Nous n'avions pas apporté d'habits de fête à Dubaï, mais nous avons fait de notre mieux, nous mettant sur notre trente et un et crêpant nos cheveux. Une femme nous a accueillis à la porte. Elle n'a pas dit grand-chose, se contentant de nous emmener dans un salon luxueux, garni d'assez de coussins pour un banquet de vingt personnes, où elle nous a abandonnés. Nous avons attendu une heure, puis deux. Aucun autre invité n'est arrivé. Daniel a commencé à se plaindre qu'il avait faim, alors nous avons mangé, picorant d'abord, puis remplissant franchement nos assiettes. Au fur et à mesure, nous avons commencé à remarquer d'autres détails. Des mouvements derrière une porte ajourée. Les épouses et les enfants de l'homme nous observaient depuis un moment. J'ai imaginé que les femmes chuchotaient des commentaires sur le regard frondeur de ma mère et sa silhouette menue, mes cheveux éclatants de santé et ma langue bien pendue, les joues rebondies de Daniel. Après le dîner, on nous a raccompagnés à la sortie, sans que nous ayons parlé à personne. Nous ne comprenions rien et je ne pense pas que Maman ait beaucoup dormi ce soir-là.

Le jour suivant, notre nouvel ami a demandé à Maman de devenir l'une de ses épouses. Pire, il lui a proposé de me marier à son fils aîné. Maman était furieuse, mais ce n'était rien à côté de moi : comment osait-il me réduire à un post-scriptum dans sa demande en mariage ? Il avait dit que j'étais intelligente ! Ne comprenait-il pas que j'étais destinée à étudier à l'université et à devenir quelqu'un en Occident ? Ne voulait-il pas m'aider à faire ça, plutôt ? Nous ne l'avons jamais revu.

Cet étrange dîner dans la maison du prince mineur reste mon souvenir le plus vif de Dubaï, même si c'est là-bas que j'ai appris à parler anglais et à nager, que j'ai mangé des cornflakes et de la mortadelle pour la première fois, enlevé du goudron de mes jambes, et vu un homme en tunique arabe jouer énergiquement au tennis contre une femme en short blanc, dont les cheveux blonds ébouriffés dansaient sur les épaules tandis qu'elle courait sur le terrain.

La procédure de demande d'asile requérait de nombreux entretiens, formulaires, lettres et déplacements à Abu Dhabi. J'appréhendais ces journées où nous devions passer des heures dans une voiture étouffante, qui me rendait malade, pour rejoindre le bureau de l'ONU, puis des heures encore dans une pièce empestant la sueur, meublée de chaises en plastique – tout ça pour rebrousser chemin.

En mai 1988, on nous a convoqués à Abu Dhabi pour un entretien ou une autre tracasserie du genre. Daniel et moi sommes sortis en titubant de la voiture, nauséeux et épuisés, et avons commencé à réclamer de l'eau et à manger. Ma frange collait à mon front en paquets poisseux. Je haïssais Abu Dhabi de tout mon être.

Nous avons trouvé une épicerie. Maman a actionné la poignée. Le magasin était fermé. Le suivant aussi. Les rues étaient plus vides que d'habitude. Où étaient passés les gens ? Puis Maman s'est souvenue : c'était le Ramadan, le monde musulman endurait un mois de prières et de jeûne. Vivant dans notre éternel brouillard, notre monde réduit à une chambre, un restaurant et une piscine publique, nous avions complètement oublié le calendrier musulman.

Nous avons marché un long moment avant de trouver quelqu'un : un petit vendeur de plats chauds qui attendait, désœuvré, devant son comptoir. Maman a essayé de passer commande.

« C'est le Ramadan, a-t-il rétorqué. Je ne vends rien avant le coucher du soleil.

— On est venus de Dubaï, a-t-elle dit. Mes enfants sont jeunes. S'il vous plaît. »

Quand il a refusé une seconde fois, elle a insisté. L'homme a réfléchi.

« Mangez là, a-t-il dit en indiquant un cagibi. Et seulement les enfants. »

Nous avons mangé à toute vitesse dans le réduit obscur à l'odeur de moisi, puis nous nous sommes rendus à l'adresse glissée dans la bible de Maman. Un panneau annonçait : « Programme des Nations unies pour le développement ». Cela nous a peut-être aidés, d'arriver à notre entretien échevelés, les yeux rendus vitreux par la faim. Cela nous a peut-être aidés que la démarche de Maman la fasse paraître plus vieille que son âge, et que Daniel et moi soyons couverts de tant de sueur, de ketchup et de poussière du cagibi. La réponse n'arriverait pas avant des mois, et qui pouvait deviner ce que les Occidentaux avaient besoin de voir pour croire une histoire ?

Quelques semaines plus tard, notre visa a expiré. Nous étions des immigrés clandestins.

Est-ce avant ou après ce changement de statut que nous avons rencontré les Sadeghi ? Les jours se confondent, mais bientôt, notre monde s'est agrandi. Une autre famille iranienne est arrivée à la pension. Eux aussi avaient quitté le pays avec un visa touristique. Eux aussi deviendraient clandestins, ou l'étaient déjà – nous ne leur avons pas posé la question.

Mozhgan Sadeghi avait mon âge, mais elle était plus grande que moi, avec d'épais sourcils et cheveux noirs. Elle parlait persan ; je ne serais plus obligée d'approcher des fillettes inconnues en baragouinant quelques mots d'anglais au terrain de jeu. Elle connaissait tous mes jeux et mes chansons. Trouver une amie ici, dans ce lieu d'attente, était un miracle, un événement si improbable (je le comprenais désormais) qu'il engendrait de la douleur, une brève distorsion et un élan de terreur à l'idée qu'il aurait pu ne pas se produire, même si on ignorait un instant plus tôt que ce serait le cas.

Mozghan et moi jouions tous les jours devant la pension. Nous nous baladions dans la rue et allions à la piscine la journée. Daniel aussi avait un nouvel ami, le petit frère de Mozhgan, même si Maman ne voulait pas trop nous laisser nager avec lui. Ses cheveux noirs rasés laissaient voir des plaques chauves, qu'elle pensait causées par un champignon.

Un jour, la deuxième ou troisième fois que nous passions du temps ensemble, Mozhgan était en train de me montrer une poupée que sa mère avait cousue, babillant à propos de sa robe et de ses cheveux, quand elle s'est brusquement interrompue. Ses yeux se sont affolés, puis sont devenus vides, et elle a levé les bras devant elle d'un coup. Sa tête s'est affaissée, ses oreilles effleurant ses biceps. Elle tendait les bras de toutes ses forces, muscles contractés, tel un rameur dans un bateau. La poupée pendouillait dans une de ses mains. Mozghan a remué les doigts quelques secondes, comme si elle jouait un morceau rapide sur un piano invisible, puis elle a laissé retomber ses bras, haletant après le spasme. Elle a jeté un regard timide autour d'elle et a coincé la poupée sous son bras.

« Désolée, a-t-elle dit. Ça m'arrive des fois. Ça a duré longtemps ? » Elle a tâté son front, qui était sec. « Non, on dirait. Il ne faut pas que tu aies peur. »

J'ai haussé les épaules. Ce soir-là, j'ai raconté à Maman ce qui s'était passé.

« Pauvre petite, a-t-elle dit. Elle est épileptique. C'était un genre particulier de crise. Tout le monde ne s'effondre pas par terre comme dans les films. Ne t'inquiète pas : continue de jouer avec elle, sois gentille et essaie de ne pas rester en face d'elle.

— Et si elle me donne des coups de pied, qu'elle me mord ou je ne sais pas quoi ?

— Dina ! m'a grondée Maman. Elle n'a pas la rage. Elle fait juste ça avec ses bras. »

Je comprenais mieux que Maman ne le pensait. Mozhgan éprouvait l'envie irrépressible de tendre les bras, de sentir ses muscles se contracter au maximum, comme quelqu'un qui faisait du sport, de la même façon que j'éprouvais le besoin de rentrer mon menton dans mon cou, ou de respirer assez profondément pour que la barre de métal finisse par redescendre à sa place.

Je comprenais cette maladie et pourtant (peut-être parce que je soupçonnais qu'il n'existait qu'une infime différence entre nous deux) je m'enfuyais peu après chaque crise. Tout le temps où nous l'avons fréquentée, Daniel et moi avons eu peur de Mozhgan. Mais il n'était pas question que nous arrêtions de jouer ensemble. Mozhgan et son frère étaient nos amis, les seuls à partager notre situation. Mozghan pouvait s'asseoir avec moi sur le palier, et nous discutions de ce qui nous manquait, notre ancienne chambre, un professeur ou une meilleure amie. Nous pouvions traînasser pendant des heures, imaginant où nous atterririons toutes les deux, à quoi ressemblerait notre maison et quels livres nous rachèterions en premier. Nous avions chacune un sac à dos, et j'avais commencé à canaliser toutes mes manies dans le mien – comptant la monnaie, les élastiques à cheveux, les Smarties dans leur sachet. Avec Mozhgan, je n'avais pas à cacher mon besoin de garder le sac sur mes genoux, pour ne pas paraître bizarre. Je pouvais faire une fixation sur une mine de crayon tronquée qui avait été bien taillée ce matin-là, farfouillant au fond du sac à la recherche de la pointe perdue, et elle attendrait que j'aie fini. Et si elle sentait une crise venir (ce n'était pas toujours le cas), elle s'écartait légèrement, et je savais que je devais attendre sagement qu'elle ait fini. Parfois, elle avait un objet dans la main et je trouvais épatant qu'elle ne le lâche jamais. Elle avait toujours un doigt sur le qui-vive, fermement accroché à son jouet, son pull ou un paquet de chips. Le pragmatisme de son corps m'impressionnait.

Nous étions alliées dans notre étrangeté. Je savais néanmoins que j'avais plus de chance qu'elle, parce que mon problème pouvait être surmonté, avec du temps et de la place pour respirer. Mozhgan n'étudiait pas, n'allait pas à l'école. Et cela me semblait aussi un manque de chance. Maman ne me laissait jouer avec elle que lorsque j'avais terminé mes leçons. Je ne protestais jamais. Ces règles rendaient mon travail plus officiel, comme si j'allais vraiment à l'école.

Un soir à la fin de l'été, alors que Mozghan et moi venions de nous dire au revoir pour courir vers nos portes respectives, j'ai trouvé Maman en train de lire une lettre. Son visage était sombre et tendu. Quand je lui ai demandé ce qui n'allait pas, elle a répondu :

« On va déménager.

— Pourquoi ?

— Ils vont transformer ce bâtiment en dortoir pour étudiants. Tout le monde doit partir cette semaine. »

Elle paraissait désorientée et a marmonné quelque chose à propos du loyer que nous avions payé. C'était le début du mois.

« Je parlerai à Sanjagh demain matin », a-t-elle dit d'un ton taquin, mais je n'ai pas réussi à rire.

Sanjagh, « barrette à cheveux » en persan, était la façon dont nous écorchions le nom du gérant coréen : Sung-Jin. Il y avait une centaine d'erreurs de ce genre que nous continuions à faire pour plaisanter.

Je n'avais jamais aimé vivre dans ce bâtiment, mais je n'avais jamais été expulsée non plus, n'avais jamais vécu dans le genre d'endroit dont on pouvait se faire expulser. J'avais toujours eu des racines. La maison de mes grands-parents au village leur appartenait depuis des décennies, peut-être un siècle – elle avait un vieux four à pain *tannour* et une cuisine caverneuse. Mes parents avaient été propriétaires de tous nos logements. Chaque chaise, canapé et table semblait soudé sur place et un petit arbre poussait dans une enceinte en verre au milieu du salon. Mais ici, quelqu'un avait décidé de construire des dortoirs, et d'un claquement de doigts capitaliste, nous nous retrouvions à la rue. Jusqu'à cet instant, j'avais été trop occupée pour prendre conscience de mon déracinement. Même si ma maison, Baba et ma grande famille me manquaient, je n'avais jamais eu peur. Nous vivions une aventure. Mais il me semblait désormais que nous étions perdus dans un pays inconnu, sans plus aucune attache.

Le jour suivant, Maman a déboulé dans la chambre pour nous annoncer qu'un nouveau miracle s'était produit. Il n'y avait pas de résidents permanents à la pension, seulement quelques clients qui payaient au mois. Le propriétaire, avec sa fortune issue du pétrole, ses projets capitalistes et sa hâte de rénover le bâtiment avant la nouvelle année universitaire, avait annoncé que les personnes qui avaient déjà versé leur loyer seraient relogées dans un autre hôtel de la rue jusqu'à la fin du mois. Un seul établissement avait la place d'accueillir les trente ou quarante locataires expulsés : un hôtel pour touristes avec une piscine surveillée et un court de tennis, des télévisions couleur dans toutes les chambres, des draps doux et confortables, des serviettes épaisses et des WC à l'occidentale. Nous n'aurions pas le droit de manger à l'hôtel ni de toucher tout ce qui était réservé aux clients. Nous devrions rester discrets et invisibles. Mais nous pourrions dormir là-bas.

Tout ce que j'avais retenu, c'était l'information sur les WC à l'occidentale. Je n'arrivais pas à m'en servir. Mon corps refusait de s'adapter. J'étais habituée à un trou dans une dalle en faïence entouré de deux repose-pieds rainurés, comme un radiateur, sur lesquels je me tenais accroupie grâce à mes cuisses musclées pendant que je me soulageais. L'idée de devoir m'asseoir pour déféquer me paraissait aussi impensable et barbare que de faire mes besoins sur le canapé.

« Dina, arrête tes *vasvas* », m'a dit Maman. (Le mot persan désignant les troubles obsessionnels compulsifs est assez amusant pour que les parents l'emploient à tout bout de champ. Mais je le détestais : mes habitudes étaient normales et je voulais qu'on les traite comme telles.) « On aura deux semaines là-bas pour comprendre cette histoire de toilettes. Et tu apprendras la brasse et le crawl. »

L'arrivée à l'hôtel nous a donné l'impression d'émerger d'une eau glacée en plein soleil, ou d'entrer dans une école après les derniers jours étouffants de l'été. Les Sadeghi étaient là aussi et j'ai discuté en chuchotant avec Mozhgan pendant que nos mères se chargeaient des formalités. Puis on nous a montré nos chambres – trente ans après, je me rappelle encore ce que j'ai ressenti en y pénétrant : on nous avait attribué deux pièces, chacune avec un grand lit, reliées par une porte à double battant. Mozhgan m'avait accompagnée dans notre partie de l'hôtel. Quand elle a vu où nous logions, elle m'a serré la main et a couru rejoindre sa famille, qui était en train de s'installer.

Une heure plus tard, le gérant de l'hôtel a frappé à notre porte.

« Je suis désolé, madame, mais nous sommes obligés de verrouiller la porte entre les chambres, a-t-il dit. Vous n'en avez qu'une, pas deux. Je m'excuse de ce malentendu. »

Maman et Daniel s'en moquaient. Nous partagions un lit depuis des mois, et celui-ci serait bien plus confortable. Mais j'étais furieuse. Je m'étais réjouie d'avoir un peu d'intimité, la place de respirer et des murs propres.

« C'est curieux », a dit Maman, quand nous nous sommes rendu compte que la pièce attenante resterait vide.

Le promoteur immobilier avait réservé un lot de chambres ; on avait du mal à l'imaginer se fatiguer en négociations mesquines sur la taille de chacune. Pourquoi le personnel de l'hôtel avait-il tenu à nous priver d'une partie de notre espace ? Maman est allée se renseigner. Elle est revenue en secouant la tête, le regard assombri par la déception et la colère.

« Mme Sadeghi s'est plainte que nous ayons autant de place qu'eux, alors qu'ils sont cinq et nous trois. Incroyable, non ?

— La maman de Mozhgan a dit à l'hôtel de prendre notre chambre ? me suis-je étonnée. Pourquoi ?

— Je crois qu'elle a été trop gourmande. Elle pensait qu'ils lui donneraient une troisième chambre. À la place, ils nous en ont enlevé une.

— Elle ne peut pas demander qu'on nous la rende ? » ai-je demandé avec espoir.

Maman a secoué la tête.

« Ne leur en parle surtout pas, Dina. Ils ne corrigeront pas leur erreur. Parce qu'ils étaient probablement jaloux, aussi. Ces villageois ont vu une femme médecin seule avec deux enfants, ouvertement chrétienne, pas voilée, et ils ont voulu nous punir. La prochaine fois que tu croiseras Mozhgan, n'oublie pas de dire que tu es très heureuse ici. Et apprends-lui des mots d'anglais, d'accord ? »

J'ai gloussé. J'adorais cette Maman-là ; même si on pouvait la trouver trop pointilleuse, elle restait toujours vigilante, pour s'assurer que Daniel et moi ne perdions pas une once de dignité, que nous n'ayons jamais honte. Avec le temps, à mesure que je me transformerais en femme occidentale et qu'un fossé culturel et personnel se creuserait entre nous, nous nous disputerions à propos de cette coutume iranienne plus que de toute autre : la valeur qu'elle accordait à la dignité et aux apparences, la façon dont elle se préservait de la mauvaise foi et des regards jaloux. Et pourtant, je sais que si elle ne m'avait pas mise en garde au sujet des mauvaises intentions des Sadeghi, ou des marqueurs sociaux violents des Jahangir, je n'aurais pas appris à me métamorphoser. Je serais restée attachée à un unique habitat sécurisé, sans l'assurance ou l'audace de vivre comme un caméléon, libre de m'installer dans n'importe quel coin du monde.

Ces semaines tombées du ciel sont passées en un éclair. J'allais nager si souvent que ma peau olivâtre est devenue brun foncé. Un après-midi, Maman a sauté dans un taxi.

« Emmenez-moi dans une église », a-t-elle dit.

Le chauffeur, un homme avec un turban et une longue barbe, s'est retourné pour l'observer. Puis il a démarré. Avait-elle commis une erreur ? *Est-ce qu'il va m'emmener dans une ruelle, ou pire, à l'ambassade iranienne ?* s'est demandé Maman. L'homme a roulé très longtemps, traversant des rues qu'elle ne connaissait pas et une zone désertique, avant de s'arrêter devant un bâtiment anonyme avec une feuille imprimée sur la porte.

« Où est-on ? a demandé Maman.

— Allez-y, a-t-il répondu. C'est l'église pour les convertis comme nous. »

Maman a souri. Pour elle, l'exil était une succession d'actes de bonté stupéfiants, qu'elle appelait miracles, oubliant qu'elle était une jeune mère avec un visage mélancolique et enfantin, dans un monde dominé par des hommes rongés par la culpabilité.

La feuille comportait une liste de confessions et de langues, accompagnées d'un horaire. Maman a regardé sa montre. Le service des protestants anglophones allait bientôt commencer. Là, elle a rencontré Jim et Barbara, un couple de missionnaires australiens qui avaient un fils de mon âge, Nathan. Ils lui ont donné des cassettes VHS pour nous, un dessin animé chrétien appelé *La Maison volante*. Une fois rentrée à l'hôtel, Maman a demandé au gérant s'il pouvait passer les cassettes sur son système vidéo (un magnétoscope installé dans son bureau, relié à une chaîne partagée par tous les clients de l'établissement). Il a accepté, heureux de se racheter après l'affaire avec les Sadeghi.

Quelques jours avant notre départ de l'hôtel de luxe, Baba a pris l'avion depuis Ispahan pour nous apporter des vêtements et nous voir, mon frère et moi. Des policiers l'avaient interrogé pendant des semaines quand nous avions disparu et à force de graisser des pattes et de se faire discret, il avait fini par les convaincre qu'il n'avait rien à voir avec la nouvelle religion de Maman, son prosélytisme ou sa fuite. Comme nous le découvririons bientôt, il avait une autre excuse pour rester à l'abri de tout soupçon.

Dès que nous avons ouvert la porte, nous sommes tombés dans les bras de Baba – notre joyeux et heureux Baba, avec ses cheveux roux, ses poches pleines de chocolat et de cerises aigres.

« Dina ! Khosrou ! Vous m'avez manqué », s'est-il exclamé, et nous l'avons serré contre nous en lui demandant ce qu'il nous avait apporté.

Maman s'affairait dans la pièce, réorganisant des valises. Elle a fait du thé. Une fois ou deux, elle a appelé Daniel par son nouveau prénom. Baba a haussé un sourcil. Puis il a demandé à mon frère :

« Tu t'appelles Daniel, maintenant ?

— Oui, a-t-il dit.

— Sima, qu'est-ce qui te prend ? Khosrou est le prénom de mon grand-oncle ! C'est lui qui a trouvé celui de Dina. Tu ne peux pas changer le nom de notre fils !

— Il va vivre dans un pays anglophone, a-t-elle répondu en haussant les épaules. Les gens là-bas ne peuvent pas prononcer ces sons, tu le sais bien. »

Ils se sont disputés. À propos du prénom, d'où nous allions vivre, de l'argent (il n'y en avait jamais pour nous), de la dépendance de Baba à l'opium et de la fichue foi chrétienne de Maman. Mais surtout, ils se sont disputés à propos des vêtements de ma mère.

« Ils ne me vont plus, a-t-elle dit, debout devant le miroir, dans une jupe si détendue qu'elle glissait sur ses hanches.

— Tu as perdu du poids, a dit Baba.

— Quelqu'un de beaucoup plus gros que moi a porté ça.

— Qu'est-ce que tu vas encore t'imaginer… Tout le monde conspire contre toi, hein, Miss Convertie ?

— N'essaie pas de me faire passer pour une folle, a rétorqué Maman, tenant une robe abîmée devant elle. Tu sais très bien que tu as laissé une bonne femme fouiller dans ma maison et mettre mes habits. »

Elle avait été impatiente de retrouver une partie de sa garde-robe. Presque tous les vêtements qu'elle avait apportés étaient usés jusqu'à la corde et chaque jour qui passait, nous ressemblions davantage à des réfugiés – ça n'arrivait pas d'un coup, comme je le comprenais à présent, et il fallait que nous échappions à ce lieu d'attente très vite, sans quoi nous allions disparaître dans la masse des gens venus d'Orient. Qui nous accueillerait, si nous avions l'air de pouilleux ?

« Une bonne femme ? a riposté Baba. Une femme charitable et maternelle, qui sait comment vivre, elle, au lieu de se cacher derrière Dieu tout le temps. »

Son grand sourire avait disparu. Il se mordait la langue, dardant sa petite pointe de chat entre ses lèvres, les yeux remplis d'une rage tout aussi féline. À Ispahan, c'était l'expression qu'il affichait avant d'exploser et d'asséner à Maman une gifle qui l'envoyait valser dans la pièce. C'était la seule chose de chez nous qui ne me manquait pas.

« Jette-les, si tu n'en veux pas », a-t-il craché.

Puis il a sorti ses cigarettes de la poche de sa chemise et est parti en claquant la porte.

« Maman, pourquoi il y a une autre femme dans notre maison ? » a demandé Daniel quand nous nous sommes retrouvés seuls.

Il s'est assis à côté d'elle et lui a pris la main comme un petit homme.

« Ce n'est pas grave, a-t-elle répondu. C'est normal. C'est parce que Baba est un homme. Il ne sait pas cuisiner ni faire le ménage, et tous les hommes ont besoin d'une femme pour faire… des choses de femmes. »

Daniel a réfléchi un moment.

« Mais qui fera tes choses d'homme ? » a-t-il demandé, les yeux écarquillés, comme s'il venait de découvrir la laideur du monde.

Maman a fondu en larmes. Baba est parti le jour suivant ou le surlendemain. Voilà pourquoi il n'avait pas eu peur de nous rendre visite. Maman avait été naïve de ne pas s'en douter : il s'était remarié. La Charia l'y autorisait, puisqu'il n'avait qu'une seule femme. Et d'après ce que les autorités en savaient, il avait abandonné sa première épouse récalcitrante à son sort. Il était libre de vivre tranquillement en Iran, comme tout homme hétérosexuel marié qui avait de l'argent et des relations, une profession sans histoire et indispensable, et un Coran décoratif.

Ce soir-là, le gérant de l'hôtel est revenu nous voir.

« Je ne peux plus passer ces vidéos, madame, je suis désolé, a-t-il dit à ma mère.

— Pourquoi ? a-t-elle demandé en reprenant les cassettes.

— Vous savez pourquoi, a-t-il rétorqué, toute amabilité disparue de sa voix. Je pensais que ce n'étaient que des dessins animés. »

Le lendemain, nous nous sommes installés chez Jim et Barbara. Là, nous avons assimilé le rythme d'une famille australienne, en partant du principe que celui des familles anglaises et américaines y ressemblerait peut-être. Nous mangions de la viande froide et des légumes en tranches à cinq heures du soir, un horaire absurde. Nous tartinions notre pain avec une substance huileuse. Nous nous asseyions sur des WC à l'occidentale et nous douchions le matin plutôt qu'au milieu de l'après-midi. Maman nous a inscrits à l'école anglaise de Nathan ; Barbara s'était arrangée pour nous faire dispenser des frais de scolarité. Les cours y étaient donnés en arabe et en anglais britannique. On y portait un uniforme et j'aimais la devise de l'établissement, qui n'était pas pompeuse mais pragmatique et facile à respecter : *La rigueur avant tout*. On m'a mise en troisième année, le niveau que j'avais quasiment terminé à Ispahan. J'ai enfilé mon uniforme et ravalé ma honte.

Dans la cour de récréation, les enfants m'ont expliqué qu'il y avait deux types de personnes à Dubaï : les Arabes et les Anglais. On les différenciait grâce à leurs vêtements, mais c'était plus compliqué avec les filles à la peau claire en uniforme d'écolière, comme moi. Ils savaient que je venais d'Iran à cause de mon mauvais anglais. Je ne m'étais pas rendu compte que je parlais si mal. Je lisais les vieux livres pour enfants de Nathan tous les soirs – *Babar*, des ouvrages reliés de Richard Scarry peuplés d'animaux qui travaillaient dans le secteur tertiaire, et Roald Dahl. Mais tous les matins, avant même que la sonnerie retentisse, j'avais déjà fait dix nouvelles erreurs. Au bout d'un moment, je me suis aperçue que les élèves n'étaient pas seulement répartis par niveaux mais aussi par « maisons ». La mienne s'appelait Dougherty. Même si elle n'avait rien fait pour moi, ne m'offrait pas de véritable refuge ou identité et que je ne m'y sentais aucunement attachée, j'étais censée trouver des réserves de loyauté cachées pour ma maison. Si on me décernait des bonnes notes ou des points de bonne conduite, Dougherty en bénéficierait.

« Tu ressembles plus à une Arabe, affirmaient les filles de la cour de récré. Tu n'es pas une Arabe, mais pas loin. »

Je ne jouais jamais avec ces filles. Je me contentais de les regarder. Nathan avait un faible pour une dénommée Naomi, une petite blonde toute menue qui ne terminait jamais son déjeuner. Quand je finissais le mien, elle me traitait de goulue. Mais elle me fascinait. Elle chantait dans la chorale de l'école et sentait toujours la marguerite. Un jour, je suis passée avec ma classe à côté d'une salle de cours de lycée. Des lumières clignotantes et de la musique s'échappaient par un interstice entre les rideaux fermés. J'y ai jeté un coup d'œil. Des jeunes dansaient, garçons et filles ensemble, sous une boule à facettes qui éclairait leur visage en de multiples couleurs.

« Qu'est-ce que c'est ? ai-je demandé.

— Ils font juste une boum, a répondu Naomi, comme si de rien n'était.

— À l'école ? Devant leur professeur ? »

Je pensais que c'était une chose qu'on faisait en secret quand on avait vingt ans, que nos parents étaient vieux et dormaient dans leur lit, et que si on se faisait pincer, on risquait le fouet. Naomi a haussé les épaules. J'observais toujours la scène. L'une des adolescentes, qui avait moins l'air de s'amuser que de s'acquitter d'une corvée, m'a jeté un regard courroucé tout en continuant à souffler d'effort, et son professeur a fermé les rideaux.

J'ai décidé de participer à une course de natation en brasse. La compétition était publique et quand je suis arrivée troisième (sur quatre personnes), Maman s'est précipitée au bord de la piscine pour m'aider à sortir de l'eau.

« Je suis fière de toi ! a-t-elle dit. Ces filles nagent depuis qu'elles sont toutes petites. Tu as appris à faire la planche il y a deux mois dans une eau bouillante. Personne ne s'en serait douté, en regardant cette course. »

Elle savait que c'était mon unique objectif : que personne ne puisse deviner qui j'avais été avant mon neuvième anniversaire, une fille qui ne savait même pas faire la planche. Je n'avais pas battu les autres concurrentes, mais j'étais passée pour l'une d'entre elles. J'avais gagné bien plus qu'une médaille.

Pour une raison anglaise incompréhensible, la maison Dougherty a remporté mes points.

Tout le monde savait que je risquais de partir d'un jour ou d'un mois à l'autre, ce qui m'empêchait d'occuper une place permanente dans les clubs, les équipes ou les amitiés : j'étais trop empêtrée dans l'incertitude. Même mon uniforme était d'occasion, et trop grand. On m'avait attribué un rôle dans une pièce de théâtre, mais quand Maman avait dit à mon institutrice que notre dernier voyage à Abu Dhabi lui avait donné bon espoir, on me l'avait retiré, de peur que je ne sois plus à Dubaï le soir de la première.

Je me suis remise à me ronger les sangs, à tout compter, à presser trop longtemps mon menton contre mon cou. J'ai décidé de jeûner, pensant que Dieu verrait peut-être à quel point j'étais déterminée et nous emmènerait loin de Dubaï, dans un endroit où je pourrais m'installer, prendre mes aises, me faire de vrais amis, acheter des cahiers d'exercices neufs. Je voulais être chez moi – où que ce soit. Lorsque les enseignants ont remarqué que je ne mangeais plus, ils m'ont reproché de vouloir faire un régime et m'ont forcée à me nourrir ; ils pensaient que je supportais mal la pression de ce nouvel environnement mixte. Dougherty a perdu des points. Mais Maman m'a crue, quand je lui ai expliqué que je ne cherchais pas à ressembler à Naomi.

En février, elle a commencé à paraître distraite. Elle priait sans cesse. Elle s'est rendue à Abu Dhabi sans nous. Il se passait de nouveau quelque chose.

J'ai découvert plus tard que comme à Ispahan, elle s'était mise à distribuer des tracts chrétiens dans des communautés musulmanes, un comportement dangereux et inconscient. Elle cherchait désespérément quelque chose à faire, un moyen d'accélérer la manœuvre. Que ce soit à cause des tracts ou d'autre chose, les Émirats arabes unis savaient désormais que nous avions abusé de leur hospitalité, que notre visa avait expiré plusieurs mois auparavant. M. Jahangir a été convoqué. Un procès a été organisé.

« Madame, a dit le juge, vous avez violé plusieurs lois de notre pays. Vous devez payer une amende de vingt mille dollars et quitter les Émirats arabes unis d'ici deux semaines, ou vous serez emprisonnée avec vos enfants. Vous comprenez ? »

Maman s'est contentée de le fixer. M. Jahangir était blanc comme un linge ; il a porté la main à sa bouche, secouant la tête.

« Vous comprenez que vous devez partir ? a répété le juge.

— Oui, votre honneur », a répondu Maman d'un ton las.

Le magistrat a marqué une pause et consulté ses documents, comme s'il réexaminait le dossier. Puis il a dit :

« Je vous dispense de l'amende. Mais quittez le territoire d'ici deux semaines ou vous risquerez la prison. »

Jahangir a émis un petit bruit (qui d'autre aurait écopé de l'amende, à part notre garant ?) et Maman a remercié le juge.

« N'oubliez pas de payer les frais de justice en partant, a dit celui-ci. Et madame, ne distribuez plus de tracts dans ce pays. »

Maman a acquiescé.

« Qu'est-ce que tu vas faire, maintenant ? » lui a demandé Jahangir, dont le soulagement d'avoir échappé à l'amende s'était dissipé dès qu'il avait réfléchi au délai imparti. « On arrive à rien en deux semaines, Sima. Vous allez échouer en prison tous les trois, c'est ça ? Comment ? Comment est-ce que ça marchera ? »

Si vous posez la question à Maman maintenant, elle vous dira qu'elle n'a rien fait d'autre que prier. Qu'elle a demandé à toute sa congrégation de prier. Et je la crois. Je crois aussi que Barbara, Jim, Jahangir ou un membre de l'église a contacté l'UNHCR. C'est peut-être cela, le but des prières : qu'elles parviennent à des oreilles humaines. Maman n'est pas d'accord. Elle dit que notre procédure de demande d'asile était en cours depuis des mois ; qu'elle était peut-être même déjà arrivée à l'étape finale. Quoi qu'il en soit, treize jours après l'audience au tribunal, on nous a appelés pour nous annoncer que l'Italie avait dit oui. On ne nous y offrait pas l'asile, mais ce serait notre prochain pays de transit, un lieu sûr où nous pourrions déposer une demande auprès d'autres États. Nous n'avions pas à nous inquiéter des délais fixés par le juge, puisque les services d'immigration émiratis avaient été avertis et que la situation leur convenait. Mais nous devions faire nos valises sur-le-champ.

Le jour suivant, en février 1989, on nous a mis dans un avion pour Rome, puis conduits à Mentana, un village en périphérie de la capitale, où nous attendait un foyer pour réfugiés en route vers autre part. Nous avons à peine eu le temps de dire adieu aux gens que nous avions rencontrés.

2

Nous avons gravi la route tortueuse qui menait à l'hôtel Barba. C'était l'hiver. Nous avons mangé des pâtes réchauffées dans la salle vitrée. Nous avons bu du thé dans la cour, écouté les histoires des autres dans leur chambre. Une vieille femme collectionnait des briques. Nous échangions des ragots.

Maman ne participait pas à la comédie humaine de l'endroit. Les résidents maugréaient. Ils se plaignaient. Se disputaient. Mais elle restait à l'écart. Quand il est devenu clair que notre séjour à l'hôtel Barba durerait un moment, elle s'est fait un devoir de poursuivre notre instruction, comme avant. Elle refusait de dépérir dans l'hôtel avec les autres exilés.

Des employés d'églises et d'associations caritatives grimpaient parfois la colline, pour larguer dans la cour d'énormes tas de vêtements donnés. Les résidents se ruaient sur les piles, éparpillant les articles. Les habits dont personne ne voulait restaient par terre pendant des heures, des jours. Les employés distribuaient aux résidents des bons qu'ils pouvaient échanger contre des boîtes de conserve s'ils allaient à l'église. Maman ne s'intéressait à aucune de ces choses – pas parce que nous n'en avions pas besoin, mais parce qu'on ne peut accepter la charité qu'un certain temps, avant de perdre de vue la personne qu'on a été.

« La procédure n'ira pas plus vite si on reste assis à attendre, affirmait-elle. Les gens paient une fortune pour visiter ce pays. On n'a qu'à faire du tourisme. »

Elle préparait nos sacs à dos et nous prenions le bus pour Pise, Venise et Rome. Elle avait encore trente-deux ans, osait braver les transports publics avec très peu d'argent, aucune notion d'italien et deux enfants geignards.

À Venise, nous avons découvert que voyager coûtait cher. Nous avions à peine de quoi nous payer une part de pizza ou une de ces boulettes de riz appelées *arancini*, sans même parler d'une chambre d'hôtel. Maman négociait nos séjours dans chaque ville : si on arrivait à minuit et qu'on partait à cinq heures du matin, si on dormait dans la salle de pause, est-ce qu'on pourrait obtenir une chambre pour trois fois rien ?

Certains enfants de Barba avaient été inscrits dans des écoles italiennes de la région, mais Maman tenait à ce que nous apprenions l'anglais. Vivre dans un bourg isolé sans voiture limitait nos options ; néanmoins, elle est parvenue à trouver une école organisée par des parents américains dans une église romaine. Il nous faudrait plus d'une heure en bus pour y aller. Et surtout, nous raterions le déjeuner à Barba. Alors Maman a échafaudé un plan qui nous permettrait d'assister aux cours sans renoncer à nos trois repas par jour. Elle a demandé à l'employée un peu punk de confier notre déjeuner à la grand-mère afghane, qui l'emballerait et le mettrait de côté pour que nous le mangions le soir. Nous garderions notre dîner pour le déjeuner du lendemain. Quoi qu'on nous serve à manger, Maman en faisait des sandwichs (des petits pains à la croûte dure accompagnaient chaque repas), qu'elle suspendait dans un sac plastique sur le balcon, pour qu'ils refroidissent et survivent au trajet du matin jusqu'à Rome. Je me souviens encore de la texture singulièrement satisfaisante d'un sandwich fourré au rôti et petits pois, le pain ayant enfin ramolli après avoir mariné dans le jus de viande toute une nuit.

Malgré tout, la manœuvre était embarrassante en soi, et très visible – les déjeuners refroidis que nous apportions à la cafétéria le soir, les dîners fraîchement servis que nous empaquetions. Nous garnissions les petits pains avec des ingrédients étranges : purée, pâtes, poulet, tranches de viande sous une couche de carottes. Aujourd'hui encore, quelle que soit leur qualité, les sandwichs faits avec des restes m'évoquent la survie.

Comme nous avions commencé l'école au printemps, nous n'avions pas de cahiers d'exercice, et nous étions très en retard sur le reste des élèves. Une fois de plus, Maman a mis des jours à gommer des centaines de pages complétées, s'assurant d'avoir fait disparaître chaque trace pour que nous puissions travailler par nous-mêmes, sans être tentés de déchiffrer des réponses à moitié effacées. Quand le temps s'est adouci, nous avons passé nos matinées et nos après-midis dans la cour, où Maman s'acharnait sur la gomme pendant que Daniel et moi rattrapions à toute vitesse les niveaux que nous avions manqués : la quatrième année de primaire pour moi, la première pour lui. Cela rompait la monotonie, et nous avons vite cessé de nous ennuyer.

Puis, un jour, un drame a éclaté parmi les adultes, captant l'attention de tous les réfugiés de Mentana. Une femme mariée roumaine s'était enfuie avec un jeune ami, le seul autre Roumain installé à l'hôtel Barba en dehors de son époux. Leur histoire d'amour me captivait. Pourquoi cette femme était-elle si malheureuse avec son mari ? Pourquoi était-elle prête à mettre en péril son droit d'asile, une vie de tous les possibles, pour quelques jours de cavale tristes avec son ami ?

Les deux Roumains s'étaient probablement liés d'amitié avec ce compatriote, un étudiant avec une guitare et une tignasse brune bouclée, avant de commencer à purger leur peine à l'hôtel Barba. Ils s'étaient peut-être rencontrés pendant le voyage. Ils passaient un jour informe après l'autre assis tous les trois dans cette cour italienne, à fumer et souffrir en silence, attendant qu'on les libère de ce refuge d'exilés politiques. J'imaginais qu'ils parlaient du pays. La plupart du temps, ils regardaient les enfants jouer.

La femme n'était pas belle. Elle avait un visage plat, un regard endormi – mais aussi un sourire espiègle, l'ombre d'un secret toujours sur les lèvres. Elle était grande, brune, portait des jeans qui épousaient ses larges hanches. Le couple n'avait pas d'enfants. L'homme était propre sur lui, avec des yeux tristes et un doux sourire. Il idolâtrait sa femme. Bien qu'il ait fait des études supérieures, il avait trouvé peu après son arrivée un emploi au noir de jardinier, pour pouvoir lui acheter des robes. « Je ne veux pas qu'elle ait l'impression d'être une réfugiée », expliquait-il. Les résidents de Barba ne travaillaient pas, même s'il n'était pas rare qu'ils aident le maçon du coin à poser quelques briques, maîtrisent un agneau bêlant pour le boucher, ou livrent des journaux au petit matin. Mais cet homme trimait avec détermination, tous les jours, et donnait le sentiment de vouloir se rabaisser pour prouver son amour à sa femme. Que cherchait-elle de plus, alors ? se demandaient les adultes tout haut.

Quand il rentrait de sa tournée des jardins, l'air éreinté, l'homme s'installait sur son balcon pour boire une bière, trop abruti par le travail pour participer au spectacle. Sa femme se languissait et s'esquivait. Elle chuchotait avec son amant derrière l'hôtel. Un jour où ils se tenaient dans la cour ensoleillée, sous le nez du mari, l'étudiant a regardé la femme avec une telle avidité que j'ai eu un mouvement de recul.

Le trio dînait ensemble tous les soirs. À l'heure des repas, nous retrouvions notre propre tribu, replongions dans notre langue natale, nous plaignions à notre façon. En tant que communauté, les résidents de Barba n'avaient qu'une poignée de rituels : les rassemblements autour des casiers à courrier, les démonstrations d'affection envers le garçon qui servait la soupe avec un « Zuppa ! » chantant, la ruée matinale sur la confiture de fraises et le mépris collectif pour la confiture de raisins, laquelle semblait proliférer, devenant un symbole de nos nombreuses privations. Et bien sûr, les commérages. Les femmes critiquaient la Roumaine à voix basse : « Elle est si stupide, si cruelle. » Voulant me donner une leçon sur la réputation, la sagesse et la dignité, Maman m'a dit une fois : « Tu sais combien d'étrangers venus du monde entier ne retiendront d'elle que son comportement idiot ? »

Moi aussi, je trouvais cette femme idiote. Bientôt, son mari s'est mis à passer la majeure partie de ses journées loin de l'hôtel Barba, à transpirer dehors malgré le froid, pour lui rapporter encore plus d'argent. Il rentrait à la nuit tombée, lui offrait de petits cadeaux, l'embrassait, et ils fumaient ensemble. Mais elle passait son temps à flirter avec son ami et discuter avec une Polonaise, devenue la dépositaire de ses confessions haletantes.

Maman me disait qu'à l'hôtel Barba, personne ne connaissait vraiment la situation des autres. Le vieil homme aux habits élimés assis à la table du petit déjeuner était peut-être un professeur réputé. La femme en rouge qui fredonnait dans la cour pouvait être une héritière, une femme de ménage ou une chirurgienne aux doigts habiles. Elle avait peut-être enduré des persécutions politiques ou religieuses. La seule chose que nous savions, c'était que tout le monde s'ennuyait et s'épiait ; alors pourquoi aurait-on voulu se donner en spectacle et découvrir que les yeux qui nous avaient fixés étaient ceux d'un président, d'un poète ou d'un juge ?

Pendant des mois, j'ai observé les Roumains, essayant de deviner leur histoire. Comme tous les résidents de Barba, il leur était arrivé quelque chose d'effrayant et ils avaient pris la fuite. Leur chambre donnait sur le même couloir que la nôtre. Avec un peu d'agilité, on pouvait grimper de notre balcon au leur. Je l'ai fait une fois, avant de frapper à la fenêtre du couple ; le mari m'a donné une gorgée de bière.

Un autre jour, j'ai trouvé la femme seule avec son ami dans la cafétéria, leurs têtes se touchant presque. Elle a relevé les yeux brusquement et m'a proposé du lait chaud avec du sucre et quelques gouttes de café. Plus tard, dans la cour, son mari lui a pris la main, et ils m'ont regardée de la façon amusée et nostalgique dont les couples solitaires regardent les enfants des autres. J'ai pensé : « Elle les aime tous les deux, mais elle est déjà mariée, alors c'est trop tard. » Je ne voyais pas ce qu'il y avait de triste dans ce dernier fait.

Quelques mois après notre arrivée, la nouvelle s'est ébruitée que la jeune femme avait abandonné son mari et que son ami et elle s'étaient enfuis à pied vers la frontière suisse, qu'ils espéraient franchir clandestinement. Elle était fatiguée d'attendre qu'on lui accorde l'asile, fatiguée de se morfondre, fatiguée de son mari. Elle dépérissait. Les rumeurs se sont emballées à nouveau. Les amants avaient quitté l'hôtel Barba, devenant des fugitifs en Italie. Je ne sais pas si nous avions le droit de partir de Barba comme ça. Certes, nous le faisions tous les jours pour aller à l'école, mais pouvait-on simplement plier bagages ? Nos papiers ne pesaient pas lourd, après tout, et nous étions dans l'ensemble impossibles à employer et à loger, et sans ressources. Nous étions des handicapés sociaux et Barba notre tuteur temporaire. Que feraient-ils seuls, dans les entrailles inhospitalières d'un pays étranger, sans rien d'autre que leur passion et sa guitare ? « Ils s'ennuyaient, c'est tout, marmonnaient les vieilles femmes. Les journées sont longues ici. » Je suis certaine que l'on chuchotait la même chose dans les nombreuses langues de Barba, même si ma commère préférée restait la grand-mère afghane.

Le couple avait disparu dans la folie d'une fièvre printanière et pendant les jours qui ont suivi, j'ai eu pour la première fois l'occasion d'assister de près à un chagrin d'amour. Le mari est devenu blafard. Il passait son temps assis seul dans la cour ou dans sa chambre, à boire des bières sombres, la tête entre les mains, pensant probablement qu'il aurait pu lui acheter plus de choses. Certains jours, il campait sur son balcon avec un gobelet mousseux, les yeux fixés sur l'allée gravillonnée sinueuse. Il a arrêté de travailler.

Que faisaient-ils, seuls dans le vaste monde ? L'étudiant tenait-il la main de la femme quand ils marchaient ? Passait-elle les doigts dans ses boucles ? Faisaient-ils semblant d'être italiens, avaient-ils loué une chambre, dormi dans le même lit ? J'imaginais qu'il jouait de la guitare pour elle au bord des routes italiennes, dépensant leurs quelques lires (pas assez pour un billet de train) en pizza et Coca qu'ils partageaient tandis qu'il hélait des automobilistes généreux, frissonnait dans sa veste légère et remarquait peu à peu ses défauts. À l'époque, je me racontais qu'ils visitaient Pise et Venise comme nous l'avions fait – j'imaginais l'étudiant embrasser la femme sur la joue et l'idée me faisait rougir. À neuf ans, j'étais une enfant curieuse, avec des avis très arrêtés, et je blâmais cette femme. Son mari était le plus beau des deux, de toute façon, et il n'y avait qu'à voir comme il souffrait pour elle. Je la détestais et j'espérais que Dieu la condamnerait à une errance éternelle, sans que personne croie jamais son histoire.

Finalement, les fugueurs sont revenus. Ils avaient été surpris à la frontière et renvoyés au camp, la tête basse. Dans mon souvenir, le regret se lit sur leurs visages. S'ils avaient attendu quelques mois de plus, ils auraient peut-être été accueillis par un nouveau pays, quittant l'hôtel Barba dans le respect après des adieux chaleureux. À présent, ils étaient de retour dans leur ancienne chambre, séparés, et enduraient les silences de l'homme qu'ils avaient trahi. Leur comportement inconscient avait probablement mis un frein à leurs trois demandes d'asile.

Ils n'avaient pas d'autre choix que de se réconcilier avec le mari, manger avec lui en silence tous les soirs, faire la conversation à propos de livres, fumer dans la cour. Tout le monde observait le spectacle avec étonnement et une fascination secrète. Quel culot ! Où dormirait-elle ? Évidemment, elle est retournée dans la chambre de son mari, puisque c'était celle qu'on lui avait attribuée. Après cela, l'étudiant a passé ses journées dans sa chambre de célibataire – comme dans le monde extérieur, il était temps pour lui de s'éclipser, laissant le couple souffrir seul. Mais aux repas, ils représentaient l'ensemble de la Roumanie et partageaient une table. Un nouvel exilé arriverait peut-être bientôt, pour les soulager du fardeau de leur trio.

Tandis que nos regardions des histoires se dérouler frénétiquement autour de nous, la nôtre progressait calmement. Nous avons passé des entretiens à l'ambassade américaine. Une femme à la voix douce nous a interrogés, Daniel et moi. Elle a constaté que nous avions été élevés dans la foi chrétienne et elle a cru l'histoire de Maman. On ne nous a jamais accusés de mentir ; nous n'avons pas eu à façonner notre histoire en fonction de leurs désirs, comme d'autres l'avaient fait.

On nous a dit que la démarche aboutirait plus vite si nous trouvions un garant, un lien avec les États-Unis. Nous ne connaissions personne. Nous avions espéré nous réfugier en Angleterre, mais on m'avait expliqué que Maman Moti, la mère de Maman, avait refusé d'être notre garante – elle avait quitté l'Iran avant la révolution et ne voulait pas se mêler de nos problèmes post-révolutionnaires. Lors de notre voyage à Londres, peu avant mes six ans, Maman avait assisté à une rencontre organisée dans une église en l'honneur d'un écrivain américain appelé Jim. Elle avait pris sa carte. Elle lui a écrit pour lui demander de l'aide.

À un moment donné de cette saison tumultueuse, tandis que le printemps s'épanouissait et que notre communauté fébrile était submergée par le désir renouvelé de trouver un pays, nous avons appris pourquoi la grand-mère afghane collectionnait des briques. Un après-midi, alors que la foule rassemblée devant les casiers à courrier se dispersait, quelqu'un a vu la vieille femme grimper l'escalier avec une brique sous le bras. L'employée un peu punk, l'homme de la Zuppa ou quelqu'un d'autre l'a suivie et a exigé de visiter sa chambre. Bientôt, la nouvelle s'est répandue à l'hôtel Barba que la grand-mère avait construit un siège de douche et passait plusieurs heures par jour installée béatement dessus, à gaspiller l'eau de l'hôtel. On a démonté son siège. Elle a piqué une crise monumentale. Secrètement, nous la soutenions tous. La monotonie avait atteint un niveau de toxicité inédit. Nous la buvions à grands traits à présent, et elle nous rendait fous.

Un ou deux ans plus tard, nous avons rendu visite à la grand-mère afghane et sa fille en Californie. Nous avons découvert qu'elles étaient issues d'une famille influente, ce qui sautait aux yeux, dans leur propre maison.

« Vous vous souvenez de la Roumaine qui s'était enfuie avec un petit jeune ? » a demandé la fille à Maman, en versant du lait écrémé sur mes céréales – la première fois que je goûtais cette eau bleue infecte.

Ce détail était tout ce qu'elles avaient retenu d'une femme qui avait vécu avec elles pendant des mois.

Aujourd'hui encore, le souvenir de la vieille femme afghane (qui se faufilait derrière l'hôtel avec une brique sous ses jupes, mettait nos déjeuners de côté, nous embrassait sur les joues) fait naître un sourire fugace sur mes lèvres. Mais je ne saurais pas la reconnaître au milieu d'autres grand-mères. C'est drôle, les petits riens par lesquels on se rappelle une personne entière. Maman voulait que je l'apprenne. L'épouse en mal d'amour de l'hôtel Barba était peut-être intelligente et talentueuse, mais combien d'étrangers n'avaient retenu d'elle que son comportement idiot ?

En réfléchissant à cette histoire, je me demande si Maman savait que j'observais mon entourage, si elle voyait tout ce que je gravais dans ma mémoire pendant qu'elle effaçait des problèmes de maths. Baba, mes tantes et mes oncles me manquaient. Je voulais savoir pourquoi les gens se quittaient. Maman pensait peut-être à l'amour aussi, seule pour la première fois depuis dix ans, sans autre réconfort que Jésus. Et n'étions-nous pas tous obnubilés par l'amour ? Malgré les fardeaux quotidiens de la vie de réfugié – la nourriture inconnue, les bus étouffants, l'absence d'école, la possibilité qu'on nous renvoie risquer la prison ou la mort –, je crois que tout le monde là-bas continuait à fonctionner sur ce registre. Même quand nos besoins fondamentaux étaient remis en question, l'amour comptait plus que tout pour nous, seule chose plus essentielle qu'un foyer ou une patrie.

En mai, prise d'un élan de piété, j'ai été baptisée dans le lac de Bracciano. J'ai fêté mon dixième anniversaire quelques jours plus tard, entourée de mes camarades d'école américains et des autres réfugiés. Nous avons célébré l'occasion avec une guitare et un gâteau fait maison dans la cour de l'hôtel Barba. Cet été-là, en 1989, après seize mois en tant que réfugiés, après des heures passées à faire la queue devant des ambassades et transpirer dans des salles d'entretien, nous avons ouvert notre lettre, au grand bonheur de la foule qui poussait des hourras devant les casiers à courrier. Maman a pleuré. Elle a reçu des accolades, des murmures de mères et de grand-mères. Daniel et moi sautions de joie. Lors de notre dernier jour à l'église américaine, les fidèles nous ont chanté une chanson : « *Friends are Friends Forever* », « Un ami le reste à jamais ». Nous avons fait nos adieux, vidé notre petite chambre. À l'aéroport JFK, nous avons retenu notre souffle en passant l'immigration. Nous sommes arrivés à Oklahoma City juste à temps pour le 4 juillet, la fête nationale.

3

À l'été 2011, je suis retournée à l'hôtel Barba avec l'homme qui était alors mon mari, Philip. Nous ne savions pas que ce serait le dernier été de notre relation et le crépuscule d'une décennie de voyages, mais un matin, en vacances à Rome, nous nous sommes réveillés avec l'envie irrépressible de visiter le foyer pour réfugiés où j'avais vécu, ce lieu de ma légende personnelle – je me souviens que nous voulions tous les deux y aller. Peut-être sentions-nous un exil se profiler. Bientôt, je reprendrais mon errance, quittant Barba pour entamer une nouvelle vie une seconde fois. C'était peut-être ce qui nous avait attirés là-bas, l'idée que Barba avait le pouvoir de me mettre le pied à l'étrier. Philip avait davantage été un père qu'un mari pour moi, et à Barba, j'avais appris que les pères n'étaient pas nécessaires. J'avais appris à vivre sans. À présent, ayant forcé mon mari à occuper le fauteuil vide de mon Baba, je venais peut-être réparer ma bêtise, réapprendre ma leçon et le libérer.

Nous avons passé quelques coups de fil, mais personne à Mentana ne se souvenait de cet hôtel. Nous avons tout de même loué un scooter et sommes partis pour le village, par une journée humide et chaude, à travers la brume et le crachin, Rome s'éloignant derrière nous tandis que nous traversions des bois et des routes glissantes. Je portais une robe verte et des chaussures plates, prête à explorer les champs vallonnés, à voler une pêche verte, à fouler les sentiers étroits derrière la clôture. J'aurais voulu pouvoir acheter un Cornetto avec des lires, pour me rappeler ce que cela faisait de donner un millier de choses en échange d'une glace et d'être persuadée malgré tout qu'il s'agissait d'une affaire. À quand remontait la dernière fois qu'une friandise m'avait paru précieuse ?

Bien avant notre arrivée, j'ai repéré la maison sur la colline depuis la route du village. Je n'ai pas eu besoin de confirmation. Je connaissais cette colline, cette demeure à l'horizon, entourée de vallées. Nous avons remonté le chemin de terre dans un rugissement de moteur, joues rougies et fouettées par le vent. S'engager sur cette route raide et sinueuse qui menait à l'hôtel Barba, regarder le bâtiment apparaître, était une sensation familière : le choc d'avoir été sauvée, l'impression qu'une main invisible m'avait tirée des flammes.

J'ai sauté du scooter et fait le reste du chemin en courant. Philip s'est garé. Étions-nous au bon endroit ? Le bâtiment avait été rénové, la cour transformée en parking et la cafétéria en restaurant et bar à expresso. Il n'y avait plus de clôture autour du verger attenant. J'imagine qu'elle avait disparu en même temps que les réfugiés.

Si la carcasse de Barba avait été plus ordinaire, j'aurais eu des doutes. Mais nous n'avions pas suivi d'adresse. Nous avions repéré Barba et avions mis le cap droit dessus, traversant Mentana (une confirmation) puis gravissant cette route tortueuse qui, vue d'une voiture affrétée par l'État en 1989, nous avait promis une nouvelle vie.

Je suis entrée dans le hall désert, mes pas renvoyant un écho mat tandis qu'un concierge m'accueillait en italien. Avais-je atterri dans un univers parallèle ?

« Qu'est-ce que c'est que ce bordel ? » ai-je marmonné.

« Bienvenue à l'hôtel Belvedere », a dit le concierge en anglais.

Apparemment, Barba était devenu un lieu où les hommes d'affaires pouvaient se reposer et manger des repas oubliables entre deux séminaires. Dehors, Philip préparait son appareil photo, prêt à m'immortaliser dans ma jolie robe en train de découvrir un arbre, un banc, comme si j'étais une enfant à une représentation de danse, ou que j'avais organisé une séance photo pour mon anniversaire.

J'ai demandé à voir notre ancienne chambre. Je ne connaissais pas son numéro, seulement la vue sur la cour (le parking, maintenant). Le concierge m'a emmenée de chambre en chambre pour la retrouver. C'était un jour creux. Il a promis de me présenter au propriétaire. Quand nous sommes arrivés à la bonne chambre, je me suis postée sur le balcon, où nous avions accroché des sacs contenant nos dîners transformés en sandwich. Je me suis souvenue des femmes qui fouillaient dans les piles de vêtements largués dans la cour en contrebas.

« Un Roumain grimpait souvent sur notre balcon pour atteindre celui-là, à côté, ai-je dit. Il était amoureux d'une femme mariée. »

J'avais oublié ce détail, l'étudiant qui escaladait notre balcon.

Plus tard, j'ai bu un expresso dans ma bonne vieille cafétéria, désormais dotée de fins rideaux et de nappes, pendant que le propriétaire aux allures de grand-père me tapotait la main et me proposait une gaufrette. Je me suis dit : il y a des années, je buvais du café au lait dans cette pièce, incapable d'imaginer que j'aimerais ça un jour. J'ai repensé aux Roumains. Pourquoi les histoires se répétaient-elles de cette manière ? Comment l'amour cessait-il d'être l'amour, et comment pouvais-je savoir si c'était en train de m'arriver ?

« Cette pièce est pareille, ai-je dit. Ces baies vitrées…

— Elle est beaucoup plus belle maintenant, a déclaré le propriétaire, tandis que le concierge traduisait. On a fait d'importantes rénovations. Ça vous plaît ?

— Cette pièce n'a pas l'air d'avoir autant changé que le reste, ai-je repris, en observant le paysage verdoyant qui se déployait face à la salle à manger. C'est peut-être les fenêtres.

— Peut-être que ton goût a progressé au même rythme que les rénovations », a plaisanté Philip.

Je lui étais si reconnaissante d'être là. Il rendait cette première étape (d'un long voyage à travers mon passé) plus tolérable, même s'il semblait si peu à sa place. Ni lui ni moi n'avions l'air à notre place.

Mon retour au camp de réfugiés était perturbant ; ce n'était pas un retour du tout. La machine à cappuccino. Les nappes. Les petits gâteaux. Ce n'était pas Barba. Même si nous avions toutes les deux été rénovées pour correspondre au goût occidental, je n'arrivais pas à me faire à la structure familière de Barba, remaniée pour un nouvel usage. J'avais l'impression d'avoir perdu mon foyer à nouveau. Barba avait été plus qu'un logement pour nous, les exilés qu'il avait abrités.

Aujourd'hui encore, le nom de l'hôtel Barba m'emplit d'appréhension et de nostalgie : la première fois où j'ai léché un Cornetto, le craquement des pêches vertes volées dans le verger, le goût métallique qui envahissait ma bouche dans les ambassades. Après ma seconde visite, il évoque aussi des images de moi-même en épouse malheureuse d'un homme bien, vêtue d'une robe d'été verte, essayant de retrouver les arbres dont j'avais volé les pêches, le banc où j'avais appris quelques mots d'anglais à des Russes, le bruit d'un étudiant roumain escaladant mon balcon avec une guitare. Depuis des années, les personnages de l'hôtel Barba surgissent à l'improviste dans mes œuvres de fiction. Des jeunes héros arrivent avec des cicatrices laiteuses masquant la moitié de leur visage. Des amants menaçants portent des guitares et ont les cheveux bouclés – des doigts s'y perdent. Des grand-mères en tchador cachent des petits plaisirs sous leur longue jupe. Des femmes désœuvrées aux yeux endormis s'abêtissent par désir. À l'époque, les sentiers battus me semblaient neufs. Mais j'observais mon entourage et je commençais à apprendre les histoires : tout amour a une fin. Sans pays, une flamme s'éteint, une autre s'allume. L'incertitude est une tentation en elle-même – l'envie de faire surgir la vie nous démange.

Les gens se représentent les camps de réfugiés comme un purgatoire, un espace transitoire sans forme ni couleur. Et c'est ce qu'ils sont. Mais nous avions conservé notre propension à la joie. Nous nous faisions des amis, étudiions et formions une communauté, comme tous les jours en Iran. Les journalistes et les travailleurs humanitaires qui visitent les camps relèvent souvent cet aspect de la psyché humaine – comment ces personnes peuvent-elles poursuivre leurs commérages, leurs drames mesquins et leurs plaisirs quotidiens ? Comment peuvent-elles supporter ces limbes ?

Depuis l'hôtel Barba, toute attente a été une torture pour moi et son idée m'obsède. Pourquoi attendre quoi que ce soit fait-il l'effet d'une insulte ? Pourquoi la patience ressemble-t-elle à l'une de ces vertus manipulatrices et sinistres inventées pour rabaisser et soumettre, comme la chasteté ou la pauvreté ? Qui attend le moins en ce monde ? Je cherche des réponses dans les *Fragments d'un discours amoureux*, de Roland Barthes. Barthes affirme que l'attente nous prive du sens des proportions. Elle se déroule par scènes, par crises et dans le calme, comme quand on attend dans un café l'arrivée d'un amant. C'est l'indignité ultime, d'être forcé à attendre ; et la prérogative du pouvoir de l'imposer. « Je décide de me faire de la bile », dit Barthes. Le choix sous-entendu me semble être un indice : je pourrais décider de me tenir tranquille. À Barba, nous pressentions ce qu'on espérait de nous pendant notre attente : les remontrances implicites de nos sauveurs natifs. Ceux que l'on dérangeait. *Votre vie n'est plus en danger. Vous pourriez être plus patients. Vous pourriez vous tenir tranquilles.* Le péché fondamental des Roumains résidait dans leur ingratitude, leur incapacité à rester immobiles et savourer leur sécurité matérielle.

Maman s'est rebellée aussi, en n'attendant pas. Elle travaillait et sillonnait l'Italie. Les joies et les drames qui naissaient à Barba étaient peut-être notre soupir de refus collectif. Se tenir tranquille aurait été digne. Se faire de la bile, en revanche, provoquerait une série d'événements, des sensations exacerbées : des drames et des distractions.

Dans le café imaginaire, Barthes cherche des moyens d'interrompre ou d'expliquer l'attente. Puis il arrête de s'agiter ; il observe ceux qui n'attendent pas et s'enfonce dans une sorte de brouillard. « L'angoisse d'attente n'est pas continûment violente ; elle a ses moments mornes ; j'attends, et tout l'entour de mon attente est frappé d'irréalité. [...] L'attente est un enchantement : j'ai reçu *l'ordre de ne pas bouger.* »

Ma défense contre l'irréalité, à l'époque inerte de Barba, résidait dans le mouvement d'autres personnes. En haut de cette jolie colline, je contemplais un univers peuplé d'autres, avec des personnalités, des secrets, des drames aussi intenses et importants que les miens, qui s'acharnaient contre des murs parallèles déployés jusqu'au bout de la terre. J'apprenais à m'intéresser à leurs histoires et aux conséquences de celles-ci. J'apprenais que certaines histoires peuvent être enjolivées et réinventées avec bonheur (comme dans la littérature ou les ragots) tandis que pour d'autres, les faits sont cruciaux (comme dans les disputes avec un petit frère ou les entretiens de demande d'asile), et que pour croire ou ne pas croire, le « comment » de l'histoire importe dans les deux cas. Parfois, les histoires inventées sont vraies d'une façon plus essentielle – même si, malgré mon attrait pour la fiction et mon instinct créatif, il me faudrait des décennies pour considérer cette idée comme fondamentale. Mais une chose me semblait déjà claire, à l'époque : en observant, je pouvais choisir qui je voulais être, ou *donner l'impression* d'être, et je pouvais être crue. Je pouvais raconter ma propre histoire de façon convaincante, en me convainquant moi-même, en la *rendant vraie*. Je pouvais mettre fin à toutes les attentes. Voilà ce que l'histoire des Roumains avait de séduisante : ils avaient simplement décidé de ne plus attendre ; ils avaient dérogé à l'ordre de ne pas bouger. Ils s'étaient réinventés, délibérément. Une chose vraie est-elle moins vraie, si vous l'avez rendue telle de votre plein gré ?

C'étaient les premiers jours de ma vie de caméléon.

Certains endroits voyagent avec vous. Ils grandissent avec vous, à la même vitesse. Même si, en 2011, mon retour à Mentana m'avait déçue, et même si l'assimilation de Barba m'avait paru répugnante (révélant peut-être soudain la mienne), je suis partie en ayant fait promettre au propriétaire que je pourrais revenir un jour, peut-être avec un interprète, pour chercher des détails de ces deux années où l'hôtel avait servi de camp de réfugiés. Cela me rassurait, et je savais que Barba resterait toujours une tentation.

En 2017, la nostalgie me reprend, non pas de Barba le bâtiment en brique et en verre sur une colline, mais de Barba, l'espace transitoire de ma jeunesse. Une nouvelle obsession se forme. Je décide d'essayer de retrouver Barba d'une autre façon. Avec le recul, je me dis que partir en quête de sa carcasse était idiot. J'ai besoin de ses résidents, de son esprit. J'appelle ma mère. Elle m'envoie des photos. Elle essaie de se souvenir de certains noms.

Je viens de m'installer à Londres, j'ai eu une fille. Je cherche une communauté autour de moi. Je m'inquiète pour mon enfant, son visage iranien. J'observe le nouveau président américain, en essayant de me rappeler ce que nous pensions de l'Amérique à l'époque où nous étions réfugiés. Reagan avait l'air digne ; il nous inspirait un sentiment de sécurité. À l'époque, l'État américain était notre sauveur, une nation chrétienne incorruptible, contrairement à la nôtre, une nation d'hommes libres qui cherchaient à partager leur bonne fortune. J'écris des essais. Je contacte des associations d'aide aux réfugiés.

Puis un jour, Paul, un travailleur humanitaire, me parle de LM Village. Un article de l'UNHCR datant de juin 2016 décrit l'endroit en ces termes : « Cinq ans après sa fermeture provoquée par la crise financière, un centre de vacances en Grèce est devenu un havre de paix pour plus de 300 réfugiés. » L'expression « havre de paix » ne me paraît pas juste. Et pourtant, je suis touchée. Voilà Barba réincarné. Un camp de réfugiés dans la carcasse vide d'un lieu de villégiature ; un purgatoire à l'intérieur d'un terrain de jeux.

Paul Hutchings est le cofondateur de Refugee Support, une association caritative qui va de camp en camp pour construire des magasins dotés de leur propre monnaie, où l'on distribue nourriture et vêtements – donnant aux réfugiés le commerce de quartier dont ils ont l'habitude. Il vient de quitter LM Village. Il me parle de dignité, de l'humiliation de vivre de la charité. Je l'écoute, comprenant que nous sommes tous les deux taraudés par cette honte spécifique. Il y a eu des jours, des mois où je me suis nourrie de repas fournis par des associations, des gouvernements, des gens biens. Ces jours ne constituent au total qu'une infime portion de ma vie, mais après des décennies à manger à ma faim et rendre service aux autres, je me sens toujours mal quand on m'offre une tasse de café. Dans ces moments-là, je me comporte comme il faut (c'est-à-dire à l'occidentale) et j'accepte ; mais un doigt sur mon cou me trahirait. Il y a des choses intimes que seul le pouls peut confirmer : l'amour, la douleur, la maladie.

Paul a rencontré John Sloan en octobre 2015, en faisant du bénévolat dans la « jungle » de Calais. Les deux hommes ont remarqué que la distribution de la nourriture et des vêtements, ces produits de première nécessité indéniables, était devenu si urgente et précipitée qu'on avait oublié le « comment ». Les seules personnes qui semblaient s'en rendre compte étaient les réfugiés ; Paul le voyait dans leurs yeux, leur démarche. Même s'ils avaient déjà perdu tant de choses, ils en perdaient davantage à chaque veste jetée de la benne d'un camion, chaque pantalon pas à leur taille qu'ils devraient troquer contre un autre. À Calais, on distribuait les articles depuis l'arrière de fourgons. Un jour, un véhicule apportant des vestes de grandes tailles, par exemple, se garait dans un coin du camp. Un autre jour, un fourgon rempli de jeans d'homme ou de tee-shirts s'installait à un autre emplacement. Les réfugiés faisaient la queue pendant qu'un bénévole essayait de maintenir l'ordre et qu'un autre leur demandait leur taille. On leur donnait un article et on leur demandait de partir. Certains tentaient de négocier, évoquant un ami malade, un parent trop faible pour se déplacer. D'autres se battaient, criaient et essayaient d'arracher les vêtements. Des articles étaient piétinés. Certains réfugiés repartaient les mains vides. Personne ne se sentait bien après.

« Est-ce que ce ne serait pas mieux si on pouvait distribuer de la nourriture et des vêtements aux gens sans leur enlever leur dignité ? » demande Paul, en me racontant les débuts de son association.

Nous nous sommes retrouvés à Londres, pour une longue conversation autour d'un café et de gâteaux.

« Pourquoi est-ce si difficile ? dis-je.

— Parce que les gens veulent qu'on tire parti au maximum de chaque heure et chaque dollar qu'ils nous donnent. »

Paul m'explique que ses plus grands problèmes viennent des bénévoles, des donateurs et de leurs attentes exorbitantes. Beaucoup de donateurs veulent contrôler la façon dont on distribue les aliments. Ils veulent que leur argent nourrisse le plus de personnes possible, s'assurer qu'on ne le dépense qu'en œufs et en pain. Ils veulent faire la loi. Ils se moquent du « comment ». Paul me dit qu'on peut classer les dons selon une échelle d'utilité décroissante : l'argent sans conditions, puis l'autre sorte d'argent, puis les produits de consommation courante comme les œufs frais, l'huile, la farine, les couches, les vêtements d'homme et les chaussures de petite taille. Mais les gens ne donnent pas ces choses. Ils donnent des vêtements usés. De grande taille. Des produits périmés.

« Une fois, on a eu une robe de mariée.

— Est-ce qu'ils donnent beaucoup de confiture de fraises ? » demandé-je.

Il me regarde d'un drôle d'air.

Quant aux bénévoles, même les plus généreux veulent *sentir* qu'on leur est reconnaissant. Ils sont venus pour ce regard d'admiration silencieuse qui ne coûte rien à la plupart des gens, mais qui devient très onéreux quand toutes les personnes que vous croisez sollicitent votre gratitude.

Refugee Support a commencé ses activités en avril 2016 dans le camp d'Alexandreia, près de Thessalonique, en Grèce. Paul et John y ont ouvert une épicerie, puis un magasin de vêtements, des commerces bien conçus et calmes où une personne respectable n'aurait pas honte de faire ses courses. Au début, les réfugiés prenaient rendez-vous pour récupérer des paniers de nourriture déjà préparés. Chacun recevait la même chose, sans que l'on tienne compte de ses allergies, habitudes et préférences. Mais les besoins divergeaient et il y a rapidement eu des plaintes, du marchandage, du gaspillage. À l'extérieur du camp, personne ne reçoit de panier. Tout le monde sait comment une boutique fonctionne : avec de l'argent.

Paul et John ont décidé de mettre les produits en rayon et de donner aux gens la dignité de choisir. Ils paieraient leurs courses avec des points qu'on leur remettrait chaque semaine, à la façon d'un salaire – 100 points par adulte, 50 par enfant, 150 pour les femmes enceintes. Les prix des articles seraient fixés sur ceux du marché, en euros (20 points par euro). Les produits d'hygiène seraient gratuits. Les habitants du camp pourraient se rendre à la boutique du lundi au vendredi. S'ils voulaient dépenser tous leurs points en pâte à tartiner, c'était leur droit.

Paul me montre sur son téléphone les plans d'un magasin pour le prochain camp, à Katsikas, en Grèce. Il a pris le temps de réfléchir à son apparence, à ce qui plaira aux gens – cela lui tient à cœur. Il a aussi des données de ventes et une liste de ce qu'il doit mettre en stock chaque semaine. Les clients (c'est le terme qu'il emploie) achètent bien des biscuits au beurre, mais ils ne sacrifient pas leur lait pour ça. Ils font des choix nutritionnels judicieux pour eux-mêmes et leurs enfants. Ils ne volent pas. Ils ne s'affament pas.

Quand Paul arrête de parler, j'ai du mal à me contenir. Il a mis des mots sur tant de choses que je connais : l'appréhension soudaine avant la distribution de nourriture. J'ai envie de lui décrire la cafétéria vitrée de Barba, où nous nous installions par tribus, priions avant ou après le repas, donnions notre porc aux Russes et débattions pour savoir qui avait le meilleur thé et le meilleur caviar (les Iraniens). Ces repas que nous passions ensemble, à nous plaindre du pain dur, à acclamer l'homme à la Zuppa, faisaient de nous une communauté.

En Oklahoma, une fois convaincue d'être devenue une adolescente américaine (ou à peu près), j'ai commencé à faire du bénévolat à la banque alimentaire locale. Mon amie et moi avons été affectées à la réserve. Des mères sans ressources et des hommes célibataires se présentaient à l'accueil, signaient un registre, racontaient leur histoire à des bénévoles plus expérimentés, et nous, les adolescentes en réserve, recevions des instructions sur le type de paquet à préparer. Tout le monde récupérait le même colis, avec quelques produits supplémentaires pour les bébés, quelques changements en fonction des allergies. Ces gens ne voyaient jamais nos visages, celui d'adolescents bébêtes qui flirtaient et chantaient en choisissant leur nourriture : thon ou poulet, pain blanc ou complet, jus avec ou sans pulpe. Je distribuais toujours le beurre de cacahuète avec morceaux en premier, pensant bien faire. Et j'étais contente de ne pas voir leur visage non plus, de pouvoir éviter leurs yeux baissés quand je déposais des sacs dans leur coffre ouvert. Mes choix dans ces sacs en papier semblaient être une petite tragédie.

Accepter la charité a un effet terrible sur le moral. Cela vous laisse à vif, surtout si vous étiez autrefois quelqu'un avec de la fierté et de grandes ambitions, quelqu'un qui serrait des mains et regardait les gens dans les yeux. Ma mère et moi parlions souvent de l'ironie du sort qui voulait que tant de réfugiés de la planète viennent du Moyen-Orient – nous sommes des gens si fiers, et un réfugié est la créature la plus abjecte de toutes, sans pays, sans abri, sans contrôle sur sa propre alimentation, son éducation, sa santé. « Demandeurs d'asile » est une expression si anodine – nous ne demandions pas poliment l'asile, nous le réclamions avec voracité, un besoin animal de mettre notre corps en sécurité. Alors même que nous apprenions l'anglais, nagions et gommions des manuels scolaires, nous ne pensions à rien d'autre. Comment survivre au souvenir d'un tel désir ?

Quand j'avais une trentaine d'années, à New York, j'ai accepté d'aider une connaissance, un financier plein de bonnes intentions, à servir le dîner de Thanksgiving avec son groupe d'amis célibataires dans un foyer de sans-abris. J'ai enfilé un tee-shirt taché et un vieux jean, relevé mes cheveux emmêlés en un vague chignon. J'ai fourré dix dollars dans ma poche et laissé mon portefeuille à la maison. Il n'était pas question de m'habiller autrement ; je savais que ce soir-là je distribuerais de la nourriture à un inconnu et que l'espace d'un instant, cet inconnu serait humilié. Il regarderait mes vêtements, ma posture, cherchant une raison de se dire : « Peu importe ce qu'elle pense », et c'était mon rôle de lui fournir cette raison rapidement.

Mais les bons samaritains de Manhattan ignorent les marchandages silencieux auxquels les pauvres se livrent en un coup d'œil. Quand je suis arrivée au foyer, mon ami m'a regardée de haut en bas. « Tu es déprimée ? » a-t-il plaisanté en fixant mes vêtements tachés. Derrière lui, des banquiers et des avocats en chaussures Chanel et chemises blanches en soie, un sac à main en cuir encore sur l'épaule, offraient de la purée et des sourires gênés à des hommes et des femmes fatigués, maculés de la crasse de la ville. Plus tard, quand les résidents ont invité les bénévoles à s'asseoir à leur table (un appel à la dignité), ceux-ci ont refusé par acquit de conscience (« Est-ce qu'il y aura suffisamment de nourriture ? »). À la place, ils ont filé chez Momofuku, commandé de la poitrine de porc et des cocktails, et se sont félicités d'être partis (« On aurait abusé de leur gentillesse »). Ils se sont plaints des touristes qui se pressaient à la porte. J'avoue avoir mangé quelques bouchées de ce repas de Thanksgiving qui n'était peut-être pas suffisant, et de la poitrine de porc aussi, et avoir laissé mon ami payer. Je l'ai détesté, ce soir-là, mais j'étais aussi reconnaissante d'être en sa compagnie. Une fois rentrée chez moi, j'ai tout vomi.

Aujourd'hui, du temps a passé. En 2017, j'entame une nouvelle vie, en essayant de comprendre les endroits qui m'ont forgée. Suis-je toujours une réfugiée, après des années de transformation ? Je sais désormais que Barba était un « camp peu difficile ». Aucune partie de cette description ne me semble juste. C'est vrai, c'était autre chose que l'enfer – ce n'était pas Moria à Lesbos, avec ses égouts à ciel ouvert et ses guerres nocturnes, ses files d'attente de cinq heures pour manger et ses tentes collectives dressées à même la terre. Et c'est vrai, on le désignait officiellement comme un camp de réfugiés. Mais il n'était pas « peu difficile ». Et ce n'était pas un camp. Ce n'était pas un hôtel, non plus. Je le qualifierais plutôt de foyer. La différence entre chaque paire de mots est subtile, résultat d'un calcul personnel prenant en compte la honte, le lieu et la dignité.

« Vous savez ce qui me fait le plus plaisir ? me demande Paul. Quand ils se plaignent des articles proposés. Parce que ça veut dire qu'ils ont oublié qu'ils sont dans un camp. L'espace d'un instant, ils ont été transportés ailleurs, et ce sont simplement des clients dans un magasin, avec de l'argent à la main, qui ronchonnent à propos du yaourt.

— Je veux y aller, dis-je.

— Nous avons des règles : il faut qu'il y ait une égalité absolue entre les gens. Aucun signe de traitement de faveur. Nous ne permettons pas aux bénévoles de fréquenter les réfugiés. Ils ne peuvent même pas accepter une tasse de thé ou entrer dans les chambres. »

Ce règlement vise à éviter les demandes de favoritisme. Il sert aussi à créer une microéconomie aussi semblable que possible à celle du monde extérieur. Dans le monde extérieur, le vendeur de l'épicerie ne vous regarde pas l'air de dire : *Vous n'êtes pas reconnaissant de ce que je fais pour vous ?* Il s'attend à ce que vous arriviez, vous payiez et vous repartiez. Il s'attend à ce que vous vous plaigniez qu'il n'y a pas de lait entier ou que le pain n'est pas frais. Dans le monde extérieur, la personne qui fournit un service et son client sont sur un pied d'égalité, chose impossible à reproduire quand les gens font l'aumône.

« Est-ce qu'il y a des Iraniens là-bas ? demandé-je. Ou des Afghans qui parlent persan ?

— Il y en aura à Katsikas, quand le camp sera ouvert, répond Paul. Probablement pas à LM. »

Il m'explique que Refugee Support aura quitté LM pour de bon à ce moment-là. Pourtant, je sais que j'irai là-bas, et que je convaincrai Paul de m'accompagner. Cela me semble être un retour plus véridique que ma visite de la carcasse de Baba.

« Je veux y aller sans cette règle », dis-je, en me rappelant ce lointain dîner de Thanksgiving que tout le monde avait refusé.

S'il s'agit de fierté, et surtout d'Iraniens, je dois pouvoir accepter une tasse de thé.

La veille de mon départ pour la Grèce, nous recevons un coup de téléphone de ma grand-mère, Maman Moti. Elle nous dit qu'elle n'a nulle part où dormir. Son appartement dans le sud de Londres n'est plus un refuge. Ses voisins veulent la forcer à partir. Pas la peine de lui demander comment. Je l'ai fait la première fois, pensant qu'ils étaient trop bruyants, ou qu'ils fumaient, de mauvaises habitudes qui n'avaient peut-être rien à voir avec ma grand-mère, mais dont on pouvait comprendre qu'elles la dérangent.

« C'est encore les ondes, me dit-elle. Je me suis mise à dormir au grenier. Il fait très froid. »

Ma grand-mère et moi avons renoué il y a quelques mois seulement, après un silence de sept ans. C'est une immigrée aussi, ayant fui à Londres avec la sœur de ma mère, la plus jeune de ses quatre enfants, avant la révolution de 1979, avant ma naissance, quand ma mère avait un peu plus de vingt ans. La légende familiale raconte qu'elle a quitté mon grand-père, qui ne lui avait jamais été fidèle, pour rejoindre un autre homme, un des professeurs de ma mère. Elle prévoyait de refaire sa vie avec lui à Londres.

Dans un quartier crasseux de la ville, elle a trouvé un appartement et une école pour sa fille de douze ans. Elle avait emporté un peu d'argent. Elle était jeune. Mariée à mon grand-père à l'âge de treize ans, elle avait donné naissance à ma tante Soheila à quatorze ans, puis à ma mère, Sima, à seize ans. À vingt-sept ans, elle avait mon oncle Saeed et ma tante Sepideh aussi. À trente ans, elle avait été rattrapée en taille par ses aînées. Elle mettait les mêmes vêtements qu'elles, leur disputait les regards admiratifs dans la rue. L'année de ma naissance, qu'elle a passée assise à côté du téléphone dans son appartement londonien, cherchant peut-être dans le dictionnaire des mots d'anglais qu'elle avait vus sur un panneau publicitaire ou dans un magazine, Maman Moti avait trente-neuf ans. J'étais sa seconde petite-fille.

Pendant des semaines, elle a attendu à côté du téléphone, à côté de la porte, suspendue entre deux vies. Si elle était partie après la révolution, elle aurait peut-être attendu avec ses compatriotes dans un camp. L'homme n'est pas venu. Il n'a pas appelé. Elle a attendu. Il est possible qu'elle ait appelé sa famille en Iran. Je ne connais pas les détails. Mais je sais une chose : quand il n'y a plus eu aucun espoir qu'il la rejoigne, elle a continué à attendre, et après cela, même si elle n'était pas une réfugiée, elle a succombé à la même accoutumance : elle est devenue dépendante à l'attente, à l'espoir d'être sauvée. Elle y a abandonné son esprit.

Barthes décrit l'attente comme un délire autant qu'une soumission. Une maladie et une torture. Ma grand-mère vit dans un délire permanent, esclave de l'attente. Elle aurait pu s'extraire de ses rêves conjugaux pour s'aventurer à Londres, une ville libre, dotée de tout ce qu'elle avait aimé autrefois : la poésie, les vêtements chics, la musique. À la place, elle a trouvé un moyen de prolonger l'attente.

Elle a pris le nom d'Emma, première étape d'un millier de petits ajustements qui la rendraient plus acceptable aux yeux des Anglais. Elle s'est mise à s'habiller à la mode locale, a adapté son accent – il n'est plus iranien, mais dans une sorte d'entre-deux, et très raffiné. Elle a trouvé une église dans un quartier huppé – qui ne l'était peut-être pas tellement, à l'époque. On y croisait peu d'immigrés. Elle a décidé à ce moment-là qu'elle ne voulait plus avoir aucun lien avec le passé. Elle ne voulait pas être définie par un divorce, ou par un déracinement. Et elle ne voulait certainement pas crier sur tous les toits qu'elle avait été mariée enfant – avec un garçon de son âge, ce qui était moins grotesque, mais pas moins traumatisant. À la veille de ses noces, Maman Moti ne savait rien des rapports sexuels, ignorant jusqu'à leur existence. On lui avait dit qu'elle pourrait porter des chaussures à talon si elle se mariait, et c'était tout. Quand elle avait senti son premier bébé bouger, elle avait cru qu'il s'agissait d'un serpent ou d'un ver.

Elle avait rencontré Christopher dans un groupe de célibataires, ou peut-être un groupe de parents. Ils priaient ensemble. Il devait lui avoir souri, l'avoir complimentée. Il lui avait peut-être pris la main en lui disant d'être forte, sans se rendre compte de la fragilité de son cœur d'immigrée. Et quelque part, à cet instant, Maman Moti avait entendu la voix de Dieu, une promesse. Il lui avait dit qu'elle épouserait cet homme, qu'ils construiraient une nouvelle vie, que tous ses enfants dispersés seraient réunis dans une grande maison à Londres, où elle servirait les meilleurs plats iraniens sur de la vaisselle ancienne Wedgwood, où ses filles nanties, minces et vêtues de robes élégantes, serviraient le thé, et où ses petites-filles, encore mariées à leur premier époux, n'ayant pas gaspillé leurs diplômes durement acquis dans de grandes universités américaines pour devenir des écrivaines au succès relatif, s'assiéraient à ses pieds pour qu'elle leur dispense de sages paroles, lui apporteraient du melon et de la menthe dans un verre avec une grande cuillère. Dans mon imagination, Maman Moti demande toujours une grande cuillère. Il ne s'agit probablement que d'un fragment brisé de souvenir, que je réintègre d'une façon ou d'une autre.

Tout ce qu'elle avait à faire, c'était avoir confiance. Avoir confiance et attendre.

Aujourd'hui, tel l'amant qui attend de Barthes, elle voit Christopher dans la rue, dans le visage des passants. Après, elle pleure, sachant que l'homme qui a levé la tête de son journal dans le parc ou qui lui a tenu la porte du supermarché était son promis, qui attendait qu'elle le reconnaisse. Mais elle a oublié son visage, et donc échoué ; il est déçu, le cœur brisé. Tous les matins, elle reste assise dans un parc, frappée d'irréalité. Elle écrit des poèmes, des lettres, l'histoire de sa famille. Elle les signe « Emma » et les lui envoie par la poste. Il ne répond jamais, mais les lettres ne reviennent pas non plus. Quelqu'un les garde, ces précieuses histoires de famille, mon héritage. J'aimerais savoir le nom de famille de Christopher, pour pouvoir les récupérer. Il est marié à présent ; il a peut-être déménagé, ou bien il est mort.

Elle l'attend depuis près de trente ans. Combien de fois a-t-elle rêvé de la maison, des dîners, du retour des enfants prodigues ? Son expérience de l'attente n'est pas moins urgente que celle des gens dans les camps, même si la sienne est inventée. Elle vit dedans, encore. Cela ne la paralyse pas moins que les autres. Tous les jours, les plus petits choix de la vie (voyager, changer d'église) sont rendus inconcevables par la possibilité infime qu'une réponse arrive ce jour-là.

Entre-temps, Maman Moti recherche avidement des drames, pour exacerber les sensations autour de l'attente. Il y a des années, elle a confié à notre famille que certains membres de sa congrégation étaient offensés qu'elle se montre si certaine de son avenir. Le groupe s'est divisé en factions. Il y a des intrigues politiques à l'œuvre, comme dans les premiers temps de l'Église. Elle prie. Elle nous demande de prier.

À son arrivée à Londres, elle avait quelques économies. Elle a acheté son appartement. Les prix ont augmenté. Il y a quelques décennies, elle a commencé à avoir la bougeotte, un autre symptôme de la maladie de l'exilé. Mais elle ne l'a pas identifié comme tel. « Ils se servent des voisins du dessous pour essayer de me chasser », a-t-elle dit à sa fille, ma tante Sepi, qui est aujourd'hui exactement le genre d'enfant qu'elle désirait : une Londonienne avec un mari aux cheveux blond pâle et trois fils grands et beaux qui rêvent en anglais.

Des amis de son église lui rendaient visite de temps à autre, mais tout ce que Maman Moti voyait était que personne ne la croyait.

À chaque fois qu'elle vendait un appartement, elle perdait environ quinze mille livres et s'installait dans un quartier un peu moins attractif. Au bout de quelques années, les voisins recommençaient à comploter, rejetaient de la fumée chez elle, passaient l'aspirateur la nuit, envoyaient des enfants hurler et se battre dans la cour.

Elle a déménagé encore et encore, ne manquant jamais d'envoyer sa nouvelle adresse à Christopher. À chaque nouvel appartement, elle retrouvait espoir un moment, la démangeaison dans sa tête s'apaisait. Ce salon serait peut-être celui où Christopher s'assiérait, où elle lui apporterait une tasse de thé, où il lui prendrait la main en disant : « Je suis désolé que tu aies attendu si longtemps. »

En 2011, quand ma famille a appris que j'avais quitté ma maison d'Amsterdam sans Philip pour participer à un programme d'écriture dans l'Iowa, et quand nous avons décidé de divorcer après cela, Maman Moti n'a plus voulu m'adresser la parole.

Pour elle, Philip était la preuve que même si ses filles avaient été réduites à l'exil, sa petite-fille avait été épargnée. Philip était blanc, et bel homme. Il gagnait de l'argent (peu importait que j'en gagne autant, que nous nous soyons rencontrés à Princeton, que j'aie eu de meilleures notes que lui). Il avait des racines. Qu'est-ce qu'une idiote d'immigrée pouvait vouloir de plus ? Par ailleurs, Jésus n'acceptait pas le divorce et Maman Moti était chrétienne maintenant, alors voilà.

En 2015, je suis tombée enceinte et je me suis installée à Londres. Il a fallu que je vive dans la même ville que ma grand-mère deux ans avant qu'elle me contacte. C'était peut-être à cause d'Elena, son arrière-petite-fille. Ou des graines d'informations semées par ma mère ou ma tante, qui lui disaient que mon nouveau compagnon, Sam, venait d'une bonne famille, qu'il était une version plus bohème de Philip, qu'il me correspondait bien mieux. Qu'il avait décroché son diplôme avec la plus haute mention à Oxford, alors on pouvait bien le laisser se faire des chignons. C'était une chance, d'avoir des cheveux bouclés pareils après quarante ans. Sa mère était une chrétienne pratiquante, le savait-elle ? Elle était française, comme la mère de Philip, mais aussi artiste.

Quand Maman Moti m'a appelée, j'étais en colère. Je refusais de l'accueillir à bras ouverts. Comment avait-elle osé me rejeter pour avoir fait exactement la même chose qu'elle au même âge ? Comment avait-elle osé nous abandonner en Iran pour une vie anglaise et nous juger ensuite ? Et comment avait-elle osé refuser ne serait-ce que de nous servir de garante pour quitter Barba ? À l'époque, nous nagions en plein flou – sans la moindre idée de ce que l'avenir nous réserverait. Nous aurions pu échouer dans la campagne australienne, ou être renvoyés en Iran. Personne n'en parle jamais, mais Maman Moti aurait pu nous accueillir en Angleterre. Pourquoi ne l'avait-elle pas fait ?

Et puis il y a son sexisme ordinaire : pour ma grand-mère, une femme célibataire est perdue et reste donc dans un entre-deux perpétuel, en attente de son prochain mariage. Ne pas avoir d'homme revient à ne pas avoir de patrie. Si vous n'avez pas de mari, vous ne faites qu'en attendre un, même si cela doit durer quarante ans.

Nous sommes à présent en février, le soir où je fais mes valises pour la Grèce et mon premier vrai retour à « Barba » (peu importe ce que cela signifie aujourd'hui), après mon faux départ de 2011. Maman Moti et moi nous sommes revues plusieurs fois. Nous rêvons tout haut de réunir notre famille : peut-être une fête ! Comment convaincre les autres ? Nous complotons ensemble. Elle a bon cœur, mais elle vit entièrement dans le monde qu'elle s'est inventé. Elle nous jette parfois un coup d'œil depuis l'intérieur, mais la plupart du temps, elle est occupée à décorer les couloirs et les pièces dans sa tête.

Je la comprends mieux que quiconque dans ma famille. Elle est moi, quand je serai vieille. Je la vois se débattre avec la démangeaison dans son cerveau. Je vois cette bataille aussi clairement que je la vois dans le miroir, ou chez ma fille quand un de ses collants a un pli de trop, ou un de ses pulls un bras plus serré que l'autre. Lorsque j'aurai l'âge de ma grand-mère, la démangeaison s'ouvrira-t-elle pour me révéler un univers fantastique, peuplé d'intrigues d'église et de pistolets à radiation ? Et quand Elena aura son âge ? S'inventera-t-elle aussi un foyer ? Y a-t-il des foyers que j'ai rejetés parce que la démangeaison exige que je sois sans cesse en mouvement ?

À 21 h 30, nous attendons toujours que Maman Moti arrive. Je suis furieuse. Ce voyage est truffé de petites ironies. Notre canapé arrivera pendant mon absence, parachevant notre installation. Cela me paraît déplacé d'atteindre cette dernière étape maintenant, après des décennies d'errance, alors que je m'apprête à rencontrer des personnes fraîchement déracinées. Elena dort. Je pensais que Maman Moti m'appellerait à son arrivée à la gare, mais non. Elle donne mon adresse à un inconnu qui l'accompagne jusqu'à mon appartement. Elle frappe à notre porte à 22 heures. Je l'entends remercier l'homme gaiement. Je ne verrai jamais son visage. Nous avons été cambriolés il y a deux mois. La situation m'angoisse, puis me met en colère.

« Dieu m'a envoyé un ange, gazouille Maman Moti en ôtant ses bottes.

— Ne donne pas mon adresse à des inconnus, s'il te plaît », dis-je en guise de salut. Puis, rapidement, j'ajoute : « Bienvenue. »

Nous lui préparons du thé.

« Qu'est-ce qui s'est passé ? lui demandé-je.

— Ils ont recommencé à m'envoyer des ondes, dit-elle avec un profond soupir, comme si elle m'annonçait que son lave-vaisselle est cassé. Je n'arrive pas à dormir. Je les sens m'empoisonner. Quand ils allument la machine, j'ai la migraine, la nausée. »

Ses voisins du dessous envoient des ondes à travers le plancher de son appartement. Elles sont radioactives, ou électromagnétiques, allez savoir. Mais ma grand-mère les sent dans son corps, dans sa tête. Elles lui font battre le cœur. Elle a des palpitations, du mal à respirer. Le soir, un bourdonnement sourd s'élève et la tient éveillée jusqu'au matin, ou jusqu'à ce qu'elle se résigne à s'installer dans le grenier avec un sac de couchage. Si quelqu'un lui rend visite, les voisins savent qu'ils doivent éteindre la machine, pour qu'on la croie folle.

Je lui demande si elle a vu l'engin. Elle balaie la question. C'est une grande machine, dirigée droit vers le plafond des voisins et son plancher.

« Et si ce n'étaient pas des radiations, mais une allergie ? dis-je. Ou quelque chose d'autre dans ton corps ?

— Je ne suis ni malade ni folle », rétorque-t-elle en buvant son thé.

Elle l'a dit si souvent.

Je lui demande si je peux venir voir son appartement. Elle me répond qu'on ne lui envoie jamais de radiation quand une autre personne s'y trouve.

« Et si quelqu'un restait avec toi un moment ? » dis-je.

Elle se ragaillardit. Alors j'ai ma réponse ; comment ai-je pu ne pas comprendre ?

« Je peux appeler un ami chez Amnesty International, dis-je. Il y a toujours des réfugiés qui cherchent un logement. Je peux trouver une personne jeune et forte. Comme ça, elle veillera sur toi. Tout le monde sera gagnant ! »

Elle se rembrunit.

« Non, je ne m'occupe pas des réfugiés, décrète-t-elle. Je ne veux plus rien avoir affaire avec tout ça. Hors de question. »

Je me rappelle qu'on l'a mariée de force à treize ans. Qu'elle est âgée maintenant, que la réalité lui échappe et qu'elle a des raisons de se méfier.

Nous lui faisons un lit dans le salon. Elle nous remercie et va se coucher. Le lendemain matin, le chaos règne dans l'appartement. Nous préparons le petit déjeuner. Nous donnons à manger à Elena et l'habillons pour la crèche. Je fais ma valise. L'angoisse m'étreint. Je m'apprête à rencontrer des gens qui ont perdu leur foyer et leur famille, des jeunes femmes, des voyageurs esseulés et des couples âgés qui vivent dans des boîtes en métal, des gens si déboussolés qu'ils ne peuvent même pas imaginer le paysage de leur avenir. La plupart seront en dépression, certains au bord du suicide ou noyés dans leurs illusions, et je n'arrive même pas à gérer ma grand-mère et son appartement inhospitalier. Quel gâchis – elle a un passeport, elle, un endroit où vivre. On lui a ouvert la porte et pourtant elle s'est changée en réfugiée.

Je suis en retard pour prendre le train qui va à l'aéroport ; je décide de ne pas attendre les autres. Je les embrasse. Nous attrapons nos manteaux, nos chaussures. Elena me dit : « Bye-bye, maman ! À la semaine prochaine ! »

Mon cœur se serre. Elle imite nos « à la semaine prochaine », mais ce qu'elle veut dire, c'est « à ce soir ». Maman Moti rit en entendant son accent anglais.

« Elle est adorable », dit-elle.

Au moment de partir, je vois que Maman Moti a du mal à enfiler sa botte. Elle s'appuie contre un mur, tapote son sac à main, cherchant quelque chose.

« Dina *joon*, va me chercher une grande cuillère », dit-elle.

Je me fige. Puis je me dépêche de lui rapporter une cuillère à soupe. Elle la plonge dans sa botte comme un chausse-pied.

4

« Ce qui est compliqué, c'est que la dignité change au fur et à mesure que certains besoins sont assouvis », m'explique Paul Hutchings tandis que nous quittons Athènes sur une route d'un noir d'encre, luisante de pluie. « Quand vous arrivez de Lesbos, sale, fatigué, affamé, la dignité est un colis tout fait contenant du shampoing, du déodorant, des œufs, du café, du pain. Donc c'est ce qu'on donne au début. Puis, quand vous avez pris une douche, dormi et fait un brin de toilette, ce colis devient humiliant. Vous voulez votre thé, pas du café. Vous vous souvenez que vous détestez les œufs. C'est à ce moment-là que vous voulez du choix. Quand vous avez passé quelques mois dans le camp, le magasin avec de la fausse monnaie et des interactions strictement réglementées devient humiliant aussi. Pourquoi ne pourriez-vous pas être l'ami du vendeur, après tout ? Tout ça doit avoir une durée limitée. Nous ne voulons pas contribuer à ce qu'ils restent dans le camp de façon permanente. Il faut qu'ils intègrent une communauté. »

Je suis terrifiée à l'idée de ce que je vais voir et me rappeler. La pluie me paraît de mauvais augure et je voudrais un gros bout de chocolat et le souffle chaud et sucré d'Elena dans mon cou.

J'ai un canapé, maintenant. Ça me paraît monumental. C'est un bon canapé, fabriqué à la main dans un atelier. J'ai aussi un lit que j'ai acheté, encore une chose qui me paraît incroyable, car comme ma grand-mère, j'aime mettre le feu à mon habitat. Je n'achète pas de meubles. Je suis dépendante aux nouveaux départs, à l'entre-deux.

Nous nous dirigeons vers Kyllini, LM Village, l'ancien centre de vacances. J'imagine un Barba moderne. Paul m'accompagne par pure gentillesse. Refugee Support a quitté les lieux et la photographe envoyée par le *Guardian*, Eirini, doit nous retrouver à Katsikas – c'est ce camp-là que nous devons couvrir, et il se trouve à deux heures de route du premier. Mais je suis attirée par LM, par la coquille qu'il occupe. Je dis à tout le monde que je veux voir ce qui se passe une fois les magasins fermés.

Notre hôtel est rudimentaire. Je me réveille en me grattant, persuadée qu'il est infesté de punaises de lit. Sam m'a envoyé un texto disant que Maman Moti a appelé. Son message me donne envie de me gratter encore plus – c'est comme ça que je sais qu'il n'y a pas de punaises. J'ai développé une méthode de survie : certains soirs où je suis effrayée, je ne me brosse pas les dents. Quand j'avais deux ans, mon père m'a arraché les incisives. Dans l'un de mes premiers souvenirs, mon oncle me pourchasse dans le cabinet dentaire de Baba, me force à m'asseoir sur le fauteuil et Baba s'approche de moi avec une aiguille de la taille de mon avant-bras. Maintenant, si je ne me brosse pas les dents, elles m'élancent pendant la nuit. La peur les rend sensibles. Quand je me réveille sans douleur dans la bouche, je sais que cette douleur n'existait que dans ma tête. Et si elle n'était pas réelle, cela veut dire que toutes les autres choses cauchemardesques que j'ai vues ne l'étaient pas non plus. Mon mal de dents est un signe avant-coureur ; quand il disparaît, d'autres douleurs suivent. Sans lui, je me réveille désorientée, incapable de faire le tri dans mes peurs ou de me calmer.

J'ai aussi un appel manqué de Minoo, une réfugiée d'Ispahan que j'ai rencontrée à Londres. Elle a à peu près mon âge, deux merveilleux enfants et un mari atteint d'une maladie chronique. Minoo doit m'avoir téléphoné pour parler de logement ; cela fait un an que les services municipaux l'envoient promener.

Je m'habille pour visiter le camp, avec une vieille chemise et une ample jupe noire qui tombe sur mes bottes boueuses. Même moi, je me trouve ridicule.

Le portail du camp s'ouvre sur un bureau d'accueil, puis un ancien court de tennis grillagé. Le terrain est jonché de branches mortes et de détritus. À l'intérieur, un chien gronde en nous fixant. Des grappes de souches d'arbre flanquent le grillage. Le court n'est pas entouré de goudron, de dalles ni d'herbe, juste de terre nue. Derrière, le village délabré se profile en jaune pâle et terre de sienne brûlée, des couleurs qui étaient peut-être joyeuses autrefois. Elles se fondent dans la boue. Nous traversons LM Village sous la pluie. Le complexe est désert, écrasé par des nuages gris lugubres. Des haies clairsemées bordent les allées. Des gens passent la tête hors de bâtiments numérotés. Ils vont et viennent lentement, brillants de désœuvrement. Je voudrais commencer à frapper aux portes, mais d'abord, Paul m'emmène voir son ancienne épicerie. Même s'il n'est pas censé être habitable, le local sert de chambre à présent. L'une des parois est une baie vitrée, qui laisse voir le lit de l'occupant, ses affaires de toilette et ses livres.

Nous passons au magasin de vêtements. Il n'a pas été fermé, mais mis à disposition des travailleurs humanitaires du camp, pour trier et distribuer les dons.

Une femme grecque est assise sur une chaise près de la porte, les yeux rivés à son portable. Des piles de vêtements sont abandonnées par terre, des cartons retournés dessus. Des enfants jouent au milieu. Des cintres vides sont éparpillés sur le sol et des habits d'hiver dépareillés entassés sur des portants. Un garçon et une fille fouillent dans les piles, piétinant les vêtements. Un bambin arrive en courant. L'employée ne lève pas la tête. Je regarde la scène fixement, transportée à Barba, aux vêtements donnés dispersés dans la cour. Paul va des portants aux piles, ramasse une veste. Il secoue la tête, les épaules affaissées.

Nous allons visiter une salle de détente, une grande pièce vide avec une télévision accrochée dans un coin, un grille-pain posé dans un autre et quelques vestiges épars d'un espace jeu. Sur un mur derrière une étagère vide, une étiquette annonce *café, thé, sucre*. Derrière une autre étagère vide, *verres*. Un extincteur est appuyé contre une pancarte, où l'on a peint les mots : *Être différent*. Un adolescent fume un narguilé en regardant un match de foot, tandis qu'un garçon plus jeune triture la pipe, attendant que l'autre trouve un peu d'énergie. Le sol et les bancs sont couverts d'une poussière accumulée depuis des mois.

Près d'un terrain de jeux abandonné, une piscine pleine de brindilles, le directeur du camp nous rejoint. Il nous suit partout, nerveux. Il parle beaucoup, fait des plaisanteries, principalement à l'intention de Paul. Je m'efface à l'arrière-plan. Le terrain de jeu est une copie glauque et méconnaissable de lui-même. Aucun enfant n'y joue. Il m'évoque la série *Stranger Things* – je suis dans un centre de villégiature du Monde à l'Envers. Paul me dit que les résidents surnomment leur expérience « les vacances de l'enfer ».

Il y a 219 personnes dans ce camp, la plupart venues de Syrie, et il n'y a rien à voir à part des chiens, des enfants et une morosité criante. Tout le monde semble à moitié endormi et je me rappelle le peu qu'on a à faire dans un camp de réfugiés. On n'a pas le droit de travailler. On n'est pas accepté dans les écoles locales ; les parents natifs ont toujours peur des maladies étrangères. Nous arrivons à la crèche. L'éducatrice nous parle des jeunes enfants de sa classe, de leurs esprits fragiles et perturbés. Une des petites filles, nous dit-elle, refuse de poser son sac à dos.

Cette petite fille, je le sais, parcourt une route sans fin. Cela fait trente ans que je refuse de poser mon sac. L'éducatrice nous explique que la fillette ne veut pas enlever le sien pour chanter, danser ni jouer. Les adultes ont essayé toutes les tactiques, lui proposant de garder le sac mais de le vider dans sa chambre, pour qu'il soit plus léger. Je ricane. Le sac a une seule fonction : conserver votre identité diminuée, les morceaux de votre vie. Le contenant rose brillant importe peu.

L'intérieur de ma gorge commence à se détendre, signal d'alarme sommaire développé par mon corps depuis mon entrée à l'école, d'abord irritant, comme un lambeau de peau impossible à atteindre, puis insupportable. Je ne veux pas être là. J'ai un chez-moi, maintenant ; pourquoi suis-je retournée dans ces maudites limbes ? Pourquoi ne suis-je pas en train de vivre ma vie, reconnaissante pour chaque minute où on m'autorise à me déplacer à ma guise dans le monde libre ? Et si je restais coincée à l'aéroport ? Et si on me volait mon passeport ? Et si on m'arrêtait ? Où est mon Elena ? J'inspire autant d'air que possible, jusqu'à ce que mes poumons soient gonflés, et je force la chose dans ma gorge à redescendre à sa place.

Mais je sais bien pourquoi je suis là – je suis venue parce que le monde est en train de tourner le dos aux réfugiés, parce que l'Amérique n'est plus l'Amérique et que l'Europe suit le même chemin : ces nations autrefois chrétiennes ont délaissé leur devoir, remplacé par la certitude de leur privilège et un instinct tribal. Je suis là parce que j'ai un don, enfanté par mon propre passé de réfugiée désœuvrée. J'ai observé des gens à qui on avait ordonné de ne rien faire et je sais exactement comment la vie reprend ses droits, telle une première bulle dans l'eau immobile avant que la casserole se mette à bouillir. Je suis là pour faire émerger quelques histoires de la soupe tiède de l'information et pour rapporter ces histoires à l'Occident, une mère qui nous a jadis adoptés, nous les exilés et les exclus, et qui a besoin que nous intervenions, alors que son cœur s'endurcit rapidement.

Il y a une autre raison, aussi. À présent que j'ai une fille, il est temps que je tire au clair ma propre histoire et mon identité, pour qu'elle puisse être certaine des siennes.

On m'a dit que travailler avec des réfugiés est plus difficile pour les anciens demandeurs d'asile. Il est plus simple de faire du bénévolat dans un foyer de sans-abris ou un hôpital ; repartir en arrière contredit tous nos instincts. Ma grand-mère n'est pas la première Iranienne à ne pas vouloir s'approcher de ses compatriotes. Et bon nombre d'immigrants aimeraient refermer la porte que leur famille a franchie, par instinct de survie (quel terrible personnage pourrait les suivre ?). Le sol ne paraît jamais très ferme sous les pieds des déracinés. On vous assure que les gens biens et honnêtes s'en sortiront d'une façon ou d'une autre, que vous vous changerez en statue de sel si vous regardez en arrière, que vous devez consacrer toute votre énergie à construire, vous intégrer, rembourser votre dette. Personne n'a besoin que vous retourniez au camp, où votre présence éveillerait de vains espoirs.

Je rêve de retrouver Barba. Pas sa carcasse, mais ses occupants, les habitants de la région, les employés. Quel miracle ce serait de constater qu'ils ont tous réussi leur vie – si je pouvais retrouver quelques noms, une poignée d'histoires encourageantes, la preuve que nous méritions qu'on se donne de la peine pour nous.

En accostant des passants, nous tombons sur un travailleur humanitaire qui parle arabe et anglais. Il a une plaie ouverte sous la lèvre et affirme n'être autorisé à traduire que depuis et vers le grec. Mais il accepte de nous aider. Il nous suggère d'aller voir une famille dont le logement nous surprendra, nous promet-il.

Amina, venue d'Alep, ouvre la porte. Elle est faite comme ma mère, petite et ronde, avec des cheveux teints en roux et un chemisier élégant. Ses gestes affectueux me rappellent ceux des tantes iraniennes ; leur accueil vous réchauffe le corps. Elle me prend par l'épaule, met de l'eau à chauffer sans me quitter des yeux.

« Entre, entre. Assieds-toi. Prends un thé », dit-elle en arabe.

Quand sa fille surgit dans la pièce avec sa jupe plissée sur un collant, une étoile duveteuse sur son tee-shirt, c'est comme si je me retrouvais face à moi-même dans le passé, et à ma jeune mère.

Nous enlevons nos chaussures sur le paillasson. À l'intérieur, toute trace du camp a disparu. Qu'est-ce que je regarde ? L'interprète explique que ce couple est très fier de son logement. Le mari est fabricant de meubles. La première chose qu'il a faite a été de demander un rouleau à peinture. Il a repeint les chambres, colmaté toutes les zones écaillées, réparé le plancher cassé. Sa femme a récuré l'endroit pendant des jours, l'a décoré avec tout ce qu'elle pouvait trouver.

« Et maintenant, regardez comme c'est beau. »

Au-dessus du mélaminé bleu nuit de la kitchenette, on aperçoit un rideau jaune à fleurs, qui fait ressortir le jaune du curcuma dans un bocal. De grandes cuillères de service jaunes sont accrochées au mur, à côté d'une louche en forme de tournesol. La vaisselle est propre. Cela me paraît héroïque, tous ces objets récupérés et nettoyés, le mal que cette femme s'est donné pour préserver la dignité de sa famille au milieu de ce terrain vague. Quelle force de volonté il a fallu à ce couple pour s'appliquer à se sentir chez eux ici… L'atmosphère même du camp est pesante, elle vous rend léthargique, vous pousse vers votre lit. Leur refus d'attendre sans rien faire est une résistance quotidienne, un cadeau pour leurs filles. Leur enfance à LM ne sera pas marquée par la pauvreté et l'attente. Le camp ne sera qu'un chapitre comme un autre dans leur vie. Elles pourraient fêter leur prochain anniversaire ici. Elles pourraient apprendre à lire.

C'est alors que je remarque l'aspect le plus étonnant de la maison : des ours en peluche de toute taille sont accrochés aux murs, dans la cuisine, sur les montants des portes menant aux chambres, sur la rambarde de la mezzanine au-dessus de nos têtes. Il y en a un énorme juste au-dessus de moi. Ils sont à la fois drôles et sinistres. Au cours des jours suivants, je verrai beaucoup de chambres décorées avec des peluches, aussi bien dans les maisons en dur de LM que dans les containers en métal de Katsikas. Les caisses de dons en débordent. Apparemment, les bons samaritains américains et britanniques envoient sans arrêt des peluches.

Que puis-je accomplir ici, quand un si grand fossé sépare les gens biens les uns des autres ? Quand un cadeau sincère peut se transformer en un rappel lugubre de tout ce qui vous manque encore ? Quand vous êtes obligé de vous en servir malgré tout ? Pourquoi n'a-t-on pas dit aux personnes qui offrent des ours d'envoyer des calculatrices, des tablettes ou des manuels d'anglais, des dictionnaires et des coffrets de Roald Dahl, de Beatrix Potter et de Julia Donaldson ? Personne ne veut d'ours en peluche. En Iran, les ours (comme les moutons) se font décapiter à l'aéroport. Ici, ils se retrouvent pendus aux murs.

Pendant qu'Amina prépare le thé et une assiette de petits gâteaux industriels, je me dévisse le cou pour apercevoir les chambres. Il y a des touches de jaune et de bleu partout.

Contrairement à nous, les réfugiés d'aujourd'hui ont des smartphones. Cette femme sait que le bleu et le jaune sont à la mode. Quelle torture alléchante que de chercher les mots « décoration intérieure » dans Google, de découvrir des magasins d'exposition londoniens et constater que dehors, un monde décadent se gave tout en se plaignant que vous existez, que vous risquez de trop vous approcher. Dehors, les gens réclament des frontières à grands cris. Vous pourriez prendre ce qui leur appartient. Vous pourriez oublier votre place, devenir sûr de votre bon droit et téméraire, habitué à de beaux jaunes et bleus. Et la mort à vos trousses, alors ? C'est un casse-tête culpabilisant.

Mustafa arrive, vêtu d'une chemise impeccable et d'une casquette plate en pied-de-poule. Leur benjamine se jette à son cou. Ils me plaisent, lui et sa femme, avec leur refus de sombrer dans le marasme après avoir failli se noyer dans l'embarcation d'un passeur, leurs filles intelligentes habillées comme des écolières britanniques.

Mustafa est en train de perdre la vue. La kératine de ses yeux est détruite et il a besoin d'injections qui coûtent plus d'un millier d'euros.

« Je leur dis, donnez-moi juste des lunettes. Ils me répondent, on ne peut pas faire ça. »

Les Syriens qui arrivent dans ces camps se plaignent tous de problèmes de santé. Ils veulent qu'on soigne leurs dents, leurs oreilles, leur dos. On ne les croit pas.

« Je veux juste qu'on guérisse mes yeux », marmonne Mustafa, qui a des documents signés par ses médecins en Syrie.

Je me demande comment on peut imaginer que des gens mentent à propos de leur kératine. Pense-t-on qu'ils aient envie qu'on leur enfonce une aiguille dans l'œil ?

Plus tard, une orthophoniste appelée Shiva m'emmène voir son logement. Celui-ci est trop étroit pour sa famille, trois ou quatre jeunes d'une vingtaine d'années et une mère âgée. Personne ne se soucie de se sentir chez soi ici, ou de créer un semblant de vie. Personne ne veut s'enorgueillir de cet hébergement temporaire. Personne n'a de minuscules souvenirs à protéger, ou d'enfance à façonner. L'endroit n'a pas été nettoyé depuis un moment. Je vois l'état dans lequel la maison de Mustafa se trouvait, avant qu'il obtienne son rouleau à peinture et son marteau. Une casserole bout sur une vieille plaque électrique tachée de sauce. D'autres casseroles sales, datant du repas de la veille, attendent à côté de l'évier. Le plan de travail est écaillé et fendu, cassé par endroits. De la moisissure se profile aux quatre coins de la pièce. Les placards et les cloisons sont écaillés aussi ; il y a un trou dans un des murs, comme creusé avec une cuillère à glace. La moisissure s'immisce dans mes sinus.

La mère de Shiva est assise sur un banc entre la cuisine et l'escalier, près d'une petite table où la famille mange. C'est une femme corpulente enveloppée dans un tchador, qui nettoie des haricots plats. Ce pourrait être Maman Masi. Elle me fixe, puis m'adresse un grand sourire et me souhaite la bienvenue. La famille ne reçoit pas souvent de visite.

J'apprends qu'elle avait onze enfants, avant. L'un d'eux est mort, peut-être récemment, et les dix restants, âgés de quarante-quatre à vingt et un ans, sont dispersés en Europe et au Moyen-Orient. Sa benjamine a ramené un beau fiancé, qui fait comme si je n'étais pas là. Je l'entends dans la mezzanine, les bulles éclatant dans son narguilé, le murmure guttural de la musique syrienne.

Nous nous entreregardons. Sans interprète, nous communiquons par gestes. On m'apporte du thé. Les Syriens aiment sucrer leur thé à s'en donner la migraine, comme je commence à m'en apercevoir. Ils pensent que je refuse leur sucre par politesse et m'en ajoutent une pleine cuillérée dans mon verre. C'est du sirop chaud. Je bois une gorgée et observe les alentours, essayant de trouver mes marques. Si Amina était fougueuse et déterminée comme ma mère, cette dame m'évoque mon amie collectionneuse de briques, la grand-mère afghane. Je regarde ses mains s'agiter quand elle lève les yeux au plafond, me faisant comprendre qu'elle prie pour que ses enfants soient réunis dans un seul pays.

Le directeur brise notre silence. Il frappe, entre, s'assoit sans y avoir été invité. Nos quelques échanges m'ont montré que l'égo de cet homme est étroitement lié à LM. Il passe son temps à nous rappeler qu'il ne l'a pas quitté un seul jour depuis deux ans. Malgré tout, il n'a pas l'expérience nécessaire pour gérer le camp, et il y a eu des problèmes. Il fait du favoritisme, entre chez les réfugiés, se dispute avec eux. Les gens ont peur de s'exprimer franchement en sa présence.

Il prend une tasse de thé. Nous parlons par monosyllabes. Il essaie de traduire.

Pendant un silence, la mère de Shiva lève les yeux, dit un

alhamdulillah pour ses enfants absents – c'est un tic. Le directeur s'emporte brusquement. (Est-ce parce que je suis là ?)

« Qu'est-ce que vous voulez que je fasse ? s'exclame-t-il en anglais. Que j'aille les chercher en Syrie ? »

C'est une drôle de scène. Shiva passe du yaourt dessus, comme on dit en Iran.

J'envoie le numéro de la maison à Paul par texto et il apparaît quelques minutes plus tard.

Mais quand je me lève pour partir, la mère de Shiva se met à secouer la tête, comme si une chose inconcevable allait se produire. Elle regarde autour d'elle, aperçoit mon sac à dos, l'attrape et le serre contre sa poitrine.

Un autre souvenir du camp me revient : on y dramatise tout. Quand on veut réprimander, on crie. Quand on veut tapoter, on frappe. L'attente amplifie vos réactions. Cela explique peut-être aussi l'accès de colère du directeur ; il vit ici depuis si longtemps qu'il a développé les mêmes symptômes. Je me rappelle maintenant qu'en Iowa, un écrivain célèbre nous avait dit qu'il fallait savourer la vie plus qu'écrire à son sujet, ne rien publier quand on était dans cette bulle préparatoire. Lorsque vous attendez que la vie débute, vous êtes enclins au spectacle, au théâtre, et comme n'importe quel demandeur d'asile qui a fixé le regard froid d'un fonctionnaire de l'immigration vous le dira, personne ne croit au mélodrame. Dans la vie comme dans la fiction, l'hystérie est le mensonge ultime, et ceux qui attendent sont les plus susceptibles d'y céder.

Je veux récupérer mon sac. Pas parce que je pense que la vieille femme l'ouvrira. Mais c'est le mien ; il ne me quitte jamais. Je ne peux pas manger tout un repas pendant qu'il se cache sous son tchador (où elle est en train de le fourrer). Shiva chuchote quelque chose à sa mère et elles se mettent d'accord pour poser mon sac sur le banc à côté de la vieille femme, où je peux le voir, et fermer la porte. L'ennui leur a fait perdre la tête.

J'ai un autre sujet de préoccupation, désormais. Puisque le directeur a pris ses aises, mes hôtesses ont trois bouches de plus à nourrir.

Cela me paraît intolérable d'engloutir leurs provisions, que les réfugiés achètent avec de précieux euros depuis que le magasin de Paul a disparu. J'essaie de refuser à nouveau, mais je les insulte, maintenant. Shiva fronce les sourcils. Je suis à deux doigts de laisser penser que ce n'est pas assez bon pour moi. Pourtant, la situation n'a rien à voir avec ce Thanksgiving à New York, où les nantis se tracassaient à propos des portions distribuées par le foyer. La famille de Shiva a besoin de cette nourriture. Quand nous serons partis, le fiancé descendra de la mezzanine et s'attendra à ce qu'on lui serve à manger. Mais la fierté l'emporte et nous restons.

La sœur de Shiva, celle qui a vingt et un ans et qui s'entraîne peut-être en prévision de son mariage, a cuisiné un repas complet sur la plaque électrique. De la soupe aux lentilles. Du poulet aux champignons. Du riz trop mouillé. Une petite coupelle de yaourt. Les femmes nous servent en premier, trop copieusement. Je suis gênée pour nous et pour elles. Je connais cet instinct de compétition. Elles veulent que nous restions ; elles se réjouissent d'avoir des invités. Mais elles iront se coucher le ventre vide. Aucun adulte ne peut être rassasié par quelques filaments de cuisse de poulet. La mère de Shiva a mis un pilon entier dans mon assiette. Personne d'autre n'y a eu droit. Pour détourner leur attention du service, je demande la recette.

La sœur de Shiva rayonne. Elle commence à énumérer des ingrédients et quand l'anglais lui fait défaut, elle s'aide de gestes. Elle me montre une conserve de champignons vide, indique le poulet avec un rire (du poulet, évidemment !), pointe du doigt les poivrons. Elle cherche un mot, puis ouvre le frigo pour me montrer une boîte de concentré de tomate ouverte. À sa vue, ma démangeaison se réveille. Des mots que j'ai appris pendant ma grossesse me reviennent et je ne pense plus qu'à ça : listéria, intoxication au métal, quoi d'autre ? Non. Arrête. Ça n'a rien à voir avec la boîte de conserve. Je ne suis pas une de ces mères natives qui pensent que les réfugiés propagent les maladies et la vermine. Je cherche une excuse pour partir, parce que le camp me pèse. Je me sens piégée dans ce lieu d'attente. Je veux attraper mon sac à dos, ouvrir cette porte et aller respirer dans un champ.

J'avale une grande cuillérée et dis à la petite sœur que c'est très bon. Pour une fille de vingt et un ans, elle cuisine bien, même s'il faut qu'elle soit plus patiente avec son riz. S'il s'agissait de ma sœur, je lui apprendrais à baisser le feu, à mesurer l'eau avec la première phalange de son doigt, à envelopper le couvercle dans un torchon. Je suis fascinée par cette petite sœur réservée et obéissante, le jeune homme hautain qu'elle garde à l'étage. Ils sont mal assortis physiquement et cela m'intéresse aussi. Elle me sourit timidement et attaque son repas.

Je suis assise à côté de la mère. De temps à autre, elle effleure ma main gauche, posée au bord de la table. Ses doigts sont chauds, recouverts d'une sorte de pellicule mouillée, comme des amandes trempées dans de l'eau tiède. Quand elle me touche, je sens sa peau glisser sur ses os. J'aime l'attention qu'elle me porte. Elle me rappelle Morvarid et Ardestan. Puis, alors que je parle à Paul, l'arête de mon petit doigt entre en contact avec quelque chose de froid et de gluant. Je jette un coup d'œil, frissonne de dégoût. La mère de Shiva a amassé des petits os de poulet à côté de son assiette, à un centimètre de la mienne. Mon petit doigt se mêle aux détritus, touchant un bout de peau. La mère suit mon regard. Je lui adresse un rictus de folle, lui serre la main et détourne les yeux. Elle m'observe avec une curiosité enfantine, de l'affection, même, puis lèche le riz sur sa cuillère, la plonge dans le plat de poulet et m'en sert un autre morceau.

Il n'y a absolument rien à faire. Toutes mes réactions sont celles d'une Américaine, d'une citadine, d'une maniaque. C'est ce que je suis. Le comportement de cette vieille femme n'est pas tant celui d'une Syrienne que d'une matriarche campagnarde – ma Maman Masi se conduirait exactement de la même manière. Elle m'embrasserait la bouche pleine, laissant une auréole huileuse. Elle m'essuierait les lèvres et la joue avec sa robe. Elle transvaserait du yaourt de son assiette à la mienne, avec sa propre cuillère. Elle rentrerait dans mon bain. Peut-être qu'en partant, si elle avait du mal à enfiler sa botte, elle me demanderait la même cuillère.

C'est dans ma tête. C'est dans ma tête. C'est dans ma tête. Je me rappelle que la tante de Sam, une réalisatrice française, nous a déjà servi du houmous avec la cuillère qu'elle venait de lécher. Cette femme a gagné un César, mais c'est une campagnarde aussi. Elle a les mêmes habitudes, mais son village est en Europe. Pourquoi cette idée devrait-elle m'aider ? Et pourtant elle m'aide, car j'ai intériorisé tous les préjugés dont on s'est servi contre moi autrefois. Les origines européennes neutralisent la crasse et les microbes. L'argent et l'éducation aussi. Je me souviens qu'adolescente, j'étais persuadée qu'entrer à Harvard me permettrait d'éradiquer de mon corps toute trace de ma vie de réfugiée.

Je me souviens d'autre chose : il y a quelques jours, j'ai pris un bain avec Elena. À tous les coups, elle avait fait pipi dedans. Ma nausée s'estompe, comme une rage de dents dans un rêve. La démangeaison n'existe que dans ma tête ; je la chasse et mange mon poulet. Si vous êtes une mère ou que vous en avez eu une, vous avez partagé la crasse d'un autre corps.

Je conduis pendant que Paul cherche de la musique. La route qui mène à Katsikas est neuve, immaculée et déserte. Nos portables ne captent que par intermittence alors nous renonçons à la musique et discutons de notre obsession commune pour la honte – ou plutôt non, pas la honte, qui est une émotion entièrement contenue. Nous sommes obnubilés par sa manifestation publique, à l'intention d'un bénéficiaire averti ou involontaire : l'humiliation.

« J'ai peur d'écouter leurs histoires, dis-je. Les Iraniens racontent les histoires de façon si vivante, si lente et détaillée, qu'on est précipité tout droit dans le cauchemar. »

Quand la musique revient, nous parlons de nos portables, du fait que tous les réfugiés en ont un. Leur première demande quand ils arrivent dans un camp ? Le Wi-Fi. Leur sujet de plainte principal ? La mauvaise qualité du réseau. Bien qu'on puisse acheter un portable pour trois fois rien, les natifs hostiles voient souvent dans ces objets la preuve que les réfugiés sont gâtés, qu'ils réclament et prennent trop. À Barba, nous gardions toujours un œil sur nos casiers et guettions le postier. Nous ne considérions pas le courrier comme un luxe.

Je dis à Paul que j'ai lu que l'administration Trump avait proposé de remplacer une grande partie des bons alimentaires distribués aux pauvres par un colis pré-rempli. Ce colis sera le même pour tout le monde, une humiliation. Il réduira le choix, l'efficacité, la dignité. Cela me rappelle d'autres mesures prises ces dernières années, pour limiter le type de produits qu'on peut acheter avec ces bons alimentaires (pas de fruits de mer, par exemple). Pour certains, l'aide doit toujours s'accompagner d'une tape sur les doigts.

« Ils se moquent de l'impact que cela a sur l'esprit des gens », soupire Paul.

5

MAJID ET FARZANEH

« Ce n'étaient que des racontars. Les gens parlent », dit Farzaneh, affolée, quand les *sepâh* se présentèrent chez elle.

On était en 2017. Farzaneh et son mari faisaient les cent pas, rongés d'inquiétude, sous le regard de leurs deux filles, âgées de trois et neuf ans.

« Comment étaient-ils habillés ? demanda Majid.

— En civil, répondit Farzaneh. C'étaient des *sepâh*. Personne d'autre ne fait ça. Mohammad a dû me les envoyer. »

Elle tremblait. Son frère occupait un poste haut placé chez les Gardiens de la révolution – il avait « le cou épais », selon l'expression persane – et il avait décidé qu'elle était une apostate, une femme effrontée et mécréante, qui devait être détruite. Elle ne priait pas. Elle était insolente et ne portait pas scrupuleusement son hijab. Elle posait parfois des questions : la foi devrait-elle être une prison ? Pourquoi dois-je m'affamer pendant trente jours ? Pourquoi ne puis-je pas choisir mes propres vêtements ? Son frère la traitait d'impie, de chrétienne, de juive.

« Quand ils viennent en civil, c'est du sérieux, déclara Majid. Si tu pars avec eux, tu ne reviendras pas. Puis ce sera mon tour et les filles se retrouveront orphelines. »

Farzaneh se mit à mordiller l'ongle de son pouce.

« Il faut qu'on s'en aille. »

Leur logement se trouvait au fond d'un cul-de-sac. Les fenêtres de derrière donnaient sur un parking, qui communiquait avec la rue suivante. Ils décidèrent de s'enfuir par la terrasse. En partant, Farzaneh attrapa son sac à main et une gourde d'eau fraîche. Ils n'emportèrent rien d'autre. Pas de vêtements ; pas d'affaires de toilette ni de trésors. Les fillettes abandonnèrent leur cartable, leurs jouets. Sarah, l'aînée, regarda avec stupéfaction sa mère prendre la petite Shirin sur ses genoux et descendre par le toboggan d'évacuation qui menait au parking. Puis Majid assit sa fille sur le toboggan, s'installa derrière elle et s'élança à son tour. Dès que leurs pieds touchèrent le bitume, ils se mirent à courir.

Ils se rendirent en voiture à Urmia, une ville près de la frontière turque, où ils louèrent une chambre. Farzaneh acheta des brosses à dent et une nouvelle minerve ; elle souffrait de torticolis depuis des années. Pendant que les filles se préparaient pour la nuit, lavant leurs chaussettes et leurs sous-vêtements dans l'évier avant de les mettre à sécher, Majid sortit passer un coup de fil.

« Ton frère est allé voir mes parents », dit-il quand la chambre fut plongée dans le noir, résonnant du fredonnement des fillettes endormies. « Il leur a dit qu'il nous retrouverait et qu'il nous tuerait. Que même si le gouvernement te laissait partir, il ne le ferait jamais. C'est un révolutionnaire double-feu, Farzaneh *joon*. Nous n'avons pas d'avenir en Iran. Il ne faut pas hésiter : partons tous ensemble. »

Ils ne fuyaient pas la République islamique, dont l'attention était froide et limitée, mais un frère dont la fureur pouvait traverser les frontières. Le lendemain matin, ils changèrent de carte Sim. Majid trouva un passeur et pria pour qu'il ne sème pas des miettes de pain à l'intention de son beau-frère.

Ils arrivèrent à la frontière à minuit. Ils patientèrent dans le noir, chuchotant aux fillettes de respirer sans bruit, pendant qu'un guide partait devant pour attendre la relève des gardes. Le passeur disparut avec son salaire ; il n'irait pas plus loin. Quand le guide les appela d'un geste, la famille le rejoignit à pas de loup, la tête baissée. L'homme installa les fillettes sur un cheval, attrapa les rênes et fit signe à Farzaneh et Majid de le suivre. Ils entamèrent l'ascension des monts Zagros pour rejoindre un village de l'autre côté de la frontière turque, où ils seraient en sécurité. Ils marchèrent dans un silence noir comme de l'encre pendant cinq heures, même si le trajet aurait pris moitié moins de temps à un homme en bonne santé. Ils s'arrêtaient régulièrement, le cheval avançant à pas feutrés, comme s'il savait. Avec deux enfants, ils ne pouvaient pas courir le risque de se faire tirer dessus dans l'obscurité. Le guide les abandonna à mi-chemin ; il ne passerait pas en Turquie. Un accompagnateur turc les attendait à quelques mètres de la frontière pour prendre le relai. Les fillettes ne disaient rien. Le sol rocailleux de la montagne avait usé les chaussures de ville de Farzaneh et Majid en quelques heures. Seuls les guides, avec leurs yeux habitués, pouvaient se repérer dans les ténèbres épaisses comme de la poix. Majid et Farzaneh se retournèrent vers l'Iran ; ils avaient survécu à un régime brutal pendant trente-six ans, pour regarder leur pays disparaître derrière une crête, se fondant dans le noir.

Ils atteignirent le village au lever du soleil. Dans une petite pièce, ils attendirent que le groupe du passeur soit au complet. Les fillettes dormaient.

À Istanbul, Majid s'arrangea avec un autre passeur.

Quitter l'Iran avait été dangereux, mais ce n'était rien comparé à l'idée de traverser la mer Égée en bateau pour entrer clandestinement en Europe. La somme qu'ils devraient dépenser pour la dernière étape du trajet réduirait de beaucoup leurs économies. Majid choisit un passeur moins réputé que les autres, pour qu'il leur reste de quoi payer un second essai. Cette nuit-là, sa femme et lui prirent place avec quarante-cinq autres passagers dans un canot pneumatique fait pour quinze personnes, serrèrent leurs filles contre eux et regardèrent le passeur démarrer le moteur.

« Toi, là, dit-il en tendant le doigt vers un jeune homme à l'avant du bateau. Tu es le capitaine. Tiens ça. Ça marche comme le moteur d'une voiture. Là-bas, c'est les lumières de la Grèce. Va dans cette direction. Ne fais pas demi-tour. Ne t'arrête pas avant d'avoir atteint les lumières. »

Puis l'homme descendit du bateau et ils se retrouvèrent en pleine mer, quarante-cinq fugitifs malchanceux, sans expérience de la navigation mais sans autre solution, sans pays pour les récupérer. On les intercepta dans l'heure qui suivit. Ils se trouvaient encore dans les eaux turques quand le moteur commença à crachoter et s'essouffler, puis s'arrêta complètement. Un garde-côte repéra le canot et braqua son projecteur dans sa direction, aveuglant les enfants et mettant fin au voyage pour cette nuit-là. L'espace d'un instant, les passagers osèrent espérer que le navire était grec ou anglais, mais ils n'étaient pas allés assez loin. Bientôt, des cris en turc dissipèrent leurs illusions. Les douaniers firent monter les réfugiés sur leur bateau, puis dans des voitures qui les emmenèrent à Izmir, en Turquie.

Pendant le trajet, Majid, qui parlait kurde, sympathisa avec un jeune Kurde arabe. L'homme crut son histoire.

« Monsieur, si vous avouez que vous êtes iranien, vous passerez trois mois dans une prison turque, dit-il à Majid. Les prisons débordent d'Afghans et d'Iraniens ici. On relâche les Syriens, Dieu seul sait pourquoi. Vous devez dire que vous êtes un Kurde de Syrie. Ne vous inquiétez pas, je signerai le formulaire à votre place. »

Il donna à Majid des noms arabes à utiliser. Puis il s'adressa à voix haute aux gens assis autour d'eux : « Personne ne dira que cette famille est iranienne. Ils sont arabes comme nous. Tout le monde ici est syrien, compris ? »

Certains hochèrent la tête. Majid réfléchit, puis serra la main du jeune homme, qui se pencha vers lui en chuchotant : « Vous avez de la chance ; personne ne parle persan ici. Si vos filles se taisent, on vous croira. »

À Izmir, la police releva les empreintes de Majid et sa famille. Le jeune homme remplit un formulaire déclarant qu'ils étaient des Kurdes de Syrie ; ils fixèrent le sol jusqu'à ce qu'il ait terminé. On leur donna une petite chambre sans fenêtres dans un hôtel caravansérail. Ils comptèrent leur argent pour le passeur suivant. Quelques jours plus tard, ils étaient de retour sur un canot pneumatique, à contempler les lumières de Mytilène, sur Lesbos, pendant que le passeur désignait un capitaine et expliquait que le moteur fonctionnait comme celui d'une voiture.

Les fillettes se tinrent la main tandis qu'ils s'éloignaient de la côte, une fois de plus. Ils gagnèrent bientôt le large, se dirigeant vers les lumières grecques. Mais il y avait du vent cette nuit-là, et de hautes vagues se soulevaient autour d'eux, ballottant violemment le canot. Il tanguait en tous sens, terrifiant les fillettes ; Shirin se cramponnait à sa mère. L'embarcation commença à prendre l'eau. Les passagers furent rapidement trempés, leurs chaussures gorgées d'eau. Certains voulaient faire demi-tour, hurlant que leur vie méritait un autre essai, mais d'autres soutenaient que c'était la pluie qui inondait le bateau, pas les vagues. Les hommes se servirent de leurs vêtements pour écoper. Shirin pleurait. Quelqu'un vomit par-dessus bord et Farzaneh se demanda si tout allait se terminer là, dans les eaux turques.

Alors qu'une autre vague déferlait, un projecteur transperça l'obscurité, illuminant de nouveau le visage des réfugiés. Shirin serrait Farzaneh si fort que sa mère n'avait quasiment plus à la tenir. Les garde-côtes turcs commencèrent à hurler en direction du bateau. Cette fois, quelqu'un avait laissé son portable allumé, apparemment.

Un douanier descendit dans le canot et ordonna aux réfugiés de grimper l'échelle de corde du navire un par un.

« Les enfants doivent monter seuls », dit-il.

Shirin se cramponna de plus belle à Farzaneh, agrippant ses cheveux et refermant ses jambes autour de sa taille comme un bébé koala. Tous ses muscles étaient contractés et elle sanglotait sur l'épaule de sa mère.

« Je vais la prendre avec moi, dit Farzaneh en caressant le dos de Shirin.

— Impossible », rétorqua le douanier.

Il attrapa Shirin par la taille pour l'arracher à sa mère. Shirin hurla. Majid intervint, chuchotant à sa fille qu'elle pouvait lâcher prise, monter avec le douanier, que Maman la rejoindrait. La petite pleurait à chaudes larmes. Farzaneh essaya de se représenter ces cinq minutes dans la vie de sa fille, quand elle attendrait sa mère sur un autre bateau, contemplant la scène en imaginant que les deux embarcations allaient se séparer. Ces cinq minutes la marqueraient à vie.

« Je vais la prendre », répéta-t-elle.

Elle mit Shirin sur son dos et commença à grimper.

« Tiens-toi bien, *azizam* », lui dit-elle.

Les singes portent leurs enfants comme ça, pensa-t-elle. *Son instinct animal l'aidera à s'accrocher.* Malgré tout, chaque barreau franchi contre la coque de ce bateau, chaque centimètre de plus entre le corps de sa fille et la mer, signifiait une blessure plus terrible si elle tombait.

Farzaneh essaya de se hisser d'une main, soutenant les fesses de Shirin de l'autre.

« Vous ne pouvez pas faire ça ! hurlait le douanier. L'enfant ne peut pas vous accompagner ! Faites-nous confiance, on la prendra avec nous ! »

Mais Shirin restait collée au dos de Farzaneh, le souffle brûlant de peur, et sa mère dut la lâcher pour grimper l'échelle des deux mains, comptant sur les bras et les jambes de la fillette pour l'aider à tenir. Elle ne glisserait pas d'un coup, si ? Farzaneh la sentirait faiblir.

Sur le bateau, Shirin continua de pleurer dans les bras de sa mère – de grands sanglots haletants alternant avec des cris soudains et des flots de larmes. Un douanier se planta devant Farzaneh.

« Faites-la taire ! ordonna-t-il. Tout de suite.

— Je ne peux pas, dit Farzaneh. Elle est folle de terreur.

— Quelle genre de mère êtes-vous ? Faites-la taire ! »

C'en était trop. Des semaines d'errance dans des vêtements crasseux, ses filles qui maigrissaient à vue d'œil, deux traversées manquées, la mort attendant à chaque tournant, et cet homme hurlait sur une enfant en pleurs. Farzaneh explosa : « Espèce d'animal ! Vous n'êtes pas humain. Elle a trois ans ! Que voulez-vous qu'elle fasse ? »

Le capitaine arriva en courant. Majid essaya de s'interposer, mais l'homme le bouscula, tira le douanier à l'écart et le gifla.

« Ces gens ont tout perdu, dit-il. Qu'est-ce qui vous prend ? »

Shirin prononça un seul mot avant de s'endormir : « Maman, marmonna-t-elle. Maman, maman, maman. »

Puis elle s'assoupit sur l'épaule de Farzaneh. Elle ne parlerait plus pendant quatre-vingt-dix jours.

À Izmir, la police reprit les empreintes digitales de la famille et la relâcha encore une fois.

À la troisième traversée, Majid se leva pour dire à tous les passagers d'éteindre leur portable : « Pas de mode silencieux ou de mode avion. Le GPS envoie un signal. Éteignez-les. Complètement ! »

Il était neuf heures du soir et les lumières de la Grèce étaient de nouveau visibles.

Le capitaine du jour se dirigea droit vers les lumières. Personne ne parlait. Shirin n'avait rien dit depuis des jours, après l'échelle de corde ; elle émettait des syllabes impénétrables quand elle avait faim ou envie d'aller aux toilettes. Au bout d'un moment, les passagers commencèrent à se demander s'ils avaient quitté les eaux turques. Mais la côte était encore loin. Ils continuèrent à avancer. La terre se rapprochait. Les réfugiés retinrent leur souffle, puis se mirent à discuter en chuchotant de la suite du voyage. Où devraient-ils se livrer aux autorités ? À un demi-kilomètre de Mytilène, la lumière aveuglante habituelle apparut et Farzaneh perdit tout espoir. *Je ne peux plus faire ça.* Elle leva la tête, abattue, murmurant des paroles apaisantes à Shirin.

« Oh, mon Dieu, faites que mes yeux ne me trompent pas », dit Majid.

L'embarcation qui s'approchait n'était pas turque. Venait-elle d'un pays de l'Union européenne ?

« Je crois que ce sont les Anglais qui patrouillent ce soir, chuchota Majid. Je crois qu'on est dans les eaux européennes. »

À bord du navire, Farzaneh écouta les membres de l'équipage parler et scruta leur uniforme, leurs cheveux et leur peau à la recherche d'informations. Ils s'exprimaient dans une langue mélodieuse, avec des consonnes sèches qui s'enchaînaient sur de longues voyelles élégantes, comme les personnages dans les films anglais.

Les douaniers retinrent les réfugiés sur l'eau plusieurs heures tandis qu'on les transférait par trois ou quatre sur des canots, leurs gilets de sauvetage trop légers remplacés par ceux des garde-côtes.

Ils rejoignirent un autre navire, puis attendirent dans un bus jusqu'au matin, sans nourriture, sans eau ni couvertures. Les fillettes grelottaient dans leurs vêtements mouillés. Elles avaient les lèvres bleues. Un chauffeur arriva et le bus partit. À huit heures, on les débarqua dans le camp de réfugiés de Mytilène, que les résidents surnommaient « l'enfer de Moria ».

« Vous ne resterez pas plus d'une semaine ici », leur dit-on en les poussant vers la zone de quarantaine.

Au loin, des voyageurs crasseux d'Afrique et du Moyen-Orient faisaient la queue pour manger. Les toilettes débordaient et des gens se lavaient dans des seaux à côté. Des hommes arabes et iraniens se battaient avec des tessons de bouteille. Il fallait attendre deux heures pour les toilettes ; trois pour un repas pas assez cuit.

« Je ne sais pas, marmonna Majid. Je suis comme Rostam. On dirait qu'il me faut toujours trois essais pour réussir. »

Seule sa femme pouffa en entendant cette référence grandiloquente au héros perse mythique du poète Ferdowsi. On leur attribua un matelas dans une grande tente bondée. Pas de couverture ; ils devraient marchander ou se battre s'ils en voulaient. *Comme des animaux*, pensa Majid. Il leva les yeux ; ils se trouvaient juste en dessous de la box du Wi-Fi. À partir de ce moment-là, leur sommeil serait régulièrement interrompu par des hommes qui viendraient se planter au-dessus d'eux, attendant un signal qui les raccorderait au pays.

Moria serait leur foyer pendant quatre-vingt-dix jours.

6

À Katsikas, je suis en train de passer devant une rangée de containers quand j'entends des cris ravis dans la langue de ma jeunesse – des enfants jouent au foot dehors. Je les salue.

« Vous êtes de la police ? demande une fillette.

— Non, dis-je. Je suis une Iranienne qui cherche d'autres Iraniens.

— Je m'appelle Sarah. » Elle me montre son container. « On habite là-dedans. »

Je frappe et Farzaneh m'invite à entrer. Je peine à enlever mes bottes. Alors que je sautille, me cognant à la table, Majid entend mon persan maladroit et s'extirpe de son lit. Il a l'air heureux de pouvoir tuer un peu de temps en discutant.

« Entrez, entrez, asseyez-vous », me dit-il.

Farzaneh se dépêche d'allumer la bouilloire.

« On peut vous raconter des histoires à vous faire pousser des cornes sur la tête. »

J'éclate de rire. Ma mère emploie cette expression aussi.

Majid est en pyjama – les journées n'ont ni forme ni rythme ici, il n'y a aucune raison de se changer. On prend parfois une douche après avoir joué au foot. Ou bien le matin. Farzaneh nous sert du thé iranien dans de petits verres et me décrit leur fuite d'Iran ; les traversées désastreuses, l'enfant muette, Moria.

« La première chose qu'on a faite quand on a eu ce Conex, c'est nous déshabiller et filer à la douche », dit Majid.

Son accent m'est très familier. Il a environ quarante ans, c'est un entrepreneur cultivé. Une longue cicatrice fend ses sourcils et lui donne l'air fâché même quand il sourit. Il en a écopé au camp de Moria, à Lesbos, un endroit qu'il compare à une prison guatémaltèque.

« Cette première douche nous a fait tellement de bien… On voulait juste se débarrasser de Moria. »

Sa femme acquiesce, un sourire fatigué se dessinant sur ses lèvres.

« Et puis on a fait cuire des œufs et on s'est couchés.

— Et puis, bon, d'accord, on a demandé le mot de passe du Wi-Fi », ajoute Majid en riant.

Nul besoin de talent particulier pour les inciter à parler. Tous les réfugiés veulent partager leur histoire, peut-être pour tromper leur ennui, ou au cas où leur interlocuteur connaîtrait quelqu'un susceptible de les aider, ou plus probablement en prévision du jour où ils la mettront en scène devant un public blasé et sceptique – les habitants du camp ont bien compris que lorsqu'on devient fonctionnaire des services d'immigration, on renonce à toute imagination et capacité d'étonnement.

Peu avant Noël 2017, 450 réfugiés de dix pays, dont la Syrie, l'Afghanistan, le Liban, l'Iran et l'Irak, sont arrivés dans le camp vide de Katsikas, près de Ioannina. Des Isobox les attendaient : des containers en métal habitables installés dans un champ clôturé, tous équipés d'une kitchenette, d'une salle de bains et de lits au cadre métallique. Les Iraniens les appellent « Conex ». La grande majorité des réfugiés venait de Moria, l'enfer de Lesbos, et d'autres camps tout aussi inhospitaliers des îles grecques.

Les employés de Refugee Support s'étaient préparés à leur arrivée, sans craindre que le magasin soit pris d'assaut. Ils savaient que quand on traitait les gens avec dignité, ils restaient dignes. Aujourd'hui, les réfugiés – d'anciens médecins, enseignants, artisans – font tranquillement leurs courses à la boutique. Ils choisissent de l'huile d'olive ou de tournesol, selon leur goût. Ils ne sont pas obligés de repartir avec un panier dont ils échangeraient la moitié des articles.

Je travaille au magasin et j'observe. Le local est propre et décoré de façon fantaisiste, avec des râpes à fromage en guise de luminaires, des petites plantes ici ou là, des légumes disposés en rangées bien nettes. On se croirait dans un rayon d'une coopérative de Brixton. Un iPad sert de caisse. Les bénévoles vont chercher des couches pour bébé et des sacs supplémentaires dans la réserve ouverte derrière les présentoirs. Personne n'a peur des vols. À l'extérieur, un long couloir arbore les œuvres des habitants, dont une esquisse terrifiante représentant un bateau surchargé dans la nuit, des réfugiés en pleine mer. Des tables et des chaises sont installées pour les familles qui attendent leur tour. Voilà en quoi ce magasin diffère des autres : il n'accueille qu'une famille à la fois. Et personne, si convaincante que soit son histoire, ne peut déroger à la règle.

Un après-midi, un couple qui attend un enfant retourne au magasin. L'homme a recompté leurs articles et il leur manque cinquante points. Les employés ne peuvent rien y faire.

« Le problème n'est pas de savoir s'ils disent la vérité ou pas », explique Paul.

Il ne peut y avoir aucune décision au cas par cas, ni le moindre soupçon de favoritisme dans le camp.

Comme en Oklahoma, je passe la majeure partie de mon temps au magasin à remplir des sacs. Je n'ai pas mon mot à dire sur leur contenu, cette fois. Mais quand la deuxième famille repart, j'ai commencé à remarquer les autres particularités de la boutique : d'une certaine façon, on oriente bel et bien les achats des gens, en contrôlant leurs points. L'enveloppe remplie d'argent en papier est essentiellement symbolique, puisque la quasi-totalité des clients dépensent leurs points dès qu'ils les ont reçus, au premier jour d'ouverture du magasin. Ils remettent l'enveloppe entière aux bénévoles, qui notent les articles choisis au fur et à mesure. Au bout d'un moment, un bénévole dit : « Il vous reste dix points » ou : « Il vous en manque dix » et la famille commence à faire des compromis. Des conciliabules ont lieu. Les enfants interviennent, en se mordillant les ongles. On échange de l'huile d'olive contre de l'huile de tournesol. Les enfants réclament des bananes. On sacrifie des briques de jus de fruits.

La première fois que cela arrive, je me rends compte que j'ai rempli les sacs trop vite. J'ai été trop enthousiaste. Il faut que je me calme, que j'attende de voir ce qu'ils rendront. J'ai déjà mis les bananes des enfants dans le sac et je me rappelle à quel point ces fruits étaient rares en Iran et à quel point je rêvais d'en manger, un besoin désespéré qui a duré jusqu'à mon adolescence, même une fois les bananes devenues une denrée ordinaire. J'ai envie de demander à Paul si on ne peut pas les leur donner, tout simplement. Je reste plantée là, inutile et pataude, pendant que les parents expliquent à leurs enfants qu'il va falloir renoncer aux bananes.

Un homme tâte une tomate molle. Un autre déclare que le dernier oignon de taille moyenne est abîmé ; il n'y en a pas de plus beaux ? Je jette un coup d'œil au coin de la boutique où Paul se tient, un sourire plissant ses tempes – il adore que les gens se plaignent.

« Commandez du vrai riz, s'il vous plaît, dit un Iranien, pour la dixième fois de la journée. Du basmati. »

Plus tard, alors qu'une jeune mère syrienne et moi essayons de caser ses six sacs de courses dans une poussette occupée par un enfant potelé – le bébé se penche en avant, habitué à faire de la place –, j'entends les sons familiers et tranquilles du persan. Un couple iranien âgé entre dans le magasin, remet son enveloppe aux bénévoles (200 points, donc pas d'enfants). Je les écoute bavarder dans la langue des emplettes quotidiennes. « Combien coûte » ceci ou cela ? « Est-ce que ça vaut la peine de payer autant pour l'huile d'olive ? » À un moment donné, je les entends dire « cinq tomans », calculant leurs achats en monnaie iranienne. C'est beau, de pénétrer dans la brève illusion qu'ils partagent. L'espace de dix minutes, ils redeviennent un couple dans leur propre ville, qui fait ses courses du week-end.

Il leur manque dix points pour payer ; la femme se mord la lèvre.

« Les biscuits, alors ? »

L'homme examine les articles.

« Oui, c'est la meilleure solution ». Puis il ajoute : « Mais il nous resterait cinq points à dépenser. »

Je les imagine dans leur Isobox, avec leur tasse de thé, la cardamome qu'ils ont rapportée d'Iran. Les biscuits au beurre accompagnent le thé à merveille – mais ils les reposent, prennent une boîte de concentré de tomate et passent à la caisse.

Alors je commets une bourde. Je leur dis bonjour en persan, leur souhaite une bonne journée. Ils me fixent, abasourdis, me rendent un bonjour poli. Je prends conscience que j'ai fait éclater la petite bulle de vie normale imaginée par Paul ; cela explique peut-être qu'on nous interdise de discuter avec les clients. Mon intrusion dans leurs négociations personnelles met en évidence le fait qu'ils participent à une mascarade, qu'ils sont dans un magasin caritatif. J'ai entendu et compris leur débat sur les biscuits, leurs histoires de « tomans ». Je sais qu'il leur manquait dix points et je vois les faux billets dans leurs mains. Je supplie l'univers de me laisser remonter le temps, pour ne pas être comme ces bénévoles de Thanksgiving à New York, dont l'aide coûtait si cher.

J'entreprends de ranger les courses du couple dans des sacs, en me réjouissant encore une fois de ma tenue dépenaillée.

Après la fermeture du magasin, je marche entre les rangées d'Isobox, frappant aux portes. Je pense à ce couple qui attend un enfant. Ont-ils menti ? Les a-t-on crus ? Les réfugiés doivent toujours batailler pour qu'on les croie. Étant une femme à la peau claire, avec un passeport américain et des diplômes, on me croit par défaut, et quand j'étais enceinte personne ne me contredisait, même quand je délirais. Dans un village d'Italie, les gens se signaient sur mon passage. Mais être enceinte dans un camp de réfugiés – c'est une calamité. Quand vous attendez un enfant, vous vous tracassez pour des broutilles. Mes tics et mes obsessions battaient leur plein pendant ma grossesse et je serais retournée réclamer cinquante centimes. Si le couple est revenu chercher ses points, je les crois, même si je crois aussi qu'ils aient pu se tromper dans leurs calculs, parce que la grossesse rend imprécise.

Frapper à des portes est intimidant et excitant. Qui répondra ? Parleront-ils persan ? M'inviteront-ils à entrer ? On m'a donné une liste de familles iraniennes et je mémorise rapidement leur numéro de porte. La rumeur se propage qu'une Irano-Américaine erre tel un fantôme au milieu des Conex. Les gens passent la tête dehors pour m'appeler : « Venez ! » « Venez chez nous ! » Un garçon afghan me dit : « Viens chez moi, madame ! », et je le suis. Pendant quelques heures, je suis une vagabonde en terre étrangère, une compatriote égarée, et tout le monde veut m'accueillir. Un après-midi, alors que je traverse le champ d'Isobox, un garçon syrien m'aborde. Il pleut. Il me prend la main, mais je suis désormais habituée à ces étranges entrées en matière ; je commence à comprendre que les enfants déracinés changent différemment des adultes. Ils se concentrent sur tout ce qu'ils trouvent de concret et leur réaction est entièrement physique. Nous marchons. Le garçon s'arrête, attrape le bas de ma polaire de Refugee Support, remonte la fermeture Éclair avec soin. Il me dit quelque chose, peut-être une recommandation maternelle sur le fait de bien se couvrir. Puis il me prend mon parapluie. Je le lui laisse, pensant qu'il doit être trempé. Il se met sur la pointe des pieds, s'efforçant de tenir le parapluie au-dessus de ma tête. Je me penche un peu. Nous marchons. Il dit d'autres choses en arabe. Son ton est poli et prudent, comme si j'étais une tante âgée qui arrivait d'un long voyage.

Tous les jours, je marche et j'accepte des invitations, malade de honte pour mes pays d'adoption, mes voisins nés dans des contrées prospères qui réclament des murs, bien à l'abri chez eux. Bientôt, je n'ai même plus à frapper ou à me rappeler qui habite où. Les gens me connaissent. Ils m'invitent à manger, des parfums familiers s'échappant de leurs fenêtres. Ils m'offrent du thé. C'est l'autre côté du miroir, un village entier échoué dans le plus morne des déserts.

7

VALID ET TARAA

Valid avait épousé Taraa si jeune qu'ils auraient eu le temps de fonder deux familles – une plaisanterie qu'ils avaient peut-être un peu trop répétée. C'était peut-être pour cela que le destin les avait forcés à tenir parole. Après leur mariage, Valid avait décroché un emploi dans l'administration afghane. Ils avaient eu deux garçons, en 1992 et en 1993. En 2002, un troisième fils, Pooya, était venu compléter leur famille quand ils étaient encore jeunes et pleins d'énergie. Taraa était ronde et belle, avec des cheveux clairs et un teint pâle. Valid avait entendu parler de ses charmes par sa mère, qui l'avait croisée aux bains publics ; et après leurs noces, elle avait fait son bonheur de mille façons. Elle était drôle, plus vive d'esprit que les amis et les frères de son mari. Elle savait cuisiner, chanter et danser. Et quand elle riait, elle rejetait la tête en arrière en frappant des mains. Valid était ému qu'elle s'évertue à le faire rire aussi. Elle disait qu'elle ne supportait pas de voir les coins de ses yeux s'affaisser, tristes même quand son cœur était en paix.

La famille vivait dans une grande maison carrée que Taraa avait peinte couleur orange sanguine et vert menthe, dans un village de la province enneigée de Parwan, au nord de Kaboul. L'air était toujours frais dans les montagnes de Salang et il était possible d'y oublier l'histoire de la région, les mille et une façons que l'Afghanistan avait inventées pour vous tuer. Ils trouvaient de petites joies ; Valid concoctait son propre mélange d'épices au curcuma. Il faisait griller des aubergines et des tomates. Il cuisinait des ragoûts d'agneau.

En septembre 2001, une nouvelle guerre frappa à leur porte.

Cependant, l'idée de partir n'effleura jamais Valid. Il avait un devoir envers sa patrie et sa famille. Il avait son sommet enneigé et ses petits garçons à protéger.

En 2004, l'Afghanistan se prépara à organiser sa première élection présidentielle depuis l'expulsion des Talibans. Mais les combattants rebelles avaient juré de faire échouer ces « élections fantoche » et de s'en prendre à quiconque y participerait. Cela incluait les fonctionnaires, les forces de l'ordre, les employés des bureaux de vote et même les votants. Les Talibans avaient promis de déployer leurs *moudjahidines* pour contrecarrer les plans de l'envahisseur occidental, quoi qu'il en coûte. Valid, qui travaillait pour le gouvernement, devint bientôt la cible d'un combattant de la région. Quand des hommes se présentèrent chez lui et menacèrent de le tuer et de le démembrer, il comprit que le temps lui était compté. Les Talibans ne tergiversaient jamais. Néanmoins, il ne se doutait pas qu'ils passeraient à l'acte si vite. Et il s'attendait à une attaque directe, à main armée.

Le jour suivant, Valid, Taraa et leurs trois fils, accompagnés de son père et de sa sœur, chargèrent la voiture et prirent la direction de la province de Bamiyan, où ils se rendaient souvent le vendredi. Pooya, âgé de deux ans, était assis sur les genoux de sa tante. La route de la montagne était couverte d'une poudreuse scintillante. Même si la famille parcourait régulièrement ce chemin, tout le monde se tut à l'approche du col de Shibar, un passage sinueux redouté pour ses pentes vertigineuses, ses virages en épingle et son sol rocailleux. Cette route avait la réputation d'être l'une des plus dangereuses du monde, ayant fait d'innombrables victimes, et pourtant elle était souvent encombrée, bien qu'aucun garde-fou ne sépare la chaussée étroite de l'abîme meurtrier. À 3 000 mètres au-dessus du niveau de la mer, seuls des conducteurs expérimentés osaient braver le col verglacé et accidenté.

Taraa l'avait traversé bien des fois. Ce jour-là, elle conduisait pendant que sa famille gardait le silence pour l'aider à se concentrer. Au milieu de la montagne, son ventre se noua. La voiture semblait instable, comme si on avait ôté la chambre à air de renforcement des pneus.

Taraa chuchota quelques mots à son mari. Cela suffit pour qu'il comprenne : quelqu'un avait saboté leur voiture et ils négociaient désormais une route meurtrière avec leurs enfants, sur des pneus qui n'auraient convenu qu'à un trajet en ville.

Taraa s'en serait peut-être sortie si elle n'avait pas été aussi ébranlée. Ou peut-être cette découverte la rendit-elle plus agile et déterminée, lui permettant de dépasser la zone des précipices. Dans un virage serré à l'intérieur de la montagne, les pneus lâchèrent ; la voiture se déporta brusquement, puis fit un tonneau, dégringolant dans un ravin. Les hurlements des enfants résonnèrent dans les oreilles de Valid et il perdit connaissance. D'une manière ou d'une autre, sa famille en réchapperait, il en était sûr. Il les retrouverait à son réveil. Si ce tronçon de la route avait été plus raide, ils seraient tous morts.

Valid revint à lui quelque temps plus tard. Il se remit debout. Les premiers cadavres qu'il trouva furent ceux de sa sœur et de son père. Quand il découvrit ses fils aînés, morts à onze et douze ans, il tomba à genoux et pleura, serrant leur visage contre le sien. Ils étaient si loin de la voiture – pendant leurs derniers instants, ils avaient presque volé, comme des oiseaux. C'est à peine s'il put supporter de chercher sa femme et son benjamin. Il pleurait, saignait, titubait au milieu des rochers, glissant sur des plaques de glace avec ses chaussures déchirées. Pourquoi ne l'avaient-ils pas simplement abattu ou décapité ? Pourquoi avaient-ils trafiqué sa voiture ? Ils avaient voulu qu'il souffre. Ils espéraient peut-être mettre un fonctionnaire à leur botte. Quels imbéciles, de penser qu'il désirerait quoi que ce soit d'autre que la mort à présent.

Au moment où Valid envisageait de sauter de la falaise la plus proche, il aperçut Taraa. Sa peau était lacérée, mais elle gémissait. Elle tentait de lui montrer quelque chose non loin de là, derrière un amas de rochers. Valid s'y précipita. Pooya gisait dans une mare de sang, incapable de crier. Il geignait, sa minuscule bouche essayant d'appeler sa mère. Valid le prit dans ses bras. Ses jambes avaient été écorchées vives, son visage était couvert de sang. Il avait tant de cailloux tranchants incrustés dans la figure et les jambes que son père ne se hasarda pas à les enlever. Il traîna les deux membres survivants de sa famille jusqu'à la route, où quelqu'un les fit monter dans sa voiture.

Taraa resta à l'hôpital pendant des semaines. On inséra des tiges et des vis en métal dans sa colonne vertébrale et de chaque côté de son pelvis. Une ligne de points de suture, épaisse comme une fermeture Éclair de valise, scindait son dos en deux. Valid collectionnait des radios dans un dossier. Taraa avait un pied déformé au niveau de la cheville ; elle passerait le reste de sa vie à rôder près d'un fauteuil roulant, essayant de s'en éloigner de quelques pas.

Le temps s'écoula. Pooya se rétablit et grandit. Le terrible éclat des cicatrices s'estompa et Valid et Taraa s'habituèrent au nouveau corps de celle-ci. Elle avait perdu toute sensation dans une de ses jambes, paralysée à partir du pelvis. Sa cheville était repliée sur elle-même, comme si on avait frappé l'os à coup de marteau avant de l'agrafer. Des cicatrices zébraient ses jambes. Son corps s'arrondit autour des énormes points de suture sur son échine, mais cette nouvelle graisse ne recouvrit pas la cicatrice et ne l'écarta pas de ses os ; la fermeture Éclair restait collée à sa colonne vertébrale, divisant son dos en deux poches de chair distinctes.

Valid et Taraa eurent leur seconde famille. Leur fils Naser naquit quand Pooya avait sept ans. Un an plus tard, ce fut au tour de leur première fille, Nushin. Les deux petits étaient aussi inséparables que des jumeaux. Ils avaient de grands yeux, un visage impassible et attentif, comme les enfants dans les films iraniens.

Valid batailla des années contre les chefs talibans, contrariant leurs actions par tous les moyens possibles. Vivant dans une zone de combat, le couple se préparait chaque soir à mourir et à voir mourir ses enfants. Un après-midi, Taraa était assise dans son fauteuil, en train de détricoter un vieux pull distraitement, quand un coup frappé à la porte la fit sursauter. D'autres coups suivirent, plus forts et insistants. Puis elle entendit du bruit sur le toit. Quelqu'un marchait au-dessus de sa tête, essayant de pénétrer dans la maison. Elle tenta de se lever, pour dire aux intrus que son mari n'était pas là.

« Valid ! Sors de là ! » crièrent des voix dehors.

Il y eut un fracas de vitre brisée et quand elle s'avança dans cette direction, Taraa découvrit le canon d'une arme pointé par la fenêtre.

Avant qu'elle puisse s'enfuir, les assaillants lui tirèrent dans l'épaule, à quelques centimètres du cœur. Puis, constatant qu'elle était seule, ils repartirent.

Valid emmena sa famille en Iran, où ils se cachèrent plusieurs années. Même si on avait détruit son corps, Taraa restait sereine, si ce n'était joyeuse. Valid pouvait rentrer un doigt dans l'impact de balle laissé sur son épaule. Finalement, une lettre l'avertit qu'on l'avait retrouvé. En 2017, Valid et Taraa partirent en Turquie avec leurs enfants. Ceux-ci étaient âgés de huit, neuf et seize ans, capables de marcher longtemps, d'aider leurs parents. Bien qu'ils aient déjà perdu deux fils, Valid et Taraa firent monter leur famille de substitution sur un canot pneumatique à destination de Moria. Ce jour-là, la mer Égée semblait aussi meurtrière que cette route de montagne tortueuse, dont la gueule béante était au moins une terreur familière. Quand ils atteignirent Lesbos, Valid embrassa le sol.

« Ça fait quinze ans que je fuis. C'est enfin fini. »

Au cours des mois qui suivraient, les gens demanderaient à Valid : « Ça fait combien de temps ? », et il commencerait son récit par les efforts des Talibans pour étouffer la démocratie après le 11 septembre. Souvent, il s'apercevrait que ses interlocuteurs voulaient savoir depuis combien de temps il était là, sur le sol européen.

À Moria, Pooya se mit à traîner avec des compatriotes peu fréquentables. Valid s'inquiétait pour lui. Il tenta d'intervenir une fois, mais il était trop faible pour s'opposer à de jeunes garçons. Il voulait seulement survivre à cette étape et trouver un toit dans un coin oublié du monde, où il pourrait faire griller des aubergines au curcuma et s'occuper de sa femme brisée.

Un jour, une veuve guillerette aux jambes robustes apparut derrière le fauteuil de Taraa et engagea la conversation avec elle. On aurait donné à Hajira des décennies de plus que ses trente-cinq ans. Au pays, elle enseignait la littérature.

« J'ai élevé mes enfants à la force de mon stylo, sous le nez des Talibans ! » déclara-t-elle.

Taraa sourit et répondit : « Tu es courageuse, mon amie. »

8

« On nous a abandonnés, dit Majid. Mais ils racontent à tout le monde que c'est le paradis. C'est rageant. »

Il m'explique qu'un responsable d'Amnesty International ou de l'UNHCR est venu visiter le camp. Une école a été montée à la va-vite et on a prétendu qu'elle faisait partie d'un programme d'amélioration des conditions de vie. Elle a ouvert une journée, puis elle a refermé ses portes. Un médecin était présent aussi ce jour-là. Cela paraissait un peu moins hypocrite : un cabinet médical temporaire peut abattre beaucoup de travail en une journée, contrairement à une école. Malgré tout, les résidents ont joué le jeu. Ils ont envoyé leurs enfants en classe. Personne n'a osé se plaindre. Ils ne savaient pas qui était à la tête du projet, ou qui ils contrarieraient s'ils faisaient un esclandre.

Et puis (tout le monde dit toujours ça), ce n'est pas Moria. Dieu merci, ce n'est pas Moria. L'enfer est terminé. On ne dort plus dans la boue, on ne lave plus nos enfants en pataugeant dans les égouts. On a du linoléum sous les pieds. On se couche dans un lit. On s'étiole peut-être, sans travail, sans école et sans raison d'être, enlisés dans ce demi-sommeil informe et incolore, mais on ne dépérit pas sous la pluie en attendant notre nourriture et personne ne jette de pierres à nos enfants pendant la nuit.

Avant mon départ, Majid me montre des vidéos de Moria, des toilettes engorgées où les gens se lavent, de tentes posées à même le sol, d'enfants qui supplient qu'on les laisse partir. Il m'explique d'où vient sa cicatrice, résultat d'une pierre lancée pendant une des rixes nocturnes habituelles entre Arabes et Iraniens. Il était blotti avec ses filles sous une tente plantée dans la boue et quand il avait passé sa tête dehors pour réclamer un peu de calme, la pierre l'avait heurté à la tête, lui ouvrant le front au-dessus de l'arcade sourcilière.

« Les bagarres sont terribles, dit Majid. C'est parce qu'ils donnent tout aux réfugiés arabophones. » Il parle des Syriens. « Les médias s'y intéressent de près. Si vous êtes iranien, vous n'avez rien, personne.

— Je peux revenir demain ? dis-je.

— Oui, répond Majid. En fait, vous reviendrez trois fois. Les choses se passent par trois, avec nous. Trois bateaux pour Moria. Trois essais pour arriver ici. Toujours trois. » Puis il ajoute : « Est-ce que vous pouvez faire quoi que ce soit pour accélérer la procédure ? »

Il parle de sa demande d'asile. Je ne sais pas quoi dire – les vidéos sur son portable sont cauchemardesques et je me sens cruelle et idiote d'avoir révélé ma propre histoire d'asile, mon passeport impossible. Paul affiche une expression neutre.

« Je suis désolé, on ne peut pas vous aider, répond-il. Nous ne sommes pas spécialistes en droit de l'immigration. Mais on essaiera de commander du riz basmati. »

Plus tard, il me dit que c'est une erreur d'essayer ne serait-ce que de rassurer les gens, car quand on fait face à des années d'attente, on s'accroche au moindre espoir pour contourner l'obstacle. On veut agir, franchir ce vide. Je dis au couple de garder patience. Ils ne seront pas là pour toujours. En me rappelant mes cahiers d'exercices gommés, j'ajoute : « N'abandonnez pas l'éducation de vos filles. Apprenez-leur à lire l'anglais. »

À partir de ce moment-là, des vidéos et des suppliques m'accueilleront dans chaque container.

Dehors, je trouve un peu de solitude. Il fait froid et humide et la plupart des adultes sont dans leur Isobox, en train de cuisiner, de lire ou de jouer sur leur portable. Beaucoup sont en visite chez des voisins – depuis que les différents groupes sont arrivés des camps des îles, des cliques se sont formées par pays, sexe et âge. Quelques enfants jouent au loin. Des cordes à linge relient les containers en métal. Des sacs poubelle attendent le prochain ramassage des ordures. Des sacs lestés sont accrochés aux portes trop fragiles, pour les empêcher de s'ouvrir dans un courant d'air et de briser une vitre.

Un jeune homme s'approche de moi.

« Qu'est-ce que vous faites ? » me demande-t-il.

Je lui dis que je recueille des histoires. Il me propose la sienne.

« Je m'appelle Darius », se présente-t-il.

Je le suis dans une pièce peuplée d'Afghans et d'Iraniens célibataires. Chaque Isobox abrite quatre adultes, mais plusieurs containers, comme celui-ci, sont devenus des lieux de réunion. Les hommes se lèvent d'un bond à ma vue, m'offrent du thé. Ils sont jeunes, polis, respectueux, et reçoivent peu d'invitées féminines. Mais je suis une sorte de nouveauté et ils osent me poser des questions qu'ils ne poseraient jamais à une autre femme : *Quel passeport vous avez ? Quel âge ? D'où vient votre accent ?* Quand je leur dis que je suis d'Ispahan, les Iraniens se mettent à imiter l'accent de la ville pour plaisanter. Cela fait si longtemps que je ne l'ai pas entendu que j'éclate de rire.

Je meurs d'envie de passer du temps avec ces garçons, mais Paul m'a fixé des règles. Je lui envoie un texto. Il nous rejoint en trente secondes et travaille sur son ordinateur portable pendant que nous discutons en persan.

La fenêtre du container est cassée. Darius m'explique que quelques nuits auparavant, une bagarre a éclaté entre Afghans et Iraniens. Il me montre une cicatrice laissée par un coup de couteau sur son bras. Remontant sa manche, il en expose d'autres, bien plus anciennes. Dans les camps, les rixes nocturnes sont monnaie courante. Les jeunes désœuvrés ne tiennent pas en place, des factions se forment. Plus tôt, Majid m'a parlé du tapage causé par des « bons à rien sans famille ». Il a entendu le raid des Afghans sur l'Isobox de Darius – les cris, les vitres fracassées. « Ces garçons sont à la source de tous les problèmes, m'a-t-il dit. Ils boivent, ils fument, ils se battent. Ils harcèlent les femmes seules. » Encore pire, ce sont des migrants économiques. Ils n'avaient pas de soucis chez eux, alors pourquoi sont-ils partis ?

Si vous êtes un homme, vous pouvez raconter à la République islamique ou aux Talibans ce qu'ils veulent entendre, non ? « Ne me parlez pas de principes éthiques ou religieux, a-t-il ajouté. C'est un luxe. Ces garçons s'ennuient, ils sont sous-exploités, et ils pensent qu'ils vivront mieux en Europe. » Ce qu'il veut dire, c'est que si vous êtes né homme et musulman dans ce genre de pays, vous êtes déjà privilégié. Vous n'êtes pas une femme indisciplinée. Vous n'êtes pas chrétien ou bahaï. Si vous êtes gay ou athée, vous pouvez le cacher – vous ne devriez pas chercher les ennuis. Si vous avez échoué dans un camp, c'est que vous avez abandonné une vie confortable pour en mener une encore meilleure, ou que vous êtes un fauteur de troubles. « Ils mentent ! affirme Majid. À cause d'eux, personne ne croit ceux qui ont eu de vrais problèmes en Iran. »

Il choisit d'oublier le service militaire obligatoire, une contrainte meurtrière qui piège principalement les jeunes hommes pauvres, ceux qui ne peuvent pas payer pour y échapper. Même en mettant de côté cette question, le fait d'aspirer à une vie meilleure ne devrait-il pas suffire ? Être « sous-exploité » quand on a vingt ans n'est-il pas la plus grande tragédie qui soit pour l'intellect et l'esprit ? C'est ce que j'aurais pensé, à l'époque où j'étudiais à l'université et tombais amoureuse pour la première fois. Pourquoi tous ces hommes devraient-ils passer leur vie dans le désœuvrement et la médiocrité, sans espoir de révéler leur potentiel ? Une vie gâchée n'est-elle pas aussi en danger ?

Les garçons échangent des plaisanteries et me préparent un bol de fruits pendant que l'eau bout. Leurs yeux pétillent d'intelligence. Ce ne sont pas des bons à rien. Je me demande ce qu'ils auraient pu accomplir, s'ils avaient eu les avantages des Américains moyens, même pauvres. Seraient-ils ingénieurs, écrivains, danseurs ou cuisiniers ? Darius était tailleur à Ispahan ; posséderait-il un atelier à New York ? En attendant mon thé, j'imagine ce qu'ils auraient pu devenir s'ils avaient eu les mêmes opportunités que les enfants de Trump, par exemple. Je vois des prix Pulitzer, des opérations du cœur, des livres de poésie, de philosophie et d'histoire. Il n'y a aucune raison logique ou légitime pour qu'une minorité médiocre, à l'abri de la concurrence, favorisée par des richesses et des passeports hérités, se gorge des ressources du monde sous couvert de méritocratie. Pendant ce temps, on n'offre à ces jeunes ni pays, ni foyer, ni droit de travailler ou d'étudier, ni accès élémentaire à la santé, ni avenir. Ils sont exclus de toutes les sociétés, leurs talents gâchés – *pourquoi ?* Et si on leur fait la charité, on leur dit exactement quoi manger, leur interdisant les denrées rares réservées aux plus méritants.

Asghar est réfugié depuis dix ans, depuis son adolescence. Il ne cesse de s'échapper d'Afghanistan, traversant l'Iran et la Turquie, dormant au bord des routes ou sous des ponts, effectuant des menus travaux jusqu'à ce qu'il atteigne l'Italie ou la France. Là, il se fait des amis, gagne de quoi louer un appartement, achète un canapé, se trouve une petite amie. Au bout de quelques mois, on l'expulse une nouvelle fois. Ce sont ces débuts de racines – l'adresse, la petite amie – qui le trahissent. Tout à coup, on le repère, on l'examine, on le remet dans un avion. Il va voir sa mère. Puis il s'enfuit à nouveau. La dernière fois qu'Asghar a été expulsé, il a laissé une petite fille derrière lui. Il doit la rejoindre, maintenant. Il a un objectif spécifique, maintenant : pas seulement une vie meilleure, mais cette ville française-là, ce bâtiment-là, cette petite chambre aux rideaux roses. Cela a été l'œuvre de ses vingt ans, de se forger des attaches en France.

Hamid a passé près d'une année à Moria, plus longtemps que quiconque dans son entourage. En un an, il en a pris dix. Il a les bras couverts de cicatrices, des rangées bien nettes d'entailles et de brûlures de cigarette.

« C'est la seule façon de me rappeler qu'il y a de pires souffrances que de vivre comme un animal, m'explique-t-il. On a besoin de ressentir quelque chose. Pour essayer de changer la situation. »

Comme lui, beaucoup d'hommes cherchent à dépenser l'énergie qu'ils devraient consacrer au travail, à tomber amoureux et à s'occuper de leur famille. Je sais que Hamid espère secrètement que ses brûlures attireront l'attention de quelqu'un, mais ce n'est pas ainsi que les Occidentaux raisonnent. J'ai envie de le secouer, de lui dire ce que je sais. *Ils n'aiment pas les cabossés, surtout s'ils pensent que ta tête est malade.*

Crois-moi, les Américains et les Anglais aiment les récits héroïques. Ils veulent y participer. Ils veulent trouver des gens brillants, des lumières, les arracher à l'enfer, les modeler à la perfection. Ils veulent se féliciter d'avoir accompli une chose remarquable. Ne te mutile pas.

Je me rappelle le jour où, à onze ans, j'ai chassé le tic dans mon cou par la seule force de ma volonté. Même si la démangeaison menaçait de me faire tourner de l'œil, je ne bougerais pas. Je me l'étais juré dans ma chambre : *Je ne laisserai plus jamais un Américain regarder dans ma tête.*

« Ne te fais pas de mal », lui dis-je.

Il me fixe avec de grands yeux humides. Partout dans le camp, on me regarde de la même façon, comme si j'étais un minuscule portail vers l'Amérique. L'attente est une chose si peu naturelle.

Pendant ce temps, ces garçons laissent infuser leur thé jusqu'à ce qu'il prenne une couleur d'ambre vitreux. Ils citent Rûmî. Ils parlent de philosophie. Ils parlent d'amour.

Je demande à Darius pourquoi il s'est enfui. Il me raconte l'histoire de la jeune femme qu'il n'aimait pas, mais qu'il aurait pu aimer : comment il a essayé de fréquenter une fille qui en valait la peine. Il me raconte leurs sorties, son passage à tabac par la police des mœurs et son coma de trois mois. Les histoires des garçons suivent souvent ce schéma : surpris à un petit plaisir ou un autre, ils prennent la fuite. Il me montre les marques sur son corps. Au camp, il s'est encore attiré des ennuis à cause d'une femme. Il a sympathisé avec une jeune Afghane, provoquant la colère des hommes de sa communauté.

« C'est toujours des histoires de filles, avec toi », dis-je.

Il hausse les épaules, les yeux rieurs. Il ne présente aucun danger pour les femmes. Il ne mérite pas son coma de trois mois, ni son expulsion du pays, sa mère inquiète, son inertie forcée, ses mains inutilisées. Malgré l'interdiction de travailler, il coud des vêtements pour ses amis du camp. Il est jeune, tout simplement, il a du charme et du talent, et il veut vivre.

Mais il existe une animosité profonde entre Afghans et Iraniens, et pas seulement à Katsikas. J'imagine que les autres garçons ont leur propre version de l'histoire, tout aussi convaincante : c'est une petite chose égarée, emportée loin de chez elle, et qu'est-ce que ce jeune mufle a à lui proposer, si ce n'est un chagrin d'amour ? À cet âge, tous les hommes veulent briser des cœurs. Quelle injustice ce serait, pour ces garçons sous-exploités, de voir cela arriver à une jeune fille qui doit déjà endurer ce lieu d'attente – l'attente de Barthes, ajoutée à l'attente infligée par un monde lâche ; il y a de quoi tuer quelqu'un. Je repense à l'épouse roumaine : comment a-t-elle survécu ? Tomber amoureuse en étant réfugiée serait un vrai cauchemar.

« C'est comme si tu jouais avec les sentiments de leur sœur, explique l'un des amis afghans de Darius. Elle a besoin qu'on la protège. Elle a été idiote d'aller dans le Conex d'un homme. »

Et donc, les Afghans ont débarqué dans l'Isobox en fracassant la fenêtre. Ils ont tailladé le bras de Darius, saccagé ses effets personnels. Ses amis iraniens lui sont venus en aide. Pour les voisins, c'était un affrontement entre gangs. Il y avait de l'alcool, peut-être du haschisch. Il y avait du sang et du verre et le temps d'une nuit, leur soif a été étanchée.

Le jour suivant, je frappe à la porte d'un Conex. En jetant un coup d'œil par la fenêtre, je tombe sur un rassemblement matinal remontant à des dizaines d'années. Huit ou neuf femmes iraniennes et afghanes, assises autour d'un tapis usé, sirotent du thé dans des verres à eau, bavardent et étalent de la pâte sur des supports en bois ronds, semblables à des planches à découper montées sur pieds. Elles ont transformé l'Isobox en cuisine rurale, comme au pays. Tout à coup, c'est la fenêtre de Maman Masi à Ardestan que je regarde. J'entends le rire de ma tante, la voix flûtée de ma grand-mère, qui pourrait très bien être la mienne quand je serai âgée. Quels torrents de souvenirs coulent en silence dans nos veines, attendant une note, une image, une odeur pour rejaillir…

Le silence se fait lorsque je frappe. La porte s'ouvre et tous les regards se braquent sur moi. Quand je les salue dans mon persan enfantin, les femmes m'invitent à entrer, toutes en même temps. Deux d'entre elles se lèvent d'un bond pour me céder un coussin par terre.

« Apportez du gâteau ! » s'exclame quelqu'un.

Il y a du gâteau ? Passant la tête dans la pièce, j'aperçois un gâteau au citron recouvert de glaçage, découpé en carrés sur une assiette – un dessert parfaitement réalisable, avec les ingrédients du magasin de Paul.

« Vous faites du pain ? » demandé-je en observant la planche à pétrir en bois que l'un des maris a fabriquée.

Mais la planche ne sert pas à faire du pain. Ces femmes ont mis en commun toute leur farine pour confectionner les minces pâtes de la soupe iranienne, un grand classique. Levant les yeux, je vois la plus âgée passer la mixture dans une machine branlante.

« Où avez-vous trouvé ça ? » dis-je, incapable de dissimuler ma surprise, et elles éclatent de rire.

Cette grand-mère ne vit pas dans le camp. Elle a un appartement à Ioannina. Sa famille et elle ont des papiers grecs et son fils, Davood, a monté une école de fortune à Katsikas, sans permission ni salaire. Ils se rendent au camp tous les jours, parce que leurs compatriotes ont besoin de voisins. Et parce qu'eux aussi ont besoin d'amis du pays.

« Je l'ai trouvée sur un marché », dit-elle, parlant de la machine.

Je lui demande où elles font sécher les pâtes. Il pleut dehors ; elles ne peuvent pas les suspendre sur la corde à linge. Elle m'indique une petite pièce : un matelas a été posé contre le mur et de minces cordelettes de pâte sèchent sur les barreaux métalliques du cadre dénudé ; il y en a assez pour de nombreuses familles.

« C'est du génie ! m'exclamé-je.

— Venez, prenez du thé ! » me crie quelqu'un.

J'ai hâte de parler des pâtes à Paul. Il y a dans cette Isobox tout ce pourquoi il travaille : des gens qui cuisinent les plats de leur pays, qui subviennent aux besoins de leur communauté grâce à leur savoir-faire et leur ingéniosité.

Au milieu de l'agitation, une tasse de thé atterrit on ne sait comment dans ma main.

« On a entendu parler de vous, me dit Hajira, la grand-tante typique, une femme bien en chair avec une jupe de paysanne et un visage plat, tanné par le soleil. La jeune écrivaine.

— Pas si jeune ! dis-je d'un ton amusé. J'ai trente-huit ans. »

Je me sens obligée de préciser mon âge, pour qu'elles me prennent au sérieux. L'approbation des mères iraniennes est mon talon d'Achille.

« J'ai trente-cinq ans », dit Hajira.

Cette fois, je cache ma stupeur.

« Vous avez des enfants ? » demandé-je.

Elle en a. Ils sont déjà grands. Son mari est mort quand elle était jeune et elle a élevé ses enfants seule, car qui aurait voulu de toutes ces bouches à nourrir ? Elle est devenue professeure de lettres – elle connaît tout ce qui vaut la peine d'être lu en persan, ajoute une autre femme. Hajira me dit qu'elle s'est remariée il y a une semaine.

« Remariée ? Ici, à Katsikas ? »

Pourquoi suis-je étonnée ? Partout, les gens tombent amoureux et se marient. Hajira m'explique qu'elle a fait la connaissance d'un ami de la famille par téléphone, qu'il vit en France, qu'il est venu au camp pour l'épouser. Elle cherche désormais à obtenir l'asile en France, pour se rapprocher de ses enfants installés en Allemagne.

Elle me montre une vidéo du mariage sur son portable. Des hommes sont rassemblés dans la salle de jeux vide que Davood a transformée en école. Je reconnais deux des Afghans qui m'ont offert du thé. Hamid, celui avec les entailles et les brûlures, danse pendant que les autres frappent des mains. Le marié, vêtu d'un costume, reste assis sur une chaise pour recevoir les vœux de bonheur et les félicitations de l'assemblée. Les femmes font la fête ailleurs.

« Qu'est-ce que vous portiez ? demandé-je à Hajira.

— Une robe. Il n'y pas de robes de mariée ici », répond-elle.

Je me souviens des récriminations de Paul : *Une fois, on nous a donné une robe de mariée.* Quelle ironie ! Plus tard, quand je lui raconterai l'histoire de Hajira, il se frappera le front. *Elle aurait dû nous en parler ! Même si on n'avait plus cette robe-là, on aurait pu lui en trouver une autre. On aurait pu trouver ce dont ils avaient besoin pour la fête.* Les réfugiés mènent des vies secrètes ; cela les prive souvent des trésors de gentillesse que les gens comme Paul auraient à leur offrir.

Mais les camps ont tellement de règles, et on ne sait jamais ce qu'on risque à réclamer quelque chose.

Hajira me décrit son mari, Abdul. Il est beaucoup plus âgé qu'elle, et gentil. Il est en train d'aménager leur maison. Je lui redemande comment ils se sont rencontrés. Elle répète :

« Au téléphone.

— Oui, mais comment vous a-t-il séduite ? dis-je, minaudant peut-être un peu trop. Comment êtes-vous tombés amoureux ? Quelle est votre histoire ? »

Elle rit et me pince le menton.

« Écoutez-moi cette petite friponne ! »

Je me cale sur un coussin, à côté d'une femme timide munie d'une planche à pétrir. Elle a perdu l'usage de ses jambes, quelque chose à voir avec les Talibans.

Davood, le maître d'école, passe par l'Isobox avant d'aller faire classe. Je décide de l'accompagner.

Les enfants sont assis autour d'une table au milieu de la pièce, garçons et filles mélangés, entourés de leurs propres œuvres affichées sur les murs et de quelques parents qui se tiennent en retrait. Davood écrit les pronoms grecs, anglais et persans sur un tableau blanc abîmé. L'une des mères demande si elle peut ajouter une colonne pour l'arabe. Davood lui tend son feutre. Le fils de cette femme ne parle pas persan. Il se tient en silence à côté d'un autre garçon, les yeux plissés, s'efforçant de comprendre. J'apprendrai par la suite que la colonne en arabe comportait des erreurs élémentaires ; mais Davood n'a aucun moyen de le savoir. Il fait répéter la leçon à chaque élève devant le reste de la classe.

Le cours terminé, j'engage la conversation avec un garçon persan de neuf ans qui traîne près de la table.

« Quelle carte tu as ? » me demande-t-il. Il attend ma réponse en souriant. « J'ai un ami qui est parti. Il a eu une carte allemande. » Il me parle de foot, de l'hiver en Grèce et de Davood, son nouveau maître. « Davood a une carte grecque, maintenant. Il vient nous faire l'école. Quelle carte tu as, toi ? »

J'ai du mal à ne pas réagir. Pour cet enfant errant, le monde est composé de cartes plus ou moins précieuses, qui définissent la valeur de leur propriétaire.

Un autre garçon s'approche de nous. Il me dit qu'il s'appelle Naser et sa petite sœur, Nushin. Ils ont huit et neuf ans et sont incroyablement beaux tous les deux. Ils ont un frère aîné, âgé de seize ans, qui n'a pas la moindre envie d'aller à l'école.

Un peu plus tard, alors que je fais une nouvelle tournée des Isobox, la tête de Naser apparaît à une fenêtre.

« Viens chez nous maintenant, madame ! » dit-il.

Il disparaît et la porte s'ouvre sur un rire de Nushin. Je regarde derrière moi.

Il y a quelque chose de serein et de civilisé dans ces rangées d'habitations métalliques, qui se découpent sur les montagnes brumeuses derrière Ioannina. La sauvagerie de Moria hante encore les lieux. Pendant la journée, le calme règne à Katsikas, les enfants jouent dehors. Le soir, les adultes se retrouvent à l'heure du repas, une dizaine de femmes réunies pour manger, prier, psalmodier autour d'un *sofreh* qui couvre le sol entier. Les hommes boivent et fument aussi. Les deux groupes échangent des commérages, dansent. J'imagine un adolescent malchanceux qui surveille vingt enfants dans un Isobox non loin de là.

À l'intérieur du container, un fauteuil roulant est appuyé à côté de la porte. Hajira et Taraa préparent le thé. Un homme au visage doux est assis en tailleur par terre. Il se relève aussitôt, me souhaite la bienvenue. Naser et Nushin s'installent sur des coussins pour faire leurs devoirs. Ils demandent à leur mère si elle peut faire du pop-corn pour tout le monde et elle acquiesce.

« Ce sont vos enfants ? » dis-je à Taraa, qui opine avec fierté.

Je discute avec son mari, Valid, à propos du camp, du magasin, de leur parcours. Comment se passe cette vie en suspens ?

« Ce n'est pas nouveau, me dit-il. J'ai l'impression qu'on fuit les Talibans depuis quinze ans. »

Ils entament leur récit sans fanfare. Ils n'omettent aucune information et cela me paraît déplacé d'écouter cette histoire en présence des enfants, qui restent assis avec leurs livres à côté de leur père pendant qu'il m'explique que Dieu les a envoyés pour remplacer leurs frères morts. Hajira intervient parfois, rappelant à Taraa des détails qu'elle a oubliés.

« Vous vous connaissiez en Afghanistan ? » demandé-je.

Elles me répondent que non. Elles se sont rencontrées en route, peut-être à Moria, comme tout le monde.

Valid et Taraa me parlent avec une grande franchise de Pooya, le garçon de seize ans qui fume à l'extérieur de la salle commune, l'enfant qui avait été écorché vif quand son petit corps avait dévalé la montagne.

« C'est un bon à rien, dit Valid, les yeux fixés sur ses orteils nus. Il n'a pas fait d'études. Son avenir est tout tracé. Nous avons erré trop longtemps. »

Je tente de protester, mais je m'interromps. Il n'y a plus d'espoir dans ses yeux.

« Le plus important, c'est que les enfants apprennent l'anglais, dis-je. Mettez votre séjour ici à profit. Vous ne savez pas combien de temps il durera et quand il sera terminé, vous ne voudrez pas l'avoir gâché. Il n'y a rien de pire que d'attendre sans rien faire. »

Nushin se rapproche de moi. Elle me montre un imagier anglais qu'elle est en train de lire. C'est un livre pour bébés, avec une image et un mot par page – pomme, voiture, arbre.

« Oui, exactement », dis-je en la serrant contre moi.

Puis Hajira me pose la question que je redoutais :

« Pouvez-vous aider cette famille ? Si vous vouliez aider quelqu'un ici, ce devrait être eux. »

Je reste muette. Pensent-ils que je me promène de maison en maison pour *choisir* ? L'idée me rend malade. Je ne fais qu'empirer la situation. J'aimerais qu'Eirini, la photographe, nous interrompe. Elle sait comment gérer ces moments. Elle a photographié tous les camps en Grèce, même Moria. Hajira tient à ce que j'examine les blessures de Taraa. Celle-ci soulève sa chemise, me montre les longues cicatrices qui traversent son dos, l'endroit où il semble avoir été rafistolé à la va-vite, avec des pièces détachées. Sa chair s'est épaissie autour des sutures, lui donnant l'air d'un morceau de viande ficelé.

Je me retourne pour scruter son mari, son regard bienveillant. Les enfants m'observent.

« Vous avez vu un médecin ? » dis-je.

Personne ne veut les prendre en rendez-vous. Chaque appel dure des heures et ils ont besoin d'un interprète.

Taraa baisse sa chemise. Elle me montre son pied déformé. Nous gardons le silence un moment. Puis Hajira déclare :

« Vous devriez prendre Naser.

— Pardon ? » dis-je.

Naser lève les yeux. Il ne semble pas perturbé.

« Emmenez le garçon avec vous en Angleterre. Il a neuf ans. Il a encore une chance d'avoir une vie, de faire venir sa famille plus tard. »

Je comprends qu'elle a échafaudé ce plan dès l'instant où elle m'a vue.

« Vous voulez que j'emmène son fils ? » Je perds tout mon tact. « Vous êtes folle ?

— Quelle solution leur reste-t-il ? rétorque Hajira. Ça fait quinze ans qu'ils essaient de fuir et ils sont coincés ici. Vous pensez que vous trouverez quelqu'un qui a plus souffert ? »

Je regarde autour de moi. Valid a la tête si basse que j'ai envie de m'asseoir à côté de lui pour la lui relever. Taraa triture un pan de sa chemise.

« Si vous ne voulez pas du garçon, laissez-le dans un camp en Angleterre, continue Hajira, encore plus décidée. Il se débrouillera. Il apprendra l'anglais. »

Taraa acquiesce, étudiant le plafond. Valid rapproche un pied de ses fesses, pose le menton sur son genou. Il fixe ses orteils. Naser m'observe, toute gaieté disparue, comme s'il essayait de décider si je ferais une bonne mère.

« Ça ne se passerait pas comme ça, dis-je. Les camps sont partout pareils. C'est encore pire là-bas, si on vous attrape.

— Ils acceptent les mineurs non accompagnés, dit Hajira. L'État le prendra en charge. Il ira à l'école anglaise, il aura des droits.

— C'est un plan astucieux, mon amie, dis-je d'une voix faible. Mais je ne peux pas faire entrer clandestinement un garçon sans papiers en Angleterre. Il a besoin de sa mère. »

L'espace d'un instant, j'envisage l'idée. Pourrais-je l'adopter ? Traverser l'Europe en train avec lui ? Présenter mon passeport à la douane, en affirmant que son père a le sien ? Faire comme s'il voyageait seul et le surveiller de loin pendant qu'il faufilerait son petit corps entre les mailles de la frontière anglaise ?

Personne ne parle. Une minute plus tard, Eirini frappe à la porte, ses cheveux bouclés cascadant sur le seuil quand elle se penche pour enlever ses chaussures, en lançant d'un ton enjoué :

« Bonjour ! »

La gratitude me submerge. Je lui demande si elle connaît des médecins grecs, d'anciens camarades de classe, peut-être, des gens qui accepteraient de rendre visite à cette famille. Elle avance quelques pistes et tout le monde respire de nouveau. Les femmes refont du thé. Je jette un coup d'œil à Naser et Nushin, qui, assis sur leurs petites fesses dans un coin de la pièce, le dos raide, étudient avec application leurs livres fermés.

Je passe la soirée à errer dans le camp, essayant de comprendre mon erreur. Est-ce cruel de la part d'une personne qui n'est plus bloquée de retourner dans le purgatoire d'une autre ? M'ont-ils réellement proposé leur fils, ou était-ce une manifestation de la perte du sens des proportions dont parle Barthes – le désir de découper l'attente en segments, de la manipuler ? *Je décide de me faire de la bile*. Comment pourrait-on se faire plus de bile que ça ?

Quelqu'un m'a fait remarquer (peut-être après l'avoir lu quelque part) qu'on donne des bottes de ciment aux réfugiés en leur disant : « Vous avez des racines maintenant. » Mais être retenu dans un endroit ne revient pas à y prendre racine. On vous ordonne de ne pas bouger, de construire une vie pendant un an, deux ans, de vous familiariser avec une culture que vous abandonnerez peut-être bientôt. Mais savoir que vous n'avez pas été accepté rend le sol inhospitalier. Ce pays intermédiaire espère que vous partirez, et vous aussi. En attendant, on vous parque dans des enclos à bestiaux. Vous n'êtes pas censé vous mêler à la population locale, vous débrouiller trop adroitement dans cette contrée. Vous n'êtes pas censé prendre racine à travers vos bottes de ciment. Et une fois accepté, vos entraves ne disparaissent pas du jour au lendemain – vous êtes toujours un étranger qui parle mal grec, qui vit dans un quartier malfamé, qui a la peau sombre, qui n'arrive pas à décrocher un emploi. C'est peut-être ce qui pousse Davood et sa mère, qui ont un appartement à Ioannina, à retourner sans cesse à Katsikas.

Ioannina est une ville touristique. À une courte distance du terrain en friche où se dresse le camp (qualifié par Google Maps de « centre d'accueil »), on trouve une promenade avec des restaurants chics, des cocktails, du bon café. Mais qui voudrait assister au spectacle des vacances, sans travail pour donner forme et sens à ses journées ? Qu'est-ce que le repos, pour les apatrides ? C'est mimer une fiction. Les vacanciers aussi participent à une pièce de théâtre, une attente contrôlée à la fin prédéterminée. Mais dites-leur que leurs vacances ne se termineront jamais et vous les verrez abandonner leur calme fabriqué.

L'attente indéterminée s'avère dangereuse, quand elle est associée à des ressources limitées. Les promenades n'apaisent pas l'agitation. Qui voudrait aller en ville et courir le risque que ses enfants réclament des pâtes et des glaces dont le coût engloutirait le budget d'une semaine ? Voilà un autre cauchemar qui ne s'achèvera pas avec l'asile. Pendant une longue période, vous vous réveillerez un peu plus grand tous les matins, vos draps ne couvrant jamais vos pieds.

Mieux vaut rester en quarantaine. Dans le camp ou l'enclos à bestiaux.

« Je m'empêche de sortir de la pièce », dit Barthes. S'il le faisait, il pourrait manquer un appel de son amant. Lorsque nous quittions l'hôtel Barba, le plus dur était de nous éloigner des casiers à courrier – et si notre lettre se perdait, si quelqu'un la volait ? Les réfugiés d'aujourd'hui attendent à côté de leur portable, chargeant sans arrêt la même page. « Faire attendre : prérogative constante de tout pouvoir, “passe-temps millénaire de l'humanité” », écrit Barthes.

Je repense à ma grand-mère, paralysée à Londres, à son rejet des réfugiés et de leurs récits. Je repense aux décennies qu'elle a passées à guetter cet homme banal, aux innombrables fois où elle a raconté ses histoires de sabotage et d'intrigues d'église, au théâtre qui lui permet de survivre à l'attente. Elle n'a plus le sens des proportions, seulement le faible espoir qu'un jour, enfin, on la croira. Elle n'aura peut-être pas à aller jusque-là. Dans ses réflexions sur l'attente d'un amant, Barthes écrit : « Un mandarin était amoureux d'une courtisane. “Je serai à vous, dit-elle, lorsque vous aurez passé cent nuits à m'attendre assis sur un tabouret, dans mon jardin, sous ma fenêtre.” Mais, à la quatre-vingt-dix-neuvième nuit, le mandarin se leva, prit son tabouret sous le bras et s'en alla. » Les amants roumains de l'hôtel Barba avaient dérogé à l'ordre d'attendre ; eux aussi avaient plié bagages. L'attente de ma grand-mère prendra-t-elle fin un jour ? La fera-t-elle sombrer dans la folie ?

Est-ce narguer les autres que de revenir ici, comme Davood le fait ? Tous les exilés souhaitent-ils repartir en arrière à un moment donné ? Depuis mes dix-huit ans, j'ai déménagé tous les deux ou trois ans. Ce n'est plus un déracinement. C'est une obsession.

Alors que la nuit tombe sur le camp, peignant en jolis tons orangés les allées entre les containers, j'entends de la musique. Eirini m'a rejointe ; nous nous arrêtons devant un Isobox, voulant regarder par la fenêtre, mais les rideaux sont tirés. Néanmoins, l'endroit est éclairé et paraît animé. Nous frappons. La porte s'ouvre et un tapis de voix se déroule à nos pieds. Je connais presque toutes les femmes à l'intérieur.

« On fête un anniversaire ! » s'exclame Farzaneh.

« Vous revoilà ! Entrez, entrez ! » dit Hajira.

Elle a retrouvé le ton espiègle de l'atelier pâtes. Taraa aussi paraît détendue. Elle est assise sur un coussin contre le mur, avec son verre de thé, et me fait signe d'approcher. Elle tire sa jupe sur ses jambes inutiles.

On apporte des cadeaux faits maison. Une musique familière montant d'un téléphone portable peine à se faire entendre dans la pièce bondée. Des adolescentes bavardent à voix basse, tandis que des enfants courent entre leurs jambes. Des mères de famille servent un nouveau gâteau au citron. Deux grand-mères, qui ont choisi de vivre à Katsikas, observent d'un œil serein leur progéniture déracinée – elles me rappellent ma propre mère, qui me suit partout même quand je ne veux pas d'elle. Une fille de l'atelier pâtes se lève pour danser. Elle se balance de façon experte et impudique et quand elle me demande de la rejoindre, je suis gênée. Je ne peux pas danser comme ça. Je n'ai pas accès à... cette chose-là. Les autres font semblant d'être choquées. On entend des claquements de langue et des bruits désapprobateurs. J'ai grandi en Amérique, après tout. Ma vie devrait être faite d'argent à dépenser, de tenues sexy et de contacts inexplicables au sein des services d'immigration. Or voilà que je me comporte comme une campagnarde pataude.

« Ta mère ne t'a pas appris à danser ? » me demande Farzaneh.

Elle se lève pour danser avec sa fille aînée. Elle lui prend la main et elles bougent exactement de la même façon, les hanches étroites de la jeune fille suivant le rythme de celles de sa mère. Je voudrais qu'elles me voient d'un autre œil – qu'elles ne pensent pas que j'ai gâché ma liberté pour une vie sans joie. Mais il est peut-être temps qu'elles apprennent une chose sur les pouvoirs de l'asile : il ne peut pas vous transformer, du moins pas de la façon exacte dont vous le voudriez. Il n'existe pas une seule histoire qui puisse vous sauver. Et l'argent ne peut pas acheter des mouvements pareils.

Mes os souffrent encore du travail de cette année, de cette décennie. Quelqu'un augmente le tempo. Tout le monde crie de joie. Taraa, les grand-mères et moi nous asseyons sur les coussins pour regarder les autres danser. Suis-je si fanée que ça ? J'ai envie de dormir. Taraa cache son pied tordu sous sa jupe, me tapote la main et fait signe à quelqu'un de me resservir du thé. Trois femmes en caftan que j'avais pris ce matin pour des sexagénaires dansent comme des trentenaires délurées, fraîchement divorcées.

Lors de mon dernier jour en Grèce, à l'heure où le magasin ferme et où je commence à faire mes adieux, un Iranien d'une quarantaine d'années surgit dans la salle d'attente, l'air déboussolé. Je le salue en persan et il semble soulagé. Il me dit qu'il vient d'arriver au camp. Il n'a pas de vêtements, rien à manger. Les bénévoles s'occupent de son inscription et acceptent de le laisser faire ses courses. Ils lui expliquent que s'il revient à 15 h, ils lui ouvriront le magasin de vêtements pour hommes, afin qu'il récupère ses dix articles. Il est plus corpulent que la moyenne. J'espère qu'il trouvera quelque chose.

Puisqu'il n'a pas l'habitude du système de points, je l'aide à choisir sa nourriture. Il prend des œufs, du riz, un kilo de bananes, de l'huile. Puis il repose l'huile – il commence à comprendre comment il fera ses provisions ici. Il prend des biscuits, des pistaches, du lait. Il repose le lait. Il n'achète pas grand-chose d'autre. Puisque ses vingt derniers points ne suffisent pas pour une bouteille d'huile, il se rabat sur quatre briques de jus de fruits. Il repart content, en nous remerciant d'un hochement de tête.

À quoi s'attendait-il, ce nouvel arrivant ? Au chaos de Calais ? À l'horreur des îles ? Est-il préparé à ce que son cœur et son esprit s'effritent petit bout par petit bout, au fil de l'attente ? A-t-il des enfants en Iran ? Les fera-t-il venir, ou naîtront-ils dans un pays étranger ? Apprendront-ils l'allemand, l'italien ou l'anglais ? Retrouvera-t-il son ancien métier ? En 2030, sera-t-il occupé à donner des cours dans une université, ou bien à conduire un Uber, faire la plonge, nettoyer des maisons dont les bibliothèques contiennent une fraction des livres qu'il possédait autrefois ? Ces questions ont de quoi vous rendre fou et pourtant le monde dira : « Il s'en est sorti ! Il est en sécurité ! » Il a un container en métal où vivre, de quoi manger. Mais la charité et l'accueil sont deux choses différentes. Pourquoi demandons-nous aux désespérés de renoncer à leur dignité en échange de notre aide ? On n'oublie jamais l'époque où on a fait partie d'une horde grelottante, où un autre être humain nous a jeté de la nourriture, où on a dormi dans la boue avec nos enfants désorientés, où on a joué des coudes et grogné parmi d'autres anonymes, dont certains étaient architectes, médecins, enseignants. Cela peut vous briser aussi vite que la faim. Et pourtant, à notre époque insensible, s'occuper de ces menus détails semblent demander trop d'efforts.

De novembre 2017 à février 2018, Refugee Support a travaillé dans le camp de Tombru, au Bangladesh, un *no-man's land* où les gens vivent dans des abris en bambou et toile goudronnée et souffrent de malnutrition aiguë, de conditions d'hygiène déplorables et d'un manque de soins médicaux. Beaucoup ont été victimes de viol et l'endroit est marqué par les blessures de guerre, le choléra, la diphtérie, la surpopulation, les abus sexuels, sans parler de l'hostilité de la population locale. C'est un enfer sur terre. Nous devons mieux faire. Ces camps sont peuplés d'êtres humains, aussi intelligents et intéressants que nos plus brillants compatriotes. Dans certaines de leurs cultures, le « comment » des choses est aussi vital qu'un toit. À mesure que j'écris ces pages, je suis de plus en plus convaincue que si le droit d'asile est indéniablement le combat d'aujourd'hui, la dignité sera celui de demain.

Le soir suivant ma visite chez Taraa, après le thé et le pop-corn, j'ai entendu qu'on m'appelait d'une fenêtre voisine : « Dina *khanom*, venez voir ! » C'était Valid, le mari de Taraa. En m'approchant, j'ai détecté le parfum des aubergines iraniennes, mes légumes préférés, avec du curcuma et de l'huile d'olive. J'ai fait le calcul : quarante points pour l'huile d'olive. Peut-être dix ou vingt pour le curcuma, à prendre sur l'étagère des articles disponibles une semaine seulement.

« Venez manger avec nous ! » m'a-t-il dit.

La nuit tombait. J'étais épuisée par ma tournée des Isobox, j'avais le cœur lourd et ma fille me manquait. J'appréhendais de croiser le regard du petit Naser à nouveau. J'ai décliné l'invitation et même si Valid l'a répétée trois fois, comme le veut la coutume, je l'ai remercié en lui disant que j'avais besoin de dormir. Il a hoché la tête, le regard triste, et j'ai compris que j'aurais dû accepter. Il voulait m'offrir un plat de chez nous pour se faire pardonner la scène gênante autour du thé, l'hystérie. Quand je suis allée me coucher, après avoir mangé du poisson réchauffé, je me suis demandé ce qui avait pu me pousser à refuser de l'aubergine iranienne. Une fois de plus, je m'étais comportée comme ces bénévoles de Thanksgiving au foyer de sans-abris new-yorkais. Je m'étais rendue dans ce camp dans le but précis d'accepter les tasses de thé que les réfugiés m'offriraient, de m'asseoir avec eux et de manger un morceau en toute amitié. Et pourtant je n'avais pas réussi à retourner dans cette pièce – pas parce que les besoins de cette famille m'effrayaient, mais parce que je ne voulais pas voir la honte déformer les sourcils de Valid.

En repartant vers ma voiture de location, je repense à la nervosité que j'éprouvais à l'idée de revisiter cet étrange lieu d'attente, ces limbes qui m'ont façonnée et qui façonnent désormais des milliers d'autres ressortissants de mon pays. Nous resterons à jamais liés et définis par cet endroit. Il se peut que je retrouve un de ces jours l'un de mes voisins de Barba, le soldat balafré qui jouait au foot avec moi, l'épouse roumaine ou la grand-mère aux briques. Je me prends de plus en plus souvent à évoquer mes souvenirs du foyer. Les réfugiés que j'y ai rencontrés en 1988 ont traversé ces épreuves depuis trente ans. Je me demande ce qu'ils ont fait de leur vie : certains d'entre eux ont-ils été refoulés ? Et que sont devenus les parents américains qui nous avaient donné des manuels scolaires ? Et le pasteur italien et sa famille, qui nous rendaient visite pour nous offrir des friandises et des prières réconfortantes ? J'aimerais pouvoir ressusciter Barba l'espace d'un jour, ou d'une heure.

Alors que je récupère les gobelets de café et les papiers de bonbon sur la banquette, je me rappelle qu'il me reste une dernière chose à faire. Je retourne au camp au pas de course, trouve une porte, frappe. Je suis déjà venue là deux fois. Hier, Majid m'a dit : « Pas la peine qu'on se dise au revoir. Vous vous souvenez ? Tout arrive par trois. » C'est donc la troisième fois que je me présente à la porte de cette famille, attendant qu'on m'invite à entrer. Personne ne répond. Une voisine sort la tête de chez elle et me dit :

« Ils ne sont pas là. Je crois qu'ils jouent au foot.

— D'accord, il faudra que je revienne, alors », dis-je.

Je n'aime pas ce sentiment d'inachevé. Je danse d'un pied sur l'autre, indécise. Je me gratte le cou, farfouille dans mon sac à dos et mes poches, sans rien vraiment chercher. Je me dis qu'ils rentreront peut-être dans une minute, ou cinq.

« À bientôt en Angleterre ! » dit la femme, me délivrant de mon attente.

Elle disparaît derrière un rideau improvisé, un bout de tissu bleu clair qui était peut-être une blouse d'infirmière, et je me rappelle que l'on se saluait comme ça aussi.

TROISIÈME PARTIE

L'ASILE

(des histoires, et de l'alchimie de la vérité)

1

Nous avons atterri à l'aéroport international Will-Rogers un jour étouffant de juillet, en 1989. Jim, l'écrivain américain que Maman avait rencontré plusieurs années auparavant à l'église londonienne de Maman Moti, était venu nous chercher. Nous sommes montés dans sa voiture, décalés et désorientés, incapables d'assimiler les détails de notre nouvelle vie. Le paysage de l'Oklahoma semblait se résumer à des kilomètres de vide, comme si nous avions atterri sur Mars. C'était l'endroit le plus aride et plat que j'avais jamais vu. Jim nous a emmenés chez lui et nous a présentés à sa femme, Mary-Jean. Ils nous ont installés dans les combles de leur maison, une pièce lambrissée au décor brun-roux et marron, et nous ont laissés nous reposer dans un grand lit.

Le jour de notre arrivée aux États-Unis, Baba a envoyé une lettre à Maman pour exiger qu'elle lui rende ses enfants – comme s'il n'avait pas réellement cru que nous étions partis, avant qu'un pays accepte notre demande d'asile. Peut-être n'avait-il pas encore fait son deuil.

Nous nous sommes levés tôt le lendemain et avons attendu au bord de la route pour assister à un défilé – c'était le 4 juillet, mais on aurait dit que toutes ces familles qui agitaient des fanions et mangeaient de la pastèque, assises sur des transats, fêtaient notre arrivée. Le cortège passait dans des rues résidentielles bordées d'une infinité de maisons de conte de fées avec des palissades blanches. Il y avait des balancelles sur les terrasses, des drapeaux américains. Nous étions dans un film.

Jim et Jean étaient des chrétiens évangéliques de droite – aujourd'hui, je trouve étonnant qu'ils aient accepté de servir de garants à une famille étrangère, issue d'un pays qu'ils connaissaient grâce à une prise d'otages et une guerre. Ils ont discuté avec Maman de ses projets, en lui faisant bien comprendre qu'elle ne devrait accepter aucune aide offerte aux réfugiés (« Nous sommes des républicains durs à la tâche », a dit Jim avec un petit rire ; il ne plaisantait pas). Ils lui expliqueraient comment se procurer un travail, une voiture, un permis de conduire, un appartement. En attendant, nous logerions dans leurs combles.

Jean portait des hauts sans bretelles qui s'arrêtaient bien au-dessus de son short, vaporisait ses cheveux de laque et confectionnait des sandwichs mortadelle-mayonnaise qu'elle posait sur une assiette en plastique avec un tas de Pringles à côté. Elle nous a emmenés au Toys R Us, Daniel et moi, et chez un glacier qui proposait un choix de parfums invraisemblable. Il n'y a rien de comparable, absolument rien, à une glace dégustée un soir d'été en Oklahoma au son des cigales et d'une musique nasillarde, à côté d'une grand-mère impertinente qui montre son nombril, sans que la police des mœurs trouve à y redire. Sans institutrices en hijab qui vous hurlent dessus. Sans mégaphone appuyé contre vos lèvres. Jean nous a emmenés à la bibliothèque municipale d'Edmond, où elle nous a fait faire une carte, et nous avons emprunté trente livres chacun – des ouvrages qui auraient été interdits chez nous, à propos de sœurs rebelles, de corps en pleine puberté, de fantômes indiens et d'épisodes honteux de l'histoire, tels que l'esclavage et le sentier des larmes. J'ai passé l'année suivante à dévorer des récits. J'étais affamée, et mes immenses lacunes en anglais se sont résorbées comme une blessure superficielle. J'ai appris à me mettre dans la peau d'autres personnes : un gamin avec des taches de rousseur, une fille surnommée « Baleine ». J'ai repensé à Khadijeh, qui avait capitulé et fui de toutes parts, et j'ai regretté de ne pas m'être assise à côté d'elle pour lui dire que nous avions toutes peur, même Pooneh et moi.

Quand je ne lisais pas, je regardais la télévision. Après chaque vendredi soir (« Dieu merci, c'est vendredi ! » comme le proclamait une série de programmes sur ABC), j'avais une dizaine de nouveaux mots à la bouche. L'émission qui me fascinait le plus à mon arrivée en Oklahoma était *Larry et Balki*, une sitcom à propos de deux cousins éloignés, l'un américain, l'autre plus ou moins grec, qui se retrouvaient colocataires par accident. À mes yeux, l'intérêt de la série ne résidait pas dans leur histoire d'amitié, mais dans le personnage de Balki Bartokomous, un immigré amusant, optimiste et esseulé. Tous les jours, je m'asseyais par terre dans le salon de Jim et Jean pour le regarder négocier sa nouvelle vie américaine avec maladresse mais bonne humeur, et pendant une demi-heure, je me sentais mieux. Pour Balki, n'importe quel pays serait facile, parce qu'il savait aimer et qu'il était gentil. Balki n'avait pas de démangeaison dans le cerveau. Il n'avait pas besoin de compter quoi que ce soit ; Balki était mon héros.

Un jour, Jean nous a annoncé :

« Aujourd'hui, je vais vous faire goûter la chose la plus délicieuse que vous mangerez de votre vie – le meilleur dessert d'Amérique, haut la main. »

Nous avons glapi de joie. *Le meilleur dessert d'Amérique ?* Il faudrait qu'il soit meilleur que la glace au safran, les choux à la rose et la pâte de grenade, meilleur que les baklavas au miel, les petits pains à la fleur d'oranger et les rubans de pâte frite croustillante, dégoulinants de miel et saupoudrés de cannelle. Il faudrait qu'il soit meilleur que les biscuits à la pistache, les gâteaux au chocolat et aux noix, la crème caramel et le roi de tous les desserts, l'imbattable *sholezard* : un gâteau de riz glacé à l'amande et au safran.

« C'est vrai ? nous sommes-nous exclamés. Merci ! »

Résultat, après trente minutes étouffantes et nauséeuses dans la voiture, notre première gorgée de glace pilée avec du sirop bleu nous a laissés un peu contrariés. Nous n'avons pas protesté, parce que Jean pensait bien faire ; elle ne savait simplement pas que nous étions issus d'un peuple de pâtissiers.

« Merci, Jean ! » avons-nous dit consciencieusement, et nous avons bu assez d'eau bleu glacée pour lui faire plaisir.

Ce genre de scène se reproduirait bien des fois au cours de notre vie américaine. Nous ne nous sommes jamais plaints : nous hochions la tête en signe de remerciement, admettant que nous n'avions jamais rien goûté d'aussi bon, que nous avions de la chance d'être là. C'est ce que nous avons fait la première fois que nous avons mangé des tacos industriels. C'est ce que nous avons fait avec le thé glacé, les fruits d'hiver sans goût, les yaourts trop sucrés. C'est ce que nous avons fait avec les contes pour enfants, les chansons, les plaisanteries et les devinettes. Et certaines choses nous ravissaient bel et bien : la cuisine tex-mex. Les barbecues. Le hachis aux chips de maïs. Le bulgogi (j'y reviendrai). Bientôt, que notre ébahissement d'immigrés ait été réel ou feint, nous avons commencé à penser que l'Iran n'avait jamais eu grand-chose à offrir, que l'Amérique était tout simplement supérieure – à une exception près. Le sortilège se dissipait quand il s'agissait des maths. Après deux ans sans instruction formelle, je m'attendais à avoir beaucoup de retard à rattraper dans ce domaine. Mais il a fallu encore deux ans à mes camarades américains pour atteindre la leçon où je m'étais arrêtée en Iran, le jour où nous avions entendu les sirènes, lâché nos crayons et pris la fuite.

Jim avait un chien baptisé Cuji, en l'honneur du terrifiant Cujo de Stephen King – un nom qui lui allait comme un gant. Quand ce n'était pas l'heure de regarder la télé, je restais dans les combles pour lire et éviter la bête. Je m'aventurais de temps en temps dans le bureau de Jim et nous nous amusions avec un jeu de dessin sur son ordinateur. Un jour, il m'a demandé si certaines friandises de mon pays me manquaient.

« Jean peut acheter tout ce que tu veux à l'épicerie, m'a-t-il dit. Tu n'as qu'à demander. »

Il y avait bien quelque chose dont je rêvais, un en-cas que j'avais l'habitude de manger en rentrant de l'école. J'ai tenté de le lui décrire : des épinards revenus dans de l'huile d'olive, puis mélangés à du yaourt froid avec une pincée de sel.

« Beurk ! s'est-il exclamé en se bouchant le nez. Vous n'aviez pas de bonbons, comme les Twizzlers ou les Jelly Beans ? »

Je lui ai répondu que c'était ça qui était « beurk » et il a éclaté de rire.

L'école a repris alors que nous habitions encore chez Jean et Jim. Je comptais les jours qui me séparaient de la rentrée, impatiente d'étudier, d'apprendre et de prouver ma valeur.

« Est-ce qu'il y a des dictées, ici ? » ai-je demandé à Jean.

Elle a haussé les épaules. J'ai essayé de lui expliquer qu'il y avait deux sortes de contrôles dans le monde : les faciles, et les épouvantables dictées hurlées à toute vitesse. Je découvrirais bientôt que tout était du genre facile en Amérique, ce qui n'empêchait pas les Américains de se vanter constamment de leur supériorité. J'ai commencé à me dire que je pourrais réussir brillamment dans ce pays, une fois que j'aurais appris à parler comme une Américaine. Après tout, n'était-ce pas la raison pour laquelle ma mère, si intelligente, travaillait dans une usine ? Ce serait le grand projet de ma jeunesse : apprendre à parler comme une Américaine, dans tous les sens du terme.

À l'école, les enfants lançaient des « ching-chong » sur mon passage. Je ne comprenais pas : d'où croyaient-ils que je venais ? Ils chuchotaient des histoires de viande de chat et de pieds bandés. Ils racontaient qu'il n'y avait pas de douches en Iran. J'étais terrifiée, repensant d'un côté aux garçons londoniens qui m'avaient donné des coups dans le ventre et tranché le doigt, et de l'autre aux risques terribles que l'on encourait quand on se confiait aux institutrices en Iran. Je me crispais souvent et gardais le silence. Dans mes fantasmes, j'avais des reparties toutes prêtes : je leurs parlais des pique-niques sous les arbres touffus à Ardestan, des vieilles femmes maniaques aux doigts teintés de curcuma, des choux à la crème, du classement de Maman au Konkour, de notre hammam à Ispahan, avec ses nombreuses pommes de douche qu'on pouvait tourner dans la même direction, pour avoir l'impression de se tenir sous une cascade. Une fois, j'ai récité à un groupe de filles ma devinette préférée, à propos de deux gardes (« l'un ment toujours, l'autre dit toujours la vérité… »). Elles m'ont regardée comme si je délirais. Je racontais toutes ces histoires à Maman après la classe et nous en riions en croquant des biscuits aux pois chiches. Nous avions appris que nous ne pouvions pas évoquer l'Iran de cette façon.

« Parle-leur des Trois Miracles, m'a-t-elle conseillé un jour. Je parie que certains sont croyants.

— Ils sont tous chrétiens, ai-je dit en posant ma tête sur ses genoux.

— Non, a-t-elle rétorqué. En Iran, c'était dangereux de se déclarer chrétien. Seuls les vrais croyants trouvaient le chemin de notre église. Ici, tout le monde naît avec cette étiquette. Ça ne veut rien dire. Ce n'est pas de la foi. C'est une habitude. Ici, les chrétiens sont comme les musulmans en Iran... Ils prient par habitude. »

Dans notre école, les enfants pauvres faisaient la queue dans une file à part pour récupérer leurs tickets de cantine gratuits, tandis que ceux qui avaient de l'argent achetaient les leurs toutes les deux semaines avec un chèque de quatorze dollars. Pour épargner notre fierté, Maman avait convaincu une gentille secrétaire d'accepter notre chèque, qu'elle déchirait ensuite. Elle nous donnait des tickets bleus normaux, notant l'aide que nous avions reçue dans son livre de comptes. Je ne découvrirais cette ruse que trente ans plus tard.

Au bout de quelques semaines, nos camarades avaient parlé à leurs parents des nouveaux élèves iraniens. Les insultes ont pris une tournure un peu plus moyen-orientale : turbans, chameaux et ainsi de suite. On se moquait de moi parce que je mettais certains habits trop souvent, parce que je n'avais pas assez de jeans. Ayant porté un uniforme pendant des années, je ne savais pas choisir mes vêtements. Maman non plus : une fois, elle m'avait envoyée à l'école avec un bonnet de bébé jaune sur la tête. Je regrettais Ispahan, mon manteau gris, même mon voile. La démangeaison me torturait la nuit et j'ai développé un tic au cou. J'ai trop grossi, puis trop maigri. Un jour, j'ai volé un jouet à la boutique de l'église pour voir ce qui se passerait. Quelques mois après notre arrivée, un coiffeur bon marché a coupé tous mes cheveux. Et quand mon nez iranien a commencé à pousser, les enfants n'ont plus montré aucune pitié. Mon joli visage avait disparu. Mes amis et Baba me manquaient et j'ai commencé à me brosser les dents avec un soin maniaque.

Au même moment, je me bagarrais avec mon institutrice, Miss White, à propos d'une carte topographique des États-Unis que nous devions réaliser en papier mâché, une tâche frustrante qui occupait une place étonnamment centrale dans son intérêt pour mon éducation.

Quand j'ai essayé de lui expliquer que quelques mois plus tôt, je vivais encore en Italie, dans un foyer pour réfugiés, et que le concept même des sciences humaines me laissait perplexe, elle m'a contemplée d'un œil endormi, avant de déclarer :

« Oh, mon chou, tu dois être tellement reconnaissante d'être ici.

— Oui », ai-je répondu, même si j'avais détecté une certaine hostilité dans sa voix.

La culture iranienne repose sur les sens cachés et les sous-entendus. Des choses importantes sont passées bruyamment sous silence et on apprend aux enfants à les entendre. Mais mon institutrice américaine avait l'habitude que ses élèves la prennent au pied de la lettre, même quand les silences entre ses mots étaient lourds de sens. Elle avait tendance à lâcher des remarques sarcastiques, persuadée que nous ne les comprenions pas. Une fois où je lui avais demandé une « capote » au lieu d'un « bouchon » pour mon stylo, elle m'a fixée avec un rictus moqueur.

« Mon dieu, elle est sérieuse, en plus… On appelle ça un bouchon, mon chou.

— D'accord, ai-je répondu. Qu'est-ce que c'est, une capote ? »

Miss White a plissé les yeux.

« C'est une sorte de couverture. »

Mais son regard me disait que « capote » était un vilain mot. C'est en enquêtant sur ce mystère à la récréation que j'ai découvert en quoi consistaient les rapports sexuels, une information que ma mère médecin refuserait de corroborer pendant des années. Cela a aussi renforcé mon statut de paria.

« C'est une cochonne, en plus d'une bouffeuse de chats ! » s'est exclamée Dawn, qui avait des cheveux blonds bouclés.

Mes réactions n'arrangeaient jamais mon cas.

« Mais où avez-vous pêché cette histoire de chats ? ai-je demandé aux filles populaires, d'un ton désespéré.

— Donc tu avoues que tu es une cochonne ? a rétorqué Dawn.

— Non, mais ça, je comprends d'où ça vient. »

Une fois de plus, je n'avais nulle part où me tourner à la récréation.

Je m'asseyais pour lire près de la cage à écureuil qui faisait face au bâtiment, essayant d'éviter le regard des élèves et des professeurs. L'épisode de la capote m'avait appris une chose : que les enseignants étaient partout les mêmes ; que les plus gentils ne se concentraient pas en Amérique, comme je l'avais cru. Toutes les écoles du monde étaient pleines de Khanom et de Miss White.

Un jour, voyant qu'une boulette de papier mâché était tombée de ma carte, Miss White m'a dit :

« Ne sois pas paresseuse. On travaille dur dans ce pays, tu comprends ? »

J'ai hoché la tête.

Je m'attendais à ce que Maman déplace des montagnes, cette première année. Elle avait placé la barre très haut en Iran (« dix-septième dans tout le pays ! ») et je pensais qu'elle ouvrirait rapidement un cabinet médical et achèterait une grande maison où nous pourrions vivre tous les trois, délivrés des caprices des hommes. Maman avait appris l'anglais à la fac de médecine, terminant première de sa classe, mais avec son accent à couper au couteau et son diplôme iranien, personne ne la prenait au sérieux.

Elle avait accepté un emploi dans une fabrique de produits pharmaceutiques, où elle travaillait jusque tard le soir à mettre des médicaments en flacon en compagnie d'autres immigrés, anciens médecins et doctorants. Tous les jours, ses chefs exprimaient des doutes sur son intelligence, même s'ils n'avaient pas le quart de ses compétences. Ils feignaient de ne pas comprendre son accent. Si elle prenait trop de temps à formuler une idée, ils arrêtaient d'écouter et décrétaient qu'elle était stupide. Ils parlaient à toute vitesse et quand elle leur demandait de ralentir, ils soupiraient en levant les yeux au ciel.

Le week-end, Maman bataillait contre les petits détails de la vie quotidienne : où aller chercher son courrier, comment faire ses courses, où laver nos vêtements. Notre première visite au supermarché nous avait pris des heures. Maman restait hébétée à chaque rayon, peinant à s'y retrouver parmi les dizaines de sortes de pain, de fromage, de lait. Les magasins de Dubaï paraissaient ridicules, à côté de celui-là.

Qui avait besoin de tant de choix ? En Iran, nous avions des bouchers et des épiceries de quartier. Nous avions des livreurs à vélo qui nous apportaient une seule sorte de lait, une seule sorte de fromage blanc, une seule sorte de *lavash* cuit le jour même, et un assortiment de légumes frais cultivés dans les fermes de la région.

Maman trouvait du réconfort à l'église, où elle continuait à témoigner devant un groupe ou un autre toutes les deux semaines, monnayant le squelette de notre histoire en échange d'un bref instant d'acceptation. Les gens adoraient entendre parler des Trois Miracles, de la police des mœurs et des arrestations de Maman, de l'église clandestine et des institutrices sadiques en hijab ; ils s'ennuyaient ou perdaient le fil dès que nous parlions des *schnitzels* de l'hôtel Koorosh, des cerises aigres et des promenades dans la montagne. Malgré cela, nous n'arrivions pas à nous faire d'amis. Une fois où elle marchait seule dans un parc, Maman a trouvé un bracelet brésilien par terre. Elle l'a attaché à son poignet. Quand je lui ai demandé ce que c'était, elle m'a répondu que Dieu le lui avait envoyé en signe d'amitié.

À peu près à la même époque, Maman a rencontré un Iranien appelé Rahim. C'était un chrétien converti, qui avait des amis dans une église iranienne à Tulsa – exactement le genre d'homme dont elle rêvait. Même s'il ne venait pas d'une famille cultivée comme la sienne, il était jeune et beau. Ils n'avaient rien en commun à part leur pays, leur apostasie et leur âge. Rahim travaillait comme programmeur, bricolait sa voiture jusqu'au petit matin et était obsédé par la culture et la cuisine coréennes, une étrange fixation qui allait de pair avec sa ceinture noire en taekwondo. Aujourd'hui encore, je reste désarçonnée par la quantité de kimchi que j'ai engloutie pendant ces premiers jours en Oklahoma, les saladiers en verre de bulgogi, les nombreux rouges vifs qui marinaient dans notre frigo et qui s'accompagnaient à merveille de riz à l'iranienne.

Jim et Jean ont interdit à Maman de fréquenter Rahim.

Mais Maman les avait assez écoutés. Elle était fatiguée de recevoir des ordres de la part d'Américains qui ne la connaissaient pas et qui ne la connaîtraient probablement jamais. (Redeviendrait-elle un jour la personne qu'elle avait été ? Ou avait-elle disparu ?) Elle a essayé d'expliquer à Jim et Jean que leur amitié lui était précieuse, mais qu'elle prendrait ses décisions elle-même, comme elle l'avait toujours fait. Ils lui ont conseillé d'être plus humble, de se montrer reconnaissante envers son nouveau pays, plutôt que de s'isoler dans la communauté iranienne – pourquoi avait-elle besoin de cet homme ? Elle les avait eux, Jim et Jean. Elle avait son église. Et puis, les hommes iraniens ne traitaient-ils pas très mal les femmes ?

Je me suis ralliée à Jim et Jean – je n'avais pas besoin d'un nouveau père ; ça ne faisait pas partie de mon rêve. Cet homme ne pourrait jamais me comprendre, discerner mon potentiel. Il ne déboulerait pas dans une cour d'école pour moi, ne ferait pas pleurer une institutrice en lui demandant où elle avait étudié. J'avais besoin que ma Maman têtue écoute ces Américains, avec leur grande maison, qu'elle apprenne les règles et leurs secrets pour réussir dans ce pays. Jim avait publié des livres ! Mais après avoir pris ses marques au travail, Maman a dit adieu à Jim et Jean, en les remerciant de leur hospitalité. Même si nous avions fini par aimer le couple, nous avons emménagé dans un appartement bon marché situé dans un quartier de la ville où nous espérions croiser d'autres immigrés, le genre de personnes habiles de leurs mains, comme à l'hôtel Barba. Or c'était une zone peuplée de laissés-pour-compte, de toxicomanes, de mères vivant d'aides sociales, de déshérités. Les autres élèves qui prenaient le bus scolaire me méprisaient à cause de l'endroit où j'habitais. Quand le groupe de jeunes de l'église nous a rendu visite à l'improviste, comme ils le faisaient avec tous les nouveaux arrivants, j'ai cru mourir de honte.

Parfois, Maman se plaignait des Américains qui lui manquaient de respect et l'insultaient, de ses collègues qui lui reprochaient d'être distraite.

« Peut-être que tu ne te concentres pas assez, lui disais-je. Il faut que tu apprennes l'anglais. Écoute bien. »

Elle a arrêté de me faire des confidences, ou de me rappeler que quand elle était étudiante à Téhéran, elle s'était classée première dans toutes les matières sans effort. Elle s'est inscrite à des cours du soir à l'université de l'Oklahoma et a décroché deux masters, en santé publique et politique de santé. Elle a travaillé dans des usines, des cliniques et un hôpital. À une ou deux reprises, elle a évoqué des techniciens qui la harcelaient ou l'accusaient de leurs propres erreurs, et je l'ai réprimandée.

« C'était sûrement de ta faute », lui disais-je.

Il fallait vraiment que je me voile la face, car les enfants de ces mêmes personnes se moquaient sans arrêt de moi à l'école. Ils me traitaient de bouffeuse de chat, de terroriste, de moricaude, de suceuse de chameau. Mais je refusais de croire que le monde fonctionnait ainsi. Le monde adulte était mon seul espoir pour l'avenir – j'avais besoin qu'il s'agisse d'une pure méritocratie.

« Il y a des choses que tu ne vois pas encore, me disait ma mère. Les gens ont des façons particulières de communiquer. Ils expriment certaines choses sans parler. »

Maman a épousé Rahim. Baba a épousé la femme qui avait élargi les vêtements de Maman. Il a arrêté de nous envoyer de l'argent. Nous avons emménagé dans un appartement plus petit, même si nous étions quatre à présent. Parfois, la fille de Rahim dormait dans la chambre que je partageais avec Daniel. J'étouffais. Le jour de notre installation, je me suis assise dans une penderie vide pour lire. Un objet brillait au coin d'une étagère : une médaille d'or. Je l'ai mise dans mon cartable. Si je la montrais aux filles de l'école, elles me trouveraient peut-être intéressante. Elles voudraient peut-être devenir amies avec moi.

Le lendemain, Dawn m'a arraché la médaille des mains quand je l'ai sortie de mon sac.

« Qu'est-ce que c'est que ce truc ? a-t-elle dit. Oh la vache, tu fais de la lutte ? »

Je ne connaissais pas ce mot, alors j'ai hoché la tête.

« La vache ! » a-t-elle glapi à nouveau.

Que se passait-il ? Était-elle impressionnée ? Mes camarades m'ont interrogée sur la médaille toute la journée. Après la récréation, alors que je buvais de l'eau à la fontaine, la meilleure amie de Dawn s'est précipitée vers moi et m'a demandé d'un ton sympathique :

« Tu fais de la lutte avec des garçons ou des filles ? »

Quelle était la bonne réponse ?

« Les filles ? » ai-je tenté.

Oui, ça devait être ça.

« Oh mon dieu, c'est encore plus dégueu ! »

Elle a couru le dire à ses amis. J'ai observé la médaille, sur laquelle on avait gravé deux personnages enlacés. Je savais ce qu'était la lutte, maintenant, et ça ne me paraissait pas si dégoûtant ou honteux – les Américains n'aimaient-ils pas les sports de combat ? Peut-être que les filles ne faisaient pas de sport, ici. Ou peut-être seulement certaines filles ?

Ma dernière année de primaire s'est écoulée lentement. Mon accent a changé. Je n'ai pas eu la moyenne en géographie. Je bayais aux corneilles pendant les cours de maths, attendant que l'on aborde de nouvelles notions. J'ai écrit une nouvelle à propos de Cuji et remporté le prix de « l'histoire la plus inventive », tout ça pour m'apercevoir un peu plus tard que j'avais imaginé le même chien terrifiant que Stephen King, car en toute honnêteté, Cuji était Cujo.

L'argent était une préoccupation constante pour nous. Rahim nous a fait changer de supermarché, en faveur d'un magasin discount où des oignons maladifs traînaient par terre. Il réglementait notre accès à la clim. Je transpirais tout le temps et j'en avais assez qu'on surveille ma consommation de papier toilette. En Iran, j'avais eu l'impression que l'argent n'existait pas. Les gens se rendaient simplement service – le boucher envoyait de la viande, Baba soignait des caries, je faisais mes devoirs. C'était mon travail. Mais ici, il fallait que je trouve une source de revenus, avais-je décidé.

À l'école du dimanche, j'ai appris à fabriquer des sous-tasses brodées sur un canevas en plastique. Les mots « tapis de tasse » figuraient sur le devant et ils étaient bordés d'une frange, comme un minuscule kilim. Lors d'une sortie de l'église iranienne à Tulsa, un homme m'a vue en broder un. Il gérait un magasin de tapis persans.

« C'est drôle, a-t-il dit. Un tapis de tasse... Je devrais en offrir à mes clients.

— Je peux vous en fabriquer, ai-je proposé.

— Ah oui ? a-t-il répliqué, amusé. Combien les vends-tu ? »

J'ai réfléchi. Devais-je en demander dix dollars ? Quarante ?

« Que dirais-tu de deux dollars cinquante pièce ? a-t-il poursuivi. Je t'en prendrai autant que tu en feras.

— Parfait ! »

J'ai commencé à calculer ; je pourrais gagner cinq dollars par jour. Davantage le week-end.

« J'en fabriquerai une centaine. »

L'homme s'est éloigné en riant.

Le jour suivant, j'ai sorti mes broderies en cours de maths – elles m'occuperaient pendant que les autres apprendraient les fractions. L'institutrice m'a regardée d'un drôle d'air. Le lendemain, j'ai recommencé.

« Range ça, Dina, m'a-t-elle ordonné. Dans ce pays, les filles doivent étudier les maths comme les garçons. Tu pourras broder à la maison. »

J'ai souffert de cette remarque pendant des jours, regrettant de ne pas avoir pu expliquer à mon institutrice à quel point elle se trompait.

Après avoir emprunté de l'argent à Rahim pour le matériel, j'ai fabriqué environ quatre-vingts sous-tasses en deux mois. Je les ai emportés à la réunion suivante de l'église iranienne. Le marchand de tapis était effaré. Il a marmonné que j'étais une fille très débrouillarde. Je me suis dit qu'il devait être déçu que je n'en aie pas fabriqué cent, comme promis. Il a sorti son portefeuille pour me payer, mais a déclaré qu'il n'aurait pas besoin d'autres sous-tasses. Ma première affaire était terminée.

J'ai recommencé à penser à l'avenir. L'Oklahoma n'était pas la terre promise. C'était une région étouffante, médiocre et paresseuse. Et je n'arriverais jamais à satisfaire ces gens.

Nous allions au travail, à l'école, à l'église. Maman faisait des gâteaux américains et a remplacé l'eau de rose dans ses pâtisseries par de la vanille. Certains diraient : c'est la marche naturelle des choses. Nous avons appris ce que les gens attendaient de nous, la langue explicite et implicite qui les mettait à l'aise. Nous avons raconté notre histoire comme ils voulaient l'entendre, à la *China Cry*, avec force mélodrames, miracles et malfaiteurs, mais sans les beautés quotidiennes d'Ispahan ou d'Ardestan. Sans les plaisanteries de Baba, les photos sous la plaque en verre de son bureau. Nous avons commencé à comprendre qu'en Amérique, on peut choisir son histoire, et la rendre vraie.

Un jour de fin de printemps, je cherchais de nouveaux romans à la bibliothèque municipale d'Edmond. Quelqu'un avait laissé un livre ouvert sur une chaise. C'était un manuel d'information sur les universités américaines comprenant le profil et le classement de chacune, les notes moyennes requises pour y entrer, leur taux d'admission, et des conseils pour un dossier de candidature efficace. Je suis retournée aux premières pages, qui présentaient les cinquante meilleurs établissements. J'avais entendu le nom en tête de liste à la télé et dans les films : Harvard. Si je souhaitais y étudier, le manuel affirmait que je devrais gagner mes propres médailles, réaliser un sans-faute dans chaque matière, être exceptionnelle, selon les critères américains. Il me suggérait de choisir judicieusement mes sports, en privilégiant peut-être les moins populaires. J'ai touché la médaille froide et dure dans ma poche. J'aurais très peu de chances de réussir, m'avertissait la page sur Harvard, et je devrais me préparer dès quatorze ans. Heureusement pour moi, j'étais issue du pays des dictées hurlées, d'une école où on n'avait rien d'autre à regarder qu'une fresque sanglante ou le classement des élèves, d'une mère qui aimait les devinettes, d'un père qui pensait que toutes les filles avaient besoin d'une rivale digne de ce nom – j'étais impatiente, en colère, et je n'avais que onze ans.

2

KAWEH

Sale, affamé et mal rasé, Kaweh attendit la police sur la place principale de la ville, en observant les passants. « *Jack, hurry up !* » cria une jeune fille à son frère, qui accéléra l'allure. *Hurry up*, se répéta Kaweh, la réaction du garçon ayant rendu le sens de l'expression très clair. Il rangea cette phrase dans un coin de sa tête, première étape d'un long apprentissage.

Le commissariat était grand et propre. « On se croirait à Buckingham Palace », chuchota Kaweh lorsque deux agents blonds en sortirent pour accueillir le groupe de réfugiés.

On les fouilla, puis on les interrogea dans des pièces séparées. Ses compagnons choisirent un interprète kurde, mais Kaweh en demanda un persan. Il parlait les deux langues, et comme il craignait que le ministère de l'Intérieur le prenne pour un Kurde irakien, il voulait un interprète qui puisse vérifier son accent et son pays d'origine. Même s'il ne savait pas grand-chose sur la procédure d'asile, Kaweh était resté attentif au fil de son voyage. En Turquie, il avait déposé un dossier auprès de l'UNHCR et avait rencontré plus d'une centaine de réfugiés. Il avait passé ses journées à lire des livres et des journaux, comme au Kurdistan. Il comprenait l'histoire de son parti, la politique internationale, les objectifs et la logique singulière du système d'asile européen. À l'instar de ses héros kurdes, Ghassemlou et Sharafkandi, qui lisaient beaucoup et s'exprimaient de façon calme et avisée, il s'était efforcé de se renseigner sur ses adversaires et le champ de bataille.

Après avoir failli perdre ses précieux documents dans la mer, il les avait confiés à un ami en Turquie. Il ne les avait pas emportés quand il était monté dans le premier camion, partant du principe qu'ils ne lui serviraient à rien pour passer les frontières clandestinement. Son ami les garderait en lieu sûr et les lui enverrait par mail ou courrier plus tard.

« Vous êtes arrivés au Royaume-Uni illégalement, dit un policier aux réfugiés. Vous risquez des poursuites judiciaires. Avez-vous de la famille au Royaume-Uni ? Avez-vous des amis ici ? »

Kaweh ne connaissait l'adresse d'aucun membre du parti, même si certains vivaient au Royaume-Uni. Il n'avait qu'un numéro de téléphone, qu'il décida de garder pour lui. Quand on lui demanda s'il avait besoin d'un avocat, il répondit :

« Je veux seulement demander l'asile. »

Il passa la nuit dans une cellule avec un autre réfugié. Le jour suivant, il eut un entretien avec une fonctionnaire ; un interprète kurde y participerait par téléphone.

« Vous êtes d'accord pour parler kurde, cette fois ? demanda la fonctionnaire au téléphone, avant de passer le combiné à Kaweh, qui écouta la traduction et hocha la tête.

— Comment t'appelles-tu ? demanda l'homme au téléphone.

— Kaweh Beheshtizadeh.

— Non, dit l'interprète, sans prendre la peine de traduire. Ce n'est pas ton vrai nom. Il nous faut ton vrai nom. »

L'homme était originaire du Kurdistan irakien, où l'on avait l'habitude de nommer les gens différemment d'en Iran.

« Je vous assure que c'est mon nom, dit Kaweh.

— Comment s'appelle ton père ?

— Mohammad Khaled.

— Et ton grand-père ?

— Mahmoud.

— Alors tu t'appelles Kaweh Mohammad Khaled Mahmoud.

— Si vous m'appelez comme ça, je ne me reconnaîtrai pas, rétorqua Kaweh. Je comprends bien que c'est l'usage au Kurdistan irakien, mais comme vous le savez, je suis un Kurde d'Iran, et nous avons un autre système : prénom, nom de famille. »

L'homme ne voulait rien entendre. Il semblait décidé à prouver que Kaweh était un Kurde irakien, pour une raison ou une autre. Semer le doute sur son patronyme iranien n'aiderait pas Kaweh, qui n'avait pas de papiers sur lui. À quoi jouait-il ?

« Avant de faire quoi que ce soit d'autre, il faut qu'on se mette d'accord sur ton nom, reprit l'interprète.

— Que proposez-vous ? demanda Kaweh, à deux doigts d'exploser.

— Ton prénom est Kaweh, on est bien d'accord ? »

C'était de la folie – le premier jour de sa nouvelle vie, après avoir renoncé à son pays, à sa langue, on l'obligeait à négocier pour conserver son propre nom.

L'interprète réfléchit un moment.

« Et si… on coupait ton patronyme en deux ? On pourrait dire que ton deuxième prénom est Beheshti et ton nom de famille Zadeh. »

Qu'est-ce que ça a à voir avec les règles irakiennes ? avait envie de rétorquer Kaweh. *Il y a une minute, il fallait absolument respecter l'usage kurde, et maintenant vous voulez juste découper mon nom pour qu'il corresponde aux normes occidentales… Je ne suis ni irakien, ni un Occidental !*

« Ce n'est toujours pas mon nom, dit-il.

— D'accord, mais on peut écrire ça pour le moment, et y revenir plus tard. »

Kaweh préféra ne pas discuter. Pendant des années, son nom resterait coupé en deux sur sa carte d'identité, la belle construction persane signifiant « né au paradis » réduite à un simple « né ». *Bonjour, monsieur Zadeh*, lui diraient les gens. Mais *Zadeh* n'était qu'un suffixe. Seul, le mot était déraciné, privé de son lieu d'origine, de ce rappel poétique du pays.

« Pour quelle raison souhaitez-vous obtenir l'asile ? » demanda la fonctionnaire à Kaweh.

Un passé irréprochable ne t'aidera pas, lui souffla son instinct. *Ne cache rien. Ces choses sont arrivées. La morale n'entre sûrement pas en ligne de compte dans les décisions des services d'immigration.* Il commença à raconter son histoire.

« J'ai quitté l'Iran clandestinement. J'ai travaillé pour le Parti démocratique du Kurdistan d'Iran pendant plus de trois ans. Les autorités iraniennes m'ont demandé de leur servir d'espion et j'ai refusé. Ils m'ont donné de l'argent, que j'ai utilisé à des fins personnelles. Je ne le leur ai jamais rendu. Ils m'ont retrouvé en Turquie. Je ne suis plus en sécurité ni en Iran, ni au Kurdistan irakien, ni en Turquie. »

La fonctionnaire émit un petit rire. Elle ne le croyait pas – c'était peut-être son ton grandiloquent, ou les digressions auxquelles il avait eu recours pour expliquer des choses qu'il aurait dû *montrer* (comme tous les romanciers le savent). Il continua à parler. Les événements qui se produisent dans une vie sont parfois improbables, mais cela ne les empêche pas d'être vrais.

On fit monter Kaweh et ses compagnons de route dans une camionnette. Quand ils comprirent qu'ils se dirigeaient vers Douvres, le désespoir s'abattit sur le groupe.

« Je vous jure que je me tuerai si on m'expulse », déclara un Kurde.

Au bout de quelques heures, la camionnette s'arrêta devant un vieux bâtiment à Douvres. Deux interprètes vinrent à la rencontre des réfugiés. Celui qui parlait kurde expliqua :

« Vous serez logés ici pendant vingt-huit jours tout au plus, le temps que le ministère de l'Intérieur vous trouve un hébergement permanent et étudie votre demande d'asile. »

Le soulagement était palpable.

« On était morts d'angoisse », avoua quelqu'un.

L'interprète se mit à rire.

« Personne ne repartira en France aujourd'hui », dit-il.

Kaweh se retrouva à partager une chambre de quatre couchages avec un homme et son fils. Ils disposaient d'une salle de bains, de serviettes et de draps. Ils prirent une douche, puis se rendirent à la cafétéria, à moitié remplie de réfugiés – Russes, Turcs, Iraniens, Irakiens. Craignant que les services secrets iraniens soient encore à ses trousses, Kaweh décida de ne pas révéler son identité.

« Je suis du Kurdistan irakien, dit-il, en prenant note d'expliquer cette tactique pendant son entretien suivant.

— Tu parles très bien le persan, remarqua un journaliste iranien.

— J'habitais à la frontière. Je regardais des dessins animés iraniens à la télé.

— Pourquoi demandes-tu l'asile ? »

La question mit Kaweh mal à l'aise. Il se dit qu'il valait mieux que ce journaliste ne le prenne pas au sérieux, qu'il le considère comme un opportuniste.

« Je suis venu ici pour boire de l'alcool et coucher avec des filles, déclara-t-il.

— Quel imbécile, répliqua l'homme avec une grimace de dédain. Il y a des gens dont la vie est vraiment en danger. »

Au foyer, Kaweh suivit des cours d'anglais deux fois par semaine. Il passait ses journées à la bibliothèque municipale de Douvres, à apprendre des mots dans des livres pour enfants. Il appela ses parents avec le portable d'un ami pour leur dire qu'il était à l'abri en Suisse. Il emprunta des sous-vêtements de rechange à son compagnon de chambre. Ne pouvant pas aller tout nu à la laverie, il lavait ses habits dans l'évier tous les soirs et les laissait sécher pendant la nuit.

Il embaucha un jeune avocat, encore débutant en droit de l'immigration, qui lui affirma qu'on le renverrait en Turquie, puisque c'était là-bas qu'il avait demandé l'asile pour la première fois.

« C'est faux, rétorqua Kaweh. Je n'ai pas demandé l'asile en Turquie : j'ai déposé un dossier auprès de l'UNHCR. Ça fait une grande différence. »

Quand avait-il appris cela ? Il s'en souvenait à peine ; pendant une de ses longues nuits de lecture et d'angoisse, sûrement. Quand un avocat plus expérimenté soutint la même théorie erronée, l'instinct de Kaweh lui conseilla de ne pas insister.

« C'est bon, dit-il. Je préfère que vous ne vous occupiez pas de mon dossier. »

De retour au foyer, il apprit que son colocataire avait trouvé un avocat à Londres grâce à son frère. Il lui demanda son numéro : l'homme accepterait peut-être de l'aider aussi.

Il emprunta de l'argent pour se rendre à Londres en bus. L'interprète de l'avocat vint le chercher à la gare routière de Victoria et l'hébergea chez lui pour la nuit. Ce soir-là, un interprète avec davantage d'ancienneté, un autre Kurde irakien, écouta le récit de Kaweh.

« Ton cas est complexe et cet avocat est très occupé, lui dit-il. Je vais commencer ton dossier ce soir. Il se chargera du reste. »

Le jour suivant, l'avocat lut la déclaration préparée par l'interprète et vérifia quelques détails avec Kaweh. En deux heures, le dossier était signé et envoyé au ministère de l'Intérieur.

Le premier Noël que Kaweh passa à Douvres était fidèle à l'image que les dessins animés de son enfance lui en avaient donné : des guirlandes scintillantes dans des arbres sans feuilles, des badauds vêtus de couleurs vives, l'odeur des pâtisseries. Il lut pendant des heures, arpenta la ville de long en large.

Il appela son ami en Turquie pour lui demander de lui envoyer ses documents, ainsi qu'une lettre attestant qu'il avait été membre du parti. Il resta au foyer cinquante jours, en attendant des nouvelles du ministère de l'Intérieur. Le 10 janvier 2005, il se présenta à son entretien de demande d'asile. L'interrogatoire dura six heures, avec deux pauses. L'employée du ministère était une musulmane en hijab, l'interprète une Persane non voilée.

Kaweh leur montra ses papiers, des photos prises au siège du PDKI, des articles qu'il avait écrits, la réponse positive de l'UNHCR. On lui posa mille questions à la minute : *Nom ? Date de naissance ? Qui sont vos parents ? Des frères et sœurs ? Où avez-vous grandi ? Quel est votre niveau d'études ? Pourquoi avez-vous quitté l'Iran ? Quel était votre rôle dans le parti ? Pourquoi avez-vous démissionné ? Que faisiez-vous en Turquie ? Pourquoi votre demande d'asile a-t-elle été rejetée là-bas ?*

« Pourquoi n'avez-vous pas déménagé dans une autre région d'Irak ? » demanda la fonctionnaire.

Épuisé et à bout de nerfs, Kaweh répondit :

« Vous voulez parler du territoire contrôlé par Saddam Hussein ? »

Elle acquiesça.

« Si Saddam Hussein est si merveilleux que ça, pourquoi l'avez-vous attaqué ? » rétorqua-t-il sèchement.

L'interprète hésita.

« Vous voulez vraiment que je traduise ça ?

— Oui, dit Kaweh. Traduisez, s'il vous plaît. »

Mais l'interprète modifia légèrement ses paroles.

« Si Saddam Hussein est si merveilleux que ça, dit-elle, pourquoi les États-Unis l'ont-ils attaqué ?

— Et le Royaume-Uni », ajouta Kaweh en anglais.

Quand il repenserait à cette journée, des années plus tard, il regretterait sa méthode d'une arrogance toute iranienne : répondre à une question par une autre pour souligner son absurdité. Un homme plus sage et plus âgé aurait rappelé à la fonctionnaire que Saddam était un dictateur sanguinaire, que Kaweh n'avait pas la nationalité irakienne et aurait pu être accusé d'espionnage, que beaucoup d'Iraniens étaient morts sous la torture dans ce pays.

À un moment donné, l'interprète tenta de signaler une contradiction dans son récit :

« Vous avez dit que les autorités iraniennes avaient promis de vous envoyer en Suède si vous leur serviez d'espion, et maintenant vous affirmez que c'était au Canada. Vous nous mentez, c'est ça ? »

En réalité, les services secrets iraniens avaient contacté Kaweh à plusieurs reprises, lui promettant des choses différentes à chaque fois. Mais au lieu de s'expliquer, il rétorqua :

« Vous n'êtes que l'interprète. Contentez-vous de traduire, s'il vous plaît. »

Le fait que Kaweh ne cherche absolument pas à s'attirer les bonnes grâces des deux femmes joua peut-être en sa faveur. Il savait que tout reposait sur la logique, pas l'émotion. Il raconta son histoire en détail, clairement, à sa façon. Il ne força pas sur l'hystérie.

On le transféra à Cardiff, où il partagerait une maison avec trois hommes. On lui remit quatre-vingt-dix livres pour acheter des produits de première nécessité et une carte de débit (arborant son nom tronqué) qui lui permettrait de retirer à la poste une allocation hebdomadaire de trente livres. Cette première petite somme en poche, les quatre hommes s'arrêtèrent à Lidl pour faire des courses.

« On devrait prendre nos repas en commun, proposa Ali, un Iranien. On pourra acheter plus de nourriture, comme ça. »

Les autres acceptèrent et lui donnèrent chacun cinq livres. Il acheta du poulet, du sel, du thé, quelques légumes. Kaweh se demanda s'ils pourraient ajouter de la glace. Ali paya les courses et montra le ticket de caisse au reste du groupe – un geste très peu iranien mais rassurant, entre étrangers démunis. L'arrangement semblait bien parti.

Kaweh se rendit au magasin discount Peacocks ; pour une trentaine de livres, il repartit avec une veste, deux chemises, des chaussettes, des sous-vêtements, un jean et des chaussures si laides qu'il refuserait obstinément de les décrire. Il découvrirait bientôt l'existence de Primark, une chaîne encore plus bon marché, ce qui lui causerait beaucoup de regrets. Pendant des années, Peacocks, Primark et Lidl seraient les seuls commerces où il mettrait les pieds.

Chaque semaine, les quatre jeunes hommes marchaient vingt-cinq minutes aller et retour jusqu'au Lidl. Sans argent ni permis de travail, ils tuaient le temps en s'occupant des tâches ménagères. Comme ses colocataires étaient plus jeunes que lui, Kaweh se chargeait du ménage et passait le reste de ses journées à la bibliothèque municipale, au centre-ville de Cardiff. Le petit groupe se promenait dans des parcs, des fêtes foraines, des marchés – des activités gratuites. La troisième semaine, Kaweh acheta un ballon de foot, grâce auquel les hommes se lièrent d'amitié avec leurs voisins, en allant frapper à leur porte d'un air penaud quand ils envoyaient le ballon dans leur jardin. Kaweh s'inscrivit à des cours d'anglais. Un dimanche matin, il acheta une télévision à quinze livres au marché, qu'il mit une heure et demi à rapporter chez lui.

« J'ai besoin d'une télé, expliqua-t-il. Il faut que j'apprenne l'anglais. »

Il passait huit heures par jour à dévorer des classiques de la littérature réécrits pour les étrangers, passant progressivement d'un niveau de difficulté à un autre. Il usa son dictionnaire jusqu'à la corde, mémorisant vingt mots chaque jour. À chaque fois qu'il finissait un livre, si simple soit-il, il lui semblait qu'il parviendrait à construire une vie dans ce pays, à devenir un homme nouveau, peut-être même celui qu'il aurait été, s'il avait vécu dans un Iran libre.

Au bout de trois mois, Kaweh lisait des lettres pour ses colocataires et s'occupait de toutes les tâches requérant une maîtrise de l'anglais : les courses, le courrier, l'entretien de la maison. Ses camarades ne le laissaient plus faire le ménage. À un moment donné, les colocataires se cotisèrent pour acheter un lecteur DVD et dansèrent sur des chansons kurdes joyeuses, en se remémorant le pays.

Quand il eut un assez bon niveau d'anglais pour se rendre quatre jours par semaine dans un centre de formation continue, Kaweh acheta un Walkman pour écouter la BBC pendant le trajet de quarante-cinq minutes : il ne voulait pas perdre ce temps précieux et il préférait investir son argent de cette façon plutôt qu'acheter des tickets de bus. Il avait hâte de comprendre les journaux et la politique. Il écoutait toutes les émissions de radio – les informations, les décryptages de l'actualité, la musique, les débats –, attrapant des mots au vol. Puis il découvrit *Friends* : une série qui parlait de la vie quotidienne, pleine de mots familiers et d'occasions d'en apprendre de nouveaux. Toutes les deux ou trois minutes, un public invisible riait (une intrusion du réel dans l'imaginaire qui lui paraissait extrêmement étrange). Kaweh ne saisissait pas les blagues et éprouvait de l'affection pour Chandler, qui était si incompris, même dans son propre pays. Un jour, alors qu'il regardait l'émission avec son dictionnaire à portée de main, une chose magique se produisit.

Une Rachel folle de joie venait d'avoir sa mère au téléphone. « Emma a dit son premier mot ! » s'exclama-t-elle (ou quelque chose comme ça). Ses amis poussèrent un cri de surprise, impatients de savoir de quel mot il s'agissait. « Elle a dit "gleba" ! » Tout le monde se désintéressa d'elle. « Gleba n'est pas un mot », dit Ross. « Bien sûr que si », rétorqua Rachel. Quand Ross lui demanda sa définition, elle répondit : « Je ne connais pas tous les mots qui existent ! » Et quand il la mit au défi de l'employer dans une phrase, elle déclara : « Emma a dit "gleba" ! » Puis elle alla chercher un dictionnaire, furieuse, pendant que Ross lui criait : « Tant que tu y es, regarde "ppfffff" ! »

Cela faisait longtemps que Kaweh n'avait pas autant ri. Était-ce parce qu'il avait réussi à suivre une scène entière d'une sitcom américaine ? Parce qu'il avait compris sa première blague occidentale ? Ou était-ce le plaisir de voir une autre personne, une New-Yorkaise pur jus, consulter un dictionnaire, essayer de deviner le sens d'un mot, avouer qu'elle ne les connaissait pas tous ? Quoi qu'il en soit, il était ravi.

Le jour suivant, il demanda à sa professeure d'anglais :

« Bella, tu sais ce que veut dire "gleba" ? C'est la masse charnue contenant les spores de certains champignons. »

Ainsi, *Friends* devint une composante essentielle des études linguistiques de Kaweh.

Parfois, les quatre colocataires passaient des coups de fil au pays et écoutaient leur famille s'inquiéter. Les parents d'un des jeunes hommes ne voulaient pas croire qu'il n'avait pas le droit de travailler et n'arrêtaient pas de lui réclamer de l'argent. Il se terrait dans sa chambre, redoutant leurs appels, brûlant de trouver un emploi mais craignant de compromettre sa demande d'asile – des gens avaient été refusés parce qu'ils avaient fait du bénévolat pour tromper leur ennui. « Vous avez travaillé, lui dirait le ministère de l'Intérieur. Vous avez enfreint les règles. »

Un jour, Kaweh appela ses parents avec une carte prépayée achetée au rabais. Son frère décrocha, affolé.

« Qu'est-ce que tu fais à Téhéran ? C'est un numéro en 021 qui s'affiche ! »

Kaweh passa la moitié de la conversation à le convaincre qu'il n'avait pas été arrêté et emprisonné, qu'on ne l'avait pas forcé à téléphoner à sa famille, qu'il y avait simplement erreur sur le numéro appelant.

Il resta dans cette maison vingt et un mois. Au bout de six, tous ses colocataires étaient partis. Leur demande d'asile avait été rejetée par le ministère de l'Intérieur et ils étaient rentrés au pays, ou bien ils vivaient clandestinement dans la rue ou chez des amis. Ses trois colocataires suivants s'en allèrent au bout de cinq mois. Au total, vingt demandeurs d'asile se succédèrent dans la maison pendant son séjour. Tous reçurent une réponse négative et disparurent. Kaweh n'en revit presque aucun. De temps à autre, il apprenait que l'un d'eux était mort, ou reparti chez lui.

En septembre 2006, un an et neuf mois après son arrivée en camion, la demande d'asile de Kaweh fut acceptée et on lui accorda le statut de réfugié. Cela signifiait qu'il perdrait son logement et ses allocations vingt-huit jours plus tard. En l'espace de quatre semaines (auxquelles il faudrait retrancher le temps que le ministère de l'Intérieur mettrait à lui procurer de nouveaux papiers), il devrait ouvrir un compte bancaire (pour lequel il aurait besoin d'une adresse), trouver un logement (ce pour quoi on avait généralement besoin d'un compte bancaire) et une source de revenus. À cause de ces délais intenables, les réfugiés accueillis dans la société anglaise passaient souvent leurs premières semaines à dormir dehors. Kaweh eut de la chance. En janvier 2006, après avoir passé l'IELTS, un examen attestant de son niveau d'anglais, il avait déposé un dossier de candidature à l'université – au cas où. En avril, il avait été accepté en cycle préparatoire. Si sa demande d'asile n'avait pas abouti, à peine une semaine avant le début des cours, il aurait perdu sa place.

Dès qu'il obtint ses papiers, il demanda un prêt étudiant à sa banque, qui le lui refusa. Il emprunta de l'argent à un ami boucher et supplia l'université de le laisser payer ses frais de scolarité par mensualités. Une fois l'accord conclu, il trouva une chambre et un emploi dans une usine Peacocks, où il lavait des vêtements et les chargeait dans des camions cinq nuits par semaine, de 23 heures à 7 heures du matin. Les lundis étaient épuisants, car les cours commençaient dès sa sortie du travail et s'enchaînaient jusqu'à la fin de la journée. Mais les chiffres collaient et cela lui suffisait – sa paie hebdomadaire chez Peacocks couvrait son loyer, ses versements à l'université, sa nourriture, ses trajets en bus et ses dépenses courantes.

Des années plus tard, quand il aurait refait ses papiers au nom de Beheshtizadeh, qu'il aurait un bureau, une maison et une épouse, il tomberait sur un récapitulatif des allocations que les Britanniques lui avaient versées pendant ses vingt et un mois d'attente : un document officiel avec son nom encore tronqué en tête de page et un chiffre avoisinant les deux mille livres en bas. Il payait plusieurs fois cette somme en impôts annuels, désormais. Tout le monde ne survit pas. Vous pouvez vous dire : je ne mangerai jamais au restaurant, je n'achèterai jamais de paquet de chips ni de ticket de bus, mais vous ne pouvez pas dire non à un enfant qui vous supplie. Vous pensez être à l'abri en Angleterre. Vos souffrances sont terminées… Jusqu'au jour où votre enfant demande à manger chez Nando's.

Kaweh repensa à la vingtaine d'hommes passés par la maison de Cardiff, qui avaient tous été refoulés, renvoyés au danger ou à la misère. Beaucoup d'hommes et de femmes comme eux avaient péri, succombant à des régimes brutaux ou au désespoir. Un homme s'était immolé par le feu, avait-il lu quelque part. Kaweh savait à quel point il avait été proche de subir le même sort, à quel point il était improbable qu'il se retrouve assis là, dans ce bureau, *jugé crédible*, accueilli dans une civilisation libre, autorisé à se retrousser les manches et participer au grand projet collectif consistant à faire vivre un quartier, une ville, une nation. Cela lui semblait juste de trimer aux côtés des Anglais, dont il parlait couramment la langue, à présent. Et cela lui semblait juste d'user de ses talents pour aider les prochains voyageurs sales et affamés qui se fraieraient un chemin à travers les montagnes.

Il éprouva une grande satisfaction, aussi, le jour où les Britanniques le reconnurent comme l'un de leurs meilleurs éléments…

3

KAMBIZ

Si Kambiz avait eu un passeport iranien, il l'avait déchiré et jeté dans les toilettes avant de se rendre à Ter Apel pour sa première demande d'asile. En 1999, il se présenta chez un dénommé Hadi, qui avait une maison à Almere, près d'un camp de réfugiés, où les Iraniens se retrouvaient parfois pour dîner ou prendre le thé. Il y trouva une dizaine d'habitants des environs, clandestins ou non, qui croquaient des biscuits aux pois chiches et du caramel au sésame, trempaient des morceaux de sucre dans leur thé et discutaient du pays, adossés à des coussins. Hadi tapa le nouveau venu dans le dos et lui demanda ce qu'il savait faire.

« Je peux me charger de travaux d'électricité, répondit Kambiz. Je parle turc et arabe, et un peu anglais aussi. »

Hadi décréta qu'il n'aurait pas de mal à lui obtenir des missions sur des chantiers, s'il était un bon électricien.

Les femmes avaient apporté des plats du pays : de la salade de poulet iranienne, des côtelettes, de l'omelette aux herbes. Kambiz proposa de cuisiner quelque chose, la fois suivante.

« Où vis-tu ? lui demanda Hadi.

— Au camp. J'aurai bientôt mes papiers, puis j'achèterai une maison.

— Si Dieu le veut, dit Hadi avant de prendre une gorgée de thé. D'abord, tu auras besoin d'argent. »

Kambiz laissa fondre un biscuit aux pois chiches sur sa langue – la saveur de toutes les enfances iraniennes. Sa grande sœur lui manquait ; il avait promis de l'appeler, même s'il n'appelait jamais sa mère. Devenue avocate, sa sœur avait comblé toutes les espérances de cette dernière. Kambiz y arriverait peut-être aussi, à présent. Il ferait peut-être venir sa petite sœur aux Pays-Bas pour qu'elle y étudie. C'était une enfant. Elle pourrait encore apprendre un hollandais et un anglais parfait, devenir avocate en Occident – imaginez un peu ça !

« Pour quelle raison demandes-tu l'asile ? » l'interrogea un certain Parvis, restaurateur en herbe, dont le propre dossier serait bientôt réglé.

Kambiz réfléchit à la question, qui le taraudait depuis plusieurs jours – il y avait la femme qu'il avait rencontrée, son mari furieux, la menace qui le suivait partout où il allait.

« Je fais partie d'un cercle de journalistes, dit-il. Certains d'entre nous ont été arrêtés.

— Tu es journaliste ? demanda quelqu'un d'autre.

— Non. Je fais juste partie du groupe. Nous ne sommes plus en sécurité.

— Ça ne suffira pas, déclara une autre voix depuis le *sofreh*. Tu devrais dire que tu es chrétien. »

Kambiz secoua la tête.

« Je suis musulman.

— Oui, mais tu devrais dire…

— Je suis musulman, répéta-t-il dans sa tasse de thé. Je ne mentirai pas sur ma religion.

— Ma foi, peut-être que tu rencontreras une Hollandaise, alors », plaisanta Parvis.

Kambiz prit une gorgée de thé.

« J'aimerais bien fonder une famille. Avec une gentille Iranienne. »

Les autres émirent un rire gêné. Ils pensaient qu'il n'avait aucune chance d'obtenir l'asile. Mais Kambiz refusait d'affirmer qu'il était chrétien ou gay – il redoutait la réaction du régime ; s'il essayait de se faire passer pour apostat, il risquait de mettre en danger sa mère et ses sœurs. Le fait que des *sepâh* se soient présentés chez lui pour le menacer de mort devrait bien suffire aux services de l'immigration, non ? Les Hollandais ne refusaient quand même pas les personnes en bonne santé et motivées qui voulaient éclairer leurs maisons et cuisiner pour eux, si ?

Au fil des mois et des années, les Pays-Bas se chargèrent de réduire ses espoirs à une dimension plus modeste. Kambiz apprit le néerlandais. Il ne tomba pas amoureux – il discutait parfois dans des bars avec des touristes ou des femmes d'Europe de l'Est qu'il soupçonnait d'être des prostituées, mais une union avec une Iranienne respectable semblait hors de sa portée. Lors de son entretien à l'IND, le service de l'immigration des Pays-Bas, il parla de ses amis journalistes, de la femme qu'il avait rencontrée, de la police des mœurs qui avait frappé à sa porte. L'IND rejeta son histoire une fois, puis deux, et de demandeur d'asile, il passa à « étranger en situation irrégulière ». Les autorités hollandaises ne pouvaient pas le renvoyer chez lui, puisqu'il n'avait pas de passeport. Elles exigèrent qu'il en demande un à l'ambassade iranienne. Il refusa, comme beaucoup de réfugiés. L'IND l'informa qu'à présent que son dossier était clos, il n'était plus le bienvenu au camp. Hadi lui trouva une chambre et des missions régulières en tant qu'électricien. Il gagnait assez bien sa vie en travaillant au noir et parvenait à rentrer dans ses frais. Mais il ne pouvait toujours pas souscrire à un abonnement téléphonique, louer un appartement, ni obtenir une carte d'identité.

Avec le temps, Kambiz se constitua un réseau de clients fidèles qui le payaient en liquide. Il intervenait fréquemment chez eux, chez leurs amis et leurs parents. Il faisait de l'excellent travail pour un tarif raisonnable, s'exprimait d'une voix douce. Il lui arrivait de surfacturer les clients malpolis, ceux qui se croyaient tout permis, et de sous-facturer les clients pauvres, honnêtes, tristes. La culture néerlandaise l'épuisait – dans quel pays solitaire il avait échoué !

« Il y a une chose à savoir sur les Hollandais », lui dit Parvis un jour.

Tous deux parlaient désormais couramment néerlandais (la cinquième langue de Kambiz) et Parvis, qui avait obtenu ses papiers, projetait d'ouvrir un restaurant.

« On ne peut pas espérer s'en faire des amis. Quand la mère d'un

Hollandais l'appelle, tu sais ce qu'il fait ? Il consulte son agenda et il dit : "Mardi à 16 heures". Il ne se déplace pas lui-même, parce qu'elle "habite tout là-bas à Utrecht". Alors qu'est-ce que toi, un couillon d'Iranien sorti de nulle part, tu voudrais obtenir de ce type ? »

Kambiz éclata de rire. On n'entendait jamais parler de comportements pareils en Iran – là-bas, on rendait visite à sa mère tous les jours, même si elle habitait à trois heures de route. Là-bas, si un ami perdu vous téléphonait au milieu de la nuit, vous enfiliez votre veste et vous sautiez dans votre voiture. Il ne vous serait pas venu à l'idée de dire : « Prends un taxi », comme tout bon Hollandais. Aucun habitant de ce pays n'avait jamais invité Kambiz à dîner ou prendre le thé chez lui. Il était reconnaissant à la communauté iranienne d'exister. Lors des dîners chez Hadi, il s'exclamait parfois : « J'ai hâte de voir les fils de Parvis devenir médecins, et d'avoir les miens. J'ai hâte que nos enfants nous rendent fiers. » L'attente commençait à lui peser. « C'est un endroit terrifiant, disait-il à Parvis. La pression du passé, la pression de l'avenir… Il paraît que quand on souffre trop de l'une ou de l'autre, on perd la raison. »

Parvis hochait la tête. C'était un sujet de plainte courant chez les réfugiés : l'avenir vous angoisse parce que vous n'êtes pas chez vous et que vous ne pouvez pas avancer. Le passé vous déprime parce que vous ne pouvez pas rentrer au pays, que vos souvenirs s'estompent et que tout ce que vous connaissiez a disparu.

« Je reste coincé à la frontière ténue entre le passé et l'avenir, à attendre la folie », disait Kambiz.

Il regrettait sa grande famille, tous ces gens bruyants entassés dans une petite maison. Il regrettait ses sœurs, qui semaient la pagaille partout où elles allaient. Il regrettait même les jérémiades quotidiennes de sa mère à propos de sa tante.

Il travaillait jusqu'à douze heures par jour. Il envoyait de l'argent en Iran et sa famille commença à penser qu'il avait réussi à faire quelque chose de sa vie. Il leur dit qu'il avait repris ses études et cela leur suffit. Un jour, environ dix ans après son arrivée aux Pays-Bas, il décida qu'il en avait assez.

« Je suis fatigué, dit-il à Hadi. Je n'en peux plus d'attendre. Je veux fonder une famille. Il faut que j'obtienne une réponse et que je commence à vivre. »

Il voulait retourner à Ter Apel ou dans un commissariat et donner plus de détails sur ses problèmes en Iran, cette fois.

« Ton histoire ne tient pas la route, lui dit Hadi. Tu connais la logique hollandaise : on ne tue pas des gens à cause de liaisons non prouvées ou parce qu'ils fréquentent des journalistes. Ils font comme si la République islamique était aussi irréprochable et respectueuse des règles que le tribunal de La Haye. Tu es sûr que c'est une bonne idée ?

— Que veux-tu que je fasse d'autre ? répondit Kambiz. Je refuse de dire que je suis chrétien. »

En quelques mois, Kambiz avait perdu toute sa gaieté. Il s'apitoyait sur lui-même, se plaignait à longueur de temps. Il savait que ses amis le trouvaient usant.

« Tu as une femme, des enfants, une voiture, dit-il à Hadi. Moi, je n'ai droit à rien. Je veux redémarrer cette fichue procédure et devenir un être humain digne de ce nom. Est-ce trop demander ? Suis-je si exigeant que ça ?

— Bien sûr que non, répondit Hadi. Tu mérites tout cela. Mais tu n'as pas le choix : il faut que tu leur apportes des éléments neufs si tu veux qu'ils rouvrent ton dossier. Va voir Pouri, au moins. »

Ahmed Pouri était un militant, un traducteur de cultures. Il aidait les Iraniens à comprendre la mentalité hollandaise, à se présenter à la façon européenne. Un jour, Kambiz accompagna un ami à son bureau. Il y resta un long moment, à écouter son camarade décrire sa situation. Puis il partit.

Peu après, il se rendit à la police, expliquant que sa demande d'asile avait été rejetée, mais qu'il voulait raconter son histoire une nouvelle fois. On le jeta dans une cellule.

Il passa près d'un an en détention. Après une décennie aux Pays-Bas, après toute cette attente, ce labeur, cette errance, cette angoisse, il n'avait plus rien à faire que rester assis et souffrir. Il était enfermé dans une boîte, dont il ne sortait qu'une ou deux heures par jour. Personne ne le contacta. Il sombra dans la dépression et commença à rêver de la mort. Pourquoi devrait-il repartir calmement et discrètement dans un pays où il dépérirait et mourrait, de toute façon ? Il aurait gâché sa vie. Nuit après nuit, il réfléchissait à la façon dont il passerait à l'acte. Il finissait toujours par chasser l'idée de son esprit, se reprochant sa tendance à dramatiser, à se laisser emporter par son imagination.

À la fin de l'année 2010, Refugee Aid entendit parler de Kambiz, un réfugié seul, sans famille ni aide juridique digne de ce nom, incarcéré depuis plusieurs mois au centre de détention de Schiphol. Craignant qu'il se perde dans le système, l'organisation demanda à Frank Van Haren, un avocat spécialiste en droit d'asile, de lui rendre visite.

Le centre de détention était un immense bâtiment rectangulaire, situé dans les environs de l'aéroport de Schiphol. De près, il ressemblait à une botte blanche prête à vous écraser. Van Haren endura la comédie habituelle pour y entrer, même s'il fréquentait souvent les lieux. Une fois qu'il eut passé la sécurité, un surveillant l'emmena dans une pièce équipée d'un téléphone. Il composa le numéro d'un interprète qu'il avait engagé à l'avance et attendit. Lorsqu'on escorta Kambiz dans la salle, Van Haren se présenta et lui demanda s'il souhaitait discuter des stratégies possibles.

« Je veux déposer une nouvelle demande, dit Kambiz.

— Je vous y aiderai volontiers, répondit Van Haren. Mais vous aurez besoin de présenter des éléments neufs aux services de l'immigration. Il vous faudra des preuves, des documents dont vous ne disposiez pas auparavant. Si vous êtes capable d'étayer votre récit, nous pourrons gagner cette affaire.

— Vous le pensez vraiment ? demanda Kambiz.

— Bien sûr », répondit Van Haren, notant l'air abattu de son interlocuteur.

Kambiz avait déjà entendu ce discours. Van Haren n'était pas son premier avocat. Mais deux mois plus tard, il demanda à le revoir. Il paraissait éreinté, comme s'il avait passé ses nuits à retourner leur conversation dans sa tête. Il n'avait rien de neuf à proposer ; il espérait seulement qu'un détail crucial lui avait échappé et qu'il découvrirait la solution cachée dans les mots de Van Haren en réécoutant ses conseils.

Que pouvait-il faire d'autre ? Si vous demandez à n'importe quelle personne d'attendre cinq heures, elle trouvera de quoi s'occuper. Mais quand il ne s'agit que de dix minutes, la plupart des gens se contenteront de patienter. Si ces dix minutes se changent en vingt, ils ne verront peut-être toujours pas l'utilité d'essayer d'accomplir quoi que ce soit d'important. Ainsi, on peut amener une personne rationnelle à gaspiller cinq heures entières, minute par minute. Voilà à quoi ressemble la vie d'un réfugié. La folie distillée à petites doses, à travers un objectif sans cesse repoussé.

Quelques mois plus tard, un vendredi soir, aux alentours de cinq heures, Kambiz débarqua au bureau de Van Haren d'un pas optimiste, avec des documents à la main. Il avait été relâché de prison (après avoir refusé de demander un passeport iranien) et avait mené son enquête, appelant de vieux amis et des connaissances, jusqu'à dénicher de nouveaux détails et documents qui prouvaient ses liens avec plusieurs cercles de journalistes en Iran. Il demanda à l'assistant de l'avocat s'il pouvait le voir immédiatement.

« C'est urgent, dit-il. J'ai les documents qu'il voulait. Ils sont assez solides pour appuyer une nouvelle demande. »

Van Haren sortit de son bureau.

« Je suis vraiment désolé, monsieur Roustayi, dit-il. Je suis avec un client et j'ai du travail jusqu'à 19 heures. Je ne pourrai pas vous recevoir aujourd'hui. Mais vous pourriez revenir lundi, qu'en dites-vous ? »

Le lundi, juste avant l'heure prévue du rendez-vous, l'avocat reçut un appel de Kambiz, en larmes.

« Que se passe-t-il, monsieur Roustayi ? » demanda-t-il.

Kambiz sanglotait, son chagrin et sa confusion clairement perceptibles au téléphone.

« Je suis maudit, je vous jure… J'ai mis les documents dans le panier de mon vélo et je les ai oubliés. Quand je suis sorti ce matin, ils avaient disparu.

— Je suis vraiment désolé », répondit Van Haren.

Il croyait Kambiz sur parole, se rappelant qu'il avait eu l'intention de lui montrer les documents immédiatement, quand il s'était présenté à son bureau. Les papiers qu'il avait à la main n'étaient pas un accessoire.

« Je comprends votre affolement. Mais nous sommes de retour à la case départ. Si vous avez perdu vos nouvelles preuves, il ne nous reste plus rien. Je ne peux pas m'occuper de votre dossier. »

Kambiz décida de se rendre à Ter Apel une dernière fois, pour entamer une procédure d'asile par lui-même. L'avocate commise d'office lui expliqua que sa demande n'avait aucune chance d'aboutir. Malgré tout, il resta là-bas plusieurs jours, croisant le chemin d'autres réfugiés.

« Si je reçois encore une réponse négative, je pense que je me suiciderai », disait-il à qui voulait l'entendre.

Pendant les longues journées mornes qui suivirent son incarcération, Kambiz veilla avec Parvis jusque tard dans la nuit, laissant refroidir son thé.

« Il vaudrait peut-être mieux que je meure.

— Retourne en Iran, lui dit Parvis. Ça ne peut pas être pire que cette situation-là. Tu es démoralisé. Les choses ne s'amélioreront jamais ici.

— Impossible, dit Kambiz, enfouissant le visage dans ses mains.

— Allons voir un autre avocat, alors ! Dis-lui que tu as perdu foi en l'Islam. L'apostasie suffit, tu n'as pas besoin de raconter que tu es chrétien.

— Je ne peux pas dire ça, rétorqua Kambiz. Je suis musulman.

— Kambiz *jan*, il faut que tu changes d'état d'esprit.

— Que veux-tu que je fasse ? Ils m'ont mis en cage comme un animal.

— Mais tu es sorti, maintenant ! Secoue-toi. Pars en Allemagne ou en Angleterre. Recommence tout du début, avec une nouvelle histoire. Tu m'écoutes, Kambiz *jan* ?

— Ça a été une année infernale. » Kambiz parlait tout seul, à présent. « Tu passes ton temps à réfléchir, et les réponses ne viennent pas. Tout devient noir. »

Parvis se tut, tandis que son ami essayait de mettre de l'ordre dans ses pensées.

« Tu veux que je te dise quelque chose ? reprit Kambiz. Quand les Hollandais demandent à l'ambassade iranienne de te fabriquer un passeport, l'ambassade refuse, parce qu'il faut que tu fasses la demande toi-même. La seule exception, c'est si le régime te recherche. Dans ce cas-là, l'ambassade aide les Hollandais à te renvoyer au pays. Alors voilà l'astuce : si les Hollandais demandent aux Iraniens de te fabriquer un passeport, et qu'ils acceptent, c'est la preuve que tu es danger. Sinon, tu peux aller te faire voir. Et crever dans la rue.

— Dieu tout-puissant, soupira Parvis. Quel monde…

— Je crois que je deviens fou », dit Kambiz.

Quelques jours plus tard, le 6 avril 2011, Kambiz quitta la maison de Hadi dans un élan de rage. Il claqua la porte derrière lui, sans répondre aux appels de son ami. Il sauta dans un train à destination d'Amsterdam, s'arrêtant en chemin pour acheter un bidon d'essence à briquet. Il se posta au milieu de la place du Dam, le cœur battant de la ville, entouré de cafés, et regarda les touristes et les travailleurs passer. Une famille de pigeons picorait près de ses pieds et il pensa, même les oiseaux ont un coin de la ville où fonder une famille. Il vida le bidon sur sa tête, aspergeant ses cheveux et ses vêtements. Il n'attendit pas qu'on puisse le remarquer ou l'interroger. Il récita une prière et quand il n'y eut plus personne autour de lui, il dit au revoir à sa mère et ses sœurs et craqua une allumette.

Parvis était à l'entraînement de foot de son plus jeune fils, en train d'écouter la radio, quand un journaliste annonça qu'un fou s'était immolé par le feu sur la place du Dam. La façon dont l'homme s'était donné la mort le troubla. Il appela Hadi.

« Où est Kambiz ? demanda-t-il.

— Il s'est mis en colère et il est parti, répondit Hadi. Pourquoi ? Qu'a-t-il fait ?

— Allume la radio, dit Parvis. Il nous a répété une dizaine de fois qu'il allait se tuer. Et s'il était passé à l'acte ? »

Parvis déposa ses enfants chez lui, puis alla trouver la police, qui n'avait pas encore identifié la victime.

« Si c'est bien lui, dit-il, il n'était pas fou. C'était un réfugié.

— Il y a beaucoup de monde dans cette ville, répondit un agent. C'était sûrement quelqu'un d'autre. Mais on vous appellera. »

Il nota le nom et l'adresse de Parvis, qui songea : *C'est lui. Seul un réfugié voudrait d'une mort pareille.*

La police le rappela le soir même, pour lui demander d'aller identifier l'homme à l'hôpital. Quand il entra dans le bâtiment, Parvis essaya d'imaginer où Kambiz pourrait se trouver d'autre. Mais non, pensa-t-il, c'est lui. C'est lui. L'homme qui gisait dans le lit était enveloppé de bandages, le visage enflé au point d'en être méconnaissable. Et pourtant, c'était bien son ami. Parvis hocha la tête. Un policier tenait les papiers d'identité de Kambiz à la main. Il alla téléphoner à Ter Apel, pour leur demander ses empreintes.

« Vous devez contacter l'ambassade pour qu'elle prévienne sa famille, déclara-t-il à son retour. Il faut que quelqu'un nous dise quoi faire de lui. »

Parvis regarda son ami. On lui avait posé un cathéter, mais le liquide qui s'accumulait dans la poche à urine n'était pas jaune, ni même rouge. Il était noir. C'étaient des cendres. Le visage de Kambiz était boursouflé et il respirait grâce à des poumons artificiels qui se gonflaient et se dégonflaient à côté de nombreuses autres machines. Il était si gravement brûlé que plus aucun de ses organes ne fonctionnait. Des passants avaient tenté d'étouffer le feu avec leur veste. Kambiz avait-il su qu'il achetait un liquide qui, une fois enflammé, ne pouvait plus être éteint ? Ou espérait-il qu'on le sauverait ? À présent, les médecins affirmaient que même s'il s'en sortait, il ne redeviendrait jamais humain. Il ne pourrait pas vivre sans machines pour travailler à la place de son corps. Ses dernières fonctions physiologiques avaient cessé d'opérer.

La police rappela Parvis le lendemain. On allait débrancher Kambiz.

« L'équipe médicale dit qu'il n'a aucune chance de survivre. »

Kambiz Roustayi mourut à trente-six ans, après avoir perdu douze de ses années les plus fortes et ambitieuses, ces années où l'on a soif de construire, de se donner aux autres et à sa communauté – des années consacrées au travail et à la famille. Pourquoi avait-il choisi de mourir ainsi ? Il avait peut-être voulu s'inscrire dans la psyché du pays, être évoqué aux informations, figurer dans des installations artistiques et des écrits, être commémoré chaque avril, pendant un temps. Il avait tant souffert de l'oubli. Dans ses nuits les plus sombres, Kambiz s'était battu contre ceux qui l'avaient rejeté. Était-ce si difficile d'imaginer qu'il ait voulu graver son image dans leur mémoire ?

Après son enterrement, la famille de Kambiz téléphona à Parvis pour qu'il leur envoie ses affaires. Parvis mit ses vêtements et son portable dans un petit sac, qu'il expédia en Iran. Quand le colis arriva, le beau-frère de Kambiz le rappela.

« C'est tout ? demanda-t-il. Il n'avait que ça, après douze ans aux Pays-Bas ?

— Qu'est-ce que vous croyez ? répliqua Parvis. Il était clandestin et il habitait dans une chambre qu'il louait. »

C'était difficile d'avouer aux parents de Kambiz que leur fils n'avait rien fait de sa vie. Les Iraniens sont persuadés que l'Europe déborde de villas et de vin. Se rendre compte qu'après une décennie, un homme pouvait ne posséder qu'un sac de bleus de travail encrassés, un vieux portable et des sous-vêtements – c'était ça, la tragédie, pour eux. En Europe, Kambiz avait mené une petite vie. Il ne se confiait qu'à deux amis, en voyait cinq ou six. Après son incarcération, quand il était rentré chez Hadi, il n'avait plus personne.

Le lendemain de la mort de son ami, Parvis prit la parole à la radio.

« Ne le traitez pas de fou, dit-il. Ce n'est pas le mot qui convient. C'était un réfugié. »

Et à partir de ce moment-là, malgré les nombreuses erreurs qu'ils commettraient dans leurs reportages sur Kambiz (affirmant que Van Haren était son avocat, qu'il avait rencontré Parvis dans un centre d'accueil pour demandeurs d'asile, qu'il était sans-abri), les médias le désigneraient au moins comme un réfugié. L'IND n'avait pas daigné le faire : *Le ministre de l'Immigration et de l'Asile Gerd Leers a qualifié la mort de M. Roustayi de « tragique », mais affirme que tous les protocoles ont été respectés et qu'il a reçu une aide juridique adéquate.* Bientôt, on cessa de parler du drame, puis on l'oublia.

Mais certaines personnes ne pouvaient pas chasser Kambiz de leur esprit. Une artiste d'Amsterdam appelée Sara, ma cousine par alliance, commença à dessiner son visage. Elle remplit un carnet de coupures de journaux à son sujet. Les Iraniens de la ville se rassemblèrent sur la place du Dam pour chanter des chansons et honorer sa mémoire. Beaucoup de Néerlandais vinrent lui rendre hommage aussi.

« Ce n'était pas juste, disaient-ils. Il faisait partie de notre société, maintenant. Après dix ans, on aurait dû le croire. »

Aucun homme ne reste en suspens si longtemps, s'il peut rentrer dans son pays en toute sécurité. Les gens se demandaient à quoi ressemblait la vie de Kambiz en Iran – personne ne savait grand-chose. Il gardait ses histoires pour lui. Mes recherches n'ont exhumé qu'un portrait flou de cette époque.

Ce printemps-là, Ahmed Pouri organisa des manifestations dans la ville.

« Vous ne remettez pas du tout en question votre système ? demanda-t-il au maire.

— Que pouvait-on faire ? répondit celui-ci. Il a exercé ses droits. »

Il ne s'intéressait plus à Kambiz. Cela rendait Ahmed fou de rage.

« Vivre sans perspective d'avenir, comme un ver, s'emportait-il. En attendant Godot… Qui peut subsister comme ça ? Les êtres humains ont besoin de sens. Kambiz a craqué parce qu'il avait besoin d'un but, d'une famille, d'avancer. »

Certains matins, Frank Van Haren regardait par la fenêtre de son bureau, en direction de l'endroit où Kambiz s'était immolé sur la place du Dam.

« Il est passé par mon cabinet sans laisser de trace tangible, seulement une impression très triste, disait-il. Il est mort à trois cents mètres de mon bureau. J'étais là quand c'est arrivé. Je ne l'oublierai jamais. »

4

Le jour où Kambiz s'est immolé, à deux kilomètres de mon appartement, je préparais ma seconde fuite. On était le 6 avril 2011 et à peine un mois plus tôt, les responsables du programme d'écriture créative de l'université de l'Iowa m'avaient annoncé que je pourrais me réfugier dans une petite ville au milieu des champs de maïs, loin d'Amsterdam.

En février, mon mari et moi passions un dimanche après-midi pluvieux dans notre café préféré, Two for Joy. Il lisait *Monocle*. Je lisais Ishiguro. Nous portions des tee-shirts Lacoste assortis, avec le plus grand sérieux du monde. Nous nous tenions la main. Juste avant que mon portable sonne, je regardais nos doigts en réfléchissant aux nombreux usages entrecroisés du mot « stérile », qui peut être positif ou négatif, mais toujours effrayant. La vieillesse. Les hôpitaux. Le feu. Nos doigts étaient désormais un peu plus âgés et minces qu'à l'époque où nous avions entamé nos études, avec nos ongles rongés au vernis rose et nos antisèches gribouillées sur la paume. Nous avions mûri.

Puis mon portable s'est éclairé. Un numéro de l'Iowa. (J'attendais de voir cet indicatif depuis des semaines. Pour moi, le 319 reste synonyme de sauvetage, de sorties littéraires, de vin bon marché le mardi soir, de véritables amitiés, de liberté.) Je me suis précipitée sous la pluie et j'ai écouté Samantha Chang me proposer une place. Elle m'a parlé du long cheminement d'une vie d'écrivain et de la paix que pouvait apporter un séjour temporaire dans une petite ville peuplée d'artistes – mais je n'ai entendu que la moitié de ses mots, ceux que j'avais rencontrés du temps où j'étais demandeuse d'asile. La liberté ! (d'imaginer et de créer), un refuge ! (loin du train-train quotidien), de l'aide ! (pour écrire – *du calme, Dina*).

Depuis six mois, j'avais sombré dans un désespoir si profond et dévorant qu'il me laissait à bout de souffle. Je luttais contre la barre de métal, mon rocher de Sisyphe, m'efforçant constamment de la faire redescendre. Les symptômes physiques de mes troubles obsessionnels-compulsifs avaient ressurgi. Je n'écrivais plus. J'avais perdu quinze kilos – ils s'étaient volatilisés du jour au lendemain, telle une boucle d'oreille égarée.

Comme en Iran, une partie essentielle de mon être suffoquait. Je la sentais se racornir. Et si je la laissais disparaître, cette chose que je n'arrivais même pas à nommer ni exprimer ?

J'étais enlisée dans l'apathie, le narcissisme et l'ennui, mourant d'envie d'échapper à mon couple et Amsterdam, mais trop lâche pour faire mes valises et partir. J'étais mariée à un homme bon et gentil, mais la perspective d'une fuite me plongeait dans des fantasmes psychotiques. J'imaginais mon mari m'enchaîner dans la cave ou appeler des ambassades pour qu'on me déchoie de toutes mes nationalités. Mon pouls s'accélérait à cette idée, comme si mon corps y croyait – je passais des matinées à examiner nos papiers d'identité, sortant mes passeports de notre classeur à tiroirs pour les cacher au milieu de mes sous-vêtements.

Début avril, je cherchais un appartement à Iowa City quand j'ai appris la nouvelle. Un Iranien, un demandeur d'asile qui frappait à des portes depuis dix ans, s'était immolé par le feu sur la place du Dam. Il s'appelait Kambiz Roustayi. En un clin d'œil, toutes mes obsessions et mes peurs semblaient avoir trouvé un exutoire : qui était cet homme ? J'ai lu tout ce que je pouvais à son sujet. J'ai enquêté. J'ai traîné Philip à un rassemblement à sa mémoire sur la place du Dam. J'ai regardé la vidéo de sa mort presque tous les jours, jusqu'à connaître sa chorégraphie morbide. Je m'imaginais sur la place, participant au spectacle. Et si j'avais été là avec une couverture, ou une de ces serviettes trempées de pluie que Philip gardait dans son scooter pour essuyer la selle ? Et si j'avais connu Kambiz et que j'avais pu le dissuader d'une façon ou d'une autre ? Je me demandais si quelqu'un avait cuisiné pour lui – les hommes iraniens étaient incompétents dans ce domaine. Je ne cessais de revenir au cœur du mystère : pourquoi personne ne l'avait-il cru ?

J'ai posé la question à Philip. Il m'a répondu : « Arrête de t'inquiéter. On t'a adoptée, nous les Français. »

J'ai posté la question à ma tante. Elle m'a répondu : « Bien trop souvent, c'est un problème de traducteur. On prend plus au sérieux ceux qui ont un accent anglais ou américain, tu le savais ? »

J'ai posé la question à ma mère. Elle m'a répondu : « Dieu seul le sait. »

J'ai posé la question à une femme d'origine iranienne. Elle m'a répondu : « Les Hollandais sont racistes ! Tu n'as pas entendu Wilders parler des "Pays-Bas d'Arabie", exciter leurs pires instincts nationalistes ? Ils traitent cet homme comme un vrai candidat ; ils lui donnent une légitimité, alors qu'il devrait ramper en marge de la société. »

« Le problème, m'a dit un financier hollandais lors d'une fête de l'entreprise de Philip, c'est que les migrants opportunistes racontent les mêmes histoires que les vrais réfugiés. Ceux-là sont rares. Comment l'IND peut-elle faire la différence ? »

J'ai songé que je monterais bientôt dans un avion pour Iowa City – ma propre évasion opportuniste, pendant laquelle j'aurais enfin mon libre arbitre, du pouvoir et de l'ambition. Dans quelques mois, je redeviendrais une migrante, mais assurément pas du même type que lorsque nous avions pris la fuite. J'étais épuisée.

« Je ne crois pas qu'opportuniste soit le bon mot, ai-je dit. Qu'ils fuient la misère ou autre chose, ils fuient quand même. Ils ne viennent pas ici pour escroquer les gens.

— Bien sûr », a répondu l'homme.

Il a pris mon verre vide et l'a posé sur un plateau. Il était très gentil.

« Je parle de ceux qui partent pour des raisons économiques. Ceux dont la vie n'est pas en danger, vous voyez ?

— Oui », ai-je dit.

J'étais trop fatiguée.

« La mère de Dina était une réfugiée », a interjeté Philip.

Je n'ai pas ajouté que j'étais une réfugiée aussi – ce n'était pas arrivé une génération plus tôt. Ce n'était pas du passé. Le moment me semblait mal choisi : ces hommes étaient gentils. Et je portais une trop jolie robe ; c'était mon passeport pour la joie ce soir-là, toute cette soie rouge corail.

Peu avant mon départ, j'ai subi un autre choc.

Une amie d'origine iranienne m'a dit qu'elle ne croyait pas notre histoire de fuite. Elle me l'a expliqué d'une voix douce, comme si elle m'informait qu'elle avait vu ma mère voler au supermarché Albert Heijn. Quelqu'un avait exprimé des doutes sur notre récit : une sorte de monsieur Je-sais-tout issu de la communauté des exilés arméniens. Ma mère n'était pas un pasteur bien connu, comme celui qui avait été abattu dans la rue, arguait-il. C'était l'épouse d'un musulman futé, qui avait acheté des billets d'avion au nez et à la barbe de la République islamique. Elle n'était pas en si mauvaise posture que ça. Elle avait peut-être menti pour quitter l'Iran – pour avoir une meilleure vie. Une migrante économique, voilà ce qu'elle était. Où étaient les documents prouvant qu'elle avait été arrêtée ? Tout indiquait que nous avions quitté l'Iran à bord d'un avion de ligne, que nous avions un visa, un garant. Comment était-ce possible, si elle allait être exécutée ? Pourquoi ne l'avait-on pas envoyée à Evin, une prison encore plus grande et terrifiante, à Téhéran ? Comment avait-elle pu monter dans ce premier avion-cargo ? Une Iranienne cultivée n'aurait quand même pas été assez imprudente pour distribuer des tracts en pleine rue, si ? Et aucun dentiste ne pouvait avoir de clients fidèles au point de risquer leur travail et leur liberté pour aider sa famille de fugitifs à sortir du pays.

C'était comme un coup de pied dans le ventre. J'avais l'impression de me retrouver face à un tribunal d'agents de l'immigration, des hommes blancs en colère qui me haïssaient ouvertement pour être arrivée dans leur pays et avoir trop pris, trop demandé, un droit qui leur appartenait de naissance. Ils allaient déchirer mon passeport et m'expulser. Je n'en revenais pas, du culot de cet homme – un Arménien d'Iran aurait dû avoir plus de jugeote. Or il se permettait de semer le doute, comme s'il n'existait pas d'univers de services et de menaces invisibles et officieux. Comme si, en Iran, seuls les coupables étaient pendus. Comme si toutes les menaces de mort crédibles étaient consignées en triple exemplaire au ministère du Renseignement. La mémoire pouvait nous jouer des tours, me suis-je dit, mais j'avais des albums photo, des scènes très claires dans ma tête, des babioles que j'avais emportées dans mon sac de l'autre côté de l'océan. Les événements de ma vie s'étaient bien produits – comment osaient-ils en douter ! En outre, les Trois Miracles m'avaient faite telle que j'étais ; ils avaient façonné mon identité. J'ai repensé à toutes les heures que j'avais passées à raconter cette histoire, encore et encore, pour quêter l'approbation d'Américains, d'Européens et même d'autres Iraniens, pour des parents d'amis et des commissions d'admission, pour qui voulait bien l'écouter. J'ai repensé à Kambiz, à son entourage iranien qui avait probablement entendu son histoire des dizaines de fois, mais qui avait été incapable de l'aider. Avaient-ils essayé ?

Heureusement que les responsables des entretiens du ministère de l'Intérieur ne sont pas d'anciens demandeurs d'asile. Il serait si tentant de remonter l'échelle derrière soi et de tourner la page, de remettre en doute chaque histoire selon les critères les plus rigoureux, d'essayer de comparer les spécificités d'un récit avec les nôtres. Chaque histoire vraie a ses étrangetés, des choses qui ne peuvent arriver qu'à cette personne-là, à ce moment-là. Un auditeur impartial guette ces détails, essayant d'imaginer un univers inconnu. Au contraire, un auditeur partial ne cherche que des anomalies *familières*, celles qui correspondent à sa propre histoire, qui la valident.

Et il y a une autre complication. Raconter une histoire « vraie » est une entreprise coupable. Je ne l'ai compris qu'une fois devenue écrivaine. Toutes les mémoires hésitent, éludent, enjolivent ; l'histoire prend des dimensions mythiques ou hagiographiques parce que l'esprit a soif de sens. Notre mémoire est si trompeuse, ses lacunes et ses contradictions si incommodes, et le désir nous rend si vulnérable… Sachant cela, comment un demandeur d'asile qui a eu de la chance peut-il croire ceux qui arrivent après lui ?

Et quand bien même cet ancien réfugié n'aurait pas rencontré de problèmes avec sa propre histoire, que sa mémoire aurait été sans faille, ses documents en ordre, toute fuite entraîne un sentiment de privilège durement gagné et d'héroïsme, un désir de préserver la pureté de son récit et d'imposer cette pureté aux autres. Et ce désir est compliqué par tout ce que cette personne sait de la culture iranienne.

« Les Iraniens exagèrent : c'est le problème principal quand on les prépare à l'entretien, m'a dit un excellent avocat iranien, spécialiste en droit d'asile, que j'ai rencontré à Londres. Je ne tolère aucun mensonge. »

Pendant des années, je suis restée obsédée par les doutes de cet homme. Quand ma relation avec ma mère traversait une mauvaise passe, je remettais en cause mes propres souvenirs. Une partie de ces soupçons était facile à écarter, comme ceux concernant sa motivation : trente ans après avoir immigré, ma mère reste une chrétienne dévote et assidue. Elle condamne sévèrement les nouveaux arrivants qui se disent croyants mais qui ne pratiquent pas, qui ne connaissaient pas le vocabulaire et les codes secrets de l'église clandestine. « Oui, ils méritent qu'on les sauve, mais ils devraient dire la vérité ! » Ce n'est pas non plus une migrante économique, ou alors elle s'est très mal débrouillée, puisqu'elle a troqué le respect et l'aisance d'une vie de médecin pour la pauvreté et un emploi en usine. Elle s'est extirpée de ce nouveau point de départ, travaillant comme chercheuse en médecine, agricultrice bio, pâtissière, bénévole du Peace Corps en Thaïlande. Mais elle n'a plus jamais joui du confort matériel qu'elle avait connu en Iran. Plus de coiffures à la Diana, de sacs en cuir et de crème Nivea achetées au marché noir – Maman enduit son visage de jus de citron, plante du basilic et lit sa bible.

Et pourtant, si l'on devait plonger dans les profondeurs de sa psyché, trouverait-on chez ma mère un amour pur et candide pour Jésus, ou un besoin désespéré de répondre aux attentes de sa propre mère, de fuir un mariage désastreux et de retrouver un certain libre arbitre, après une vie d'obéissance ? S'étant fait violence pour chasser le moindre désir radical de son cœur – celui d'être vue, d'être considérée l'égale des hommes –, elle ne pouvait pas devenir féministe, mais elle pouvait se rebeller contre une injustice extrême tout en faisant plaisir à sa mère ; elle pouvait revendiquer sa libération tout en restant une gentille fille, soumise aux ambitions des hommes. De tels désirs peuvent-ils mener à un véritable amour pour Jésus ? Qui sait ? La piété est un terrain obscur. Tous ceux qui prétendent aimer de façon pure mentent.

D'où l'absurdité d'au moins une sorte d'entretien de demande d'asile : le test de religiosité (et son cousin, le test d'orientation sexuelle). Le concept même repose sur des mensonges. Qu'est-ce que la foi, quand elle est si profondément liée à la peur ? Qu'est-ce que la piété ? Le désir ? La terreur peut faire naître ou étouffer n'importe quelle émotion. La peur peut la rendre vraie sur l'instant, convaincante chez certains, fausse chez d'autres.

Tout dépend souvent de si le narrateur croit à son histoire lui-même. Il est donc possible qu'une oreille experte soit capable de démêler le vrai du faux, si elle écoute attentivement, si elle comprend le langage de la vérité. Je vais poser la question à cet excellent juriste londonien. Ancien réfugié, professeur et archiviste du PDKI arrivé dans les environs de Birmingham à l'arrière d'un camion, Kaweh Beheshtizadeh est désormais l'un des jeunes avocats en droit d'asile les plus brillants de Londres, récompensé en 2017 d'un prix pour son travail auprès des demandeurs d'asile sans ressources. Quand je me présente à son bureau de Croydon cette même année, Kaweh n'a entendu parler de Kambiz qu'en passant ; mais comme je reviens sans cesse sur le sujet, il accepte d'en discuter.

« Son récit ne tenait peut-être pas la route, ou il manquait de preuves, avance-t-il. Ou bien il s'est contredit quelque part. »

Depuis 2011, Kaweh a pris en charge 700 dossiers de réfugiés issus d'une trentaine de pays. Il a perdu moins de dix affaires ces deux dernières années. Il a gardé les ambitions politiques de sa jeunesse et je ne serai pas surprise s'il devenait député un jour.

« Ceux qui mentent le font pour trois raisons », poursuit-il.

Quand il peut, Kaweh aime formuler ses réponses sous forme d'énumération – *Il y a trois problèmes à régler*, ou : *Établissons le contexte en quatre points*. Je n'arrive pas à imaginer une époque où il n'était pas avocat. Et je ne peux pas imaginer lui parler en persan. Toutes nos conversations se déroulent en anglais et aucun de nous n'y réfléchit à deux fois, jusqu'à ce qu'on évoque un plat iranien ou une expression persane.

« Premièrement, il y a les mauvais conseils donnés par des amis. Deuxièmement, les exemples de réussite sortis de leur contexte. Troisièmement, des expériences dans d'autres pays, qu'on pense pouvoir reproduire au Royaume-Uni. En ce qui me concerne, je n'autorise pas mes clients à mentir. Avant toute chose, je veux avoir la conscience tranquille. On parle de la vie de personnes. De ma vie. »

Je demande à Kaweh de me faire passer un faux entretien.

« Je veux voir si je réussirais. Interrogez-moi comme si j'étais une demandeuse d'asile chrétienne.

— Vous n'avez pas déjà vécu ça une fois ? » demande-t-il en riant.

C'est vrai – le fait que Daniel et moi nous exprimions comme des enfants chrétiens, que nous ayons clairement reçu une éducation religieuse, avait constitué un avantage décisif pour notre famille.

« Je veux voir à quoi ça ressemble en 2017 », dis-je.

Il hausse les épaules.

« Quelle est votre religion ? » me demande-t-il.

Il enchaîne les questions avec aisance, comme des versets appris par cœur. Il les a entendues mille fois.

« Je suis chrétienne, dis-je – c'était vrai autrefois.

— Quand êtes-vous devenue chrétienne ?

— Quand j'avais six ans. »

Je repense à ma première nuit à Londres, des décennies auparavant.

« Quand êtes-vous devenue chrétienne ? »

Son expression ne change pas, à l'exception d'un léger plissement de paupières, et c'est à peine si je m'aperçois qu'il a répété sa question. Il ne me croit pas.

« Quand j'avais six ans, dis-je, d'un ton plus insistant.

— D'accord, racontez-moi ça, s'il vous plaît.

— Nous sommes allés à Londres en mai 1985. Ma grand-mère m'a parlé de Jésus. Ma mère aussi s'est convertie pendant ce séjour. Puis nous sommes retournés en Iran.

— Alliez-vous à l'église en Iran ?

— Oui, dans une église clandestine.

— Quelle église ?

— Une église à domicile. Les fidèles se relayaient pour organiser les services. Elle n'avait pas de nom. Du moins je ne crois pas.

— À quelle fréquence y êtes-vous allés, et pendant combien de temps ?

— Trois ans. Le dimanche et le mercredi. À Noël. Et parfois quand ma mère avait besoin de parler… Je ne devrais probablement pas me lancer sur ce sujet…

— Est-ce que quelqu'un vous connaît là-bas ?

— Oui, bien sûr. Enfin, je ne saurais pas comment les contacter maintenant.

— Comment s'appelle le pasteur ?

— Frère Yusuf… Quel était son nom de famille ? Ma mère le saurait.

— Est-ce que vous avez été baptisée là-bas ?

— Oui… Non, en fait, parce que mon père ne voulait pas, et qu'ils avaient des règles sexistes… J'ai été baptisée dans le lac Bracciano, en Italie, le 7 mai 1989.

— Vous avez un certificat ?

— Quelque part… D'accord, je comprends. Quand s'arrêtent-ils ?

— Quand ils en ont assez entendu. Au bout de plusieurs heures. De plusieurs jours. Quand ils ont trouvé assez de contradictions, souvent. » Kaweh ne le précise pas, mais les fonctionnaires ne cherchent pas à secourir les gens. Ils cherchent à les refouler. « Il vous faudrait des documents pour prouver autant d'informations que possible.

— Je ne sais pas si ma mère avait ça. J'imagine que oui.

— C'était une autre époque », dit Kaweh, en se calant sur sa chaise.

Les questions sont simples. On peut y apporter des réponses crédibles de bien des façons, véridiques ou non. Comment faire la différence entre un menteur appliqué et une personne qui est réellement entrée dans cette église, qui a serré la main du pasteur ? Je n'en ai aucune idée. À mon avis, croire que des bureaucrates sous-payés sachent si bien lire dans les cœurs est le plus invraisemblable de l'histoire.

Depuis ma rencontre avec Kaweh, Kambiz hante mes heures d'écriture de manière plus pressante ; j'ai si étroitement associé le sort des deux hommes qu'ils avancent côte à côte dans mon imagination – tout ce que Kaweh accomplit, chaque once de talent et chaque livre qu'il consacre à aider les réfugiés et les Anglais, est une victoire que Kambiz n'obtiendra jamais. Chaque minute féconde dans la vie de Kaweh est une minute que Kambiz a passé à attendre sans but. Serait-il devenu un entrepreneur prospère ? Cuisinier ? Ingénieur en électricité ? Pourquoi l'un d'eux a-t-il été cru et l'autre rejeté ? Comment chacun a-t-il raconté son histoire ?

5

Au cours de ma vie, on m'a demandé à deux reprises de raconter une histoire qui, si elle était jugée crédible, me donnerait accès à une nouvelle vie, à la possibilité de me refaçonner. Les enfants savent d'instinct raconter de bonnes histoires, surtout lorsqu'elles sont vraies, ce qui explique que mon entretien de demande d'asile n'ait pas été le calvaire qu'il représente pour les adultes. Il ne m'avait pas tourmentée. Il n'avait pas réveillé les démangeaisons de mon cou et de mes paumes. Il ne les avait pas aggravées. Je m'en souviens à peine, aujourd'hui. Je sais qu'il a eu lieu au printemps 1989, à l'ambassade américaine à Rome, où nous nous étions rendus en bus depuis notre foyer de réfugiés à Mentana. Je sais que je n'avais pas encore dix ans.

J'ai présenté ma seconde candidature pour une nouvelle vie à l'université de l'Iowa, après mon départ d'Amsterdam et ma décision d'entamer une carrière d'écrivaine. Une fois de plus, je me retrouvais au cœur de l'Amérique, avec ses balancelles blanches sur les terrasses des maisons et ses nuits d'été torrides. J'étais aussi désorientée qu'à mon arrivée en Oklahoma. Je me traînais. « J'ai la maladie de l'exil », disais-je dans le vide, en m'efforçant de réprimer mes tics.

La première fois que j'ai apporté mon roman à un atelier d'écriture, par un après-midi frais d'automne, j'étais rongée par la peur d'avoir menti. Mais je l'avais fait, évidemment. J'avais écrit un roman. Ces ateliers sont souvent le théâtre d'une scène comique : un novice présente une histoire et elle tombe à plat. Elle n'est pas crédible. Pour la défendre, il s'écrie : « Mais c'est vraiment arrivé ! » *Pas de chance*, rétorquent les professeurs ; voilà pourquoi les romanciers ont la tâche moins facile que Dieu. Dieu peut user de coïncidences, de mélodrames et de scènes loufoques et inutiles qui ne font pas avancer l'intrigue. Le fait que ces événements soient arrivés ne signifie pas qu'ils soient assez vrais pour une fiction ; et à l'instar du demandeur d'asile que l'on ne croit pas, les romans jugés mensongers sont condamnés à mort.

« Qu'est-ce qui rend une histoire *vraie* ? » demandions-nous pendant les conférences et les ateliers. Il y avait de nombreuses réponses : la vulnérabilité, une voix singulière et franche, un caractère inéluctable mais surprenant, l'originalité. Les détails orphelins sont ce qui donne vie à une histoire, déclarait l'écrivain Charles Baxter. Ces détails sont spécifiques, étranges, et paraissent incongrus. Une femme nue errant sous la pluie, un enfant rongeant un os de poulet sur un banc – nos héros les croisent, les remarquent parfois, et parfois pas. Ils font partie du monde. Dans *How Fiction Works*, James Wood demande : « Comment savoir si un détail paraît vraiment réel ? Qu'est-ce qui nous guide ? Le théologien médiéval Duns Scotus a donné au principe d'individuation le nom d'eccéité (*haecceitas*). [...] L'eccéité étant la palpabilité, elle tend vers la substance – une bouse de vache, de la soie rouge, un plancher ciré de salle de bal, un calendrier de 1808. [...] Mais il peut aussi s'agir d'un simple nom ou d'une anecdote ; la palpabilité peut être représentée sous la forme d'une anecdote ou d'un détail piquant. » J'ai griffonné dans mon carnet : *des côtelettes à la coréenne sur du riz basmati.*

« Qu'est-ce qui rend une histoire *importante* ? » demandions-nous. Ce problème nous semblait plus urgent.

Lors d'une conférence intitulée « Undoings », « Démantèlements », Charlie Baxter nous a expliqué que les histoires qui valent la peine d'être racontées sont celles où l'univers d'une personne bascule, la transformant à jamais – elle ne peut plus défaire ce qui a été fait. Qu'elles se déroulent sur un jour, une semaine ou une vie, il nous a conseillé de cibler des récits qui permettent au lecteur d'imaginer *tout ce qui s'est produit avant et tout ce qui se produira après*. La plupart des existences ne contiennent qu'une poignée d'histoires de ce genre – il faut prélever un « segment » de la trajectoire d'une vie. Ce segment en est l'histoire la plus cruciale. Quand on ne choisit pas le bon, l'histoire sonne faux.

Pendant ces deux années, j'ai nagé en pleine confusion. J'essayais de réparer le plus grand mensonge de ma vie (être devenue une épouse européenne) et j'avais choisi une école où l'on inventait des gens et fabriquait des histoires. Malgré tout, en 2012, j'ai commencé à écrire le type de récits qui sonneraient justes, selon Baxter – des moments de démantèlement, si subtils soient-ils. Et je les ai peuplés des détails orphelins que je connaissais, ceux de mon pays, de ma famille.

J'ai commencé à écrire de « l'autofiction », restant proche des histoires que j'avais vécues, mais en employant les outils de la fiction – fusionnant des personnages, raccourcissant le temps, intégrant des images inventées. C'était, je crois, la façon la plus pure et forte de raconter des histoires sincères. L'autofiction balaie tout obstacle à la vulnérabilité, pour que l'écrivain puisse se concentrer sur la tâche de créer une voix neuve et captivante, un récit émouvant. En même temps, elle reste proche de l'histoire brute qu'un seul individu peut connaître et contient tout le pouvoir de cette réalité vécue. Elle permet de réécrire les faits au service d'une vérité plus générale.

Ma mère, au contraire, croit dans les faits tels qu'ils se sont produits – une réalité universelle, irréfutable. Elle interroge les nouveaux réfugiés avec dureté ; parfois, elle me fait honte. Elle estime que si une chose est vraie, nous devrions tous nous en souvenir de la même façon. Sinon, c'est que quelqu'un se trompe, ou ment. Alors quand j'emprunte certaines de ses caractéristiques pour mes œuvres de fiction, elle pense que je parle d'elle, la vraie personne, et que je dois mettre dans mon histoire inventée la réalité parfaite de ce qu'elle est.

« C'est ça qu'on t'a appris à l'école d'écriture ? m'a-t-elle demandé après avoir lu une de mes nouvelles. Tu as raconté des mensonges sur moi !

— Ce n'est pas une histoire vraie ! C'est de la fiction, ai-je répondu.

— D'accord… Mais ça reste un tissu de mensonges », a-t-elle rétorqué.

Ma mère et moi nous disputons à ce sujet depuis des années. Elle s'obstine à dire que les faits sont sacrés. Je m'obstine à dire qu'ils sont un simple outil – que la vérité aussi requiert un point de vue ; qu'elle doit être fabriquée *à partir* des faits.

J'aimerais savoir à quoi notre monde ressemblerait, si au lieu de leur demander de réciter des faits, on demandait aux réfugiés d'écrire une histoire qui reflète leur vérité d'une autre manière. Et si ces histoires étaient ensuite évaluées par des éditeurs de métier, avec la même expertise qu'ils déploient pour décider si des romans sont assez « vrais » ? C'est un fantasme, mais je décide d'essayer. En 2017, je rejoins l'association SINGA UK pour monter un atelier d'écriture pour réfugiés. Lors de notre première séance, nous nous asseyons autour d'une grande table à la librairie Libreria, à Londres, et nous nous bagarrons pendant deux heures. La moitié du groupe rechigne à participer. L'autre ne parle pas anglais – que font-ils là ? Je n'arrête pas de penser à une anecdote que m'a racontée la femme de mon cousin Pooyan, une artiste, iranienne comme moi : elle a donné des crayons à un garçon afghan et lui a demandé de dessiner. Il a dessiné Bob l'Éponge. Puis un camion. Puis une grue aux bras semblables à des pattes d'araignée, d'où pendaient deux hommes avec des croix à la place des yeux. Puis un autre Bob l'Éponge.

J'aimerais demander à tous les participants de dessiner une grue, de la même façon qu'on vous demande de décrire une grange au début d'un atelier d'écriture.

Les nouveaux arrivants assis autour de ma table à Libreria en ont peut-être assez de remodeler leur histoire selon les règles imposées par d'autres. Ils veulent peut-être créer autre chose, à présent, ou raconter enfin leur histoire sincèrement, avec des détails crus et sales, dans la langue authentique des histoires de leur jeunesse. Car pour réussir un entretien d'asile, il ne vous faut pas seulement une histoire vraie. Il faut que vous la racontiez à la manière anglaise, hollandaise ou américaine. Les Américains aiment les drames ; ils veulent être émus. Les Hollandais veulent des faits. Les Anglais se basent sur des précédents, des histoires de chaque pays qu'on estime vraies cette année ou ce mois-là. Les Hollandais ont un système similaire. Les Américains apprécient la possibilité d'un parcours glorieux, révèrent l'exception, et veulent rendre toute réussite américaine.

La tradition narrative iranienne ne correspond à aucun de ces critères – il suffit de regarder un film d'Abbas Kiarostami pour le comprendre. Il n'y a pas de règles. Les Iraniens ne voient pas d'objection à ce qu'on leur dévoile une intrigue à l'avance – pour eux, le plaisir d'une histoire ne réside pas dans sa fin. Ils n'entament pas leurs récits au milieu de l'action (comme on apprend à le faire aux écrivains occidentaux), ni même au début (où la logique occidentale pourrait les conduire), mais bien avant celui-ci : « Laissez-moi vous parler de l'Iran d'aujourd'hui », disent-ils, parce qu'on leur a appris à procéder ainsi. Et encore, c'est ce que font les plus futés ; les autres remontent à la création de l'univers. Mais dès que vous vous mettez à philosopher, vous perdez votre auditoire occidental.

Les Iraniens aiment les symboles et les métaphores. Les mensonges n'en sont pas, s'ils indiquent quelque chose. Et l'on peut signaler son traumatisme et sa honte en décrétant : « Ce ne sont pas des choses que l'on dit. » Essayez donc ça avec un fonctionnaire néerlandais qui vous demande pourquoi vous avez quitté votre pays… Parfois, les Iraniens traumatisés préfèrent s'en tenir à des généralités : « Le gouvernement est corrompu. Ce sont des assassins. Je ne peux pas en dire plus, je vous en supplie. » Alors le fonctionnaire hollandais décide qu'ils mentent ; et il ne changera pas d'avis. Les Anglais et les Américains leur donneront quelques secondes de plus. La littérature iranienne est tarabiscotée et théâtrale : nous n'allons pas droit au but. Nous enjolivons et déformons les faits. Les Hollandais et les Allemands y voient la preuve qu'on essaie de les tromper – dans le monde occidental, les critiques littéraires taxent ces techniques d'artificielles.

Il faut le même raffinement narratif pour satisfaire un agent de l'immigration et un critique littéraire. À la fois portés sur la logique et prompts à condamner, tous deux guettent les manipulations et les ruses émotionnelles. Tenez-vous-en au concret, aux cinq sens, ordonnent-ils. Ayez l'air naturel, humain, mais éblouissez-nous avec votre prose. Faites-nous pleurer, mais au moindre soupçon de sentimentalisme, vous êtes fichu. Restez factuel, mais donnez-nous aussi des preuves convaincantes d'évolution intérieure. Allez-y. Essayez. Ce n'est pas si difficile, pauvres réfugiés traumatisés fuyant un village dévasté : vous n'avez qu'à écrire une histoire digne du *New Yorker*.

Comment une personne ordinaire pourrait-elle reprogrammer les habitudes narratives acquises dans son enfance, en écoutant des histoires sur les genoux de sa mère ou de son père ?

Tout le monde veut rester propriétaire de son seul et unique récit formateur – on veut choisir comment il sera raconté. Ma mère a horreur que je parle de notre fuite, parce que c'est son récit à elle, le moment où son monde a basculé. C'est à elle de décider à quoi il ressemble et elle a jeté son dévolu sur une histoire hagiographique centrée sur la foi et le pouvoir de Jésus-Christ. Aucun détail trouble n'est révélé. Personne n'est mis dans l'embarras. Jésus est glorifié, point.

D'un autre côté, quand j'écris des histoires qui n'ont rien à voir avec notre fuite, des histoires de mères et de pères peinant à joindre les deux bouts en Amérique, elle pense que j'ai choisi le mauvais segment – que j'ai dédaigné l'instant du changement irrévocable, pour me concentrer sur un segment banal quelques mètres en dessous. Mon histoire, pense-t-elle, est que j'ai été sauvée par une mère qui a travaillé dur pour m'offrir des opportunités que j'ai gâchées. Mes récits n'intègrent pas ce fil conducteur, qui devrait pourtant m'obnubiler, et manquent donc d'un élément essentiel : le respect de l'enfant. Le respect et la gratitude du monde.

L'avocat en droit d'asile néerlandais Marq Wijngaarden m'a parlé d'une femme chinoise, membre d'une secte persécutée. Craignant d'être assassinée, elle avait dépassé ses limites, sa conception de l'intimité et de la honte, pour trouver son histoire la plus cruciale. Elle avait décrit par le menu sa conversion, tous ces moments de souffrance et de joie, comme on le lui avait appris. Mais le fonctionnaire de l'IND l'avait jugée récalcitrante, car elle refusait de donner une réponse directe à cette question : « Pourquoi êtes-vous partie ? » Pour elle, c'était évident (*quand vous choisissez le bon segment, tout ce qui est arrivé avant et après se met en place ; cela devient évident*). Sa conversion religieuse était le point de non-retour dans son histoire, l'instant où son monde avait changé à jamais. C'était son démantèlement, la partie à laquelle tout bon écrivain aurait accordé le plus d'importance. Or c'était aussi la partie que le fonctionnaire de l'IND avait entendue le plus souvent – il y était devenu insensible. Wijngaarden avait fait appel et la demande d'asile avait été acceptée ; mais son rejet initial l'avait perturbé. *Il faut qu'ils écoutent mieux les gens.*

Alors vous voyez, pauvres réfugiés traumatisés fuyant un village dévasté, même si vous choisissez le bon segment, même si vous rassemblez les détails sensoriels adéquats, évitez le mélodrame et écrivez cette histoire digne du *New Yorker*, cela ne vous garantit rien – même le meilleur écrivain ne peut émouvoir un lecteur paresseux et cynique.

6

À Amsterdam, je commence par rendre visite à Parvis Noshirrani, le vieil ami de Kambiz. Je prends le train pour Almere, une banlieue déprimante proche d'un camp de réfugiés. J'explore le centre commercial où Parvis a ouvert un restaurant iranien. Je respire un grand coup et je pousse la porte. Parvis me fait du thé. Nous restons assis tout l'après-midi dans la salle déserte, à parler de l'exil, de la vérité, de Kambiz. Des hommes iraniens vont et viennent. Certains me saluent et s'assoient avec nous pour évoquer leurs souvenirs de Kambiz. Un nom émerge : Ahmed Pouri. Kambiz lui a rendu visite une fois, peut-être pour lui demander de l'aide. Nous finissons notre thé et Parvis prépare du café. Il me propose de revenir le lendemain pour m'entretenir avec d'autres membres de la communauté. Avant que je parte, il me donne un numéro à appeler, si je souhaite me faire une idée complète des difficultés rencontrées par les demandeurs d'asile aux Pays-Bas. Je prends le bout de papier, où il a noté : *Ahmed Pouri*.

Pendant les jours suivants, ce nom revient sans cesse. Des immigrés sans papiers, des citoyens hollandais de longue date, des avocats en droit d'asile et des travailleurs associatifs n'arrêtent pas de me fourrer son numéro dans la main, en disant : parlez à Ahmed Pouri. Ce n'est pas un avocat. Non, il ne travaille pas avec les réfugiés non plus. Il aide. Il facilite les choses, parce qu'il voit la situation des deux côtés. Il comprend les procédures d'asile, la culture hollandaise, de nombreuses cultures du Moyen-Orient (en particulier la culture iranienne) et surtout la paresse, les défaillances et la bêtise humaines. C'est comme cela qu'il aide les gens à obtenir leurs papiers. Ahmed Pouri murmure à l'oreille des réfugiés, résout les problèmes de statut – son ONG s'appelle PRIME. Un après-midi, je lui passe un coup de fil. Il répond à la deuxième sonnerie, d'une voix chaude et cordiale. Je constaterai par la suite que même si des inconnus l'appellent toutes les dix ou quinze minutes, il s'adresse à eux comme à des amis. Je me présente.

« Je vous connais, jeune fille ! me dit-il. J'ai lu vos travaux. Vous écrivez très bien. »

Il me plaît tout de suite : une nouvelle voix paternelle pour me dire que je suis intelligente. Je n'ai pas eu le temps de lui proposer une interview qu'il commence à parler – il ne s'arrête pas avant un long moment. Il a consacré sa vie à apprendre aux réfugiés à paraître crédible aux yeux des Hollandais, à raconter une histoire convaincante à la manière occidentale. Il me parle des familles et des voyageurs solitaires avec lesquels il a travaillés, des nombreux suicides, de ses efforts pour aider les Iraniens à comprendre la logique néerlandaise, des injustices dans les centres de détention, de Hegel et d'autres philosophes. Il cite Sun Tzu, qui affirme que pour remporter un combat, il faut se connaître soi-même, connaître l'ennemi et le champ de bataille.

« Ils ne connaissent aucun des trois ! Comment peuvent-ils gagner ? Comment un étranger vieux de 2 500 ans peut-il comprendre cela, et pas un médecin iranien ? »

Cette présomption de supériorité partagée par tous les Iraniens d'âge mûr me fait glousser.

« La procédure d'asile consiste à élaborer une histoire qui sera crue, afin que vous puissiez cesser d'attendre et commencer votre vie. J'explique aux réfugiés quoi dire à l'IND et aux journalistes, pour qu'ils ne se tirent pas une balle dans le pied, qu'ils ne fassent pas passer tous les réfugiés pour des fous, des menteurs et des manipulateurs. Pour que leur humanité transparaisse à la façon européenne. »

Cette remarque m'émeut ; j'essaie d'intervenir, mais il continue :

« Il y a deux choses à savoir sur votre interlocuteur (votre "ennemi", pour poursuivre l'analogie avec Sun Tzu) : qui il est, et ce que la vérité signifie pour lui.

— Oui, dis-je. Peut-on décider d'une heure pour…

— Écoutez, mademoiselle Dina, les agents de l'immigration sont cyniques et débordés. Ils ne cherchent pas la vérité. Ils cherchent seulement un mensonge. Un seul. Il n'y a pas longtemps, pendant une conférence, un avocat en droit d'asile s'est levé pour rapporter une conversation qu'il avait entendue à la cantine de l'IND à Ter Apel. Un fonctionnaire s'était vanté auprès d'un autre : "Aujourd'hui, j'ai eu un dissident politique pur et dur. C'était difficile, mais après l'avoir cuisiné pendant trois heures, j'ai déniché une contradiction et je l'ai renvoyé faire ses valises." Il était si fier d'avoir trouvé son aiguille dans une botte de foin qu'il ne s'était même pas entendu appeler l'homme "un dissident pur et dur".

« Voilà votre interlocuteur, poursuit M. Pouri. Ensuite, il y a sa définition de la vérité. Les Pays-Bas emploient une tactique terrible. Chaque année, dans chaque pays, il y a deux ou trois histoires qui ont plus de succès que les autres. Si les agents de l'immigration n'acceptent que des homosexuels et des chrétiens d'Iran, c'est l'histoire qu'ils entendent le plus – quel choix donnent-ils aux autres ? Au bout d'un moment, ils se demandent : "Comment se fait-il que tout le monde dans ce pays soit homosexuel et chrétien ?" Ils ne se disent pas : "C'est nous qui avons décrété qu'il s'agissait des seules raisons légitimes pour s'enfuir, quand en réalité, il y en a des centaines." Alors ils décident que certains mentent. Ils vous poussent dans un entonnoir qui débouche sur un cul-de-sac. Si vous êtes communiste en Iran, vous courez un plus grand danger qu'un chrétien qui reste discret. Mais personne ne demande l'asile pour des raisons politiques, parce que les Hollandais n'admettent pas le sort atroce que le gouvernement iranien réserve aux communistes : on les pend pour trafic de drogue, on les assassine en secret, mais les Hollandais disent : "L'Iran ne persécute pas les communistes." Si votre vie est en danger, on vous force à vous faire passer pour un homosexuel ou un chrétien. Au bout d'un moment, ces histoires paraissent éculées, galvaudées, et cette filière se tarit. Puis les gens en découvrent une autre. »

Je commence à me demander si les appels aux Pays-Bas sont inclus dans mon forfait anglais. Sinon, ce voyage va me coûter très cher. M. Pouri continue :

« Les Hollandais ont déjà décidé ce qui est vrai ou pas. Si vous racontez une autre histoire, vous mentez. Si vous répétez trop souvent l'histoire qu'ils préfèrent, vous mentez.

— C'est de la folie, dis-je. J'aimerais beaucoup vous rencontrer pour…

— Et encore une fois, je souligne, mademoiselle Dina, qu'ils se voilent la face sur ce qui se passe dans ces pays ! Ils refusent beaucoup de dossiers à cause de choses qu'ils jugent impossibles et qui arrivent tout le temps en Iran. Ils appliquent la logique d'un pays démocratique à des dictatures sanguinaires.

« Une fois, j'ai aidé une jeune fille kurde qui avait subi une agression sexuelle terrible. Des soldats ont fait irruption dans son village et l'ont violée dans l'étable à côté des chevaux. Elle me disait en pleurant : "Je voudrais qu'il y ait une pilule pour oublier le passé. J'aimerais ne plus me souvenir de rien." Elle devenait folle. Sa demande a été rejetée. Vous savez pourquoi ? Parce que la moitié du village avait été violée. On lui a dit : "Le gouvernement ne s'intéresse pas à vous, spécifiquement. C'était un incident ponctuel et vous vous trouviez au mauvais endroit. Vous ne pouvez pas vraiment craindre que les soldats reviennent vous chercher." Votre histoire doit être singulière, vous voyez. Si elle avait dit : "Ils m'ont enlevée, m'ont violée et torturée", ça aurait été une histoire singulière ; mais le saccage d'un village n'est pas une affaire personnelle. Vous n'êtes pas une dissidente, juste une victime de viol ordinaire. Il faut dire : "Le gouvernement me vise directement. Il me considère comme une menace." Là, vous êtes un bon réfugié. Mais dites-moi, Dina, vous connaissez un pays occidental où les soldats font ça ? Ces hommes s'étaient rendus dans ce village pour s'en prendre à des Kurdes. C'est sûrement une raison légitime de demander l'asile, non ?

« Je vous jure, je voudrais faire une pièce de théâtre avec toutes ces histoires. Il m'est arrivé d'ironiser en disant que si un violeur arrive, il vaut mieux lui demander : "S'il vous plaît, monsieur, emmenez-moi dans une pièce à part pour me violer. Réservez-moi un traitement particulier." Dans ce cas, vous avez une chance. Mais un viol collectif ne vous aidera pas. Vous voyez, il faut que le criminel reconnaisse votre humanité pour que l'IND la respecte. S'il vous traite comme une vache dans une étable, l'IND le fera aussi. Ils disent que les soldats ne reviennent pas chercher des vaches.

« Un ancien communiste est venu me voir, un homme honnête, pas un *bazi* de la demande d'asile. Il avait passé dix ans dans une prison iranienne. Il avait enduré les terribles supplices des années 1980. Son corps est un musée de la torture. Depuis sa libération, il ne se mêlait plus de politique. Un jour, il a vu qu'on commençait à arrêter ses anciens camarades. Deux de ses amis ont disparu. Le passé lui est revenu en mémoire et il s'est enfui. L'IND lui a demandé : "Vous avez repris vos activités politiques clandestines ?" Il a répondu : "Non, mais je sais comment ce régime fonctionne. Je connais les signes." Les Hollandais ont déclaré : "Impossible. Vous n'avez rien fait, alors vous êtes tranquille. Vos amis avaient dû se remettre à la politique. Vos craintes sont purement psychologiques, pas basées sur des faits."

« Si cet homme avait compris la logique des Hollandais, il aurait déclaré : "Oui, nous avons repris nos activités clandestines tous les trois. Ils ont capturé les deux autres et je me suis enfui." Sa demande aurait été acceptée dans l'heure. Mais il leur a dit la vérité, en pensant qu'ils connaissaient l'Iran, et il a passé cinq ans dans un camp de réfugiés. Les avocats d'Amnesty International ont fini par lui obtenir des papiers, mais il est fou, maintenant. Dix ans dans une prison iranienne, cinq ans dans un camp hollandais. Il a perdu la raison. Il ne connaîtra plus de repos jusqu'à sa mort. »

Comment est-ce possible ? Il me semble que quiconque raisonne de cette façon est soit trop stupide pour se rendre compte que la République islamique est corrompue et faillible, soit hypocrite et peu soucieux du sort des réfugiés.

L'espace d'un instant, j'oublie ma facture de téléphone pour réfléchir à l'état d'esprit de M. Pouri – obnubilé par cette injustice générale, qui veut que les ressortissants de pays pauvres et ravagés par les conflits soient régulièrement taxés de menteurs et d'opportunistes. C'est désespérant, de savoir qu'une cause est juste et de se dresser seul contre le reste de la planète – c'est une torture, d'être socialiste, féministe ou migrant et d'être diabolisé quand on se contente de dire : « Nous avons tous la même valeur ».

Nous n'avions pas vécu ça. Nous avions été jugés crédibles, du moins par les services de l'immigration. Un fonctionnaire nous avait examinés et nous avait accordé le passage. En 1989, « je suis chrétien » n'était pas l'excuse la plus courante pour quitter l'Iran. Cela dit, j'ai déjà entendu Baba et d'autres personnes remarquer que Maman l'avait bien cherché, qu'elle n'aurait pas dû être si imprudente. Elle aurait pu vivre heureuse en Iran. Elle a *choisi* de changer de peau et elle adore son histoire à la Lazare ; c'est sa nouvelle identité. Avant mon départ pour Amsterdam, j'ai demandé à Kaweh, devenu mon consultant en dilemmes juridiques et philosophiques :

« Et si une personne se met en danger toute seule ? Est-ce que sa fuite a moins de valeur ? Est-ce que le fonctionnaire dira : *C'est votre faute ?* »

Il s'est calé sur sa chaise. Cette fois, sa réponse a été simple et catégorique, sans énumérations ni réserves d'avocat.

« La mauvaise foi n'existe pas quand on risque sa vie. C'est un fait établi depuis 2001. Même si vous vous exposez délibérément au danger pour vous enfuir ou obtenir l'asile, vous restez en danger.

— Alors si je viens dans ce pays, que ma demande est refusée et que je sais un peu écrire, que je rédige dix articles qui dénoncent le régime et que j'en vends cinq au *Guardian*…

— Je vous garantis l'asile en deux semaines. La justice admet que les prisons iraniennes sont si terribles que le seul fait d'y être enfermé quelques jours constitue une violation de vos droits. Vous risqueriez d'être détenue arbitrairement, torturée, violée. Ce sont des atteintes aux droits de l'homme. La mauvaise foi ne compte pas dans ce cas. »

C'est étonnant, les choses qu'ils laissent passer.

« Les gens ont de mauvais réflexes dans ce domaine, affirme M. Pouri. Ils veulent clamer leur innocence. Mieux vaut admettre sa culpabilité. »

Plus vous avez été idiot et imprudent dans votre pays, mieux c'est. Même chose après votre arrivée en Europe. Si vous cherchez les ennuis, on vous en tire en premier.

Que veulent-ils, alors ? Votre histoire doit être captivante, pleine de détails étranges, mais pas trop. Elle ne doit pas imiter d'autres récits, mais son cœur, son moteur et incident déclencheur peut être fabriqué, impur, égoïste. Vous pouvez jouer un rôle. Vous devez le faire, même. Montrer que vous vous êtes *comporté* comme un chrétien, un communiste ou un homosexuel : peu importe pourquoi. Quelle étrange façon de raconter les histoires… Dans les ateliers d'écriture, on nous apprend que le « pourquoi » compte plus que presque toute autre chose. Comment les Iraniens – qui sont experts en poésie et polémique, pour lesquels l'amour est un monologue verbeux, chaque vérité est enfouie sous des couches de sens et toutes les histoires commencent à la création du monde – peuvent-ils s'adapter ? Aux Pays-Bas, ils se passent le numéro de téléphone de M. Pouri.

Quand j'expose ce paradoxe à Marq Winjgaarden, il me dit qu'on m'a mal informée – lorsque le demandeur d'asile est un converti ou un homosexuel, les Hollandais s'intéressent uniquement à sa démarche, à sa motivation : qu'est-ce qui l'a incité à vivre de cette façon ? Il soutient que la loi interdit aux fonctionnaires de poser des questions d'ordre sexuel et à plus forte raison d'exiger une démonstration. Ils doivent refuser toutes les photos et les vidéos qu'on leur présente spontanément – c'est ce qu'a décidé la Cour européenne de justice. En fait, ajoute-t-il, on peut obtenir l'asile sans jamais avoir eu de rapports sexuels avec une personne du même sexe, tant qu'on est capable de décrire précisément son coming out et la découverte de ses désirs. Quant aux convertis, ils doivent d'abord prouver qu'ils ont abjuré l'Islam. Se comporter comme un chrétien ne suffit pas. Il faut être apostat et avoir pris le temps de le devenir.

« C'est l'un des mensonges des Hollandais, déclare M. Pouri. Ils prétendent avoir évolué, mais les fonctionnaires continuent à poser des questions humiliantes. Si vous êtes homosexuel, vous devez prouver que vous faites partie de la communauté gay. Que vous allez dans des clubs. Que vous assumez votre sexualité. »

La loi a beau s'être adaptée, les subtilités du coming out n'ont pas encore été intégrées au niveau individuel. En attendant, on ne peut pas être une lesbienne discrète et intello. Encore moins en train de se chercher, bisexuel, célibataire, meurtri par un ancien amour et peu enclin à en chercher un autre, bridé par sa culture ou trop effrayé pour passer à l'acte. Tous les homosexuels doivent être des personnages flamboyants qui fréquentent le milieu gay, courent les clubs et les défilés de mode et envoient des messages à des inconnus sur Grindr dans des boîtes de nuit. Et à en croire M. Pouri, on obtient de meilleurs résultats en donnant dans le cliché qu'en essayant de mettre en évidence un parcours intérieur complexe.

Il est plus facile de construire un dossier sur de grandes démonstrations tapageuses que sur sa bonne foi ou ses motivations. L'égo et les préférences de chaque fonctionnaire jouent peut-être un rôle bien plus important dans l'affaire qu'on ne veut l'admettre. Certains demandent des motivations sincères et un cheminement intellectuel convaincant entrepris au pays ; d'autres exigent des preuves de danger. Beaucoup ne respectent pas les directives internationales. Je me souviens d'un discours donné au Parlement britannique en 2018 par Shrouk El-Attar, une élève ingénieure lesbienne de vingt-cinq ans, qui avait expliqué à quel point il était humiliant de devoir détailler ses rapports sexuels face à des agents de l'immigration. Quel que soit le règlement officiel, beaucoup de demandeurs d'asile gays décrivent la même expérience. On leur demande de *mettre en scène* leur homosexualité, de prouver qu'ils sont passés à l'acte.

M. Pouri s'interrompt au milieu d'une phrase pour prendre un autre appel. Puis il me salue rapidement ; il doit rejoindre une famille qui va être reconduite à la frontière. Il accepte de me retrouver à l'aéroport de Schiphol quatre heures avant mon départ pour Londres.

Le jour suivant, je retourne à Almere. Parvis me présente à Houshiar, employé à tout faire d'un Iranien de la région qui a monté une entreprise en construction, maroquinerie et confection.

« Ce garçon a une bonne histoire, me dit Parvis. Il n'a pas de papiers. Toutes ses demandes ont été refusées. Vous verrez. »

Après deux échecs, Houshiar a abandonné l'idée de demander l'asile. Il vit clandestinement dans le camp, où il se faufile pour dormir avec des amis.

Au bout d'une heure de conversation, je me rends compte qu'il me manque un fragment crucial de la vérité. On me cache peut-être quelque chose. Nous sommes en train de parler de la foi de Houshiar, du jour où il est devenu chrétien, de ses difficultés à convaincre. Mais quelque part, je sens que je ne tiens pas le bon segment. Cet homme a une histoire que je n'entends pas.

Houshiar porte une veste en cuir et un jean slim. Il est jeune, moderne, si on oublie ses cheveux enduits de gel. Il me montre des photos de son fils, un bel enfant habillé comme un adulte européen de la fin des années 1990. Toutes les photos ont été prises en studio. Il me montre sa femme malheureuse, à laquelle sa famille a retiré l'enfant, m'explique-t-il d'un ton désinvolte. Il me dit qu'il s'est converti parce que son fils était gravement malade et qu'un chrétien a prié pour lui à l'hôpital. Son enfant était à l'agonie, mais quand il s'est rétabli, Houshiar est devenu croyant.

Plus il parle, plus j'ai envie d'entendre la vraie histoire – non que je doute de celle qu'il me raconte. Je sais seulement qu'il en a une meilleure, plus essentielle. Qu'est-ce qui l'a poussé à tout abandonner et prendre la fuite ? Bien qu'il connaisse le vocabulaire du converti (« j'ai ouvert mon cœur », « je me suis repenti », « j'ai trouvé mes frères et sœurs »), rien de ce qu'il dit ne me paraît suffisant.

Il s'interrompt et me dévisage, fouillant mon regard. Est-ce que je le crois ?

Le carillon de la porte du restaurant annonce trois nouveaux visiteurs, un couple de sexagénaires irano-hollandais bien habillés et un homme de l'âge de Parvis – c'est le patron de Houshiar, celui qui lui confie des menus travaux. Le couple a été naturalisé il y a longtemps. Ils vivent aux Pays-Bas depuis trente ans, parlent néerlandais et ont transmis les deux cultures à leurs enfants.

Parvis demande à son cuisiner de préparer des omelettes et de l'aubergine au petit-lait. Nous nous asseyons autour d'une longue table et la conversation se porte vers la dernière demande d'asile refusée de Houshiar. Pourquoi ce jeune homme reste-t-il en suspens ?

« Ils disent que je n'ai pas assez bien expliqué mon rejet de l'Islam », déclare Houshiar.

Il hausse les épaules, soupire, puis nous dit que sa mère est malade. Son patron secoue la tête et lâche son pain.

« Écoute, mon fils, quand tu tombes à l'eau, tu es le seul à pouvoir te sauver. Ce que tu as raconté pendant cet entretien, “Ma mère est malade, ma tante s'est coupé la main, ma sœur n'entend plus”, qu'est-ce que c'est que ces histoires ? Il faut que tu chasses ça de ton esprit. Concentre-toi. Fais comme si tu étais tombé dans la mer. »

Le mari hoche beaucoup la tête. Il intervient :

« Voilà mon conseil : peu importe les mensonges que tu racontes, il faut d'abord que tu te convainques toi-même. Que tu donnes des branches et des feuilles à ton histoire. C'est toi qui dois la croire en premier. »

Houshiar remue d'un air mal à l'aise sur sa chaise. Il explique :

« Quand tu viens de quitter l'Iran, ta vie est en miettes, tes rêves détruits, tu as perdu ta femme, ta maison aussi, ta mère est dans le coma, tu n'as pas vu ton fils depuis un an et demi… »

Le mari a oublié sa nourriture. Il lève les deux mains.

« C'est le meilleur moment pour leur dire ce que tu ressens ! »

Il regarde son épouse, qui hoche la tête. Houshiar rétorque :

« On n'y arrive pas, à ce moment-là. »

Je me rappelle une règle : ne jamais écrire une histoire trop tôt. Il faut de la distance, du recul, pour se dépouiller de tout sentimentalisme. Nous bavardons encore un peu, puis Houshiar déclare :

« Je ne comprends pas. Je leur ai dit : l'Islam, c'est la guerre. Ils m'ont répondu : votre foi chrétienne ne nous pose pas problème. C'est votre apostasie que nous ne croyons pas. »

Mais une conversion n'implique-t-elle pas par définition de renoncer à son ancienne religion ? demandé-je à la tablée.

« Il faut le prouver ! » s'exclament deux voix à l'unisson.

Les convertis ordinaires ne se comportent pas comme des pasteurs. Ils ne font pas étalage de leur foi avec ferveur et pratiquent une culture hybride, mêlant éléments iraniens et occidentaux. Ils fêtent Noël autour d'un gâteau au safran. Ils partent en pèlerinage à Pâques et à l'Ascension. Par habitude, ils marmonnent des prières à des prophètes musulmans quand ils déplient leurs corps fatigués. Ce sont leurs contradictions personnelles, spécifiques et émouvantes – les failles naturelles qui donnent vie à une histoire.

Ce déjeuner s'est transformé en atelier d'écriture absurde. Les demandeurs d'asile déboutés passent leur temps à peaufiner leur histoire, à demander conseil ; ils finissent par priver leur récit de joie et de sens, des détails orphelins qui se gravent dans la mémoire. Souvenez-vous : votre interlocuteur guette des contradictions, n'importe lesquelles, et la vie en regorge. Un détail émouvant peut vous valoir un refus. Alors, oubliez le sens. Il vous desservira. La complexité est compromettante.

Wijngaarden m'a expliqué que l'IND concentrait ses interrogatoires sur quatre points pour vérifier les conversions religieuses : ce que le réfugié sait de sa nouvelle religion, la façon dont il la pratique au quotidien, ses motivations pour se convertir et son processus de conversion (à commencer par son apostasie). Certaines réponses ne sont plus assez bonnes, désormais. L'histoire vraie de la conversion de ma mère est la suivante : elle est devenue croyante en une nuit. Elle attribue cela à des miracles dans son corps et son cœur. Elle affirme avoir trouvé la paix. Il n'y a pas eu de période d'apostasie. Elle est passée d'une foi fervente à une autre – parce qu'elle est comme ça. Il se peut qu'elle ait connu quelques semaines d'apathie entre les deux, mais si c'est arrivé, cela a dû se produire de manière inconsciente et très brève. Elle se trouvait à un point de rupture, prête à prendre la fuite, et la mère évadée qui lui avait refusé son amour lui avait soudain proposé une issue. Elle était mûre pour la saisir. Mais aujourd'hui, les histoires de ce genre sont rejetées tout de go. On ne peut pas dire : « J'ai fait un rêve », ou : « J'ai été témoin d'un miracle ». Ces récits empestent l'escroquerie. Une personne logique passe par plusieurs étapes : d'abord, l'Islam cesse de combler un besoin fondamental. Les injustices ne peuvent plus être ignorées et l'apostat fulmine en secret, peut-être publiquement. S'ensuit une période où il s'éloigne de la foi, où il n'assure plus ses obligations religieuses, où il ressent un vide et part en quête d'autre chose. Il n'est pas satisfait sans dieu. Il découvre une nouvelle religion, s'y intéresse, se renseigne.

Pour ma mère, tout cela est arrivé inconsciemment, mais cette absence de réflexion ne rend pas le processus moins réel. C'était une femme cultivée dans un Iran sexiste ; elle avait forcément accumulé des années de frustration. Elle avait dû dissimuler son corps, céder ses droits parentaux et ses droits de propriété à son mari. Mais si vous l'interrogiez à ce sujet, elle vous dirait : « C'était un miracle », comme une villageoise superstitieuse. De nos jours, sa demande d'asile serait rejetée, parce que les médecins diplômés de l'université de Téhéran ne sont pas censés croire aux miracles.

Les Iraniens donnent leur cœur sans hésiter, passionnément. Les plus cultivés sont enclins au mysticisme et les campagnards se soumettent à la religion par pur instinct, sans avoir rien lu ni rien connaître à son sujet, parfois. Le paysan iranien croyant n'est pas le paysan hollandais avec une bible sur son oreiller.

« Ils veulent que je connaisse le texte, dit Houshiar d'une voix tendue, mais ce n'est pas ça, la foi ! Si j'étais un vieux villageois analphabète et que j'avais décidé qu'il y avait des choses que l'Islam ne m'apportait pas, mais que je savais la différence entre le bien et le mal au fond de moi, et que je choisissais le christianisme, ce serait mon droit. Qu'est-ce que ça peut faire, que je ne connaisse pas tous les noms et les dates… »

D'après Marq Wijngaarden, ce problème de classe sociale est une véritable lacune du processus d'asile. Comme la fiscalité, la propriété et tout le reste, cette procédure dessert les pauvres et les individus sans instruction, ceux-là même qui sont le plus susceptibles de s'enfuir par peur. Un villageois qui n'a jamais vu les frontières de la ville voisine ne se met pas en route de gaieté de cœur. Il a flairé le danger. Toutefois, il est moins apte que les autres à connaître les mots de passe qui mènent à la sécurité. Sa foi est-elle moins réelle pour autant ? Il la vit d'une autre manière.

L'autoanalyse présente également des difficultés pour les réfugiés homosexuels sans éducation. « Si vous n'avez jamais appris à décrire une évolution, un processus, une façon de changer, vous exprimez vos sentiments à travers des actes sexuels, explique Wijngaarden. Vous ne parlez pas de ce que vous éprouvez ni de comment ce sentiment s'est développé. Les Hollandais réclament davantage de complexité. » C'est un problème, pas seulement pour les réfugiés sans instruction, mais aussi pour les personnes traumatisées qui ont des trous de mémoire, et les victimes de viol qui ont honte. « Les ressortissants de sociétés proches de la société occidentale obtiennent plus facilement l'asile que ceux de sociétés qui en sont relativement éloignées. Le système d'asile est assez injuste, dans son ensemble. »

Notre déjeuner dure depuis environ deux heures, quand l'épouse commence à me jeter des coups d'œil appuyés. Son regard va et vient entre Houshiar et moi et soudain, je comprends qu'à l'exception du jeune homme, nous pensons tous la même chose. Nous connaissons la partie manquante de son récit, le bon segment, l'information qu'il nous cache et cache aux agents de l'immigration, et qui explique peut-être ses échecs. Mais nous ne pouvons pas aborder la question de but en blanc ; nous devons l'évoquer sans enfreindre les normes sociales iraniennes, la camoufler sous un autre sens.

« La raison pour laquelle tu demandes l'asile est importante, dit le mari, choisissant ses mots prudemment. Même s'il faut que tu mentes, tu peux les convaincre que ton histoire est vraie… »

Ce « même s'il faut que tu mentes » est éloquent et généreux – l'homme veut que Houshiar sache que l'histoire que nous lui suggérons n'a pas à être vraie, que ce n'est pas ce que nous pensons de lui. La tablée se tait. Nous nous trompons peut-être, mais d'une façon ou d'une autre, nous avons convenu en silence que ce segment de l'histoire de Houshiar est bien plus crucial que sa conversion. Quelle étrange conspiration : en apparence, nous conseillons à cet homme de mentir. Mais en réalité, nous l'encourageons à être honnête avec lui-même, à accepter sa vérité pour être en paix. Mens-leur ; ne te mens pas à toi-même.

« Quoi que tu dises, le type sourira et aura des doutes, reprend le mari, qui s'approche doucement du sujet. À une époque, ils donnaient leur réponse rapidement. Quand les étudiants se faisaient tuer, les Néerlandais réagissaient très vite. Et puis il y a eu des émissions de télé sur... les gays au pays. Après ça, tous les Iraniens étaient gays. Ils ont été si nombreux à obtenir des papiers. »

Je retiens mon souffle, scrute le visage de Houshiar. Il ne semble pas ébranlé. La femme et moi continuons à échanger des coups d'œil. Elle se touche le visage. Nous ne pouvons pas dire ouvertement à un Iranien marié et refoulé qu'il doit regarder sa sexualité en face. Je sais que ce serait mal : nous risquerions de le traumatiser ; et comment pouvons-nous être sûrs de notre fait ? Nous ne sommes pas dans sa tête – nous savons simplement qu'il paraît bien plus convaincant en homosexuel qu'en converti, sûrement parce que c'est ce qu'il est. Nous affirmons : « L'homosexualité fera une meilleure base pour ta demande », ou : « C'est utile d'être gay », quand nous cherchons à dire : « Ça va. Tu as le droit d'être *toi.* » Nous voulons expliquer à Houshiar que l'Iran est loin maintenant, qu'il peut vivre au grand jour ici, dans ce village de compatriotes dispersés. *Dis-leur la foutue vérité*, aimerions-nous crier, au lieu de quoi nous lui soufflons : *Raconte-leur un mensonge plus convaincant.*

Au bout d'un moment, la femme prend la parole. La conversation avance lentement et elle veut lui donner un coup de fouet.

« Ça ne marcherait pas, de toute façon, dit-elle pour provoquer Houshiar. On repère tout de suite les homosexuels. Ils ne peuvent pas le cacher. »

Houshiar lui décoche un regard impatient.

« Bien sûr qu'ils peuvent le cacher. »

Une fois de plus, le silence se fait. Apparemment, Houshiar ne se doute pas le moins du monde que nous le soupçonnons.

« Beaucoup d'entre eux passent inaperçu, remarque Parvis. Pas ceux avec des problèmes d'hormones, mais les maris gays, ça ne se voit pas chez eux. »

Je me recroqueville sur ma chaise. Pensant aider, Parvis continue :

« Il y a des types costauds qu'on ne repère pas, à moins qu'ils portent une boucle d'oreille ou se rasent la tête. »

Le fait que ces personnes soient des progressistes me rappelle à quel point notre culture peut être violente envers la communauté LGBTQ, qui reste clandestine en Iran. Ce vocabulaire et ces clichés de genre dépassés sont gravés dans l'inconscient national : être un homme, c'est être fort et macho ; une femme doit être élégante et délicate.

« Il y en a même qui font du body-building, ajoute le mari – ce brave homme, il essaie de se montrer encourageant. Évidemment, dès qu'ils disent un mot, on sait tout de suite que leur allumette ne brûle pas. »

Je porte la main à ma bouche.

« Pour les femmes », précise rapidement son épouse.

C'est la plus progressiste des deux. Elle m'explique la métaphore de l'allumette et assure au reste de la tablée que ces hommes brûlent parfaitement pour d'autres hommes et que c'est très bien comme ça.

Houshiar a l'air pensif.

« J'ai déjà vu ça. Beaucoup de jeunes Iraniens disent qu'ils sont gays pour obtenir l'asile. Et après, ils vont à l'église tous les jours.

— Pourquoi pas ? dit Parvis. On peut être gay et chrétien. »

Houshiar se redresse.

« Qu'est-ce qu'un gay sait de la religion et de la foi ? » rétorque-t-il, méprisant et en colère.

C'est la première fois qu'il hausse le ton et une vague d'alarme nous traverse.

« Oh, allons… », dit la femme.

Elle déchire sa serviette en bandelettes. Houshiar a été nourri à l'homophobie pendant trois décennies. Nous ne pouvons pas le convaincre en un seul déjeuner qu'une société tolérante existe.

« Être chrétien ne te servira à rien, dit Parvis. Il faut que tu prouves que tu es en danger. »

Tout le monde hoche la tête ; que Houshiar soit chrétien ou gay, sa vie est bel et bien en danger. Parvis s'enhardit :

« Invite ton pasteur ici et demande-lui : un gay peut-il être chrétien ?

Tu veux que je l'appelle ? Je lui dirai qu'un homosexuel veut venir à l'église, on verra ce qu'il en pense. »

La femme déchire une autre serviette.

« Quelle que soit l'explication que tu donnes, dit son mari, il faut que tu t'y engages corps et âme, que tu t'en imprègnes. Avant de raconter une histoire, il faut que tu y croies toi-même.

— Il faut qu'elle ait l'air vrai, dit Parvis. J'ai grandi dans un quartier chrétien. Je sais comment parlent les convertis… C'est pour ça qu'aucun de nous ne te croit… »

Houshiar se frotte les paumes.

« Mais quand je suis arrivé en Europe, j'ai dit que j'étais chrétien. Si je ne l'étais pas, je vivrais chez moi, je travaillerais pour mon père. Chaque jour, il me supplie de rentrer. Je pourrais être avec mon fils. Ma sœur me ferait du thé.

— Je t'ai fait du thé, non ? » proteste Parvis, et Houshiar s'efforce de sourire.

Le couple regarde son assiette.

« Houshiar *joon*, on voit les veines de ton cou. Tu es stressé. Plus simplement tu aborderas le problème, mieux ce sera. »

Pendant trois heures, nous poursuivons cette conversation à demi-mot. Nous argumentons. Nous sortons fumer. Nous apportons de nouvelles assiettes d'aubergine. Le déjeuner prend une tournure encore plus bizarre quand Parvis appelle le pasteur.

« Pas la peine de le déranger », marmonne Houshiar.

Parvis prend soin d'expliquer : « Notre ami n'est pas gay lui-même, bien sûr. C'est un chrétien converti. Il veut seulement nous prouver que les gays ne peuvent pas être chrétiens. »

Houshiar enfouit son visage dans ses mains. S'il est homosexuel, il lui faudra des années pour l'admettre. La honte dissimule bien des histoires vraies. Ce qui compte, c'est que cet homme *paraît* gay aux yeux des autres Iraniens vivant sous un régime homophobe. Cela le met en danger. Qu'il base sa demande d'asile sur sa foi chrétienne ou son homosexualité, la vérité fondamentale est la suivante : sa vie en Iran se déroulerait entièrement dans l'ombre, jusqu'à ce qu'il fasse une mauvaise rencontre ; après quoi il finirait peut-être pendu. Voilà à quoi ressemblerait son existence. La vérité pure et simple, c'est qu'il a besoin et mérite d'obtenir l'asile.

L'histoire que nous choisissons de présenter, notre argument le plus convaincant, façonnera notre avenir. L'intégralité de notre trajectoire, de la naissance à la mort, a abouti et prend racine dans ce segment, cette poignée de jours où notre vie a été changée à jamais. Était-ce une conversion au chevet d'un enfant à l'agonie ? Ou un désir inattendu ?

S'il est gay, Houshiar doit l'exprimer tout haut. Il doit expliquer qu'il cachait son homosexualité, même à lui-même, piégé dans une culture de l'hyper-masculinité.

Je demande à Wijngaarden :

« Et si cette évolution se produit inconsciemment ?

— Alors vous êtes fichu », répond-il.

Sa franchise hollandaise me plaît.

Une chose est claire : dans un pays où l'on extermine les minorités religieuses, une conversion soudaine après un coup de chance à l'hôpital n'est pas crédible. Les Iraniens prennent peut-être des décisions basées sur des miracles, des visites de djinns et des rêves prophétiques, mais comme le romancier novice le constate, il ne suffit pas de dire : « C'est arrivé ».

Dans son essai *Contre les épiphanies*, Charles Baxter affirme que celles-ci sont fallacieuses par nature. Seuls les enfants vivent des chocs fondateurs. Chez les adultes, il s'agit au moins en partie d'une posture. D'une *mise en scène*. Pendant nos ateliers d'écriture, quand nous demandions : « Mon récit est-il sincère ? », nous ne voulions pas dire : « Les faits sont-il corrects ? », mais : « L'histoire est-elle crédible ? » Les faits sont souvent ce qu'il y a de moins crédible et la tâche de la fiction consiste à les réparer pour mieux servir la vérité. Un fait auquel on accorde un contexte et une attention disproportionnés peut mentir sur une vie, ou un jour, ou un couple, une guerre, une enfance. Une fiction peut être vraie quand elle éclaire l'invisible, ces spectacles non assumés qui se reproduisent encore et encore, mais que la honte et les traumatismes dissimulent.

Une nouvelle véridique à propos de la conversion de ma mère n'expliquerait pas cet événement par des miracles. Elle montrerait la tristesse de la protagoniste, son besoin douloureux d'être aimée par sa mère, sa vie de couple malheureuse, son envie de trouver la foi. Mais même Baxter reconnaîtrait que l'héroïne elle-même pourrait expliquer sa conversion par des miracles et que cela ne ferait que nous aider à mieux la comprendre. Du point de vue du personnage, un miracle s'est produit – la fiction permet cette nuance. Et pourtant le fonctionnaire, qui s'approprie les règles d'une narration réussie, ne se rend pas compte que le réfugié auquel il parle est le *protagoniste* de l'histoire, pas son *auteur*. Si un personnage iranien affirme : « C'était un miracle », il s'agit d'un code culturel, désignant un long processus que son éducation ne lui a pas donné les moyens de décrypter.

Si Houshiar parvient à échapper à la prison assez longtemps, il pourra peut-être déposer une nouvelle demande d'asile d'ici quelques années. Wijngaarden m'a expliqué que par le passé, les réfugiés qui ne se déclaraient pas homosexuel dès leur arrivée mais tentaient de le faire par la suite n'étaient pas jugés crédibles, car on supposait que quelqu'un leur avait soufflé ce stratagème. Mais récemment, une décision de la Cour de justice de l'Union européenne a établi qu'un coming out pouvait prendre des années. Les gens ont parfois besoin de passer un moment dans un pays libre pour assumer leur orientation sexuelle. Ils s'y refusent peut-être par honte, parce qu'ils sont traumatisés ou ont peur. Comprendre cela a changé la jurisprudence hollandaise – un peu. En pratique, le résultat d'une demande d'asile dépend encore en grande partie de ce que chaque fonctionnaire estime crédible. Pour cette raison, le réfugié doit prendre le contrôle de son histoire et se comporter en conteur plutôt qu'en simple personnage. Comme toujours, un bon conseil reste valable. C'est celui que ne cessent de répéter les avocats, les anciens réfugiés, les écrivains et les critiques littéraires, chacun à leur manière. *Ce sera plus vrai quand vous y croirez. Quand vous aurez fait le long et lent travail de croire.*

7

À Amsterdam, je rends visite à une amie d'enfance de ma mère, Forough, et à son fils philosophe, Pooyan. Forough est la cousine de Baba. C'est elle qui a présenté mes parents l'un à l'autre. Elle est militante et érudite, progressiste, féministe, cultivée. Peu après notre fuite, quand l'Iran est devenu invivable pour les communistes et les intellectuels, elle a pris son très jeune fils sous le bras et quitté le pays. On raconte qu'elle est allée tout droit à l'université d'Amsterdam, où elle a enfermé Pooyan dans une petite bibliothèque de philosophie jusqu'à ce qu'il soit en âge d'entrer à l'école.

Je me suis rapprochée d'eux à l'époque où mon couple battait de l'aile, puisant du réconfort dans l'idée que je venais d'une famille talentueuse et tolérante. Forough et Pooyan n'étaient pas prétentieux. Ils travaillaient sans relâche. Ils étaient toujours en train d'apprendre. Pour ma part, je commençais à comprendre que je me fichais comme d'une guigne de l'existence clinquante que je m'étais construite depuis une décennie. Je voulais vivre, réfléchir et être utile. « Je vaux mieux que ça », pensais-je. Après avoir trouvé Forough et Pooyan, je me suis permis de croire que ma valeur ne venait peut-être pas de Philip, de Princeton ou de ma maîtrise de l'anglais – mon amour des mots remontait à plusieurs siècles.

Nous nous retrouvons pour dîner chez Pooyan et son épouse. Je suis impatiente de leur parler de ma mère. A-t-elle menti ? Tout s'est-il passé comme dans mes souvenirs ?

J'évoque le cas de Houshiar et la réaction de ma mère quand je lui ai raconté son histoire. « Il ne veut pas dire qu'il est gay, car cela s'oppose à une chose plus importante pour lui que l'asile », m'a-t-elle expliqué.

Pooyan acquiesce.

« Nous choisissons tous une chose que nous plaçons au cœur de notre identité, dit-il. Nous sommes prêts à mentir sur tout ce qui gravite autour, mais pas à propos de cette chose même. »

Nous pouvons mentir pour étayer notre récit formateur, mais pas le contredire. Même les gens les plus ouverts d'esprit ont du mal à accepter un point de vue qui s'oppose au fondement de leur identité.

« C'est comme les critiques récentes du fondationnalisme cartésien, remarque Pooyan. Certains auteurs affirment que l'on possède un ensemble de certitudes qui déterminent notre point de départ. On ne peut pas toucher à ces certitudes. Elles forment notre vision du monde. En les changeant, on changerait radicalement notre façon de penser. Par exemple, ma vision du monde est basée en partie sur le darwinisme. C'est une de mes certitudes. Changer cela supposerait de reconfigurer mon réseau entier de croyances, et ce serait trop difficile. Je deviendrais quelqu'un d'autre. On ne peut pas toucher au cœur du réseau. À mesure que l'on s'en éloigne, il devient plus facile de modifier une pensée sans tout détricoter. »

Le cœur du réseau est existentiel.

Pooyan me dit que l'IND l'a contacté, ainsi qu'un collègue, pour leur demander d'aider les fonctionnaires à comprendre et vérifier les récits de conversion des Iraniens. Ils ont besoin de professeurs de sincérité. Le problème, ajoute Pooyan, c'est que la sincérité est déterminée par la culture. Les Hollandais ont une vision calviniste de la piété. Pour eux, la véritable foi vient de l'intérieur : de l'église invisible du cœur. Elle vient de la lecture de la Bible en langue vernaculaire. Elle vient de l'assimilation de la doctrine. Mais beaucoup d'athées intelligents étudient la Bible. Et beaucoup de paysans pauvres qui entendent parler de Jésus à la radio livrent leur cœur à ce concept en un après-midi.

« Un protestant croyant ne ressemble pas à un juif orthodoxe sincère, dit Pooyan. Un juif à qui l'on demande s'il est croyant pourrait répondre : "Je fais shabbat le samedi." Un protestant trouverait cela étrange : pour lui, la foi vient du cœur. Pour un juif orthodoxe, le rituel est bien plus important. »

Pooyan veut expliquer à l'IND que certains fidèles iraniens arrêteront peut-être d'aller à l'église une fois aux Pays-Bas, parce qu'ils sont habitués à leurs rassemblements clandestins, démonstratifs et intenses. Les églises hollandaises les déçoivent.

« Ils disent : dans ces églises secrètes, notre foi était plus profonde. Nous la ressentions davantage. »

Je demande à Forough de me donner plus de détails sur l'histoire de Maman. Elle hésite. Son amitié avec ma mère est trop complexe pour un seul dîner. En revanche, elle attire mon attention sur un autre mensonge : mon premier roman ne lui a pas paru sincère. Il était trop éloigné de la vie que j'avais vécue. J'avais poussé mon héroïne à faire de faux choix. Est-ce que je la connaissais ? Est-ce que je l'avais crue, d'abord ?

« Pourquoi n'as-tu pas écrit ta propre histoire, Dina *joon* ? »

Dans le tram du retour, je réfléchis à la sincérité et à mon parcours d'écrivain. Quelle est mon histoire ? Suis-je en train de défendre à cor et à cri un segment qui ne représente pas ma vie, comme Houshiar ? Il y a dix ans, je pensais que mon histoire était celle d'une réfugiée qui travaillait dur et s'en sortait bien, portait des robes corail, possédait de bons passeports, décrochait les diplômes qu'il fallait, ne laissait pas les hommes lui marcher sur les pieds et était aimée et respectée des Américains. J'aimerais dire à Forough que la sincérité est une lutte de chaque instant. Tout ce qu'on peut faire, c'est continuer à parler, à créer, à se rapprocher du cœur du réseau. Il y a dix ans, j'étudiais à la Harvard Business School, le plus grand mensonge de tous. Le mois dernier, je suis tombée sur un vieux fichier Word intitulé : « Mémoires d'une fille chanceuse ». C'était horrifiant : des histoires de ma première année en Oklahoma juxtaposées à des scènes à Harvard, censées témoigner du chemin que j'avais parcouru. Aujourd'hui, je n'y vois que deux fils conducteurs évoquant un mal-être extrême – une fille toujours au mauvais endroit.

Les lecteurs finissent forcément par débusquer le mensonge, même si tout ce qui l'entoure est vrai. C'est aussi facile que de trouver un noyau dans un plat de riz aux cerises : soit on le repère, soit on se casse les dents dessus. Cela me rassure, de savoir que mon travail a été un dévoilement progressif, que j'ai abandonné mes oripeaux l'un après l'autre. La vérité n'est peut-être qu'une direction à viser. « Lorsque nous parlons du passé, dit William Maxwell, nous mentons à chaque mot. » Avant de m'endormir, je prends une décision : je ne contacterai pas l'Arménien, ni aucune personne qui doute de Maman. Je crois son histoire.

Le lendemain matin, je me promène à Amsterdam, retournant à mes endroits préférés. Je bois un cappuccino au Koffie Salon. Two for Joy a fermé. Amsterdam était un lieu d'attente pour moi, une hésitation avant d'entreprendre un long voyage. La sensation pesante de cette époque me revient et je ne sais pas quoi en faire. Je n'ai plus les bons muscles. Je me gratte le cou et continue ma route. C'est la saison des tulipes ; les fissures de la ville débordent de fleurs ; l'air est saturé du parfum de friandises pour touristes : crêpes au sucre et *stroopwafels*. Je fais un crochet par l'appartement que j'avais acheté et rénové avec Philip. Il y a plusieurs mois, il a tenu à me dire qu'il l'avait vendu. Son nom figure encore sur la porte. C'est peut-être un meublé pour voyageurs d'affaires, à présent – design et stérile.

Sam m'envoie par texto des photos des fleurs écloses dans notre jardin. *Au cas où tu regretterais ton ancienne vie.* Je lui réponds : *Au contraire. Tout est mort ici.*

On est le 6 avril 2018, le septième anniversaire du jour où Kambiz a craqué une dernière allumette. La confusion et l'agitation silencieuse du moment me regagnent. Les passants vaquent à leurs occupations, mangent des glaces, font du vélo. Je me dirige vers la place du Dam – il y a peut-être une commémoration –, où se situe aussi le bureau de Frank Van Haren, l'avocat en droit d'asile cité dans les reportages sur Kambiz.

Pendant le dîner de la veille, l'épouse de Pooyan m'a montré son portrait de Kambiz et le journal qu'elle a tenu les jours suivant sa mort. Le dessin s'intitulait : « Presque comme s'il n'était pas fait de chair et d'os ». Ces mots résonnent dans ma tête tandis que je fais le tour de la place ; on croirait vraiment qu'il n'a jamais été là. Il n'y a pas de commémoration. Alors que je m'approche de l'endroit où Kambiz s'est immolé, j'entends parler persan. Deux hommes discutent, assis sur des marches. Je m'installe à côté d'eux pour écouter. Ils parlent de la mort, mais ne prononcent pas le nom de Kambiz. Il est tout aussi probable qu'ils soient là par hasard que pour lui rendre hommage.

Je les écoute une dizaine de minutes. Ils parlent de ce qu'on ressent en mourant, de la douleur du trépas. Ils parlent de la meilleure façon de vivre.

« La vie est comme un film, dit l'un d'eux. Tu peux choisir de ne te concentrer sur aucun détail, de flotter là-haut. Ou tu peux zoomer quelque part et te concentrer là-dessus. S'il y a de la douleur, tu la sentiras davantage. S'il y a de la joie, tu la sentiras davantage aussi. Mais si tu restes loin au-dessus de tout, j'imagine que tu pourrais éviter de ressentir quoi que ce soit de façon trop intense.

— Si tu veux vivre, tu es obligé de zoomer, déclare l'autre. À chaque fois, tu respires un grand coup et tu te laisses aller. Alors tu es au cœur de l'action. Tu as perdu ton point de vue divin. Ton point de vue de réalisateur. »

Ils ne discutent de rien de spécial, mais je reste sur ces marches un moment, à les écouter esquisser une philosophe sommaire. Quand l'un d'eux parle de rester à l'affût de la musique de la vie, je décide que c'est assez joli pour que je m'en aille.

Le jour de mon départ, j'arrive à l'aéroport de Schiphol quatre heures en avance, pour rencontrer l'homme qui murmure à l'oreille des réfugiés. Je m'installe dans un café, relevant la tête de temps à autre quand un homme d'affaires approche. Malgré tout, je rate son arrivée. Il apparaît à mes côtés tel un fantôme et me serre la main. Il est habillé à la façon des migrants avec lesquels il passe le plus clair de son temps. Je lui en suis reconnaissante ; je n'ai pas fière allure non plus, vêtue de la même tenue qu'au vol aller. Il y a quelque chose de fondamentalement honnête dans les choix de cet homme. Il mange avec les réfugiés, manifeste avec eux et aux côtés d'associations comme Refugees on the Street ou We are Here. Parfois, il participe à leurs squats dans des tentes ouvertes ou des bâtiments vides, des lieux sordides comme le « garage des réfugiés », un parking abandonné en périphérie d'Amsterdam, peuplé de demandeurs d'asile déboutés qui ne peuvent pas rentrer chez eux et sont réduits à la misère, puisque les Hollandais s'en sont lavé les mains.

Je remarque que les monologues de M. Pouri sont posés et souriants. Il ne gesticule pas, ne fait pas les cent pas, comme je l'avais imaginé au téléphone. Il est chaleureux. Il prononce les « ch » et les « j » doucement, presque comme des « z » – un autre détail qui m'avait échappé au bout du fil. En 2002, quelques années après sa décision de consacrer tout son temps aux réfugiés, sa femme et ses enfants l'ont quitté pour s'installer en Amérique, me dit-il.

Son portable ne cesse de sonner pendant notre conversation. Il me raconte sa propre histoire de déracinement. Il était communiste et la République islamique a fait assassiner ou emprisonner tous ses amis au cours des années 1980.

« Un jour, je me suis rendu compte que si je mourais, ça ne changerait rien. Il fallait que je parte. Alors j'ai traversé les montagnes pour gagner la Turquie. »

Il m'explique qu'il a mauvaise réputation auprès des Hollandais, qui refusent de croire qu'il n'extorque pas d'argent à des réfugiés vulnérables. Il travaille un jour par semaine pour un avocat et gagne suffisamment bien sa vie. Pourquoi ne devrait-il pas consacrer son temps libre à un travail en lequel il croit ? Le monde est-il donc si cynique ? Personne ne travaille dix-huit heures par jour pour s'enrichir – ce sont des horaires de forcené.

« Je veux que vous sachiez que ce gouvernement ne réserve pas un bon accueil aux réfugiés. Il les remet en danger. »

Hier, Frank Van Haren m'en a dit un peu plus sur cet homme, dont le rôle me laissait perplexe. « Ahmed Pouri est un bénévole. Pas un avocat, mais quasiment. C'est un homme bien. Il se bat comme un beau diable, mais il voit la vie en noir et blanc. Le gouvernement est toujours le méchant. Le pauvre étranger est le gentil. »

Je sais que de nombreuses histoires m'attendent, alors je me prépare à écouter. Ahmed Pouri ne s'arrête même pas pour boire son thé. Les récits affluent.

« En vingt-quatre ans, la chose la plus choquante que j'ai vue, c'est la façon dont ils réduisent les gens à l'état de légume », commence-t-il.

Il enchaîne les histoires de femmes violées qui ont fini par découvrir PRIME, son ONG. Une jeune femme sans abri a été ramassée par un étranger qui l'a retenue prisonnière dans une pièce pendant trois ans. Elle a été violée toutes les nuits, par beaucoup d'hommes. Elle ne s'est jamais plainte, par peur d'être jetée en prison. Elle s'est échappée et a contacté M. Pouri, mais elle avait trop honte pour déposer plainte.

« Elle n'avait plus aucune personnalité. »

Une autre femme dormait dans la gare centrale quand un policier l'a interpellée, vers une heure du matin : « Il fait froid ici. Tu peux dormir chez moi. » Trois hommes ont abusé d'elle une nuit entière. M. Pouri lui a dit : « Si tu as le courage de raconter tout ça à la télévision, on les fera payer. » Mais la femme ne voulait pas rester associée pour toujours à ce moment honteux – ce n'était pas son histoire et elle refusait de porter cette marque d'infamie.

« Ces choses arrivent parce qu'ils vous laissent dans la rue jusqu'à ce que vous acceptiez de creuser votre propre tombe et de vous y coucher, m'explique M. Pouri. Ils vous ôtent toute dignité, jusqu'à ce que vous acceptiez de les aider à vous reconduire à la frontière. Vous voyez, ils sont censés assurer vos droits fondamentaux : "un lit, un bain et du pain". Mais ils vous en privent jusqu'à ce que vous participiez à votre propre expulsion. L'ambassade iranienne ne vous donne un passeport que si vous en faites la demande. Sans cela, l'IND ne peut pas vous renvoyer en Iran. Alors les Hollandais vous interdisent de manger ou de dormir dans les camps tant que vous n'êtes pas allé demander un passeport à l'ambassade (du pays qui a essayé de vous tuer !). Si vous refusez, vous finissez à la rue. À partir de là, vous pouvez être incarcéré jusqu'à dix-huit mois consécutifs. »

Il me parle d'un client qui a vécu vingt-six ans aux Pays-Bas, dont onze en détention. La police passait son temps à l'arrêter pour des infractions mineures (avoir dormi dans des gares, des bâtiments abandonnés) et il échouait en prison, parfois pour la durée maximale, parfois moins.

« Qui passerait onze ans dans une cellule s'il pouvait rentrer chez lui ? Au bout d'un moment, est-ce si difficile de croire qu'un retour n'est pas envisageable ? »

Même selon la plus stricte logique hollandaise, les choix de cet homme avaient prouvé la légitimité de sa demande d'asile : personne ne préférerait passer une onzième année en prison plutôt que demander un passeport pour rentrer au pays. C'est tout simplement impossible – à moins que votre pays cherche à vous tuer. Mais à ce stade, l'homme était devenu schizophrène.

« Qui a le droit de rendre un homme fou ? demande M. Pouri. Pourquoi devrait-il venir solliciter de l'aide ici et repartir en ayant perdu la raison ? Les gens se suicident dans les prisons et les camps. En détention, on fouille tous les orifices de votre corps. C'est une humiliation terrible, qui traumatise encore plus les victimes de viol. Alors vous avez une victime de viol qui se met à hurler et quatre gardiens qui se jettent sur elle, posent leurs mains partout sur son corps. Ils n'ont pas idée de la façon dont les gens traumatisés se comportent quand on les touche. Et dans la culture iranienne, vous le savez, il n'y a rien de pire. Pourquoi n'utilisent-ils pas des scanners corporels, à votre avis ? Parce qu'ils veulent les humilier ; la loi est faite pour broyer les détenus de culture orientale. »

Il prend une inspiration.

« Imaginez une vie passée entre la rue, les camps et la prison, pas parce que vous êtes un criminel ou que vous n'avez aucune compétence, mais simplement parce qu'aucun pays ne veut de vous ! »

Jamais je n'ai rencontré un défenseur des réfugiés plus passionné. Plusieurs fois, la voix de M. Pouri se brise. Les larmes lui montent aux yeux. Nous sommes à l'épicentre de sa propre histoire. Malgré ma nature méfiante, je crois chaque mot qui sort de la bouche de cet homme.

Je lui demande qui l'appelle si souvent – son téléphone n'arrête pas de sonner. Tout le monde, me répond-il, des avocats aussi bien que des réfugiés, des militants, des policiers, des professeurs, des alliés (plus tard, Frank Van Haren, Forough et Pooyan me le confirmeront). Ils l'appellent quand des gens menacent de sauter d'un pont ou entament une grève de la faim. Il n'y a presque personne d'autre pour les défendre. Et les Hollandais ne savent pas comment réagir. Un homme s'apprête à sauter du haut d'un mur et la police lui dit : « Ta petite amie ne compte pas pour toi ? Pourquoi veux-tu mourir ? » M. Pouri sait que l'homme n'a plus ce genre de préoccupations depuis longtemps. Un autre se tient sur un pont ; il a demandé aux autorités de téléphoner à M. Pouri. Il n'aurait pas fait cela s'il voulait mourir, mais M. Pouri ne le laisse pas s'en sortir si facilement. « Tu es monté là-haut, tu as tiré tout le monde du lit, lui dit-il. Maintenant, tu dois faire des revendications. Les gens ont leur fierté. Si tu redescends sans rien avoir demandé, ils te jetteront en prison pour leur avoir fait perdre leur temps. »

Les grévistes de la faim constituent un cas particulier, car les autorités n'aiment pas qu'on leur force la main.

« S'ils tiennent plus de trente jours, je sais qu'ils disent la vérité, m'explique M. Pouri. La première semaine est très dure. La plupart des gens arrêtent là. Quand on a tenu une semaine, on peut en tenir trois. Mais la quatrième semaine, on sent la mort venir. Un homme m'a appelé depuis la prison. Il m'a dit : "J'ai envie de griffer les murs pour manger la saleté dessus. J'ai si mal au ventre." En détention, on vous met de la nourriture devant le nez tous les jours. Pour la refuser si longtemps, il faut que vous soyez persuadé que vous ne survivriez pas chez vous. Les gens qui tiennent bon ont quelque chose à dire, une vraie raison. C'est si compliqué de montrer à quelqu'un la vérité de son passé, Miss Dina… »

Les souvenirs sont truffés d'incohérences. Je comprends pourquoi ce champ de bataille particulier – la mémoire – le désespère. Cela revient à combattre sur des nuages. Les Hollandais ne vous écoutent que pour repérer des incohérences : avez-vous indiqué les mêmes dates et lieux au début et à la fin de l'entretien ? Si vous vous mélangez les pinceaux et fournissez des réponses contradictoires, c'est une preuve de malhonnêteté, pas d'erreur humaine.

Or les défaillances humaines affectent les deux camps. Les fonctionnaires peuvent devenir ivres de pouvoir et vindicatifs. Une femme et son avocat, l'un de ces idéalistes qui se tuent à la tâche pour du vent, ont préparé un dossier impeccable : le fils en bas âge de la demandeuse est hollandais par son père. La loi affirme qu'il a droit à sa mère ; l'affaire est réglée d'avance. Au début de l'entretien, le fonctionnaire demande l'air de rien : « Où est votre passeport expiré ? Vous l'avez laissé chez vous ? » Oui, répond la femme. Elle ne sait pas où elle a rangé cette vieillerie. Quelques heures plus tard, l'homme lui repose la question, d'un ton tout aussi désinvolte : « Et votre ancien passeport, il est à l'ambassade ? » Elle hoche la tête – peu importe, elle l'a perdu depuis longtemps. Le fonctionnaire déclare : « Vous mentez » et rejette sa demande.

« Mais qu'est-ce que ça peut vous faire ? demande l'avocat. C'est un passeport expiré du pays qu'elle dénonce. Occupez-vous des documents qui comptent ! » La femme dit : « Voilà l'acte de naissance de mon fils, son passeport hollandais, le passeport hollandais de son père. Je peux faire valider ma demande par un juge en cinq minutes, si vous voulez gaspiller plus d'argent. Pourquoi ne pas arrêter là ?

— Parce que je l'ai décidé, répond le fonctionnaire. Ici, c'est moi qui décide. »

Les gens viennent souvent consulter M. Pouri parce qu'ils sont exaspérés par la logique des Néerlandais, par leur ignorance stratégique du fonctionnement des régimes brutaux. Quoi qu'il arrive, les Néerlandais déclarent : « On a respecté les droits de cette personne ». Trois garçons kurdes ont été renvoyés par les Pays-Bas en Turquie, et tués. Les deux gouvernements ont qualifié ces meurtres de suicides, même après que la famille d'un des garçons a prouvé que le canon de l'arme utilisée était plus long que son bras et que la douille avait été retrouvée à vingt mètres de son cadavre. « Nous avons interrogé les Turcs, ont répété les Hollandais. Ils nous ont affirmé qu'il s'agissait d'un suicide. »

Ensuite, il y a le problème de ce que les réfugiés déclarent le jour de leur arrivée, avant de parler à un avocat ou à M. Pouri. Comme dans le cas de Houshiar, les Iraniens de la communauté LGBTQ mettent longtemps à se convaincre que leur homosexualité n'est pas honteuse. Ils sont gênés. Les victimes d'agressions sexuelles aussi. Elles inventent une histoire bancale le premier jour, puis sont obligées de s'y tenir. Une fois, on a appelé M. Pouri pour qu'il s'entretienne avec un homme qui refusait d'avouer à l'IND qu'il avait été violé dans une prison iranienne. Il était croyant, humilié, voulait à tout prix oublier. « Mon corps est sale. Je suis sale. Je hais mon corps », n'arrêtait-il pas de dire, en transpirant et pleurant. « Mon fils, tu sais que tu es un héros ? lui avait demandé M. Pouri, essayant de le calmer. Rends-toi compte : tu as survécu à cette torture. Tu as survécu et tu n'as dénoncé aucun de tes amis. Sois fier ! Ton corps a résisté à tout cela – ne l'insulte pas ! Ne dis pas des choses stupides. Le viol n'est qu'une torture. J'ai beaucoup d'amis qui ont survécu à la torture. »

Comme l'homme rejetait ses paroles de réconfort, M. Pouri avait fait venir un vieil ami communiste, qui avait été torturé après la révolution iranienne. Contrairement à lui, celui-ci ne s'exprimait pas de façon poétique ou pleine d'émotion. Il s'était adressé à l'homme tel un frère d'armes, déclarant d'un ton factuel : « Tout ce qui compte, c'est que tu n'as dénoncé personne. »

M. Pouri secoue la tête tandis qu'il termine cette histoire.

« Quand vous avouez enfin la vérité à l'IND dans une seconde demande, après avoir affronté votre traumatisme et votre dégoût de vous-même, les Hollandais vous disent : “Vous avez appris comment le système fonctionne. Quelqu'un vous a donné des consignes. Vous mentez.” Il ne leur vient pas à l'idée que vous ayez pu suivre une thérapie. Une victime de viol iranienne ne réagit pas comme une victime de viol hollandaise. Ils ne le comprendront jamais. Que se passe-t-il, alors ? Ces victimes de crimes atroces s'en tiennent à la première histoire banale qu'elles ont racontée, à leurs âneries sur leur conversion au christianisme après la guérison miraculeuse de leur enfant. »

Avant de prendre congé, je demande à M. Pouri de me raconter son plus beau souvenir. Il n'a pas besoin d'y réfléchir. C'est l'histoire de Zeinab, une autre Kurde de Turquie. Elle a été violée dans un coin d'une pièce, pendant que son mari subissait le même sort à l'autre bout ; quand il a découvert qu'on avait abusé d'elle aussi, il a essayé de la tuer. Elle s'est enfuie, a passé trois nuits d'hiver dans une cabine téléphonique avec ses deux enfants en bas âge. Finalement, elle a trouvé M. Pouri. Elle a entamé une procédure d'asile qui a duré des années, avec plusieurs refus. Un jour, elle s'est présentée au bureau de M. Pouri pour qu'il lui annonce le dernier verdict en date. « Zeinab, ta demande a encore été rejetée, lui a-t-il dit. Qu'as-tu raconté pendant ton entretien ? »

Ses épaules se sont affaissées. « Je ne sais pas quoi faire d'autre, a-t-elle marmonné.

— Ne prends pas cet air déprimé, lui a dit M. Pouri avec un sourire triste. Va nous chercher des pâtisseries en face. » Elle a froncé les sourcils, en le regardant comme s'il avait perdu la tête. « Pour fêter ça, a-t-il précisé. Parce que j'ai menti : tu as obtenu tes papiers. »

Il s'attendait à ce que sa plaisanterie la fasse rire, mais ça n'a pas été le cas. Elle s'est effondrée et a sangloté pendant une demi-heure. À mesure que les minutes s'écoulaient, les bénévoles ont fondu en larmes l'un après l'autre. M. Pouri le premier, j'imagine.

« Sa vie allait changer, me dit-il. Et vous savez quoi ? Elle a commencé à raconter son histoire, spontanément. Assise là par terre, elle a décrit toutes les maisons par lesquelles elle était passée. Tous les viols qu'elle avait subis. Elle a énuméré toutes les nuits où elle s'était enfuie avec ses enfants pour échapper à un violeur. Elle a cité le nom de ces hommes. »

La voix de M. Pouri se brise. Il essuie ses larmes et s'excuse, mais je pleure aussi. Nous sommes deux Iraniens idiots et idéalistes, embarqués dans une croisade désespérée, qui pleurent dans un café d'aéroport tandis que la famille assise à la table voisine les observe.

« Au bout de trente minutes, reprend M. Pouri, elle s'est relevée, oubliant tous ses malheurs. Elle les a abandonnés sur le sol. Elle m'a dit : "Ahmed, j'avais toujours pensé que si tu m'obtenais une réponse positive, je danserais une heure sur cette table. Et voilà que je pleure." Son corps avait réagi de façon honnête et sincère. Sans faux-semblants. Sans se préoccuper de son auditoire. »

Parfois, la vérité a besoin d'un drame pour se révéler entièrement.

« C'était la réaction pure, belle et honnête d'un être humain. Elle ne les avait pas laissés la transformer en légume. Alors j'ai pris une photo. Je me suis dit : *Je ne vais pas lui demander la permission. Sinon, le vrai moment sera passé.* »

8

Pendant des siècles, le monde civilisé a respecté « le droit d'asile », un antique concept juridique qui reconnaît aux personnes en danger le droit à un refuge. Historiquement, quelles qu'aient été les critiques émises à son encontre, tous les gouvernements occidentaux ont compris et honoré ce principe – jusqu'à aujourd'hui. En ce siècle nouveau, cette conviction simple et fondamentale est remise en question par les habitants les plus libres et privilégiés de la planète. S'ils ont assimilé l'obligation de faire de la place aux autres, c'est à contrecœur, ou en présentant des arguments sur les suppliques et l'utilité de migrants. Mais la majorité taxe ces derniers de menteurs, d'opportunistes, de fléau. C'est bouleversant de voir le nombre d'innocents qui fuient leur village, leur baraque ou leur ferme bien-aimés et chuchotent en chemin : *Nous n'avons qu'à atteindre l'Europe. Ils nous accueilleront. Le monde civilisé est généreux ; il a la Convention de Genève, un tribunal des droits de l'homme. Là-bas, il reste de la nourriture à jeter après chaque repas.* « On vous vend monts et merveilles ! » dit M. Pouri.

Les réfugiés passeront le reste de leur vie à lutter pour qu'on les croie. Pas parce qu'ils mentent, mais parce qu'on les force à adapter leur réalité à une conception étriquée de la vérité. Un fonctionnaire guettant la moindre incohérence ne se montre pas de bonne foi. Ce n'est pas comme cela que les gens honnêtes cherchent la vérité.

« Je dors dans des cabines téléphoniques avec mes enfants depuis un mois. » *Vos vêtements sont propres. Où les lavez-vous ?*

« Un *bassidji* influent a juré de me tuer. » *Cela m'a l'air d'un problème personnel.*

« Je suis lesbienne. On me tuera en Éthiopie. » *Comment faites-vous l'amour avec une autre femme ? Expliquez-moi.*

Comment présenter la vérité à un tel interlocuteur ? Quand il n'accepte qu'un seul danger, alors qu'il y en a des centaines. Quand il ne cherche pas à comprendre ce que signifie la menace quotidienne d'une violence irréfrénée, alors que les soldats, qui ne vous visaient peut-être pas personnellement, n'en ont pas moins laissé votre psyché en miettes. Comment conformer son histoire vraie au « bon » type de vérité ? Si votre interlocuteur a déjà de bien plus grands mensonges imprimés dans sa vision du monde, vous ne pouvez introduire la vérité dans son esprit que subrepticement, comme quand on cache des médicaments dans la nourriture d'un enfant. C'est peut-être pour cela que le Christ s'exprimait par paraboles.

La vérité est une tâche difficile – elle demande de la rigueur. On peut mentir avec des faits douteux, dire la vérité avec une fiction travaillée. Tout dépend de votre intention : quelle que soit la technique employée, souhaitez-vous que votre interlocuteur ait une meilleure compréhension d'un endroit ou d'une situation donnée, ou une moins bonne ? Après avoir entendu votre histoire, s'il pouvait se téléporter dans votre passé et le vivre lui-même, dirait-il : « Je comprends maintenant », ou aurait-il l'impression d'avoir été berné ?

Les histoires mentent quand elles sont mortes, quand elles ne révèlent rien de neuf sur le monde. Quand elles sont dénuées d'émotion, d'intelligence, ou servent à distraire d'histoires plus importantes. Quand les personnages sont simplistes ou sans profondeur, ils mentent. La langue ment quand elle dissimule, ou détourne l'attention de l'état des choses.

George Orwell nous a mis en garde contre la forme la plus commune de mensonges, qui ne repose pas sur des histoires, mais sur les mots, que nous déformons en fonction de nos objectifs. Quand nous avons recours aux clichés, par exemple, nous essayons de faire passer des idées creuses pour réfléchies.

L'un de mes camarades d'école de commerce est décédé. Son ami nous a annoncé la nouvelle par mail. Aussitôt, les réponses ont afflué : « Les mots me manquent », disait l'une. « C'est plus que terrible », disait une autre. *Nous sommes de tout cœur avec vous. Recevez notre sympathie la plus profonde. Nos plus sincères condoléances.* J'ai été frappée par ces hyperboles : un « c'est plus que terrible », quand on a choisi de ne pas voir le défunt depuis dix ans, n'est pas sincère. Le mot « terrible » se situe à l'extrémité d'un spectre : qu'y a-t-il au-delà ? Que diriez-vous si votre enfant mourait ?

La langue du chagrin est brute. Les endeuillés n'emploient pas d'expressions toutes faites. Ils succombent aux cinq sens, à des images surprenantes. Mes camarades n'étaient pas tristes. Ils « répondaient à tous ». Nos responsables politiques s'adressent à nous de la même manière. « Toutes nos pensées et nos prières vont aux victimes », déclarent-ils après un massacre, et comme nous l'avons vu récemment, ces formules rebattues et vides de sens ne mènent qu'à l'inaction. Les mensonges surviennent aux moments les plus bénins et bien intentionnés.

L'originalité est le privilège des gens instruits. Et pourtant, quand les réfugiés refusent d'être originaux ou précis, leurs histoires ne fonctionnent pas ; on les rejette. Si, dans leur terreur et leur honte, leur mémoire altère ou enjolive les faits, condensant dix années de souffrances en une seule ou transformant une main coupée en bras, c'est parce qu'ils savent que si vous étiez transportés chez eux, vous verriez les pendaisons, les exécutions, les décapitations. Et vous diriez : « Partez tout de suite. »

Quand on embarque ses jeunes enfants dans un canot, on montre sa vérité. La honte, le traumatisme et la peur peuvent rendre muet, mais cet acte suffit. *Nul ne part de chez soi à moins que chez soi soit la gueule d'un requin*, écrit la poétesse Warsan Shire.

Et voilà où se situe le plus grand mensonge de la crise des réfugiés : non pas dans leurs récits individuels imparfaits, mais dans le champ lexical du désastre souvent employé pour décrire leur arrivée – *raz-de-marée*, *déferlante*, *invasion*. Ces mots sont des mensonges.

Beaucoup de médias citent le nombre total de *demandes d'asile* pour représenter celui des migrants. « Parfois, cela inclut les deuxièmes demandes », m'a expliqué M. Pouri. Une autre source d'erreur quand il s'agit de recenser les réfugiés réside dans la procédure Dublin, qui limite les demandes d'asile à un seul pays européen ; or beaucoup de personnes qui arrivent aux Pays-Bas ont déjà entamé des démarches dans un autre pays. Quand on les y renvoie, les données d'arrivées aux Pays-Bas ne sont pas ajustées. « On ne peut pas simplement compter le nombre de fois où quelqu'un passe par la porte. Si le véritable chiffre représente une fraction de ce que certains médias affirment, c'est qu'on cherche sciemment à attiser la peur de la population. »

Selon les chiffres de l'UNHCR, on compte actuellement 68 millions de personnes déplacées dans le monde. Sur ces 68 millions, 40 millions ont migré dans leur propre pays, 25 millions sont des réfugiés et 3 millions des demandeurs d'asile. Ce que ces chiffres ne précisent pas, c'est que la grande majorité des réfugiés s'arrêtent dans un pays voisin du leur. Seuls quelques millions tentent d'atteindre l'Europe et pourtant le monde entier est persuadé que la Syrie, l'Afghanistan et l'Irak déversent leur population en Occident. En 2017, les vingt-huit États membres de l'Union européenne recensaient 650 000 primo-demandeurs d'asile. Cela fait 1 270 individus déplacés pour un million d'habitants, ou environ un pour mille. L'Europe en a refusé plus de la moitié. L'autre moitié a obtenu l'asile – ce qui donne un total d'un réfugié pour deux mille habitants cette année-là. Autrement dit, il faudrait assister à quatre très grands mariages, deux remises de diplôme ou un petit concert pour croiser un seul nouvel arrivant en Europe. Ce n'est pas une déferlante. Une image honnête de la situation, envisagée à vue d'oiseau, ne serait pas celle d'un raz-de-marée ou d'une invasion, mais plutôt d'un filet d'eau, ou d'un troupeau dépenaillé et agonisant qui s'achemine vers un territoire vaste et fertile. Le monde ne se déverse pas en Europe. Le peu d'individus brisés et misérables auxquels les pays riches ouvrent leurs portes devraient être accueillis avec générosité, puisque ces pays sont les principaux consommateurs des ressources de la planète. Et dans bien des cas, la poursuite de ces ressources est à l'origine même de la pauvreté et des conflits qui déchirent le monde oriental. Nous devrions peut-être simplement rembourser notre dette. Et ne pas pousser des cris d'orfraie si nous croisons quatre musulmans dans la rue, *une fois*.

C'est la fureur des habitants de souche et non les plaidoyers d'un exilé suppliant qu'on le sauve, qui constitue le véritable spectacle irrationnel, la réaction injustifiée, dans l'histoire actuelle des réfugiés.

Et pourtant, un paradoxe subsiste au cœur des récits d'asile : à chaque jour qui passe, les réfugiés se comportent de moins en moins en demandeurs honnêtes. Tel l'amant qu'on fait attendre, ils se laissent emporter par leur désir. Ils deviennent fébriles, perdent leur charme. Quelle ironie, pour un demandeur d'asile, de savoir que chaque heure d'incertitude rend son histoire moins crédible (« Je n'y comprends rien… il est hystérique ! ») et son salut moins probable. Il perd la tête, présente un risque pour son nouveau pays. Pendant ce temps, la véritable hystérie, la rhétorique identitaire insidieuse hurlée du haut de forteresses, ne ressemble pas du tout à un mensonge – elle paraît intelligente, rationnelle, calme.

L'attente *oblige* au mélodrame. Alors si, dans son désespoir, l'exilé décide de souffler un peu, d'apprendre les règles (édictées par ceux que les démonstrations de douleur orientales dérangent) et de faire en sorte qu'une chose vraie en ait l'apparence, est-ce un mensonge ?

Cette question me plonge invariablement dans une honte glacée, me ramenant à ma réinvention au lycée et à la commission d'admission qui, pensant déceler de l'enthousiasme et du talent, s'était fait berner par les symptômes de ma disproportion.

À la fin de notre conversation, M. Pouri me confie qu'au bout de quelques mois, tous les réfugiés oublient son numéro de téléphone.

Ils ne lui donnent plus de nouvelles. Ils ne reviennent jamais le remercier.

« Ils pensent que l'Europe est un paradis. Qu'il leur suffira de se libérer de l'Iran, l'Irak ou la Turquie pour nager dans le bonheur. Ils s'aperçoivent vite que ce n'est pas le cas. »

Une fois que leur nouvelle vie commence, apportant son lot de difficultés, les gens s'enlisent dans le quotidien. Ils oublient l'euphorie qu'ils ont ressentie autrefois. L'apaisement fait partie de l'assimilation, après tout. Les grandes joies et les drames se volatilisent rapidement.

Je prends congé de M. Pouri une heure avant mon vol. Il propose de m'accompagner à ma porte d'embarquement. Alors que je rassemble mes affaires, il sort une boîte de noix de sa mallette.

« Je savais que notre rendez-vous empiéterait sur vos préparatifs, alors je vous ai apporté ça pour le voyage. »

Je meurs de faim et je ne sais pas trop quoi dire. Cette boîte de noix me désarçonne ; il ne semble pas le remarquer.

« Merci, Agha Pouri », dis-je en persan.

À la porte d'embarquement, il me dit au revoir, me tapote le dos. Un agent de sécurité nous fixe. Avec nos vêtements sans apprêt, nous ressemblons fortement aux réfugiés que nous avons été.

Je lui suis reconnaissante pour tout ce qu'il m'a raconté. Dans l'avion, je prends note de lui donner des nouvelles, même quand les mois auront passé et que ce sentiment se sera dissipé.

Quand je serai grande, je veux être comme Agha Pouri. Pourquoi sa famille l'a-t-elle abandonné ? Je ne connais peut-être pas toute l'histoire. Non, évidemment.

Je passe le vol à repenser à Baba, avec ses poches pleines de cerises aigres, que j'ai abandonné il y a trente ans, dans un bureau au troisième étage d'un immeuble à Ispahan.

QUATRIÈME PARTIE

L'ASSIMILATION

(de la honte, des existences passées et de la vie de caméléon)

1

Un après-midi du début des années 1980, j'ai découvert au milieu des étagères de la bibliothèque municipale d'Edmond une solution à cet univers déroutant où nous vivions désormais – *Harvard*. Ce serait le grand projet de ma jeune vie. J'avais trouvé mon futur chez-moi, un endroit sans demi-sœurs qui se réfugiaient dans la nourriture, sans beau-père débordant d'une fureur inassouvie, sans grand-mères aux épaules nues qui vous observaient et vous jugeaient, sans garçons blonds avec des prénoms comme Chad, Brad, Tanner et Taylor qui vous criaient de retourner dans votre HLM de drogués. À la place, ce nouvel endroit serait peuplé de filles étranges qui comptaient tout, qui avaient peut-être la peau à vif quelque part sur le cou, ou peut-être les bras qui se tendaient parfois devant elles, ou peut-être aucune de ces manies, mais qui aimaient les histoires, les devinettes et les problèmes de maths, des filles amusantes, comme je l'étais en Iran, des filles qui changeraient le monde un jour. Les critères d'admission à Harvard étaient intimidants. Tous les gens qui espéraient y étudier avaient d'excellentes notes et réussissaient leurs examens haut la main. Ils étaient sportifs et courageux. La plupart avaient décroché une récompense nationale dans un domaine ou un autre. Ce serait difficile, mais pas impossible. J'allais avoir douze ans et c'était mon avantage principal – aucun élève de mon âge ne se préparait encore, mais cela ne tarderait pas. Je n'aurais qu'une poignée d'années pour maîtriser une discipline, n'importe laquelle, mieux que tous les autres jeunes du pays.

J'ai pensé à la natation et au tennis. Ayant appris à nager dans la fournaise de Dubaï, je ne manquais pas d'endurance, et le tennis était le sport d'enfance de ma mère, son passe-temps avant la révolution. Je me suis inscrite à un cours pour débutants à la YMCA. Je suis arrivée avec une vieille raquette et un short de ville bleu qui me couvrait les genoux et j'ai regardé des enfants de six ans s'attrouper sur le terrain.

« Je me suis trompée de cours ? ai-je demandé à l'entraîneur, un garçon de mon âge.

— Non, a-t-il répondu sans sourciller. Allez, on y va ! »

Apparemment, dans notre banlieue, les gens choisissaient leur sport tôt. L'Oklahoma regorgeait de filles riches plus passionnées par le tennis que moi, avec plus de temps libre et de tonus. Je n'arriverais même pas à remporter un championnat local. J'ai renoncé à la natation pour la même raison, même si j'ai trouvé un prix de consolation : je pourrais devenir sauveteuse de la Croix Rouge américaine en passant une simple série de tests chronométrés.

J'ai jeté mon dévolu sur le taekwondo, pas à cause de mon beau-père et de sa ceinture noire troisième dan, mais en dépit de ses objections véhémentes à l'idée que je m'attaque à un sport qui n'était pas fait pour les femmes. C'était précisément parce qu'il rebutait profondément les autres filles que je l'avais choisi. Ce n'était pas un sport sexy ni élégant. Toute la gloire consistait à faire saigner l'adversaire ou à finir en sang. On risquait vraiment de se faire amocher.

J'ai convaincu ma mère qu'il s'agissait de la discipline idéale – j'apprendrais à me défendre. Je devrais partager des casques imbibés de sueur et m'exercer à étrangler des amateurs d'âge canonique pendant des mois avant d'être autorisée à me mesurer à de vrais athlètes ; mais dès que j'ai pénétré dans la salle d'entraînement, j'ai su que j'avais fait le bon choix. Il n'y avait presque aucune fille de mon âge. Environ trois fois plus d'hommes que de femmes. Et, ce qui renforçait encore mon avantage, les compétitions au niveau de la ville, de l'État et du pays se disputaient par sexe, niveau, âge et poids. Je pourrais remporter un championnat national contre des ceintures vertes maigrichonnes ; je pourrais m'affamer pour concourir dans leur catégorie, me transformer en tas de muscles affrontant des anorexiques. Si c'était comme cela qu'on décrochait une place dans une des meilleures universités des États-Unis, si étrange que cela paraisse, je pourrais m'adapter.

J'ai commencé par des cours d'une heure, trois fois par semaine. Je suis rapidement passée à des entraînements tous les jours de la semaine, puis le week-end aussi, puis quatre ou cinq heures par jour. J'ai arrêté de manger gras. Puis gras et sucré. Bientôt, je n'ingérais plus que du thon au naturel, des pitas, de la moutarde, des pommes de terre au four, des fruits aqueux et des litres et des litres d'eau. En un an, j'étais devenu un long bloc de muscles et mes règles s'étaient arrêtées. Mes cuisses ne se touchaient plus. Je ne décontractais jamais mes abdos. Dans ma vision littérale de ma nouvelle langue, je croyais vraiment qu'on pouvait avoir le ventre « assez ferme pour y faire rebondir une pièce de monnaie », comme le voulait l'expression anglaise – c'était mon objectif. Quand j'émergeais de fréquents cauchemars, mon premier réflexe consistait à contracter mes muscles. À chaque fois que je m'entraînais avec le sac de frappe, tournoyant sur l'épais tapis jusqu'à ce que la plante de mes pieds saigne, je pensais : je suis une réfugiée avec un cerveau et des muscles, et j'ai atterri dans un pays où tous les chemins s'ouvrent à moi. Il y a peut-être des gens plus forts et plus doués qui détestent les Iraniens ou les femmes, mais ils ne m'intéressent pas. J'ai une carte de séjour rangée avec les trésors de Maman, dans un endroit où je peux aller la voir. J'ai tout ce qu'il me faut, alors je ne vais pas pleurnicher comme une chochotte pour deux gouttes de sang.

Certains soirs, je n'arrivais pas à garder le moral. Je sortais de mon lit pour aller pleurer dans les bras de Maman.

« Je ne serai jamais acceptée à Harvard. Je resterai ordinaire et je mourrai oubliée.

— Mais non ! disait Maman. Tu es déjà extraordinaire.

— Je ne mérite pas d'aller à Harvard, sanglotais-je. Regarde, mes genoux ne ressemblent à rien.

— Mon dieu, Dina *joon*, grognait-elle en anglais. Tu es folle, mais très orgueillante ! C'est sûr qu'ils t'acceptent. Mange quelque chose, s'il te plaît. »

J'ai décroché de nombreux trophées et médailles, dont une victoire en combat libre et codifié à un championnat de l'État. Toutes les médailles comportaient l'image de deux hommes qui s'affrontaient, comme celle que j'avais trouvée dans la penderie vide. Je les arborais fièrement : les filles qui s'étaient moquées de moi étaient devenues pom-pom girls, un sport basé sur l'idée que les femmes devaient rester sur la touche à encourager les hommes, au lieu de suer sang et eau pour réussir elles-mêmes. Ce genre de filles intégreraient l'université de l'Oklahoma et organiseraient des fêtes pour s'en réjouir. Ce potentiel gâché m'attristait. Que se passerait-il, me demandais-je, si la nouvelle Marie Curie naissait dans le corps d'une jolie fille de l'Oklahoma ? Elle suivrait un ou deux cours de sciences où le professeur n'interrogerait que Chad ou Brad, évacuerait sa frustration sur un court de tennis et mourrait après avoir épousé un cadre moyen. Je commençais à comprendre que l'Amérique n'était pas un paradis féministe.

Néanmoins, l'Oklahoma m'a offert certaines de mes plus grandes joies.

En 1994, quand j'avais quinze ans, nous sommes devenus américains. C'était un soulagement. Le 4 juillet suivant, nous avons participé à une cérémonie de remise de nationalité sur le terrain de foot d'une université locale. Des dizaines de personnes naturalisées cette année-là prêteraient serment en même temps que nous. La journée a été douce-amère ; le stade était rempli d'habitants de la région qui applaudissaient, tandis que des hommes, des femmes et des enfants faisaient le tour du terrain à la queue leu-leu pour rejoindre un micro placé dans la zone de but, où chacun de nous serait appelé et réciterait le serment d'allégeance. J'observais les autres membres de la file avec émerveillement : je ne m'étais jamais rendu compte qu'il y avait autant de personnes basanées et d'Asiatiques dans l'Oklahoma. Certes, il y avait quelques noirs, quelques juifs ici ou là. Mais autant d'Indiens ? Autant de Sri Lankais, de Pakistanais, de Chinois, de Bangladais, d'Iraniens et d'Afghans ? Où s'étaient-ils cachés ? (Non pas que je les aie cherchés.)

Vers le milieu de la cérémonie, un vieil homme indien a été escorté au micro, où il s'est présenté et a juré allégeance aux États-Unis. Une fois son discours terminé, il a levé les poings et les a agités en criant : « Je suis américain !! Enfin, je suis américain ! » La foule a poussé des hourras, se réjouissant avec lui. Quand il s'est écarté du micro, il a chancelé et s'est effondré, épuisé ; mais quelqu'un l'a rattrapé. Il s'est retourné et a souri aux spectateurs pour leur montrer qu'il allait bien, que son élan de joie ne l'avait pas tué. Puis il est reparti.

Cela reste ma journée préférée d'Américaine, ma première journée de citoyenne, inégalée depuis. Personne ne faisait semblant, ce jour-là. Personne ne se sentait contraint ni humilié, pensant à son véritable foyer. Ce vieil homme débordait d'amour. Les spectateurs l'acclamaient à pleins poumons. C'est un souvenir compliqué pour moi, aujourd'hui. Je refuse de nier son immense et simple beauté, même si je sais que ce n'était pas le vieil homme qu'ils ovationnaient, mais son élan de gratitude, la preuve qu'il s'était transformé en une autre personne, une personne qui leur ressemblait.

J'adorais gagner à un sport masculin. J'étais encore en colère contre tant de choses – le hijab, la République islamique, les vieux bedonnants de l'église qui portaient aux nues les joueurs de football américain du lycée et sermonnaient les filles qui osaient manifester trop d'ambition. Malgré mes efforts, je n'arrivais pas à concilier le christianisme avec ce que je percevais d'instinct comme mon dû ; je n'arrivais pas à croire que Dieu réclamait de l'humilité et de la soumission de ma part, et la réussite d'un garçon qui savait à peine compter sur ses doigts. De temps en temps, je remportais une petite victoire. Un samedi d'automne, à seize ans, j'ai participé à une formation de perfectionnement au sauvetage aquatique organisée par la Croix Rouge. Après des années d'entraînements intensifs de taekwondo, j'avais les jambes maigres et dures comme l'acier, de vrais clubs de golf. Ce matin-là, vingt sauveteurs adolescents sont descendus dans la piscine pour une épreuve d'endurance, consistant à marcher dans l'eau sans se servir de ses bras pendant dix minutes. C'était facile : la plupart des candidats faisaient partie d'équipes de natation. Nous avons passé le test les doigts dans le nez. Mais au coup de sifflet, seule la moitié du groupe est sortie de l'eau. Les autres ont continué à marcher. Des cris joyeux ont résonné – un défi ! Au bout de trente minutes, il ne restait plus qu'une poignée de garçons, une autre fille et moi.

« Faisons sortir les filles, pour voir qui est le meilleur ! » a crié quelqu'un.

La fille et moi avons échangé un regard. Elle a articulé : « On continue ? », et j'ai hoché la tête. Quand elle s'est extirpée de l'eau, au bout d'une cinquantaine de minutes, les garçons ont poussé des vivats. Quelqu'un lui a tapé sur les fesses. J'ai décidé que je mourrais dans cette piscine plutôt que de laisser un de ces garçons l'emporter. J'ai fermé les yeux et pensé à la police des mœurs, à notre pasteur adjoint libidineux, aux paroissiens de l'Oklahoma qui parlaient en toute décontraction de protéger leurs filles de la corruption de l'université. Quand je les ai rouverts, quatre-vingt-sept minutes s'étaient écoulées, un coup de sifflet retentissait, et le dernier garçon sortait de l'eau. Les autres participants se tenaient au bord de la piscine, trempés, applaudissant comme s'il s'était agi d'une compétition amicale. J'ai marché encore une minute, pour me payer leur tête. Puis je suis sortie, acceptant la main qu'on me tendait, et je me suis effondrée sur le carrelage.

Je suis restée là un moment, à regarder l'intérieur de mes paupières passer du rouge au bleu.

« Eh ben, c'était bizarrement intense », a marmonné une voix lointaine.

Comment pouvait-on vivre autrement ? me demandais-je. Comment trouver le bonheur sans objectifs ? Sans endroit où aller ? Ce n'était peut-être qu'un problème personnel. J'étais déjà loin de chez moi ; je ne pouvais pas rester piégée dans ce néant.

Je me suis coincé un nerf dans le dos six mois avant les championnats nationaux. Je me suis inscrite quand même. J'ai arrêté de m'entraîner, mais je nageais tous les jours. Le soir, ma mère tenait mes pieds sur ses genoux pendant que je travaillais mes abdos. Je ne mangeais presque plus. Mes lèvres avaient bleui. Quand je suis retournée au gymnase, la douleur était tolérable. Je me suis fixé une règle pour protéger mon dos : chaque seconde où je serais en tenue de sport, je contracterais mes abdos. Je n'arriverais pas à Harvard en fauteuil roulant.

À la pesée pour les championnats des États-Unis, à San Antonio, je n'ai gardé que mes sous-vêtements. Je n'avais pas bu d'eau de la journée. Je m'étais rasé tout le corps, et j'avais évité les laxatifs de peu. J'ai été acceptée dans la catégorie des poids les plus légers, à 50 grammes près. Si ça n'avait pas été le cas, j'aurais fermé les yeux et me serais déshabillée complètement. Je me serais précipitée aux toilettes pour régurgiter le peu de bile qui me restait. Je me serais postée nue devant tous ces hommes et je me serais rasé la tête et les sourcils.

Daniel s'était inscrit aussi. Pour un garçon de treize ans, remporter une compétition nationale présentait bien plus de difficultés – tous les garçons riches de l'Oklahoma faisaient des arts martiaux. Et il n'avait rien à perdre. Il mangeait normalement, s'entraînait une ou deux heures par jour, avait des amis et des loisirs. Au championnat, il a terminé ses matchs et est allé attendre avec ses copains.

Daniel et moi n'étions pas proches, et nous faisions rarement preuve de gentillesse l'un envers l'autre. Mais quand je suis ressortie en titubant de mon dernier combat, ayant battu d'un seul point une fille rapide et énervée pour remporter la médaille d'or, Daniel a couru vers moi avec une glace – Dove, la marque la plus chère. Il l'avait payée de sa poche et même si j'aurais aussi bien pu avaler du poison, je l'ai mangée pour lui faire plaisir. Les Iraniens montrent leur amour avec des cadeaux et de la nourriture, et j'ai reçu bien des offrandes de ce genre au fil des années – seules une ou deux, peut-être, m'ont paru aussi sincères que la glace Dove de Daniel.

J'ai passé l'heure suivante aux toilettes, à endurer les protestations violentes d'un corps qui n'avait pas digéré de gras, de sucre ni de produits laitiers depuis un an. J'ai réussi à monter sur le podium, puis à rentrer chez moi. Ayant atteint mon objectif, j'ai arrêté le taekwondo et me suis remise à manger comme tout le monde. Mon entraîneur était effaré – avais-je perdu ma passion pour le sport ?

« Quelle passion ? ai-je demandé. Je ne suis pas une sportive. J'ai fait ça pour rentrer à Harvard. »

Je commençais à inquiéter ma mère – si mes lèvres avaient l'air un peu plus bleu un matin, elle piquait une crise. « *Mom* ! Qu'est-ce que ça peut faire ? » protestais-je. J'avais arrêté de l'appeler « Maman » au bout d'un an en Amérique. Ça ne me troublait pas plus que ça.

Par un samedi moite typique de l'Oklahoma, elle a proposé que nous allions nous offrir une pédicure, une pâtisserie ou un autre petit plaisir du genre. Je venais d'ouvrir la porte d'entrée. Une pile de livres de tailles diverses menaçait de s'échapper de mes bras. *Comment pourrais-je aller manger des pâtisseries ?* ai-je pensé. En quoi cela m'aiderait-il à me sortir de là ? Une pédicure et un bon café occasionnels me garantiraient-ils des pédicures et des bons cafés toutes les semaines, voire tous les mois, pendant le reste de ma vie ? Ou au moins une partie assez importante de ma vie pour que je puisse dire : *À cette époque, je faisais des pédicures et je buvais du café ?* Parce que je savais une chose : quand une vie est réduite à néant, dépouillée de toutes ses joies, c'est la répétition qui fait durer les souvenirs. Si une expérience ne s'inscrit pas dans un schéma assez établi pour survivre à l'érosion progressive de la mémoire, à quoi sert-elle ? On ne devenait pas quelqu'un de raffiné parce qu'on avait bu un bon merlot *une fois* ou voyagé en Europe *un été il y a longtemps*. Une pâtisserie fondante ou un excellent massage ne présenteraient aucun intérêt pour moi à cet instant précis – ce serait du gâchis : je ne les aurais pas mérités, ne les garderais pas, n'aurais pas le loisir d'étudier leur qualité. Le secret, c'était d'avoir accès à une large gamme de ces bonnes choses… *régulièrement*.

Alors peut-être qu'après la fac, je pourrais être le genre de personne qui passait un an à apprendre les caractéristiques d'une bonne huître, un an à fouler du raisin en France, et un an à se payer des massages thaïlandais. Mais si je commençais dès à présent à « m'offrir » des versions inutiles et éphémères de ces choses dont je ne pouvais même pas évaluer la qualité, à former de petits souvenirs imprécis voués au néant, ne gâcherais-je pas ma vie ? N'était-ce pas une chance que ma mère m'ait entraînée dans sa fuite ? Après avoir bénéficié de cela, comment pouvais-je ne pas m'occuper de ma propre évasion ? Ce serait ingrat, anti-américain, mal. Autant s'installer dans une ruelle pour fumer du crack tout l'après-midi.

J'appelais cette entreprise « mon grand projet », mais jamais à voix haute, car l'université n'en constituait qu'un volet, et que je ne voulais pas blesser ma mère davantage. Je ne voulais pas qu'elle sache que c'était son destin que je cherchais à éviter. Notre fuite était encore très récente, et quand je pensais que je pourrais moi aussi perdre tout ce pour quoi j'avais travaillé, mon identité de jeune fille intelligente et compétente, et subir le mépris d'individus ordinaires, j'avais l'impression de voir le couvercle d'un cercueil se refermer sur moi, un rocher roulant dessus tandis que la lumière s'estompait. J'avais besoin d'une stratégie pour me préserver de ce destin – ma Maman si brillante, aux longues années d'études gaspillées. Mon grand projet visait à me transformer, à me changer en quelqu'un qui n'avait aucun lien avec l'Iran, ma famille, mon expérience tragique. Il visait à prouver ma valeur dans tous les domaines : corporel, mental et spirituel. Il visait à me hisser sur un piédestal d'où je pourrais juger l'Oklahoma comme il avait jugé ma mère.

De temps à autre, je la surprenais dans des moments de fureur contenue. Elle avait raté deux fois l'examen permettant d'exercer la médecine. Elle avait obtenu le même résultat à chaque tentative, ce qui n'aurait pas dû être possible, statistiquement, même si elle n'avait pas étudié seize heures par jour la seconde fois. Je l'entendais dire que les examens favorisaient les classes sociales supérieures et desservaient les médecins étrangers, que les préparateurs étaient racistes, xénophobes et toutes sortes d'autres choses. Elle avait tenté d'expliquer qu'elle avait été victime d'une erreur administrative, mais personne ne voulait la croire à cause de son accent – oh, comme un esprit vif s'émousse avec quelques mots mal choisis. Plus tard, je comprendrais que l'anglais truffé de fautes de ma mère était bien plus beau que mon anglais parfait. Elle avait une voix percutante, comme l'aurait dit un écrivain. « Je n'ai pas d'ondes » est bien plus évocateur que : « Mon portable ne capte pas. » « Quel caca partout ici ! » est une réaction infiniment plus succincte et indignée que : « Il y a trop de crottes de chien dans cette rue ». C'est la langue acérée de ma mère. Mais à l'époque, je pensais qu'elle cherchait simplement des excuses – si seulement elle avait étudié aussi dur que moi…

« J'ai trop de travail pour aller m'amuser », lui ai-je répondu.

À l'époque, nous étions déjà ce que nous deviendrions plus tard : deux personnes à jamais séparées par les circonstances de leur enfance. Pour elle, une éducation stricte chez des intellectuels de Téhéran modernes mais austères ; pour moi, une vie instable de réfugiée à Dubaï et Rome, suivie d'un asile aux États-Unis, où des gens qui n'étaient jamais sortis de leur pays me considéraient comme une citoyenne de seconde zone.

Si je ne me montrais pas tendre avec l'Oklahoma, c'était encore pire avec l'Iran. Jadis toile de fond de mes plus beaux souvenirs d'enfance, ce pays me semblait désormais inférieur – me débarrasser de sa souillure participerait au remboursement de ma dette envers l'Occident. L'Iran était une étape honteuse et confuse de mon passé, un fatras de contradictions que je ne pouvais résoudre qu'en assassinant la petite villageoise délurée, pour devenir la meilleure sorte d'Américaine possible : élégante, dure comme la pierre, une femme qui n'avait besoin de rien.

« Et si tu n'es pas acceptée à Harvard ? » m'a demandé un jour une amie de ma mère, une psychologue d'origine indienne. « Pourras-tu être heureuse ailleurs ?

— J'en doute », ai-je répondu.

Nous étions assises dans notre salon. Elle portait un sari et du parfum et adoptait des poses d'une langueur irritante. J'avais les pieds en sang à force de m'entraîner et étais vêtue d'un pantalon de taekwondo sur un maillot de sauveteuse. Mes cheveux sentaient le chlore, mes ongles étaient rongés.

Même si je voyais bien qu'elle me sous-estimait et me jugeait, qu'il ne s'agissait pas du genre de personne qui pourrait me comprendre, il me paraissait important de ne pas lui faire perdre son temps. Je respectais les professions libérales – mes parents étaient médecins. Ou plutôt,

Maman l'avait été en Iran. J'étais certaine que ce dont ma mère avait besoin était à ma portée. Je pourrais l'obtenir pour elle, si seulement j'arrivais à suffisamment comprendre les Américains, à suffisamment briller à leurs yeux. Ce pays était une méritocratie ; il était juste – je redorerais notre blason.

Or voilà qu'une psychologue qui posait ses pieds nus aux orteils brun-roux sur notre canapé, une étrangère comme nous, mais bien mieux installée, scrutait la tache d'encre noire sur la tranche de ma main et s'apprêtait à me conseiller de me « détendre » ou de me « faire des amis ». Sa réprobation ne m'effrayait pas – elle signifiait que j'étais sur la bonne voie. Si ma vie était épuisante, il ne s'agissait pas d'un épuisement imposé par la situation politique ou la guerre ; elle était juste, rationnelle, et porterait ses fruits. Elle n'était pas dénuée de sens, comme lorsque j'avais perdu ma famille, le village de mon Baba, notre belle maison et Baba avec. En Iran, j'avais été une dévoreuse de joie, la fille pleine d'entrain d'un hédoniste notoire.

À présent, je détestais les petits plaisirs. Se détourner du labeur qu'on avait choisi, se complaire dans l'acte d'exister, de respirer, de manger, d'être massée et pomponnée, comme un cochon qu'on engraissait... tout cela me répugnait au plus haut point.

Gâcher quoi que ce soit était impensable, le summum de l'arrogance et le premier signe d'une catastrophe imminente. Ma poitrine se serrait à cette idée. Rien dans le présent ne m'importait, seulement l'avenir. Par conséquent, toutes les choses qui ne duraient qu'une fois, qu'elles soient agréables, tristes ou même atrocement douloureuses, ne comptaient pas. Si elles étaient terminées ou le seraient bientôt, elles n'avaient aucune importance ; je pouvais passer outre. Ainsi, rien ne m'atteignait, en dehors des constantes : l'interminable pauvreté, la soif de savoir, la graisse, le travail acharné. Le pire était d'être mal étiquetée, considérée comme une immigrante inutile ou une étudiante médiocre, ou tout simplement une personne anonyme et ordinaire de l'Oklahoma qui travaillait dans une pharmacie ou même dans son propre cabinet de médecin, condamnée à croupir là.

Alors comment aurais-je pu me détendre, quand les enjeux étaient si colossaux ?

La psychologue a appuyé la tête sur sa main en me dévisageant. Elle m'a dit doucement :

« Tu ne crois pas que c'est un peu extrême ? De concentrer toute son énergie sur une seule chose ? »

J'en avais assez de me justifier. Elle gâchait sa chance, cette femme qui avait un cerveau et des opportunités, mais des rêves étriqués.

« Tu as un petit ami ? a-t-elle repris.

— Pas le temps pour ça, ai-je rétorqué. Et je ne compte pas rester ici.

— Mais tu veux avoir un petit ami un jour ?

— À Harvard. J'en aurai un qui ira là-bas. »

Elle a ri, à cause de la nuance taquine que j'avais insufflée dans ma voix.

« Ma foi, ça se tient, a-t-elle répondu. Dis-moi ce que tu veux faire plus tard.

— Je serai avocate en droit des affaires internationales. En moyenne, un avocat en droit international gagne vingt pour cent de plus pour chaque langue qu'il parle, vous le saviez ? J'apprends le français et le persan comptera peut-être, même si ce n'est pas une langue très importante. »

Elle a émis un bruit de dédain. Comprenant que j'en avais encore trop fait, j'ai ajouté :

« À cause du régime. »

Elle devait savoir, quelque part, que je jouais un rôle pour elle.

« Mais tu ne t'amuses jamais, alors ? » Elle a remué sur le canapé, observant ma tenue de sport. « Tu te mets beaucoup de pression. »

J'ai haussé les épaules.

« Je m'amuserai quand j'aurai organisé ma vie.

— Oublie Harvard pour l'instant », a-t-elle dit.

Je voyais à son expression que l'on se tolérait à peine, désormais. Elle me trouvait arrogante. Je la trouvais ingrate, pensais qu'elle ne méritait pas sa place en Amérique.

« Parle-moi de chez toi. »

N'était-ce pas ce qu'on était en train de faire ? Parler de Harvard, c'était parler de chez moi, de mon espoir de trouver un lieu qui conviendrait à une fille bizarre et extrême comme moi. Pour la seule raison qu'il m'échappait encore, cette femme estimait que je n'avais pas droit aux sentiments agréables que cet endroit me procurait. Eh bien, je lui montrerais les merveilles qui seraient miennes un jour. Ou plutôt, je ne les lui montrerais pas, parce que j'aurais quitté l'Oklahoma à tout jamais à ce moment-là et que je n'y penserais plus, ni aux gens qui y vivaient. Mais en attendant, elle voulait que je lui parle de l'Iran, alors je lui ai décrit la fresque représentant Khomeiny dans la cour de mon école.

« Qui peut vivre comme ça ? » a-t-elle marmonné à la fin de notre séance, en se calant sur le canapé, ses pieds couleur terre de Sienne repliés sous ses fesses, tandis qu'elle effleurait la naissance de ses cheveux d'un doigt distrait.

Pendant des années, j'ai travaillé d'arrache-pied. Mon lycée ne proposait que trois cours préparatoires à l'enseignement supérieur et même si la conseillère d'orientation m'avait assuré qu'aucun élève de l'Oklahoma n'intégrait jamais les universités que je visais, elle a accepté de m'aider. Je me suis inscrite à un quatrième cours grâce à la télévision par satellite, à un cinquième dans un lycée voisin (où je me rendais entre deux cours), à un sixième que mon professeur de français me dispensait le soir, et à un septième, en mathématiques renforcées, que trois autres bûcheurs asociaux et moi suivions à une table à part avec nos propres manuels, pendant un cours de maths plus facile – notre professeur était un génie de la gestion de classe.

J'avais parfois l'impression d'être un imposteur, à essayer d'atteindre un objectif qui ne me correspondait pas. Les films étaient formels : Harvard était fait pour les jolis garçons blancs avec de l'argent. Même ma conseillère d'orientation ne croyait pas à ma réussite. Mais parmi toutes les leçons que j'avais retirées du taekwondo, la plus cruciale était la suivante : le corps s'adapte, comme l'esprit. « Les habitudes prennent trois semaines à se former », m'avait expliqué mon entraîneur. « La souffrance s'arrête là. » Toutes les habitudes deviennent faciles avec le temps. Toutes les identités, les pratiques et les professions, si exigeantes soient-elles, sont à la portée de quiconque est prêt à tenir trois semaines – il faut trois semaines de travail acharné pour commencer à se transformer en ce qu'on fait semblant d'être. Et si vous avez l'allure et le comportement qui vont avec, il ne viendra à l'idée de personne de vous traiter d'imposteur.

Je faisais du bénévolat à la banque alimentaire, distribuant du beurre de cacahuète avec morceaux aux pauvres. J'avais organisé un programme de tutorat municipal, qui mettait en relation des lycéens de quartiers riches et des élèves de primaire de quartiers défavorisés. Je faisais plusieurs petits boulots en même temps. Je ne dormais presque jamais. Les samedis de relâche, je regardais *Rudy*, un film sur un garçon qui n'avait aucune chance de jouer au football américain pour l'université Notre-Dame, mais qui y arrivait quand même. Mes camarades me traitaient de cyborg, mais mon ambition me valait des hochements de tête dans les couloirs. Avec le temps, les habitants de l'Oklahoma se sont habitués à nous ; nous nous sommes fait des amis. Ironie du sort, Daniel, qui avait la peau la plus foncée, était le plus Américain et le plus aimé d'entre nous. Il jouait au football, fréquentait des pom-pom girls, se promenait en Jeep avec des garçons blancs. « *Relax* », disait-il à mes tocs quand je scrutais le sol derrière moi un peu trop longtemps, ou vérifiais les serrures une fois de trop. Nos caractéristiques iraniennes s'étaient atténuées et la fin de la guerre du Golfe avait ravivé le sentiment de gratitude et d'exceptionnalisme américain qui planait déjà dans l'air. Nous ne leur faisions plus peur.

Nous nous sommes intégrés. Nous avons suivi les règles. Aucune famille de quatre personnes ne dormait moins que nous – à minuit, Maman était généralement en train de potasser des manuels de santé publique, moi de faire des maths, Daniel d'écrire des poèmes et Rahim de démonter un moteur ou de faire mariner du bulgogi. J'ai commencé à imaginer qu'un jour, je deviendrais une personne dont le passé ne dicterait plus chaque action. Qu'un jour, j'aurais le temps de prendre soin de mon corps, de soigner mes pieds ensanglantés, de laisser les cals sur mes doigts se résorber. Et peut-être qu'un jour, quelqu'un m'aimerait.

À dix-huit ans, j'ai été acceptée à Princeton, mais pas à Harvard. Je me suis aperçue que ça m'était égal. Princeton était presque aussi bien et figurait dans tout autant de films séduisants. Je ne me sentais aucune loyauté envers Harvard ; en fait, ma loyauté avait été réorientée sur-le-champ et à jamais, par le simple fait qu'une grande institution avait déclaré : *Nous vous voulons. Nous avions le choix parmi tous les élèves d'Amérique et vous, Dina Nayeri, valez la peine qu'on vous accepte.* Comme j'avais besoin qu'on me réclame ! Si je ne pouvais pas avoir de pays, j'aurais quelque chose de tout aussi indestructible. Princeton serait chez moi. Le monde universitaire serait chez moi. J'ai demandé à un chirurgien de me tailler un nez européen – j'ai supplié Baba de m'envoyer la somme nécessaire. J'ai teint mes cheveux en châtain dans la baignoire. Parfois, pour me récompenser, je mangeais des cuillérées de crème en secret.

Récemment, une amie londonienne m'a parlé d'un garçon syrien primo-arrivant, accueilli par sa tante. Elle a mentionné son respect fidèle des dates de péremption, des instructions sur les emballages alimentaires. Il lui semblait étrange qu'il soit si à cheval sur les règles écrites, alors que la plupart des gens mangeraient un jambon périmé d'un jour si leur nez leur disait qu'il n'y avait pas de danger. Dans les premiers temps, on ne se fie pas à ses propres sens, à son intuition. On se focalise sur n'importe quelle instruction et on s'y cramponne. Une fois qu'on a compris, on devient plus flexible, capable de faire plus de choix – mais pas immédiatement.

Il faut des années pour ne serait-ce que *vouloir* retrouver son libre arbitre.

Quand j'avais une vingtaine d'années, j'ai appris que l'épouse de Baba avait donné naissance à une fille.

« Tu as une demi-sœur ! a claironné Baba au téléphone.

— Non, ai-je rétorqué, mourant d'envie de raccrocher.

— Si, a-t-il dit, blessé. C'est vrai.

— Félicitations, ai-je craché. Mais moi, j'ai une mère avec un doctorat qui a trimé comme une forcenée pendant des dizaines d'années. La mère de cette fille reste assise sur le *manghal* à fumer, alors évitons d'employer le mot "sœur", s'il te plaît.

— Quelle drôle de chose à dire à ton Baba. »

Il s'est raclé la gorge.

« Tu dois préparer ton enfant à la vie, d'accord ? lui ai-je dit. Tu dois me promettre de lui faire suivre des cours d'anglais dès son plus jeune âge. Baba, tu m'écoutes ?

— D'accord, Dina *joon*. »

Il avait l'air fatigué. De la musique iranienne que j'avais oubliée depuis longtemps s'élevait en arrière-fond. J'aurais voulu qu'il se taise pour pouvoir l'écouter. Il m'a raconté encore deux ou trois choses sur ma demi-sœur, mes cousins, mes tantes et mes oncles – qui s'était marié, qui était malade, qui allait mieux.

Profitant d'un silence, j'ai répété :

« Si tu ne l'inscris pas à des cours d'anglais avant ses dix ans, sa vie sera difficile. L'anglais compte plus que tout – pas seulement ce que les gens disent, mais ce qu'ils ne disent pas. Le monde entier tourne autour du sous-texte anglais.

— D'accord, a-t-il répondu. Ce n'est pas si facile ici. Les gens poseront des questions, et les bons professeurs sont rares. Et je pense qu'elle sera moins compliquée que toi.

— Je suis la personne la moins compliquée du monde, ai-je répliqué. C'est pour ça que je sais de quoi je parle. »

Il ne l'a jamais inscrite à des cours d'anglais. Pourquoi l'aurait-il fait ? Il se fiait à son instinct, à ses cinq sens, à sa langue. Il était chez lui.

2

Printemps 2017. Minoo m'appelle alors que je suis en train de préparer un cours sur *Sonny's Blues*, de James Baldwin, et de rédiger une réponse au mail d'un parent qui aimerait savoir pourquoi, compte tenu des frais de scolarité élevés qu'il paie, je ne fais pas lire plus de Hemingway ou de Mark Twain à sa fille. Son inquiétude principale : « Comment brillera-t-elle en société ? » Minoo, une réfugiée arrivée depuis peu, vit dans un appartement à loyer modéré de la taille d'un container avec son mari malade et leurs enfants préadolescents, un garçon et une fille. Elle me dit qu'elle pense que son fils est assez doué pour intégrer le centre de formation d'Arsenal. Puis-je faire quelque chose pour lui ? Sa question me déconcerte. Puis je me rappelle que les nouveaux réfugiés croient que tous les Occidentaux installés se connaissent, que j'appartiens à un réseau secret dont fait aussi partie le sélectionneur d'Arsenal. Minoo a mon âge et vient d'Ispahan. Une femme de son église m'a demandé de devenir son amie et cela fait un an que j'échoue systématiquement. J'essaie de l'écouter, de la conseiller. Elle me fixe, les yeux écarquillés, anesthésiée. Je lui suggère des façons de démarrer sa nouvelle vie, de faciliter les choses pour elle et sa famille. C'est difficile, de lui donner mon avis. Les concessions que j'exige d'elle reviennent-elles à de l'automutilation ?

« Peux-tu faire quelque chose pour lui ? me demande-t-elle. Parler à quelqu'un ?

— Est-ce qu'il joue bien ? Il a déjà une équipe ?

— Oui, c'est le meilleur. Il joue à l'école. »

J'écris un post sur Facebook, pour voir si quelqu'un connaît du monde. Apparemment non. Je regarde des vidéos du garçon qui fait rebondir un ballon sans le lâcher. Je ne sais pas si je devrais être impressionnée. J'appelle son entraîneur. Je lui demande comment la famille peut aider son fils. « Écoutez, il y a une procédure en place, me dit-il. Les recruteurs viennent. Ils observent les meilleurs enfants. » Je le sais déjà. Cette famille est parvenue jusqu'en Angleterre, un pays qui prend le foot au sérieux. Maintenant, ils doivent se fatiguer. C'est la règle. « Il faut juste qu'il continue à jouer. Qu'il continue à s'améliorer. »

C'est ce que je dis à Minoo : je me lance dans un long discours galvanisant à propos du chemin à parcourir, des efforts et des sacrifices qui l'attendent, terminant par une merveilleuse scène dans laquelle son fils n'est pas accepté à Arsenal, mais a travaillé assez dur pour entrer à Oxford ! Formidable, non ? Mon cœur bat à tout rompre – j'adore cette histoire. Elle est déçue.

Nous nous retrouvons pour boire un café à Camden. Elle a les yeux bouffis, son corps fluet semble peser une tonne. Elle se traîne. C'est toujours la guerre pour payer ; elle tient à m'offrir mon café, même si sa famille n'a pas un sou. Je suis obligée de faire semblant d'être très sensible aux différences subtiles dans le niveau de mousse de lait, pour avoir une raison d'aller passer commande pendant qu'elle garde nos sacs. Je reviens avec deux cappuccinos et un cookie.

« Tu as l'air fatigué, dis-je. Il te faut du sucre.

— On ne peut pas continuer à vivre comme ça », dit-elle.

Les services municipaux ont entassé cette famille de quatre personnes, dont un homme gravement malade, dans un studio si petit qu'on peut toucher la porte de la salle de bains et la table de la cuisine depuis le lit (qu'ils partagent depuis près d'un an). C'est un cercueil. Le mari de Minoo va de plus en plus mal. Les enfants ne peuvent pas faire leurs devoirs ou jouer dans l'appartement après l'école, parce que l'air y est étouffant et malsain. J'essaie de montrer que je compatis – Sam et moi nous sommes provisoirement installés avec notre bébé chez ses parents, à l'extérieur de Londres. Tout est en pleine mutation.

« Dans un an, on sera toutes les deux chez nous, lui dis-je. On se retrouvera autour d'un *ghorme sabzi* fait maison et on dira : tu te rappelles l'époque où on était sans-abri et malheureuses et où on n'arrivait plus à faire la différence entre un café crème et un cappuccino chez Gail's, parce que leur nouveau serveur était complètement nul ? »

Elle éclate de rire.

« Mon persan ne ressemble à rien, dis-je.

— Il n'est pas si mauvais, répond-elle. On m'a dit que je devais m'entraîner à parler anglais.

— Faisons ça, alors. »

Elle sourit malgré sa détresse.

Le jour suivant, au lycée privé, l'une de mes élèves arrive en avance en classe. Elle est en train d'organiser un brunch pour ses amies. Elle pousse un grand soupir et referme violemment son ordinateur portable.

« Si on ne réserve pas aujourd'hui, on finira chez Nando's !

— Nando's ? Qu'est-ce que c'est ? »

Ce nom me dit quelque chose.

« Une chaîne de restaurants immonde », répond-elle.

Ça me revient, maintenant. Kaweh m'en a parlé. *Jusqu'à ce que vos enfants réclament d'aller manger chez Nando's...* Je raconte à mon élève l'histoire de Kaweh, l'avocat en droit d'asile, et lui explique ce que c'est de vivre avec trente livres par semaine.

« Pour tout vous dire, j'aime bien Nando's », m'avoue-t-elle.

Les mois passent. Mon projet immobilier aboutit et Sam, Elena et moi emménageons dans un appartement à Londres. La municipalité envoie régulièrement des lettres à Minoo, torpillant ses espoirs d'obtenir un nouveau logement. L'état de santé de son mari s'est encore aggravé. Ses enfants ne tiennent plus en place. Je dois bientôt partir en Grèce, pour visiter deux camps de réfugié. Maman Moti apparaît, avec son dévouement obsessionnel envers un inconnu, ses voisins et leur machine à radiations braquée sur son plancher.

Nous décidons d'organiser une fête d'anniversaire pour Elena. J'invite Minoo et sa famille. Je demande à Maman Moti si elle accepterait de venir aussi, pour expliquer à Minoo comment elle est devenue anglaise : la difficulté initiale de la métamorphose, le lent ajustement.

« Je ne m'occuperai pas de réfugiés », rétorque Maman Moti en pinçant les lèvres. Elle y tient dur comme fer – elle le répète d'un ton apeuré. « J'ai échappé à cette vie. Je ne vais pas courir après des Iraniens ici ! »

Elle se racle la gorge et remue d'un air mal à l'aise, assise à la table de ma cuisine. Elle se tord les mains. Elle veut m'aider, mais ce serait contraire à ses principes. La fierté anglaise qu'elle cultive se heurte sans cesse à la haine de soi latente chez les immigrés. Je tente une autre approche :

« Tu pourrais servir d'exemple à cette pauvre jeune femme. »

Elle me regarde et hoche la tête.

« Bien sûr, ma chérie. Je lui parlerai. »

Maman Moti préconise une assimilation totale. « On ne met pas de manteau d'esquimau dans le Sahara, dit-elle. En Angleterre, mieux vaut être anglais. » Elle considère que ce point de vue la rend progressiste, moderne. Il lui est arrivé d'écrire, en réponse à ce qui était très clairement un mail d'arnaque : « Cher Microsoft, merci pour votre gentille lettre. » Elle est très attachée à l'étiquette. « La façon dont la société nous voit façonne notre personnalité », affirme-t-elle.

Elle semble préoccupée par nos devoirs envers Minoo.

« Mais, ma chérie, je n'ai pas de conseils à lui donner…, me dit-elle. Cette femme doit comprendre que le passé est le passé.

— Je sais, Maman Moti. Je veux juste qu'elle voie où tu en es aujourd'hui, comme ta vie est facile maintenant. Je veux qu'elle constate que c'est possible. »

Maman Moti acquiesce d'un air grave. Pendant la fête, elle reste assise dans un coin, où on vient la servir. À sa décharge, c'est la personne la plus âgée de l'assistance. Personne ne s'attend à ce qu'elle se mêle aux invités ou se fonde dans la foule. Elle parle avec Minoo un moment – elles ont toutes les deux l'air profondément mal à l'aise. Et pourtant, dans mon esprit, elles se situent aux deux extrémités d'un même récit. N'ont-elles pas envie d'entendre ce que l'autre côté a à dire ?

« Cette vie n'est plus la mienne, nous rappelle Maman Moti après la fête. Je lui ai recommandé d'apprendre l'anglais immédiatement, sans excuses, sans tristesse.

— Bien », dis-je.

Je ne suis pas satisfaite. J'avais imaginé des larmes, des étreintes, de sages paroles de grand-mère.

« Et pour la culture ? Qu'est-ce que tu lui as dit ?

— De s'en débarrasser ! De ne pas chercher d'autres Iraniens. De se faire des amis anglais. D'apprendre les coutumes anglaises. J'aime la cuisine iranienne, mais j'aime aussi prendre le thé l'après-midi avec de bons biscuits. J'aime les desserts Gü. Tu connais Gü ? »

Qu'est-ce qu'elle raconte ?

« C'est bon, Gü, soupire-t-elle. Je lui ai dit de ne pas perdre Jésus de vue. Si elle garde un œil sur le Seigneur, tout ira bien. »

Sa foi m'attriste – tout ce qu'elle veut, c'est se soumettre. Comment sa réaction à l'exil peut-elle être une capitulation ?

Revenant à sa conversation avec Minoo, elle ajoute :

« Je lui ai expliqué que l'Orient avait rejeté le Seigneur, alors Il a rejeté l'Orient. Aujourd'hui, l'Occident L'accepte et a toutes les richesses. Le Seigneur nous guide vers la prospérité. »

Quelques mois après la fête d'anniversaire d'Elena, ma mère arrive des États-Unis. J'invite Maman Moti à déjeuner. Elle apporte des desserts Gü : c'est délicieux. Maman se montre bizarrement déférente à son égard, s'adressant à elle avec des pronoms de politesse persans, la servant comme si elle était sa bonne plutôt que docteure en médecine. La vache ! me dis-je. Cette femme au foyer retraitée a vraiment tout compris. Elle ne s'est pas simplement adaptée à l'Angleterre : elle pourrait enseigner l'art de la négociation à la Harvard Business School. Faites-vous rare, jusqu'à ce qu'on vous vénère. Curieux qu'elle ne respecte pas cette règle avec ses amis anglais, qu'elle comble d'attentions.

Je décide de réinviter Minoo, autour d'un barbecue dans le jardin. Je demande à Maman de lui parler.

« C'est une famille de chrétiens exilés, exactement comme nous ! lui dis-je. Ce ne serait pas chrétien de refuser. »

Quand ils arrivent, ma mère commence presque aussitôt à les interroger. Dans quelle église alliez-vous ? Qui était votre pasteur ? Connaissiez-vous telle ou telle personne ? Quand vous êtes-vous convertis ? Votre église ici vous plaît ? Elle prend soin d'employer certains mots de passe : fidèles, congrégation, croyants, convertis. Je suis atterrée, et gênée. Mais je comprends ce qu'elle est en train de faire. Leur présence a réveillé son instinct de survie. Trente ans plus tard, elle vit dans un univers où les imposteurs doivent être démasqués.

Le mari de Minoo se montre évasif, fait semblant de reconnaître un nom ou une adresse. La raison me paraît claire : ma mère insiste trop. Ou bien il a peur de révéler trop d'informations à des inconnus. Ou il trouve les chrétiens d'Occident décevants, comme le disait Pooyan – nous ne sommes peut-être pas assez pieux pour lui. C'est assurément mon cas. Minoo nous aide à préparer les grillades. Elle est attentive et vive d'esprit. Quand elle sourit, je remarque une gouttelette dans le blanc de son œil, comme une larme incrustée. Elle a toujours été là ; je suis sûre de l'avoir déjà vue. Minoo s'étonne de mon manque d'efficacité en cuisine.

« Tu ne t'occupes jamais des tâches ménagères ? » me demande-t-elle.

Je lui explique que Sam et moi avons inversé les rôles traditionnels dans notre couple. C'est moi qui gagne l'argent du foyer. Je m'occupe autant de la maison que son mari à elle – et même plus.

« Ça n'a pas de sens, Dina *joon* », dit-elle.

Je suis furieuse. Ce soir-là, Maman me prend à part.

« Ils ne sont pas chrétiens, déclare-t-elle.

— Comment… » Je m'interromps, change de stratégie. « Et alors ? Ce sont des réfugiés.

— Dina ! s'exclame-t-elle, paniquée. Tu ne connais pas leurs secrets. Tu ne les as pas regardés ? Ils ont peur de leur ombre. Tu as un bébé. Qu'est-ce qui t'a pris ? »

Mon dieu… Ma respiration s'accélère. À quels dangers ai-je exposé ma petite fille ? Comment faire marche arrière ? Peut-être qu'en passant quelques coups de fil, je pourrais mettre la main sur leurs papiers.

Attendez… *Non. Non, tout ça est dans ma tête.* Dans notre tête. Dans notre tête folle et perturbée. Je chasse ces idées de mon esprit.

« Évidemment qu'ils ont peur ! crié-je. Ils vivent dans un trou à rat depuis un an et pour une fois qu'ils en sortent, tu te méfies d'eux parce qu'ils ne se comportent pas parfaitement ? Parce qu'ils sont trop souvent d'accord avec toi ? Parce qu'ils disent ce qu'on veut entendre ? Ils ont simplement peur de nous, parce que nous sommes bien installés et intimidants ! Tu ne te rappelles pas comme on avait peur ?

— Oui, c'est vrai, dit-elle, plus calme. Mais nous n'avons jamais eu peur de raconter notre histoire, jamais ! La vérité est la vérité, et elle doit être dite. Et qui leur demande de se comporter parfaitement ? Nous parlions tranquillement du pays et tu étais tellement mal à l'aise que tu mettais tout le monde mal à l'aise aussi – tu aurais dû te voir ! »

Je remplis un verre d'eau de vin blanc. J'ai envie de crier sur Sam mais il fait la vaisselle seul, et je ne suis pas encore une mégère à ce point. J'aimerais avoir un de mes vieux sacs de frappe du taekwondo. J'emporte mon vin au lit et passe dix minutes à me remémorer la façon dont une raquette de frappe claque quand y donne un coup circulaire, en se brûlant le dessus du pied. Ce n'est pas le bruit singulier de chez moi – je n'ai pas encore décidé de quoi il s'agit – mais il en fait partie.

Pendant une brève période après notre arrivée en Amérique, j'ai traduit des mots et des coutumes pour ma Maman récalcitrante. Je n'avais que dix ans et en quelques mois, j'avais compris notre nouveau pays d'une manière qui lui échappait. Elle finirait par accepter que les aberrations que je lui décrivais étaient normales en Amérique mais à l'époque, elle me foudroyait du regard, comme si j'étais coupable des péchés de l'Occident. Parmi les choses que je n'arrivais pas à lui faire avaler :

Tous les groupes de jeunes chrétiens organisent des fêtes costumées pour Halloween. Ils ne sont pas secrètement païens. Nous ne sommes pas obligés de nous remettre en quête d'une église clandestine.

Le patinage artistique est un sport difficile. Les gens ne s'entraînent pas dix-huit heures par jour pour pouvoir s'attraper par l'entrejambe à la télévision.

Si un garçon aux cheveux mi-longs frappe à notre porte, c'est parce que je n'ai pas d'amis. Il ne vend pas de drogue. « Le comité des délégués de classe » n'est pas le nom de son gang. Il n'y a aucune chance qu'il me reparle le lendemain.

Cette période qui avait suivi (et précédé) celle où Maman et moi parlions la même langue avait été démoralisante ; je me sentais détachée d'elle, une enfant à la dérive dans un monde solitaire. Je ne le lui avais pas pardonné avant mes vingt-huit ans, quand je m'étais installée dans un village français et avais compris ce que c'était de brûler de honte face à un fromager ou un épicier qui vous toisait comme si vous étiez idiote, sans se soucier du nom ou du prestige de votre illustre université.

Après avoir rencontré Minoo, j'ai essayé de lui expliquer ce qui arriverait bientôt à sa fille.

« Elle va devenir anglaise ! lui ai-je dit. Et ça ne doit pas t'inquiéter. Ce sera tellement pratique pour elle, de parler anglais couramment. Elle pourra passer d'une fête à l'autre avec aisance, d'un dîner de Norouz chez sa grand-mère à un dîner de Pâques avec la reine, comme un beau petit caméléon, avec ses magnifiques cheveux bruns et ses yeux intelligents. »

Minoo a plissé les yeux au mot « caméléon », qu'elle ne connaissait pas.

« Bref, ai-je repris, parce que je n'avais pas envie de dire “lézard”. Elle sera heureuse, et anglaise.

— D'accord, mais qu'est-ce que je vais devenir, moi ? » a rétorqué Minoo tristement.

Je ne compatissais pas avec elle, à ce moment-là ; je ne pensais qu'à sa fille, qui traînerait Minoo comme un boulet tandis qu'elle lutterait pour s'intégrer. Je pensais à Maman qui n'avait pas voulu que je me rase les jambes, que je porte des shorts et des jupes. Ma jeunesse avait été un combat incessant contre ma mère, qui voyait chaque transformation adolescente comme une concession à l'Occident hédoniste : sa fille devenait une Américaine dévergondée. Mon rôle était peut-être d'aider la fille de Minoo. La transformation de celle-ci ne m'était pas assez familière. Je me suis dit, *Je vais la présenter à Maman et à Maman Moti.*

Ce n'était pas une erreur. Au lendemain de ce barbecue gênant, ma mère et moi abordons à nouveau le sujet. Nous avons toutes les deux passé une nuit blanche. Je prépare du café.

« Minoo est une gentille fille, me dit-elle. Bien sûr qu'on l'aidera. Bien sûr que tu devrais devenir son amie. »

L'instinct qui nous pousse à couper les ponts avec notre ancienne vie est si fort que malgré tout son courage, ma mère accueille encore les nouveaux arrivants avec méfiance, redoute encore d'être traquée par son passé. Tout comme sa propre mère. Et moi-même.

Plus tard, nous discutons du point de vue dans les histoires de chacun, de ce qui est vrai et imaginé, de qui a les souvenirs les plus fiables.

« J'ai réfléchi hier soir, dis-je. L'Évangile contient quatre versions de la même histoire. Et elles sont toutes vraies, à leur façon. »

Deux chemins longs et étroits se rencontrent enfin.

Au début de l'été, la mairie de Camden envoie à Minoo un nouveau courrier évasif. Minoo me demande si je peux faire quelque chose. Je propose de l'accompagner à son rendez-vous avec l'employée chargée du dossier. J'emmène le frère de Sam (dénommé Daniel, comme le mien), qui est avocat. Après avoir refusé pendant des mois de me laisser voir son appartement, me retrouvant toujours dans des cafés, des parcs ou des stations de métro, Minoo se résigne à nous recevoir chez elle. Il n'y a nulle part où poser le regard – son mari est assis avec les enfants sur le lit. Je suis traversée par l'envie cruelle de le voir toucher la porte de la salle de bains et la table de la cuisine, pour confirmer ce fait que j'utiliserai dans ma diatribe face aux bureaucrates de la mairie. Minoo nous sert des fruits et du thé. Nous fixons une pile de documents décourageants.

Pendant le rendez-vous, une jeune assistante sociale nous explique la procédure. Minoo peut demander des points d'invalidité pour son mari, qui lui serviront à obtenir un appartement plus adéquat à Camden. Ou elle peut s'inscrire sur une liste d'attente pour un logement privé subventionné. C'est un labyrinthe. Au bout d'une heure, je pense avoir compris. Je demande si les deux démarches peuvent être entamées en même temps, que Minoo n'ait pas à tout recommencer si sa demande de points est refusée. L'assistante sociale me répond que oui. Je traduis pour Minoo, tandis que la femme lui présente une série de formulaires humiliants. Aucun Iranien ne resterait ami avec moi, après que j'ai été témoin et complice de cette infamie. Au moment de partir, j'interroge l'assistance sociale sur les délais à prévoir et les étapes suivantes. Toujours aussi guillerette, elle m'affirme que la demande sera traitée d'ici quelques jours, et la question des points d'invalidité réglée.

Comme la réponse n'est toujours pas arrivée quelques semaines plus tard, je rappelle la mairie. Je n'arrive pas à joindre l'assistante sociale, bien qu'elle m'envoie des mails agacés sous-entendant que mon ingérence dans l'affaire n'est pas la bienvenue. Quand je m'entretiens enfin avec elle par téléphone, elle me dit qu'il manque des certificats médicaux essentiels dans le dossier de Minoo.

« Vous ne nous en avez jamais parlé, dis-je.

— Peut-être pas quand vous étiez là, mais Minoo est au courant. »

C'est faux.

« Mais j'ai vérifié trois fois toutes les étapes avec vous ! dis-je. J'ai posé toutes les questions possibles. J'ai fait une liste. »

Nous parvenons à obtenir les formulaires. Puis la mairie nous dit qu'elle aurait besoin d'une lettre attestant que l'état de santé du mari de Minoo s'est aggravé dans l'appartement. Nous franchissons obstacle après obstacle, jusqu'à ce que la demande soit refusée. Nous découvrons alors que les deux démarches n'étaient pas du tout simultanées – l'assistante sociale prétend ne jamais nous avoir dit le contraire. L'attente recommence de zéro, les jeunes enfants de Minoo continuant à partager le lit d'un homme malade. Les employés de la mairie de Camden affirment sans sourciller que cela leur semble acceptable.

« Ils ont fait attendre ma voisine quatre ans, me dit Minoo, d'une voix brisée. Puis ils ont déclaré qu'elle ne répondait plus aux critères d'admissibilité parce que ses enfants étaient trop grands. »

Minoo sombre dans la dépression. Une amie d'Amnesty International me dit que sa situation est enviable, comparée à d'autres. Elle me rappelle la règle des vingt-huit jours : après acceptation de leur dossier, les demandeurs d'asile ont quatre semaines pour trouver un logement, ouvrir un compte bancaire et obtenir un travail, sans quoi ils se retrouvent à la rue. Au moins, la famille de Minoo a un lit, un toit, un évier. Elle est plus avancée sur la longue route de la respectabilité britannique.

Minoo et moi nous éloignons l'une de l'autre. J'essaie de m'adapter à sa façon de communiquer. Là encore, j'échoue. La fierté iranienne n'a que deux textures : dure comme le marbre ou friable. Ce n'est jamais une chose malléable, vivable. La situation de Minoo ne l'aide pas. Elle m'envoie des textos de deux mots, même en réponse à des questions ouvertes. Puis, d'un seul coup, elle me dit que je lui manque terriblement. Elle n'arrive pas à trouver le juste milieu. Je me rends compte que je suis sa seule amie. Elle essaie d'imiter ce qu'elle pense être la manière d'être anglaise – froide, détachée. Ça me rebute. Puis je lui écris à nouveau. Nous nous donnons rendez-vous dans un parc et elle arrive toujours du mauvais côté, oublie brusquement comment se servir d'un plan. Elle coupe Internet sur son téléphone, ce qui l'empêche de recevoir mes messages WhatsApp, et elle refuse de me téléphoner. Même quand elle est perdue, elle attend que je l'appelle. Je comprends pourquoi. J'ai vu l'état de son compte bancaire – mais cela m'agace quand même. Où est passée sa jugeote ? Son libre arbitre, sa volonté ? Les a-t-elle laissés en Iran ? Parce qu'elle a l'occasion d'entamer une nouvelle vie. « Alors entame-la ! » ai-je envie de lui crier. Je lui dis qu'elle a de la chance d'habiter au centre de Londres, qu'elle devrait passer ses journées dans des bibliothèques, à lire, apprendre l'anglais, visiter des musées. Elle hausse les épaules mollement et *je comprends, je comprends, je comprends. Mais…*

C'est peut-être ça, mon rôle. Je ne suis pas très douée en amitié. Je suis trop extrême et les besoins des autres m'impatientent. Mais il y a des choses que je suis la seule à pouvoir exprimer – parce que je comprends le double langage des Iraniens et que j'ai été réfugiée autrefois. Aucun Anglais ne dirait jamais à Minoo d'arrêter de pleurnicher. Mais moi, je peux. Je peux lui dire : « D'accord, tu as raison d'économiser ton forfait, mais ne pas aller à la bibliothèque, c'est paresseux. Tu as une carte de transport. Tu as Google Maps. Ne laisse pas ton chagrin te paralyser. » J'essaie de le faire. Mais elle est si triste... Comment communiquer avec elle ? À la place, je me rabaisse avec des plaisanteries. Je me moque de mon cerveau qui me démange, de mon ventre de jeune mère, de mes cheveux gris, des hommes qui m'ont plaquée, de mon manque de talent en cuisine (je suis bonne cuisinière, mais Minoo est indubitablement meilleure que moi), de la mauvaise fille que je suis. Est-ce ainsi que les gens aident les déprimés ? Je suis devenue un clown, un bouffon.

En lisant *L'Orientalisme* d'Edward Saïd, je tombe sur un passage qui me réconforte. Un jour, dans des années, je le montrerai à la fille de Minoo. « Plus on est capable de quitter sa patrie culturelle, plus on a de facilité à la juger, et le monde entier aussi bien, avec le détachement spirituel et la générosité nécessaires pour les voir tels qu'ils sont. Et plus on a de facilité, aussi, à se juger, soi et les autres cultures, avec la même combinaison d'intimité et de distance. » Je ne suis peut-être pas assez détachée de ma patrie pour comprendre Minoo. Ou peut-être a-t-elle besoin d'aide médicale. Nous allons visiter la National Gallery et je guide ses enfants dans les salles consacrées aux Tudor en leur parlant de Henry VIII et de ses femmes, de la rivalité entre Elizabeth et Mary Stuart.

« Qui est la gagnante, à votre avis ? La reine la plus illustre d'Angleterre, ou celle qui a donné naissance à tous les rois et reines qui ont occupé le trône depuis ? »

Les enfants adorent ces histoires croustillantes. Minoo nous écoute d'un air maussade.

« Comment sais-tu tout ça ? marmonne-t-elle.

— Grâce aux livres, Minoo *joon* », dis-je d'un ton appuyé, et elle détourne les yeux. « Les livres », chuchoté-je à sa fille, avec un clin d'œil.

Elle glousse.

Comme elle est futée ! Elle me décrit les repas à la cantine : « La viande est orange ! » Elle m'explique que quand les autres élèves se moquent d'elle, elle va réfléchir dans un coin, puis elle écrit ce qu'elle répondra la prochaine fois. Son frère s'est fait beaucoup d'amis grâce au foot (comme le mien grâce au football américain). Il commence à comprendre que son intelligence peut le sortir de la misère, qu'afficher sa honte le perdrait. Quand ses camarades lui demandent s'il a une Xbox, il ricane : « Une Xbox ? Je joue avec deux aimants le soir ». Ça les fait mourir de rire. Le sport lui donne confiance en lui. Bien joué, petit. J'ai appris cette astuce à vingt-trois ans.

Je me rends compte que j'adore ces enfants, même si Minoo m'épuise.

Ce soir-là, Maman Moti m'envoie un texto : *Comment vont les roses ?* Lors de sa dernière visite, elle nous a apporté un rosier pour le jardin. Maintenant, si je ne lui donne pas de nouvelles pendant trop longtemps, elle me demande comment il se porte – cela épargne sa fierté. Elle a planté une partie d'elle-même dans notre jardin, s'arrimant à nous, puisque sa propre maison l'effraie.

Quand j'ai commencé à faire du bénévolat auprès des réfugiés à Londres, une travailleuse humanitaire m'a prévenue que je risquais de ronger mon frein. « Les nouveaux arrivants ont besoin de tellement de choses… Tout est dur pour eux, au début. Ils traînent des pieds. Il faut faire preuve d'une patience qu'on n'aurait pas avec un ami. » J'aime cette femme – elle est franche, pleine d'empathie. Elle comprend la honte et ménage la dignité des gens. Je lui promets que j'essaierai. Je ne suis pas une personne patiente, mais j'ai été une étrangère terrifiée. Il y a eu une époque où je portais la même tenue tous les jours, regrettant mon uniforme scolaire, et où je refusais de sculpter un tas de papier mâché mouillé.

Parfois, Minoo figure dans mes cauchemars – je vois un religieux lui confier un dossier ; dans mon rêve, la République islamique l'envoie me chercher. Je me réveille en chuchotant, *Tout est dans ta tête, espèce de folle.* Ces matins-là, je n'arrive pas à démêler ma colère de ma culpabilité et je m'en prends à Sam. Je fais des choses insensées, comme compter toutes les chemises que j'ai achetées à Amsterdam ou partir en quête du rouge à lèvres de mon trentième anniversaire. Il faut que je le retrouve, parce que la démangeaison, la barre de métal, réclame mon attention. Suis-je bien placée pour accomplir cette tâche ? Regardez-moi cette femme qui essaie de se calmer en comptant ce qu'elle possède… C'est répugnant, et gros comme une maison. Je suis une caricature de moi-même. Les anciens réfugiés devraient-ils participer à l'assimilation des nouveaux ? Ma grand-mère a peut-être raison. Je risque de rendre Minoo chèvre.

Lors d'un voyage dans les Cotswolds l'année passée, j'ai vu une affiche de UKIP, le parti indépendantiste britannique, qui réclamait *L'intégration, pas le multiculturalisme.* Vouloir que les autres se transforment – qu'ils deviennent nous-mêmes – me semble être un instinct de survie naturel de l'ego. Cette affiche sentait à plein nez la peur de la disparition du Moi. Mais en leur imposant l'assimilation, demandons-nous aux autres de jouer un rôle ? Nous voulons vérifier que les nouveaux arrivants sont heureux, reconnaissants, qu'ils *font des efforts.* Mais la véritable gratitude ne se manifeste pas bruyamment, à travers de grandes démonstrations. Et apprendre certaines postures est un processus bien plus rapide que celui de se transformer – pour apaiser les peurs des natifs, nous faisons griller des steaks au barbecue et nous allons à l'église, nous écoutons Coldplay, nous achetons de vieux polos. Et si nous apprenions à aimer ces choses, un jour ? À quel moment se situerait le vrai changement ?

Qu'ils soient nés à l'abri ou non, les gens ont parfois besoin qu'on les sauve. Et ils ont besoin qu'on ne leur rebatte pas les oreilles à ce sujet – après avoir été sauvés, ils ont besoin d'équilibre, de travail et de repos, d'amour, d'un foyer. Ils ont besoin qu'on leur laisse l'occasion de se trouver. Le travail douloureux qui consiste à se forger un nouveau visage doit être lent, commencer de l'intérieur.

Dans ses *Confessions*, Saint Augustin demande à Dieu de le délivrer du désir charnel, mais *pas tout de suite* : « Je craignais d'être exaucé trop vite, d'être trop vite guéri de la maladie de la concupiscence, que j'aimais mieux assouvir que supprimer. » Cette transformation l'attire et lui déplaît à la fois. Il la combat. Et il sait qu'elle prendra du temps. Il *veut* qu'elle prenne du temps, pour pouvoir regarder son désir en face, l'assouvir d'une façon ou d'une autre, et peut-être parce qu'il comprend qu'une transformation rapide ne serait ni réelle ni durable.

Pendant les entretiens d'asile, personne ne croit aux conversions spontanées. Et pourtant, dès l'instant où on accueille un réfugié, on s'attend à ce qu'il se métamorphose en un clin d'œil, qu'il se débarrasse de son passé, qu'il franchisse la porte sous une forme virginale, délivré de sa personnalité d'autrefois. Le cœur et l'esprit d'un individu peuvent-ils changer en un instant ? Et les habitudes de ses mains, les mots sur sa langue ? C'est ce qui est arrivé à ma mère, même si sa psyché s'y préparait depuis des années. Dans un passage célèbre des *Formes multiples de l'expérience religieuse*, William James décrit la conversion d'un garçon de quatorze ans, auquel le Christ apparaît brièvement dans sa chambre, les bras tendus, pour lui demander de le suivre. Selon James, les expériences de ce type sont aussi authentiques qu'une lente apostasie. Par surcroît, elles sont la voie d'accès de la psyché à la rédemption – la théorie de James ne rejette pas l'idée que l'inconscient de ma mère se soit préparé depuis des années ; elle l'accepte. Son âme cherchait la rédemption et l'a trouvée.

Dans le même texte, James affirme que la psychologie ne peut pas expliquer pourquoi il doit y avoir un moment où le « centre d'énergie » d'un esprit se déplace, ou pourquoi cela arrive à telle étape plutôt qu'une autre. « Tout ce que nous savons, c'est qu'il y a des sentiments morts, des idées mortes et des croyances éteintes, et qu'il y en a des brûlantes et des vivantes ; et que lorsque l'une d'entre elles brûle et prend vie en nous, tout le reste doit se réorganiser autour. » Cela me rappelle le basculement irréversible de Baxter, le segment qui constitue notre véritable histoire. Quelle est ma véritable histoire ? Le jour où j'ai regardé avec fureur les *pasdar* invectiver ma mère ? Où j'ai vu Khanom Yadolai se transformer en vieille femme, et où j'ai compris le but du hijab ? Où j'ai découvert Harvard dans un manuel sur les universités américaines ? Où j'ai reçu ma lettre d'admission à Princeton ? Je suis peut-être croyante, en fin de compte. Mais ces moments n'étaient pas mes conversions. Depuis mon adolescence, toutes mes transformations se sont produites par étapes, gravitant autour de ma vie intellectuelle mais la laissant intacte – c'est le cœur de mon réseau ; l'unique chose qu'on ne peut pas changer. Entrer à l'université, devenir écrivain n'étaient pas des renaissances. Ma conversion a peut-être eu lieu bien plus tôt, le premier matin dans la cour de récréation où j'ai décidé de détourner le regard de la barbe de Khomeiny pour chercher mon nom sur une liste affichée au mur. « Rien n'est donc sacré pour toi ? » m'a demandé mon ex-mari quand j'ai écrit sur notre divorce. J'ai éprouvé un instant de panique, puis je me suis calmée. La réponse m'est venue aisément : « L'écriture est sacrée. Les livres sont sacrés. » *Mon point de vue est sacré.*

« Un esprit est un système d'idées [...] qui se contrôlent et se renforcent mutuellement, écrit James. L'ensemble d'idées s'altère par soustraction ou addition au fil de l'existence et les tendances se modifient à mesure que l'organisme vieillit. [...] Mais une nouvelle perception, un choc émotionnel soudain, ou un événement qui met à nu la modification organique, font tomber l'armature entière ; alors le centre de gravité se stabilise, car les nouvelles idées qui l'atteignent dans ce nouvel agencement semble désormais y être enfermées, et la nouvelle structure devient permanente. » Cette description d'une conversion religieuse ressemble énormément à un éclatement du cœur du réseau. Comme Pooyan, je ne crois pas que les adultes puissent se débarrasser de leur cœur ; il est trop essentiel. La conversion soudaine d'une réfugiée musulmane au christianisme peut être sincère, forte et transformatrice, mais pour moi, cela signifie qu'elle n'avait jamais considéré l'Islam comme la base de son identité, ou que l'Islam avait progressivement perdu cette place. Quoi qu'il en soit, au moment de sa conversion, toute instantanée qu'elle ait été, le centre de son identité se trouvait à l'abri autre part. Il est possible qu'au fil du temps, ce centre dérive vers sa nouvelle religion et se confonde avec elle. Encore une fois, je ne pense pas que cela arrive en une journée ; même si (et il est essentiel que les agents de l'immigration le comprennent) la prise de conscience, l'engagement et l'euphorie peuvent le faire.

Si l'on accepte que la conversion ne peut être que l'aboutissement d'un processus psychologique et non une dislocation du « moi », la description de James ressemble davantage à l'assimilation : jamais soudaine, jamais une épiphanie, même si elle est liée à un événement spectaculaire. Il s'agit toujours du fruit d'une longue préparation, d'une réponse à une quête.

Cela ressemble à ma propre assimilation. Mon dévouement envers une école, m'offrir en sacrifice pour une note : il n'y avait rien de neuf là-dedans. Mon travail acharné m'avait peu à peu reconstituée, mais le noyau dur de mon identité n'avait pas changé au fil du temps. Le fait que la psyché permette la conversion, que l'âme prépare à la rédemption, *année après année*, m'incite à douter de l'idée que la conversion reconfigure l'âme en une « nouvelle structure ». On ne peut pas se préparer à l'anéantissement – s'y préparer implique qu'une chose, une toute petite chose, y survivra.

Au début de mon adolescence, Baba a obtenu un visa pour nous rendre visite en Oklahoma – c'était surréaliste, l'événement le plus perturbant qui puisse arriver à une jeune fille en pleine renaissance américaine. J'étais gênée par son comportement tapageur et jouisseur : sa grosse moustache rousse, ses énormes coupes de glace et son short mandarine ; la bouteille de saké qu'il avait commandée pour lui tout seul après nous avoir emmenés au barbecue japonais. Comme je n'arrêtais pas de rougir et de baisser les yeux, Baba a dit en riant que la prochaine fois, il s'arrêterait d'abord à Dallas ou New York pour se débarrasser de l'Iranien en lui. Au bout de quelques semaines, il a cédé au prosélytisme de l'église et accepté d'être baptisé. Je n'ai pas protesté, mais j'étais atterrée que personne ne trouve à y redire. Il détestait la religion. Ne voyaient-ils pas qu'il faisait semblant ? Et pour la pire des raisons, pour être à l'aise en société !

Pourtant, c'est peut-être là que le changement culturel commence. Nous simulons de nouvelles habitudes, nous nous y conformons, jusqu'à ce que ces habitudes nous viennent sans réfléchir. La première prière à Jésus de Maman ne paraissait sûrement pas naturelle. Mon premier contrôle d'orthographe américain était un désastre plein de lettres à l'envers. Mais nous étions déjà ce que nous prétendions être, parce que nous étions investis dans cette tâche.

Je crois aux cuissons lentes. Je sais aussi que le goût d'un gâteau se décide bien avant la cuisson, quand on mélange et verse la pâte. Une transformation se décide en un instant et dure des années. Le souhait de Saint Augustin d'être refaçonné lentement, d'avoir un peu plus de temps avec son désir mais de changer tout de même, m'émeut. Sa prière est sage, humble et honnête.

Une affiche qui réclame *L'intégration, pas le multiculturalisme !* pourrait aussi bien demander : *N'arrêtez pas le temps !* Les réfugiés s'intégreront aussi sûrement que le temps passera. Certains vivront pendant trois décennies comme s'ils étaient restés au pays, puis déclareront le fait accompli à leur première bouchée de Marmite ou de beurre de cacahuète. D'autres seront impossibles à distinguer de leurs hôtes au bout d'un ou deux ans. La plupart deviendront des caméléons, capables de passer d'un état à l'autre. Mais où qu'ils se situent sur cette gamme, leur assimilation commencera à des endroits insoupçonnés. La leur imposer reviendrait à exiger qu'ils jouent un rôle. Il y a certaines choses que l'on désire des autres et qui perdent de leur valeur quand on les réclame : l'amour, la gratitude, la compréhension. Pour les obtenir, il faut d'abord les offrir soi-même. Dans les communautés où l'on trouve des réfugiés, les gens se demandent souvent : « Comment leur rendre la vie plus facile ? » Ils leur ouvrent leur porte, font des courses pour eux, organisent des cours de langue, des matchs de foot, des repas. J'ai rencontré d'innombrables voisins de ce genre. Or il ne s'agit pas d'une question de générosité, mais de honte, de dignité et de sentiment d'appartenance. De permettre à l'étranger de montrer son vrai visage. Dans chaque petite interaction, un égo brille tandis que l'autre s'efface. Au natif qui veut se montrer accueillant, je dirais : effacez-vous, même un instant. Ne brillez pas par vos bonnes actions, car les gens placent leur dignité très près du cœur de leur identité. Montrez-vous sous votre aspect le plus humble (pour commencer). Regardez ce qui arrive à la question de l'assimilation en un an, ou deux. Personne ne veut se transformer. Et pourtant personne ne peut l'éviter – nous évoluons à chaque souffle. Les autres nous transforment par leur amour, leur gentillesse, autant que par leur indifférence. Nous changeons en étant vu ou non. Nous voulons désespérément nous montrer aux autres. Ceux qui ont souffert n'y arrivent pas toujours. En essayant de tisser des liens sans qu'on leur fasse du mal, ils se comportent maladroitement, s'expriment de façon crispée, prudente, parfois blessante.

La responsable du dossier de Minoo quitte son poste. Il s'avère qu'elle n'a jamais inscrit la famille sur la liste d'attente pour les logements privés subventionnés. Je suis folle de rage – j'appelle le frère de Sam, Daniel, avocat spécialiste des droits de l'homme.

« C'est l'heure de sortir le grand jeu », lui dis-je.

J'écris à la mairie, exigeant un rendez-vous. Ils veulent attendre qu'un interprète soit disponible. *Je suis l'interprète qu'elle a choisie*, leur dis-je. *Je vais noter soigneusement tout ce que vous faites à partir de maintenant.* Ils trouvent une interprète.

Elle parle mal persan. C'est une Kurde qu'ils ont pêchée au service des expulsions. Au final, je m'occupe de la plus grande partie des traductions ; elle intervient par-ci par-là. Le frère de Sam est merveilleusement intimidant. Nous découvrons qu'il faut recommencer le questionnaire humiliant. Minoo fond en larmes ; son menton se ride, ses épaules tremblent. Elle enfouit son visage dans ses mains.

Au milieu de l'entretien, nous apprenons que la Kurde est experte en immobilier londonien. Se sentant inutile, elle commence à nous donner des conseils sur les quartiers où la famille de Minoo pourrait obtenir un logement. Minoo renifle. Nous lui décrivons Enfield et Haringey, lui promettant qu'il y a des quartiers sûrs en dehors du centre de Londres. En partant, je prends le numéro de l'interprète.

« Est-ce qu'on l'appelle pour lui proposer de se voir ? demandé-je à Minoo. Elle est iranienne. »

Minoo essuie ses larmes et répond : « Peut-être. »

Puis elle se dirige vers le métro.

Un jour où nous buvons un café, Minoo se confie à moi. Elle me parle des premières nuits que sa famille a passées dans un foyer à Londres. Des souris avaient traversé la pièce sans se gêner et les enfants avaient hurlé, sautant sur le lit qu'ils partageaient avec leurs parents. Ils s'étaient cramponnés les uns aux autres et tout avait fini dans un fou rire.

« Pour nous, c'étaient les cafards à Dubaï », lui dis-je.

Minoo et moi gloussons dans notre café, comme de vraies amies. Je crois que j'aurais aimé la version d'elle qui habitait à Ispahan. Elle me dit :

« Je travaillais tout le temps, avant. J'étais comme toi, je mettais mes enfants à la crèche et j'avais un métier. Mais tu savais que parfois, les employés des garderies iraniennes donnent des calmants aux enfants ? Ils leur font prendre du sirop pour la toux avec des somnifères. Et on ne peut rien y faire. On ne peut rien prouver. » Elle soupire, boit une gorgée de café. « Quand on était sur le lit pour échapper aux souris, mon fils m'a dit : "J'aime bien cet endroit, parce que tu peux être ma maman." Alors cette chambre infestée de souris est un bon souvenir, finalement. »

Je me souviens de mon frère regardant ma mère avec inquiétude. *Mais qui fera tes choses d'homme ?*

« Vous vous rappellerez cette histoire quand vous aurez une grande maison et que ton fils sera devenu médecin et footballeur célèbre, dis-je.

— Oui ! répond-elle. Si Dieu le veut. »

Le lendemain, un employé de la mairie se rend chez Minoo ; sans que Daniel ou moi soyons présents, il l'oblige à spécifier dans sa demande qu'elle a besoin d'un logement au rez-de-chaussée. Elle perd le premier appartement qui se libère, situé au deuxième étage d'un immeuble. Quand nous nous plaignons, la mairie annonce à Minoo et Daniel qu'ils n'échangeront plus avec moi, car ils ont découvert que j'étais écrivain, ce que j'ai pourtant précisé à chaque coup de fil et rendez-vous. Ils sont persuadés que j'écris un livre sur Minoo – une théorie qu'ils n'ont aucun moyen de prouver et qui est fausse (à ce moment-là). Ils exigent qu'un médecin examine le mari de Minoo, pour certifier qu'il est capable de monter un escalier. La parole des membres de sa famille ne suffit pas, comme s'ils ne souffraient pas tous les jours avec lui, comme si ce n'était pas sur leurs épaules qu'il s'appuierait. Interdite de correspondance, je dicte des mails à Minoo pour les services municipaux. Ils ignorent toutes nos requêtes faites au nom des enfants, qui sont entrés dans l'adolescence dans une chambre minuscule, dotée d'un seul lit qu'ils partagent avec leurs parents. Lors de notre appel suivant, la voix de Minoo n'est presque plus qu'un filet.

3

Le 8 mars 2018, à l'occasion de la Journée internationale des droits des femmes, j'ai participé à une manifestation au Parlement avec plusieurs centaines de femmes issues d'une quarantaine d'organisations, dont une majorité d'immigrées sans papiers et de demandeuses d'asile d'Afrique subsaharienne, afin de défendre leur droit à la sécurité, la dignité et la liberté. « Fermez Yarl's Wood ! » avons-nous crié, dénonçant la terrible prison où beaucoup de migrantes restent enfermées des semaines ou des mois sans raison. La plupart des détenues de Yarl's Wood ont fini par réintégrer la société anglaise – ou presque, car lorsqu'on vous interdit de travailler, on vous relègue à une société clandestine parallèle.

Comment s'intégrer quand on est en quarantaine ?

L'organisatrice de la manifestation, l'avocate et militante Shola Mos-Shogbamimu, donne un cours sur le féminisme intersectionnel dans les locaux de l'association Women for Refugee Women. Au printemps dernier, j'ai assisté à une séance de travail en amont du rassemblement au Parlement. Les participantes, essentiellement des femmes d'une quarantaine ou cinquantaine d'années, étaient assises autour d'une longue table, vêtues de gilets élimés et de vestes bariolées, soigneusement coiffées et apprêtées. Je suis restée hypnotisée par l'arc-en-ciel de leurs sacs à main, tous énormes, colorés et remplis de produits de première nécessité. Les élèves de Shola ont tout abandonné, parfois même leurs enfants. Certaines ont été victimes de la traite, violées, mises sur le trottoir ; beaucoup sont sans-papiers et sans-abri, privées d'espoir, de famille, mal accueillies. Certaines ont subi des mutilations génitales. Certaines vont de sous-sol en sous-sol, de canapé en canapé, accumulant les refus de demandes d'asile depuis vingt ans.

Pendant la séance, leur excitation, leurs questions et leur scepticisme ordinaire trahissaient le fait que ces femmes n'avaient que récemment découvert leur voix, leur propre pouvoir. Bien qu'endurcies par des années de rejet et d'indifférence, elles manifestaient un enthousiasme juvénile. La plupart étaient passées par des centres de détention à un moment ou un autre ; or voilà qu'elles planifiaient des actions politiques et tapaient du poing sur la table, sirotant du thé dilué dans des gobelets en carton tandis que des enfants couraient dans la pièce, s'amusant entre eux. « Des formations, pas la détention ! » s'est exclamée l'une d'elles, d'un accent fort et mélodieux, en soulignant la rime. Même si les participantes étaient enclines aux accès d'euphorie, aucune ne s'est esclaffée. « Bien dit ! » ont-elle déclaré. Plusieurs ont apporté leur grain de sel : « J'ai un cerveau. Pourquoi ne puis-je pas l'utiliser ici ? C'est du gâchis. »

D'autres voulaient interroger les députés sur les mauvais traitements infligés à Yarl's Wood, ou l'utilisation du système de sécurité sociale pour débusquer les immigrés sans papiers : « Si je suis malade, soignez-moi ! N'essayez pas de demander mon statut. Mon statut, c'est que je suis malade. » La plupart aspiraient à la liberté, à un statut pour pouvoir commencer à vivre.

Le cours de Shola est une merveille : on n'y apprend pas à survivre dans un pays étranger, à perfectionner son anglais ou à rédiger un CV. On y parle des droits et des devoirs des femmes : *Nous devons apprendre !* On y parle des suffragettes et de leurs équivalents modernes dans les mouvements Me Too et Times Up. Shola prépare ses élèves à raconter leur histoire et à se défendre face aux législateurs. Elles ne sont pas autorisées à bâtir une vie et une carrière et la plupart stagnent, condamnées à vieillir sans racines. Elles sont abandonnées. Beaucoup emploient ce mot, ainsi qu'un second : « Je suis une esclave ici », affirment-elles, bien conscientes du poids de ce terme.

Lorsque les gens n'ont pas le droit de travailler et que leurs infractions de moindre ampleur les privent de l'assurance requise pour dénoncer les violences et l'exploitation, une économie souterraine se forme. Celle-ci assigne trois fonctions à ces femmes apatrides, sans refuge ni protection : le ménage, le sexe et la garde d'enfants. Une fois décrétées « en situation irrégulière », la majorité des femmes finissent par travailler dans ces secteurs, parfois en échange d'argent, parfois de nourriture et d'un toit. Cela commence toujours par la garde d'enfants, puis on s'attend à ce qu'elles remplissent les deux autres fonctions.

« J'ai l'impression d'avoir été condamnée à errer d'une maison à l'autre, sans jamais trouver ma place, dit l'une des participantes. Quand j'arrive, je sens que je dérange. Tout ce que j'ai voulu dans ma vie, c'est la dignité d'avoir un chez-moi. »

Au lieu de quoi cela fait vingt ans qu'elle passe de maison en maison, en tant que nourrice non rémunérée. Ses hôtes lui donnent un coin où dormir, souvent sur un matelas qu'elle doit se procurer elle-même auprès d'une association caritative, et elle garde leurs enfants à temps plein sans salaire. Si la police arrive, elle doit affirmer qu'elle est employée légalement, pour ne pas causer d'ennuis aux parents. Cela lui fait courir un risque, évidemment, car elle pourrait être arrêtée, incarcérée et expulsée – elle travaille en échange du gîte et du couvert, une infraction manifeste aux règles. Elle n'a pas le choix et les parents le savent. Ils se justifient par le fait qu'eux aussi sont des Africains pauvres (bien que résidents en règle), qu'ils ne peuvent pas se permettre de payer une employée, qu'ils lui apportent leur aide. S'ils reçoivent des invités, ils lui demandent d'aller dormir ailleurs. Parfois, les hommes lui rendent visite pendant la nuit. Elle ne peut pas les dénoncer. Et lorsque les enfants arrivent en âge d'aller à l'école, les familles lui disent : « On en a assez fait pour toi. Va-t'en. »

Quand vous n'avez pas de droits, vous êtes à la merci de tous.

La devise de Shola est : « Éduquez-vous ». En cours, elle crie, pointe du doigt, fait les cent pas. Elle met tout son corps à contribution, ne tolère pas l'insolence ni la négativité, donne du courage aux sceptiques. Aussi enthousiasmante et énergique que ses héroïnes militantes, elle brille par sa foi en ces suffragettes du vingt et unième siècle. Le combat d'aujourd'hui n'est pas pour toutes les femmes, Shola le sait. Il est pour les déracinées, les sans-pouvoir.

Le 8 mars, beaucoup de migrantes ont raconté leur histoire ; beaucoup ont demandé : « Libérez-nous ». De Yarl's Wood. De la torture de l'incarcération, après avoir été battues et violées dans leur pays d'origine. Mais surtout, de leur statut d'apatride, de ceux qui veulent abuser d'elle. « La possibilité de dire "non" n'est-elle pas un droit fondamental ? » a demandé une manifestante dans un poème. « Ne suis-je pas humaine ? »

Quand les femmes sont impuissantes, on les exploite d'abord pour ce que les hommes perçoivent comme leur utilité essentielle : le sexe, la maternité, les tâches ménagères. Ma mère m'a caché cette partie de l'histoire globale des réfugiés pour que je puisse grandir en ayant confiance en moi, en pensant qu'être une réfugiée signifiait qu'on m'avait ouvert une série de portes, vers les États-Unis, puis l'université, puis tout le reste.

Comme Shola, mère de ce groupe de mères rejetées, la mienne m'a appris que ces labeurs que les hommes cherchent à nous extorquer sont des joies féminines qui n'appartiennent qu'à nous. Et que notre valeur ne se résume en aucun cas à cela.

En fin de compte, l'exil a dépouillé ma mère de toute peur. Lorsqu'on a perdu son pays, pourquoi redouterait-on des pertes moindres ? À cinquante ans, elle a fait ses valises pour rejoindre le Peace Corps dans le nord de la Thaïlande. Quand elle a commencé à s'intéresser aux fermes biologiques, elle s'est installée dans une exploitation agricole pour y suivre un stage. Elle est capable d'étouffer son orgueil iranien lorsqu'une occasion de s'éduquer se présente. Je décèle des échos de féministes comme Shola dans ses actions. *Éduquez-vous !* Ma mère m'a aidée à m'adapter, non pas à l'Amérique, mais à moi-même. Si je devais écrire un récit de réfugié modèle, ce ne serait pas celui du Bon Immigré, mais celui de l'exilée qui, ayant enduré de nombreux changements, ne recule devant aucun risque. Celui de l'immigrée qui a gardé les rênes de sa vie, qui ne connaît pas la honte, qui croit en elle-même.

Le Bon Immigré deviendrait l'Immigrée Capable. Être capable n'est pas la même chose qu'être bon, car on ne considère pas le choix de ses actions comme acquis. Et de quel point de vue définit-on ce qui est « bon », de toute façon ?

C'est ma foi d'immigrée qui parle, je le sais. Au lycée, j'ai dévoré *La Confiance en soi* d'Emerson, fascinée. J'ai lu cet ouvrage non pas comme une injonction, mais comme une permission. « C'est la vie seule qui sert à quelque chose, pas le fait d'avoir vécu », écrit Emerson. « Le pouvoir cesse à l'instant même du repos ; il réside dans l'instant du passage d'un état ancien à un état nouveau, lorsque le golfe est franchi, lorsqu'on s'élance vers le but. [Ce fait-là] transforme toutes les richesses en pauvreté, toute célébrité en disgrâce, confond le saint avec le coquin, écarte de la même façon Jésus et Judas. » C'est étonnant – tout ce qui compte pour Emerson, c'est l'état de transition, le labeur, le désir, tout ce que je trouvais de plus laid en moi. *S'élancer vers un but.*

Et pourtant, changer d'identité implique une bonne dose d'auto-apitoiement et de dégoût de soi. Je le sais, pas parce que j'ai été réfugiée, mais parce que j'ai été une jeune mère. Je n'ai jamais été plus malheureuse et déplaisante qu'en ce début de maternité, quand mon cerveau souffrait du changement, quand chaque parfum me paraissait nouveau et que les gens guettaient mes erreurs. J'avais reçu l'ordre de prendre des cours, d'acquérir une nouvelle langue, une nouvelle culture et de nouvelles règles. J'avais perdu ma force, mon pouvoir personnel. Je n'arrêtais pas de rédiger des emplois du temps, des listes de choses à faire, d'objectifs. Chaque respiration était impossible et pourtant elle avait lieu. Le corps sait changer. Cela ne l'empêche pas de résister. L'ancienne moi, celle qui n'était pas mère, luttait contre son anéantissement, même si elle n'avait aucune chance.

Pendant des semaines, je suis restée assise dans des cafés avec mon bébé, le regard perdu dans le vide, incapable d'écrire, sachant qu'on me trouvait inutile.

Je me rends à Berlin, où une amie me présente à un groupe de réfugiés syriens et afghans. Je rencontre un écrivain qui me dit qu'en

Syrie, il avait accès à quatre-vingt-dix minutes d'électricité toutes les six heures. Pendant les coupures il dormait, fumait et réfléchissait, et quand le courant revenait il branchait son ordinateur portable pour écrire jusqu'à ce que sa batterie se décharge. Il ne peut pas imaginer qu'on veuille de ses histoires à présent, parce que les écrivains occidentaux ont eu toutes les heures de la journée pour peaufiner leur art. Comment pourrait-il faire le poids ?

« Je pensais la même chose quand je suis arrivée, lui dis-je. Mais une vie d'abondance ne conduit pas à la discipline. Elle regorge de distractions. Laisse les heures illimitées de télé aux autres écrivains. Continue à écrire. »

Il rit. Ce n'est pas toujours si facile. L'esprit blessé se rebiffe.

Le déracinement n'est pas une maladie mentale, mais il rend visible le travail que nous accomplissons chaque heure et chaque jour pour rester sain d'esprit – un travail inconscient, quand on a des racines. Soudain, se cramponner à la raison demande un effort. Et à l'instar du souffle, ce travail ne s'emmagasine pas. Dès que l'on s'arrête, tous ses fruits se volatilisent comme de la fumée.

Un autre réfugié syrien me dit que les petites joies sont faciles à trouver à Berlin.

« Si tu es jeune, tu as l'air en bonne santé et fort, plein d'avenir. Les gens sont heureux pour toi, et tu veux préserver cette bonne foi. »

Il me dit que les nuits sombres et agitées se dissimulent aisément. Parfois, il se réveille en pensant au jour en Sicile où, sans un mot, les garde-frontières l'ont aspergé de produits chimiques et lui ont enfoncé une aiguille dans le bras. Il marque un silence, avant d'ajouter :

« J'ai perdu ce que j'avais d'humain. »

Un jeune homme a traversé la moitié du globe à pied pour rejoindre sa mère. Quand il l'a trouvée dans un hôpital anglais, on lui a défendu de prendre soin d'elle.

« Je voulais mettre de la lotion sur les jambes de ma mère. On m'en a empêché. Croyaient-ils que j'allais lui faire du mal ? Si je ne suis pas mort ce jour-là, je ne mourrai jamais. »

Il n'est pas si facile de reprendre le pouvoir. Les souvenirs du pays et la honte forment un cocktail si toxique que l'on a du mal à les garder à l'esprit en même temps. Et pourtant ils vont toujours de pair. Comment peut-on avoir confiance en nous, au sens où l'entend Emerson, jamais au repos, toujours en transition, maîtres de notre évolution intérieure, si on nous apprend à détester l'être même qui est censé accomplir tout ce travail ? Et si cet être n'appartient plus à une classe désirable ? Si tous les signes démontrent son infériorité ? Il y a des années, Philip et moi sommes allés à Istanbul. Alors que nous visitions le palais de Topkapı, nous avons repéré une famille iranienne. Ma vie manquait tellement d'Iran à l'époque que je n'ai pas résisté à l'envie de les saluer en persan. La fille du couple, une jeune femme d'une vingtaine d'années, s'est arrêtée net. Elle m'a rendu mon salut d'un air timide, puis s'est éloignée, en continuant de nous observer à la dérobée. Une heure plus tard, nos chemins se sont recroisés dans une autre pièce. La fille a chuchoté quelques mots à sa famille, avant de s'approcher de moi.

« Vous êtes iranienne ? »

J'ai hoché la tête, ajoutant pour expliquer mon mauvais accent que j'avais grandi aux États-Unis. Je lui ai demandé de quelle ville elle venait. Je me suis dit, maintenant, nous allons parler du pays ou nous plaindre de la cuisine turque. Mais elle a jeté un coup d'œil derrière elle et m'a demandé d'un ton poli, en persan :

« Pourriez-vous me dire comment vous avez fait pour que cet homme vous épouse ? »

4

L'Iowa était comme un pays étranger. Des kilomètres de vide sans voiture ; j'étais enfermée dans un périmètre de quatre ou cinq pâtés de maisons. Je mangeais le même sandwich à l'houmous tous les jours. Je regardais les mêmes séries télé, sans rien voir, ni entendre. Je sautais les repas du soir. Je participais à des ateliers d'écriture. Je maigrissais. Parfois, j'oubliais de me doucher. Parfois, je fixais un point sur le mur pendant trois heures, sans bouger. La télévision hurlait ; je faisais semblant de m'y intéresser. Je buvais des litres de café et de thé, accompagnant trois tasses d'une gaufrette à la vanille. On était à l'automne 2011 et je vivais seule pour la première fois depuis dix ans. Mes amis me manquaient. C'était une nouvelle assimilation : au célibat, à ma vie d'écrivain, à moi-même.

Mes seules joies, les seuls moments où je prenais plaisir à manger et me sentais brièvement humaine, survenaient quand je cuisinais pour mes camarades – des plats d'aubergine, d'agneau, de courge butternut et de grenade qui nécessitaient des heures de préparation et embaumaient leur maison. En avril, j'emménagerais moi aussi dans une maison, avec des colocataires et une cheminée. J'achèterais mon premier lit, après être passée de mes lits d'enfant à ceux des dortoirs universitaires puis à celui que je partageais avec Philip. Dans ce nouveau logement, je ne quitterais pas la cuisine. Même quand je ne serais pas en train de faire à manger, je resterais assise sur la même chaise à côté du plan de travail, à attendre que quelqu'un vienne me parler.

J'étais naufragée. Je rêvais d'une vie domestique et pourtant j'étais enlisée dans tant d'errance et d'étrangeté que je restais couchée par terre pendant des heures, visage pressé contre le plancher en bois. J'espérais peut-être reprendre racine.

L'envie de construire un chez-soi est épineuse : quand on l'éprouve, elle nous fait l'effet d'un lourd manteau de laine en été. Sans elle, on se sent nu, écorché vif. J'ai tellement cuisiné pendant cette saison folle, désespérée. Je délirais. Je perdais mon gras et toutes les larmes de mon corps, écrivais n'importe quoi et préparais de la nourriture, avant de regarder avec bonheur les autres boire et manger, terminant rassasiés et satisfaits. Ce sentiment de satiété m'était étranger.

Un soir, ma colocataire a organisé un dîner pour la Pâques juive et quelque chose dans ce rituel m'a fait penser au pays – une tablée d'étrangers récitant un texte qui ne signifiait rien pour eux, dans le seul but de se rapprocher d'une amie. Quel miracle ! D'ailleurs, mes voisins américains n'avaient-ils pas toujours manifesté de la curiosité à l'égard de ma vie ? Ce n'était peut-être pas de leur faute, si les récits de fuite dramatiques avaient été la seule chose que nous avions pu partager aisément, si nous ne leur avions pas montré nos plats mijotés à la grenade et nos photos de mares aux canards, de rivières et de randonnées dans la montagne. Si nous nous étions révélés, ils auraient peut-être aimé ce qu'ils voyaient. Mais nous avions peur, comme Minoo. C'était au-dessus de nos forces.

J'ai passé de nombreuses nuits blanches à me demander à quel moment je m'étais fourvoyée. Je m'étais sentie coupable pendant tout mon mariage : je voulais trop de choses, je tournais tout à la polémique, je n'appréciais pas assez la vie que Philip nous offrait ; je n'avais pas d'enfants. Et pourtant, je n'arrivais pas à me défaire de l'idée que j'évoluais dans les miasmes sexistes et racistes d'une société que j'avais choisie en étant persuadée qu'elle représentait « la fine fleur de l'Amérique ». À Princeton et plus tard à Harvard, j'avais baigné dans une idéologie chrétienne de droite. En tant que femme, on me demandait d'être un peu plus modeste, plus discrète, plus patiente. Ma mère et celle de Philip se désespéraient à l'idée que j'ose le contrarier. Et je me couchais tous les soirs en pensant qu'elles avaient raison. Il fallait que je tue la bête égoïste en moi. Malgré tout, j'aurais voulu savoir pourquoi ses ambitions à lui étaient louables et les miennes négligeables, malgré mes meilleurs résultats et mon parcours universitaire plus rigoureux. Pourquoi mon avis passait-il après le sien ? Pourquoi devais-je apprendre le français, alors que Philip n'avait jamais appris le persan ? Pourquoi ma mère me demandait-elle de ne pas afficher mes diplômes, plus nombreux que ceux de Philip ? Pourquoi disait-elle qu'il serait présomptueux d'accrocher mon MBA de la Harvard Business School sur le même mur (et à la même hauteur) que celui qu'il avait obtenu en France ?

Je m'étais voilé la face. Mon plus grand péché était d'avoir nié que tous ces après-midis au bord de la rivière à Ardestan, les promenades à l'aube, le pont aux Trente-Trois Arches, les cerises aigres, la musique et les grand-mères qui sentaient le henné et racontaient des histoires, tout cela m'avait faite telle que j'étais. En Iowa, à l'abri dans un nouveau foyer universitaire d'exception, je devais me dépouiller des excès de mon assimilation. C'en était terminé de mon complexe d'infériorité d'immigrée. Dorénavant, si je voulais briller, je le ferais correctement – avec franchise, en restant moi-même, une Iranienne qui avait hérité des maths, de la littérature, du sport et de la jugeote qu'elle possédait grâce à mille ans d'excellence iranienne – pas grâce à l'Amérique.

J'avais besoin d'amis iraniens et américains qui me comprennent.

J'ai appris que l'université de l'Iowa proposait un bon cursus médical et des formations d'ingénieur qui attiraient des étudiants étrangers, dont des Iraniens. J'ai décidé de les chercher. Assise au Java House, où j'écrivais souvent, j'ai tendu l'oreille jusqu'à déceler la musique familière du persan. Alors je me suis levée pour aller me présenter, avec l'impression d'être une petite fille de onze ans qui venait demander à des inconnus si elle pouvait s'asseoir avec eux à la cantine.

« Vous allez à l'école ici ? » ai-je demandé, en employant le mot pour « école primaire ».

Mon accent s'était tellement détérioré que je constituais un objet de curiosité : une étrangère qui parlait leur langue maternelle. J'étais tombée sur des étudiants de troisième cycle – ingénieurs, scientifiques, médecins – et leurs épouses, originaires de Téhéran, de Chiraz et d'ailleurs. Ils m'ont invitée à me joindre à eux et je suis allée récupérer mon café et mon ordinateur pour m'asseoir à leur table. Ils émaillaient leurs phrases d'argot qu'ils m'expliquaient volontiers, précisant l'année et le lieu d'origine de chaque mot. « Celui-là fait très Rashti », ou : « Les gens ont commencé à dire ça dans les années 1990. »

Une jeune femme s'est redressée quand j'ai signalé que j'allais bientôt divorcer. L'atmosphère a légèrement changé, tandis que les membres du groupe s'entreregardaient et se penchaient vers moi : ils savaient qu'aux États-Unis, un divorce ne détruirait pas ma vie, mais entendre une femme admettre cette information d'un ton si joyeux était absurde. Je n'étais pas joyeuse ; je voulais jouer mon rôle d'Américaine et montrer mon dédain pour le sexisme iranien.

« C'était un bon premier mariage. La prochaine fois, j'épouserai peut-être un Javad ! » ai-je dit, riant à ma propre blague.

J'avais appris ce terme récemment, grâce à une amie irano-américaine qui me rendait parfois visite depuis Chicago. Les Javad étaient des Iraniens qui, tentant de singer la culture américaine, s'affublaient de chaînes en or, écoutaient du rap persan produit à LA ou Paris et faisaient généralement honte à nos compatriotes ; de beaux parleurs aux cheveux enduits de gel qui empestaient l'eau de Cologne. Leurs équivalents féminins exagéraient l'allure à la Jackie Kennedy – choucroutes, énormes lunettes de soleil, voiles reculés sur la tête, maquillage à la truelle, mèches criardes. Certaines continuaient à porter de petits pansements sur le nez bien après leur opération de chirurgie esthétique, ou sans même en avoir subi.

Personne n'a ri. Pourquoi ? Les avais-je vexés ? Aucun membre du groupe ne correspondait à cette description. J'en avais peut-être trop fait, une fois de plus – pourquoi côtoyer des Iraniens me changeait-il en monstre sanguinaire et écorché vif, qui attaquait pour reculer aussitôt, effrayé de tout ? Nos portables ont sonné à l'unisson. La police d'Iowa City nous avertissait qu'un individu menaçant avait suivi une jeune étudiante et rôdait encore dans les parages.

« C'est de la folie, ces alertes », a commenté une étudiante en ingénierie aux cheveux bruns coupés court. Elle n'avait pas encore dit un mot, gardant toujours les yeux baissés. « À Chicago, on se fatigue peut-être à vous prévenir quand on a retrouvé un cadavre dans le fleuve, et encore… Ici, un type regarde une étudiante de travers et il faut tirer tout le monde du lit. »

Elle avait prononcé un mot persan que je n'avais pas entendu depuis des années : *cadavre*. Chaque mot ressuscité me rendait euphorique. Je l'ai répété, le retournant dans ma bouche.

« Ils oublient qu'il y a des Iraniens dans la ville, s'est esclaffé un homme.

— Et comment ! a renchéri un autre. Après huit ans de guerre, ça devient un réflexe : à la moindre alerte, tu attrapes tes enfants et tu cours chez les voisins. Combien de pauvres innocents avez-vous réveillés la première fois ? »

Les autres se sont balancés sur leur chaise, hilares.

« Quelqu'un doit avoir rédigé un rapport de police à propos de tous les Iraniens qui se précipitent dans la rue en sous-vêtements, des enfants inconnus sous le bras, parce qu'ils ont reçu un message avec le mot "alerte".

— D'où l'alerte suivante : un malfaiteur du Moyen-Orient séquestre des enfants dans sa cave ! »

Je me suis étranglée avec mon café. Je n'avais pas autant ri depuis des années.

« Vous n'avez qu'à mettre votre portable en silencieux, a dit l'étudiante discrète. Aucun texto n'est jamais important dans ce pays, de toute façon. » Sa tristesse était palpable.

Je leur ai raconté que mon père était venu en Oklahoma quand j'avais quatorze ans et qu'à un parc aquatique, il m'avait demandé d'enduire de crème solaire la toison épaisse qui recouvrait son dos. Les autres ont hurlé de rire, frappant le dessus de la table. C'était apparemment sur ce point que nos cultures séparées se rejoignaient : la honte que nous inspiraient nos manies grotesques d'Iraniens et celles de nos familles.

J'ai inventé toute la bande à dîner chez moi. J'ai dit à mes colocataires que je prévoyais un grand festin iranien. Cherchant de la musique, j'ai découvert un album appelé : *Grenades – pop, funk, folk et rock psychédélique persan des années 1960 et 1970.* J'ai déplacé la table à manger et aménagé un *sofreh* dans le salon avec des couvertures et un tas de jolis coussins. Pendant deux jours, j'ai fait suer et revenir des aubergines, griller des noix, mijoter de l'agneau, émincé des concombres.

Je trépignais d'excitation et mes colocataires étaient ravis de participer, m'aidant à installer le *sofreh*, me demandant s'ils s'y prenaient comme il fallait. Même si je cherchais à combler mes besoins personnels, j'avais créé une caricature de dîner iranien et je n'avais pas pris la peine d'en avertir mes invités ; je leur avais simplement dit que je servirais de la cuisine du pays. En arrivant, mes nouveaux amis s'attendaient à un dîner normal d'Iowa City.

« Qu'est-ce que c'est que cette musique ? s'est étonné un grand homme athlétique appelé Rohan. Je n'ai pas entendu ça depuis que j'étais gamin.

— C'était ce qui passait chez mon dentiste, a gloussé une des femmes.

— Mon Baba est dentiste ! me suis-je exclamée. C'est peut-être pour ça que ça me plaît ? Bon sang, je pensais avoir trouvé de la musique rétro branchée… Mais c'est de la musique de salle d'attente ? »

Ce n'était peut-être pas si gênant que ça, d'être la risée de ce groupe – ils me taquinaient gentiment, comme s'ils trouvaient mes efforts attendrissants.

Autour du *sofreh*, une jeune femme a remarqué :

« Tu sais, on s'installe généralement sur un tapis persan très épais, pas sur un plancher en bois. » Elle a coincé un coussin sous ses fesses. « Les garçons pourraient remettre la table.

— Oh, mais c'est si chouette ! » a dit l'une de mes colocataires.

J'ai pris une inspiration et commencé à apporter les sauces, les salades et le riz, sous les sifflets admiratifs et les vivats.

« Qu'est-ce que c'est que ce truc ? a dit l'invité le plus âgé, un professeur invité de Téhéran, en prenant une fourchetée de kale. On dirait une feuille de salade qui aurait fait l'amour avec un bout de tissu. »

Nous avons mangé, bu et discuté de l'origine des chansons. Tandis que nous attaquions le dessert, j'ai songé que je me souviendrais très longtemps de cette soirée.

J'avais commencé à sortir avec un homme de Chicago, un Américain d'origine iranienne qui avait le même accent que moi et un diplôme de Columbia. Les rapports qu'il entretenait avec l'Orient, l'Occident, le nomadisme et l'exil me paraissaient familiers et rassurants. Nous étions tous les deux cyniques, cruels et complexés exactement de la même manière.

« Tu sais ce qui m'a étonnée ? lui ai-je dit un soir où nous évoquions le pays. Les Iraniens ont été gênés quand j'ai parlé des Javad. Ils ont eu une sorte de mouvement de recul. »

J'avais supposé qu'on pouvait se moquer des Javad, comme des hipsters, parce que cette catégorie dépassait les clivages économiques (les pires spécimens sont riches). Être un Javad, pensais-je, c'était en faire trop pour atteindre l'objectif douteux de paraître américain, tout comme les hipsters en faisaient trop pour paraître bohèmes et pauvres.

« Ça ne leur a pas plu parce qu'ils sont juste un cran au-dessus des Javad », a-t-il rétorqué.

Son arrogance affichée me fascinait. Je n'avais jamais entendu un Iranien parler de cette façon aux États-Unis, comme s'il était meilleur que tout le monde (ou unique en son genre). Néanmoins, sa remarque m'a troublée. Parce que si les Javad représentaient une étape sur le chemin de l'occidentalité (des gens qui faisaient semblant de loin), il aurait dû dire qu'ils étaient « un cran plus avancés ». Mais mon compagnon choisissait toujours soigneusement ses mots. Il voulait bien dire que les Iraniens de l'Iowa étaient un peu plus proches des véritables Occidentaux que les Javad. Et il voulait aussi dire qu'ils étaient *au-dessus* d'eux.

J'ai beaucoup réfléchi à cette conversation et j'ai fini par décider que je ne pouvais pas lui jeter la pierre parce que je pensais exactement la même chose – si nous arrivions à nous comporter comme des

Américains, c'était un triomphe, alors que si un Américain arrivait à se comporter comme un Iranien, il faisait preuve d'une mansuétude extrême. En l'entendant parler, j'avais relâché mon souffle, soulagée encore une fois d'avoir échappé à Ardestan, de ne pas être une campagnarde. J'aurais voulu le frapper pour m'avoir rappelé mes origines modestes. À l'époque, ma douleur était empreinte de beaucoup de haine de moi-même et de honte.

Par la suite, je me ferais la réflexion que cet homme qui entrait et sortait de ma vie était l'exemple type du caméléon. Il voyageait de par le monde, s'intégrant parfaitement dans les villes et les villages, les palais et les cahutes, toujours à sa place. Il pouvait fréquenter des Javad s'il le voulait, en se sachant libre de toute étiquette. Je rêvais de lui ressembler. Mais je n'étais pas née dans ce pays. J'avais transpiré pendant des années sous un hijab obligatoire. J'avais crié dans un porte-voix de la République islamique. J'avais vu des *pasdar* injurier ma mère. Il n'avait rien vécu de cela. Il n'avait pas connu ces premières matinées de réfugié, où tout vous semble étranger et inquiétant, où aucune nourriture ne vous satisfait, où personne ne comprend vraiment vos histoires, où vous n'arrêtez pas de ressasser vos faux pas en société sans mieux arriver à cerner votre erreur. Un jour, il m'avait passé un morceau de rap iranien, enregistré à LA, dont les paroles disaient : « Elle fait la belle devant la *Gashte-Ershad* ». L'image m'avait donné des frissons, et j'avais écouté la chanson en boucle pendant une journée entière.

Une fois où l'un des Iraniens récemment arrivés me raccompagnait chez moi en voiture, je lui ai fait écouter le morceau. Il s'est tendu.

« Les rappeurs américains parlent aussi de leur police, non ? » a-t-il demandé.

J'ai aperçu un bout de papier dans son porte-gobelet, une liste des symptômes de la dysmorphophobie, griffonnés sous l'en-tête d'une clinique locale. Il m'a jeté un coup d'œil nerveux, mais je ne lui ai pas dit que je comprenais sa honte de son corps, son désir de perfection, que cela arrivait à beaucoup de déracinés, exactement de cette façon. J'ai repensé à la psychologue indienne qui m'avait dévisagée avec étonnement : *Qui peut vivre comme ça ?*

« Pourquoi as-tu autant honte de l'Iran ? » ai-je demandé.

Il a serré les doigts sur le volant, de la colère dans le regard. Après cela, je me suis rappelé que l'assimilation était un processus long et lent, à la fois imperceptible et disgracieux, et que même si je n'étais pas aussi immaculée et installée que mes amis nés aux États-Unis, je ne pouvais pas me permettre de me mêler au théâtre de l'exil récent. Participer à la transformation d'un autre est une chose sérieuse ; j'avais pris cela bien trop à la légère. J'ai peu à peu cessé de fréquenter les Iraniens.

Des années plus tard, sur la route grecque qui nous menait d'un camp à un autre, Paul, le cofondateur de Refugee Support, m'a expliqué que l'un des plus grands problèmes de relations humaines que son organisation rencontrait dans les camps venait des bénévoles qui entamaient une liaison avec un réfugié : une travailleuse humanitaire idéaliste tombe amoureuse d'un Iranien ou d'un Syrien qui lui paraît fort, malgré sa situation. Elle se perd dans l'ivresse de l'instant, rêvant peut-être de pouvoir sauver son nouvel amant. Au bout de quelques semaines, quand elle devient son seul espoir de survie, que les traumatismes de l'homme ne cessent de se réveiller et que la logistique dégénère en un imbroglio cauchemardesque, la bénévole se sent étouffée par tant de besoin et elle abandonne son compagnon, affirmant que l'aventure « leur a beaucoup appris à tous les deux ». Il est effondré. Il ne s'agissait pas seulement d'obtenir un passeport, pour lui ; cette femme compétente et insouciante représentait une vie sans entraves psychologiques. Elle représentait la liberté, la possibilité de faire des choix et de trouver sa place.

Mais la bénévole aurait-elle dû garder ses distances ? Avais-je eu raison de m'éloigner de mes amis iraniens de l'Iowa ? Aujourd'hui, tandis que j'essaie de trouver mes marques dans le système de soutien aux réfugiés à Londres, parmi tous ces Anglais désireux d'aider, je m'efforce de démêler ces histoires. Les gens se demandent, que puis-je faire pour eux ? M'impliquer dans leur vie ? Les laisser respirer ? Et j'ai envie de leur dire : soyez patients. Laissez-leur autant de chances qu'il faudra.

Les nouveaux arrivants sont esseulés et prudents. Par ailleurs, les réfugiés arrivent traumatisés. Tous, même les plus joyeux, sont brisés par certains aspects. Ils ne se comporteront pas toujours de façon louable. Beaucoup sont rongés par la honte, un sentiment d'infériorité. Ils ont tendance à adopter le racisme et les hiérarchies de classes qui les desservent le plus. Ils veulent croire que les systèmes sont justes, que leur travail leur permettra de s'attirer les bonnes grâces de l'homme blanc bien placé.

Ils ont besoin d'amitié, pas qu'on les sauve. Ils ont besoin de la dignité de devenir essentiels à la société. Ils ont si longtemps dû recevoir la charité que lorsqu'ils sont confrontés à une autre personne dans le besoin, ils brillent par leur générosité et leur savoir-faire. De temps à autre, ils échoueront, leurs blessures se rouvriront ; ils auront besoin de trop de choses. Il se peut que vous commettiez une bévue et que vous les blessiez. Mieux vaut cela que dresser des barrières infranchissables autour d'eux. Dans la vie, les gens se déçoivent les uns les autres. Ils se trompent. La seule solution pour éviter de blesser les réfugiés consiste à garder nos distances, à les observer depuis notre perchoir de sauveteur. Mais cela les prive de ce dont ils ont le plus grandement besoin : se sentir utiles. Se sentir à leur place.

C'est comme cela, à mon avis, que l'on peut aider les déracinés. C'est ce que chacun doit à l'autre : aimer, intégrer les étrangers. Je ne cesse d'échouer.

Il y a quelques mois, la femme de ménage bulgare de la mère de Sam nous a montré des photos du mariage de sa fille au pays. J'étais assise à la table de la cuisine, en train d'écrire. La mère de Sam faisait décongeler une tarte. Quand les photos sont apparues, elle nous a servi du café et nous nous sommes attroupées autour du téléphone portable pour nous extasier. Sur l'un des clichés, des sœurs et des cousines posaient ensemble, vêtues de robes violettes en mousseline de soie.

« Qui a fait ces belles robes ? » a demandé la mère de Sam.

Elle voulait flatter la femme de ménage, en sous-entendant que sa famille avait eu recours aux services d'une excellente couturière. Je me suis dit, une villageoise de l'Est a l'habitude de faire ses propres vêtements. Elle serait fière d'avoir acheté ces robes dans un grand magasin.

« On dirait qu'elles viennent de chez Selfridges ! » me suis-je exclamée.

La mère de Sam m'a regardée d'un drôle d'air. La femme de ménage l'a regardée d'un drôle d'air, elle. Nous avons bu notre café et sommes retournées à nos occupations. Je ne sais pas laquelle de nous s'était le plus trompée.

Au bout de quelques heures, quand la femme de ménage s'apprêtait à partir, nous avions toutes les deux révisé nos compliments et n'avons pas manqué de faire l'éloge de la beauté et de la jeunesse de sa fille. Elle a ressorti son téléphone pour nous montrer des vidéos de la soirée dansante. Cette fois, nous avions trouvé quelque chose d'universel. *Comment elle danse bien ! Quelle belle silhouette ! Nous lui souhaitons tout le bonheur du monde avec lui.*

Je raconte cette histoire à une thérapeute spécialisée dans le travail avec les réfugiés. Elle éclate de rire.

« Tu t'es donné trop de mal pour dire exactement ce qu'il fallait. Elle a bien compris que tu mentais sur ce qui t'impressionnait. La danse t'a vraiment impressionnée, non ? C'est facile – il suffit de rester soi-même. Et de les laisser être eux-mêmes. C'est tout. »

Je suis reconnaissante envers ces passeurs, ces défricheurs de terrain. Ces gens plein de bonté comme Paul Hutchings, Ahmed Pouri et Shola Mos-Shogbamimu. Ils savent que l'assimilation n'est pas une politique, qu'on peut prôner sur des affiches et mesurer avec des statistiques. C'est une affaire personnelle, entre deux individus, deux familles. Comme lorsqu'une fois marié, on endure en serrant les dents les habitudes de sa belle-famille, du père qui s'installe en tête de table, attendant qu'on le serve, ou de la tante qui passe un doigt distrait sur une assiette sale. L'assimilation, c'est comprendre que quand votre grand-mère plonge une grande cuillère dans sa botte, la tare retombe sur vous.

L'assimilation, c'est se débattre avec une langue, brûlant de honte jusqu'à ce qu'on l'apprenne. C'est savoir non seulement la signification des mots, mais comment les employer, comment poser des questions, comment plaisanter, ce qui vexe les gens. *La façon dont la société nous voit façonne notre personnalité*, dit ma grand-mère.

Mais il y a de l'aide, des vagues de bonté qui s'infiltrent par les fissures du jour. Les gens sont généreux, désireux de se jeter à l'eau avec leurs congénères.

Sam m'a raconté qu'une fois où il se promenait avec un ami, il avait vu un chien sauter dans un tas de crottes laissé par un autre animal et se rouler dedans, extatique. « Il veut se perdre dans l'odeur de l'autre chien », lui avait expliqué son ami. C'est ce que nous voulons tous : nous perdre les uns dans les autres. Pour cela, nous devons assumer notre propre ignominie. Le rapport étroit entre beauté et déchéance ne cessera jamais de m'impressionner.

Comme la plupart des gens, j'ai tendance à reculer devant des manifestations minimes et ordinaires de la faiblesse humaine. Je me dis : « Est-ce trop dur ? Suis-je naïve ? Devrais-je me protéger ? »

Un jour, dans le métro de Londres, un homme en tenue de prière m'a tapoté la main, presque affectueusement. J'avais l'impression d'avoir sollicité ce geste, quelque part.

Une autre fois, dans un autre métro rempli de passagers fatigués, un homme afghan m'a donné un coup violent sur l'arête du nez – il resterait enflé pendant une semaine. J'ai immédiatement pensé au syndrome de Tourette, car je connaissais les compulsions du cerveau. Puis j'ai pensé à mes cheveux, à mon visage. Était-ce le sexisme archaïque du pays ? Ça aussi, c'était un fléau que je connaissais. Le neveu de l'homme a commencé à me demander pardon avant même que celui-ci ait replacé sa main dans sa position modeste initiale, en travers de son aine. Il a touché mon visage, comme s'il partageait ma douleur. Toute la journée, je suis restée obnubilée par cet homme, son étrangeté, la démangeaison dans son cerveau. Je repensais au malaise sur le visage des passagers et au danger qu'il représentait pour ces deux hommes. Quand ils avaient tourné les talons, tous les regards les avaient suivis. Je me rappelais qu'au début de ma vie de réfugiée, je détestais la foule. Elle me donnait envie de disparaître. Nous étions arrivés tant de fois dans de nouveaux logements qui sentaient le moisi – la pension à Dubaï, notre appartement en Oklahoma. L'odeur ne restait qu'une journée, mais l'inquiétude demeurait. S'était-elle vraiment dissipée ? Ou faisait-elle partie de nous, à présent ? Nous la cherchions dans le regard des passants. Nous n'osions pas bouger au milieu d'une foule.

Dans l'espace confiné d'un train, nous sommes tous vulnérables, l'attente exacerbant les sens.

S'assimiler, c'est se rendre agréable aux sens des autres. C'est une soumission, mais aussi un acte fort d'amour, d'unité, de fraternité. C'est une métamorphose complexe et mal comprise. Bien souvent, nous demandons aux réfugiés de se livrer à une imitation ouverte de notre culture, que nous appelons assimilation. C'est du théâtre. En retour, nous essayons de prouver notre bonne foi en manifestant notre engouement pour des portions acceptables de leur culture : les sushis et le curry, le bubble tea et les baklavas. Mais l'assimilation n'est pas comme le tourisme. On ne peut pas s'y essayer un seul jour. Les réfugiés se résignent à un changement en profondeur dès qu'ils foulent leur nouvelle terre, alors que sa forme et ses bruits leur paraissent encore inconcevables. Ils s'engagent à modifier leurs sens, à s'accoutumer à leur nouvelle culture – cela n'arrive que par répétition. Lorsque, dans mon adolescence, je trouvais inutile de m'offrir un seul bon café, n'accordant de valeur qu'aux occurrences régulières, c'était mon instinct d'assimilation qui s'exprimait. Je ne voulais pas tenir le rôle de l'étrangère dans une vie de plus. Je voulais altérer mes sens pour pouvoir m'y fier à nouveau.

Même si l'assimilation ne peut être imposée à grande échelle (et ne devrait pas être présentée comme telle), elle ne peut pas non plus se produire sans aide. Nous avons besoin des autres pour former une communauté – l'immigré ne peut pas se transformer par sa seule force de volonté. Quand ma grand-mère reste assise seule dans un parc, à écrire ses histoires pour un homme indifférent, ce n'est pas de l'assimilation, mais une capitulation. Lettre après lettre, histoire après histoire, elle offre son pouvoir, la richesse de notre famille dispersée et la source de sa division, à un homme blanc qui s'en moque et ne veut pas d'elle. C'est une abjection, une honte.

Une assimilation durable et progressive requiert une certaine réciprocité. Elle est mutuelle, humble et *entrecroisée* avec le multiculturalisme, jamais opposée à celui-ci. Il s'agit de permettre aux nouveaux venus de vous affecter sur votre terre natale, de vous changer, vous. Il s'agit de comprendre que depuis des siècles, les natifs blancs (et, encore plus impudemment, les colonisateurs blancs) ont allégrement choisi quelles habitudes et sensations valaient la peine d'être sauvegardées chez les autres. On a accordé au goût occidental une attention et une importance aussi phénoménales qu'imméritées. Ce qu'il trouve indigeste, ce qui ne parvient pas à éveiller sa curiosité, se perd souvent.

Et pourtant les réfugiés, comme la plupart des étrangers, ne participeront pas à leur propre mise en valeur. Nous avons le réflexe de nous aseptiser, de cacher nos dilemmes moraux pour satisfaire les puissants. Dans un essai de 1963, *Écrire sur les Juifs*, Philip Roth répondait à des lecteurs juifs qui affirmaient que ses personnages truculents alimentaient l'antisémitisme. Publiez en Israël, lui suggéraient-ils, que ces choses restent entre nous. « En faisant cela, on ne combat pas l'antisémitisme, on s'y soumet, rétorquait Roth. Toute la tolérance de la persécution qui s'est insinuée dans le caractère juif – la flexibilité, la patience, la résignation, le silence, l'abnégation –, doit être expurgée. » Il fallait combattre la haine, mais « pas en faisant bonne figure… pas en prétendant que les existences des Juifs nécessitent et méritent moins d'attention honnête que les vies de leurs voisins ; pas en rendant les Juifs invisibles ». Publier en Israël, c'était laisser entendre « qu'il n'y a rien dans nos vies que nous ayons besoin de partager avec les Gentils, sauf quand il s'agit de montrer comme nous nous débrouillons bien. En dehors de cela, rien ne les concerne. Nous ne sommes importants pour personne d'autre que nous-mêmes ».

Notre honte a contribué à créer un monde cynique et anesthésié, dans lequel le privilège d'être un humain à part entière revient aux blancs, aux chrétiens et aux natifs. Les initiés ne remettent jamais en question leurs instincts les plus élémentaires ; ils se contentent d'exister, composante inévitable de l'air que les autres respirent. Le reste d'entre nous doit marcher sur des œufs et se contorsionner pour leur faire bonne impression, filtrant chaque odeur et chaque son à travers une seconde peau. C'est un réflexe profondément enraciné, mais les personnes en position de pouvoir peuvent aider à l'extirper.

La curiosité est un correctif puissant. Elle ramène les gens à leur état naturel, si brièvement que ce soit. Et pour être curieux, nul besoin d'expertise. L'intérêt suffit. Si vous aimez une personne, une famille, vous ne voulez pas qu'ils deviennent comme vous. Vous voulez qu'ils soient eux-mêmes. Vous voulez connaître leurs tics et leurs travers, le pays qu'ils ont quitté et toutes ses étranges saveurs, leurs chansons d'enfance, leurs mauvaises habitudes, la musique de toutes leurs fêtes.

Quand j'étais adolescente, j'ai participé à une retraite spirituelle intitulée Chrysalide (attirée par le fait qu'on la présentait comme une « transformation »), pendant laquelle les organisateurs avaient préparé un certain nombre de surprises. Ils avaient notamment demandé aux amis, aux professeurs et à la famille de chaque participante d'écrire des lettres encourageantes, qu'on leur remettrait le dernier après-midi. C'était une tradition du séminaire, destinée à susciter l'émotion. Quand je suis entrée dans la pièce où des sacs en papier blanc remplis de lettres nous attendaient, un pasteur m'a interpellée :

« On m'a dit que tu avais reçu une lettre très spéciale. D'Ispahan, je crois ?

— Quoi ? me suis-je exclamée. C'est vrai ? »

Je me suis précipitée dans la pièce. Cette toute petite organisation de quartier avait-elle réussi à obtenir une lettre de mon Baba ? Je me suis assise à côté des autres filles pour ouvrir mon sac en papier. J'ai passé les lettres en revue, doigts tremblants, chacune m'emplissant de fierté et de joie – on m'aimait. Jetant un coup d'œil derrière moi, j'ai vu que le pasteur m'observait depuis un banc. Son sourire ravi avait disparu. Il se balançait, les bras autour des genoux, mains serrées. Une femme chuchotait à son oreille.

Je suis retournée à mes lettres. Un peu plus tard, j'ai jeté un nouveau coup d'œil aux adultes. Ils me regardaient encore. Finalement, la femme s'est levée et s'est approchée de mon banc.

« Ma petite, a-t-elle chuchoté. Je crois qu'il faut que je te prévienne avant que tu arrives au bout de la pile… Le pasteur a fait une terrible erreur. Nous n'avons pas pu récupérer cette lettre. Je suis vraiment désolée. »

Je regrette de ne pas avoir pu retenir mes larmes ; le pasteur les a mal interprétées. Il a couru vers moi pour s'excuser. J'étais trop jeune et je ne m'exprimais pas assez bien pour expliquer que ça ne faisait rien. Certes, j'aurais aimé recevoir cette lettre, mais Baba m'avait déjà déçue, et j'en recevrais d'autres. J'avais été émue par l'image du pasteur qui se tordait les mains sur son banc. Après des années de réajustements quotidiens – les personnes et les lieux auxquels j'étais rattachée changeaient du jour au lendemain –, je savais que j'arriverais un jour à gagner ma place en Amérique, mais je n'avais jamais imaginé que je pourrais entrer en ligne de compte dans les émotions d'un adulte américain. Je n'avais pas ce genre de pouvoir. Était-ce vraiment à cause de moi qu'il se balançait sur son banc ? Aujourd'hui encore, je me souviens à quel point ce problème importait au pasteur, à quel point l'idée d'avoir pu me blesser l'affectait. Et à quel point cela avait impressionné l'adolescente mal assurée que j'étais, me donnant une plus haute opinion de moi-même. Cette personne ne faisait pas semblant d'apprécier ma présence. Quelle chose incroyable, d'être aimée par un étranger, d'avoir un frère étranger qui puisse se mêler de ma vie.

Nous nous adaptons constamment les uns aux autres, tous autant que nous sommes, parce que nous voulons aimer et être aimés. Nous trouvons le salut et des affinités dans le superficiel, ces petits riens qui contiennent notre joie partagée – les mariées qui dansent, les lettres d'un père, une première bouchée de kale. Ces instants insignifiants nous remodèlent à l'image des autres. On rend service à un immigré qui trime et s'apprête à succomber quand on s'aperçoit qu'il agite le drapeau blanc et qu'on le dispense de l'obligation de continuer. Cet immigré fait étalage de sa conversion et de sa gratitude parce qu'il veut que ses voisins lui fassent confiance, sachent qu'il est capable de s'adapter. Il finira par changer, mais cela prendra des années – et à ce moment-là, ses voisins aussi paraîtront transformés. Le temps adoucit les contours de tout le monde. Même si j'imagine que pour que nos aspérités s'émoussent, il faut d'abord que nous nous laissions toucher.

Une fois, dans un restaurant mexicain à Iowa City, j'ai vu deux Iraniens fraîchement débarqués qui fixaient un bol de guacamole, comme s'ils attendaient que la pâte verte décline son identité. « Qu'est-ce que c'est ? » a demandé le premier. L'autre, un médecin, a répondu d'un ton parfaitement sincère : « N'y touche pas. Ça a un goût de crème Nivea. » Son ami a éclaté de rire et ils ont attaqué le bol – comme ils en avaient eu l'intention dès le départ. Ils avaient souffert pour obtenir une place dans ce nouveau pays. Chaque goût et chaque parfum les faisaient frissonner de curiosité et ils ne pouvaient pas se fier à leurs sens pour savoir ce qui était bon ou pas. J'ai pensé : l'assimilation, c'est exactement ça, sur plusieurs années. On mange de la crème Nivea encore et encore, pas parce qu'elle finira par changer, mais parce qu'on sait qu'un jour, notre langue le fera.

CINQUIÈME PARTIE

RAPATRIEMENT CULTUREL

(de l'appropriation, de la gratitude et du retour au pays)

En 2009, mon petit frère Daniel et moi voyagions ensemble au Texas. Dans la file pour la sécurité, un agent nous a fait signe d'avancer, avant de sélectionner la vieille femme derrière nous pour un contrôle aléatoire. J'ai poussé un soupir de soulagement, étant donné que la mention « né à Téhéran » sur notre passeport américain nous valait toujours une fouille par palpation, au minimum. Avant de franchir le portique, Daniel s'est adressé à l'agent d'un ton farceur, à l'américaine :

« Je ne suis pas certain que ce vol soit très sûr. »

L'homme a levé les yeux. J'ai pensé, *Mais qu'est-ce qui se passe ?* On parlait du Daniel qui, étant petit, avait regardé les agents de sécurité de l'aéroport éventrer son mouton en peluche, la personne dont le visage basané et le prénom imprononçable, encore inscrit sur son passeport, éveillaient régulièrement la méfiance des douaniers. Qu'est-ce qui lui prenait, d'attirer l'attention d'un agent blanc ? En avait-il assez de la liberté ?

« C'est elle que vous fouillez ? a-t-il ajouté avec un sourire. Les contrôles aléatoires ne sont pas réservés à des gens comme moi ? »

J'ai émis un grognement amusé, même si j'étais terrifiée. L'agent a ri et nous a fait signe de passer. Nous sommes montés dans l'avion sans problème mais pendant dix bonnes minutes, j'ai eu envie de décrocher le masque à oxygène et de m'accroupir dans un coin en prenant de grandes goulées d'air frais. Les hommes basanés ne plaisantent jamais avec la police. Daniel le savait.

Ce souvenir m'a taraudée des années. Cela m'attristait, de savoir que toutes les journées de mon frère se déroulaient en partie dans un univers où des hommes blancs menaçaient de l'agresser, où on évaluait sa conformité ou son altérité à chacun de ses gestes, un monde auquel je n'aurais jamais accès. C'était rageant, qu'il ait eu besoin d'évoquer tout haut les convictions de l'agent, de le faire rire. De dire : « Hé, je suis peut-être bronzé et étranger, mais je te comprends. Je ne suis pas effrayant. J'aime Dieu, l'Amérique et la tarte à la citrouille. » L'homme l'avait peut-être regardé de travers, l'incitant à afficher son accent américain. Quoi qu'il en soit, je ne pense pas qu'il referait cette plaisanterie aujourd'hui. Il était jeune et idéaliste et même si le 11-Septembre avait déjà eu lieu, le passage de la sécurité à l'aéroport n'était pas aussi tendu pour les Iraniens qu'il l'est dans l'Amérique de Trump.

Daniel est un bon immigré – travailleur, talentueux et reconnaissant, le genre d'immigré qui rend l'Amérique meilleure. Il remercie son nouveau pays à chaque action. Et c'est vrai, les États-Unis, l'Angleterre, les Pays-Bas et l'Allemagne seraient de bien meilleurs endroits si tous les immigrés lui ressemblaient. Je me demande cependant combien préfèrent garder leurs réflexions pour eux, par crainte de paraître indociles à l'homme blanc médiocre qui vérifie leurs papiers.

Il y a quelques années, mon frère m'a dit qu'il ne pouvait pas me faire confiance. Je crois qu'il a été le premier à me comparer à un caméléon. Il m'a dit que je possédais la capacité effrayante de choisir la personne que je voulais être, puis de me transformer en cette personne si parfaitement que cela donnait un effet global sinistre. Et si mes obsessions, mes compulsions et mes tics étaient attendrissants quand j'étais petite, ils ne sont plus si plaisants, mis au service des objectifs d'une adulte intelligente.

« Est-ce que ça t'arrive de faire des choix qui vont à l'encontre de tes désirs ? » m'a-t-il demandé.

Il a raison. À chaque fois que nous avons été déracinés, nous avons eu l'occasion de nous réinventer. Je l'ai toujours saisie. Ai-je eu tort ?

Je ne pense pas que Daniel veuille que je sois chrétienne, ou que je reste la même personne d'une année sur l'autre, sans jamais changer ni m'adapter. Il a lu Emerson aussi : « La cohérence imbécile est le spectre des petits esprits. » Je ne pense même pas qu'il voie une objection à ce que je base mes choix éthiques sur mes propres désirs (ce qui est faux). Mais je pense qu'il sait d'instinct que ma peau plus claire, mon éventail de couleurs de cheveux et mon nez sculpté m'ont donné accès aux privilèges des blancs. Me traiter de caméléon n'est pas juste une image, pour lui. C'est une accusation, car tout le monde n'a pas la possibilité d'aller et venir à sa guise.

À notre arrivée en Amérique, il ne m'en voulait pas – le mur qui nous empêchait tous les deux de pénétrer dans les plus belles pièces était fissuré ; j'avais trouvé un moyen de jeter un coup d'œil de l'autre côté, mais je restais une simple gamine iranienne au teint un peu plus clair que celui de son frère, une gamine victime de moqueries, ostracisée, à qui on faisait sentir qu'elle ne valait rien. Daniel, lui, comme le fils de Minoo, avait trouvé une certaine forme d'accueil grâce au football américain. Nous avions nos problèmes, mais nous étions encore dans le même camp.

Et plus tard, quand j'avais intégré l'université et entamé ma métamorphose, celle-ci avait eu le charme de la nouveauté. Nous nous moquions des manières très bon chic bon genre de Philip. De temps en temps, si j'entendais quelqu'un parler de l'Oklahoma dans un café, je m'exclamais : « Oh, je suis de là-bas ! », et toute la conversation se poursuivait sans que personne me demande : « Oui, mais tu viens d'où, à la base ? », ou : « Tu vivais où avant ? » (Au Mexique, supposait-on.) Mais qu'une fois devenue adulte, je sois capable de passer d'un monde à l'autre, de choisir sans états d'âme un nouveau visage chaque jour, de tirer le meilleur parti possible des deux identités : Iranienne pour les candidatures à l'université, les essais et les fêtes de Norouz, femme blanche inoffensive dans les aéroports, les files d'attente de taxi et sur les sites de rencontre… Cette seule idée le consterne.

Cela me consterne également, non seulement que je puisse bien trop souvent goûter aux privilèges des blancs, mais aussi que Daniel n'y ait pas accès, et que ces privilèges existent tout court. Je ne peux pas changer l'instinct naturel qui me pousse à me protéger et protéger ma famille, ou à vivre ma vie et raconter mes histoires, peu importe ce qu'elles révèlent du monde. Je suis humaine, et égoïste. Je n'ai pas honte de montrer mon visage iranien dans mes écrits ou dans ma vie privée, de me rappeler tout haut la vie que je menais autrefois, ce que j'ai perdu et comment j'ai été transformée. La honte arrive plus tard, quand on me fait signe de monter dans un taxi alors qu'une personne à la peau plus foncée attend de l'autre côté de la rue. Il m'a fallu des dizaines d'années pour comprendre que la société occidentale, l'institution que j'aspirais à intégrer, est gravement dysfonctionnelle, et que je profite de ses failles d'une façon qui ne m'était pas donnée quand j'étais enfant, et qui n'est toujours pas donnée à mon frère.

Mais je peux essayer de la réparer. J'aimerais la réparer.

Même si nous discutons souvent de ce va-et-vient entre les cultures, mes amis immigrés et moi ne parlons pas beaucoup d'un retour physique. Les rares fois où nous avons évoqué le sujet, la conversation a tourné à la dispute – à propos de qui peut rentrer, qui *devrait* rentrer, et qui est le plus iranien. La première question est délicate, évidemment. Les réfugiés parmi nous ne se risqueraient jamais à rentrer. Les communistes, les apostats et tous ceux qui ont fait de la prison préfèrent rester à l'abri que retrouver leurs souvenirs. Quant à ceux qui peuvent retourner au pays, ils font face à des dilemmes culturels et économiques. Soyons honnête : la plupart s'y rendent avec des portefeuilles bourrés d'épais billets occidentaux ; ils mangent, boivent, skient, nagent et font du tourisme. Ils essaient en vain de retrouver le goût du pays et repartent déçus, laissant leurs compatriotes, ceux qui ont pris soin d'eux, qui ont cuisiné et fait le ménage pour eux, plus malheureux et désireux de vivre à l'étranger.

Les Iraniens qui peuvent rentrer aisément sont ceux qui ont quitté le pays avant ou pendant la révolution. J'avoue que cela me met en colère, de les entendre décrire les épreuves qu'ils ont traversées, s'ils sont partis avant 1979 et ont pu emporter leurs économies, ou s'ils sont partis avant l'âge de quatre ans et ont commencé l'école en Occident. Ça compte pour moi, si vous avez vécu au milieu des cafards pendant votre fuite. Ça compte, si votre école était faite de voiles gris imbibés de sueur et de tchadors noirs claquant au vent, de dictées hurlées et de fresques peuplées de poings ensanglantés. Ça compte, si vous avez dû scander *Mort à l'Amérique*.

Je suis possessive, je sais. L'Histoire appartient à tout le monde. Je protège jalousement mon récit pour la raison précise que je ne peux pas rentrer. Il ne me reste plus qu'une série de scènes et les nombreux détails orphelins gravés dans ma mémoire. Les histoires sont la monnaie d'échange de ma famille. Mes récits irritent ma mère en partie parce qu'elle me voit comme je vois ces bébés réfugiés, arrivés à l'âge d'un ou deux ans. Elle a décroché son doctorat en Iran, un diplôme qui ne valait plus rien dans son nouveau pays. Elle a passé sa vie d'adulte à ne pas comprendre les plaisanteries, à avoir l'impression qu'on se moquait d'elle, à lutter pour retenir des mots. Alors il n'est pas question que j'aille me plaindre de l'exil auprès d'elle.

Ma mère dirait qu'il est inutile de penser à un retour – ce serait idiot, du gâchis, et profondément ingrat. Et le fait d'y réfléchir de manière hypothétique ne change rien à ce à quoi on devrait consacrer son temps. Il faut continuer à vivre. C'est ce qu'elle m'a appris à l'hôtel Barba. On ne peut pas sombrer dans l'attente. Il faut trouver du travail, un petit engrenage à mettre en branle – il faut déclencher quelque chose, peu importe quoi.

« Tu es une fille iranienne, me dit ma mère à chaque fois que la vie m'inflige un coup dur. Une réfugiée qui aurait dû grandir piégée sous un voile, à fuir les bombes, mais qui à la place, a passé sa vie à lire de bons livres dans les meilleures universités des autres. On ne pleurniche pas devant l'adversité. On s'adapte ! » Ce genre de raisonnement est la norme, chez les mères réfugiées. Elles s'attendent à ce que leurs enfants s'adaptent rapidement et apportent tout ce qu'ils peuvent aux communautés *des autres*. Même si rien ne leur appartient ils sont libres, et endurcis par le déracinement. Pourquoi ne devraient-ils pas passer leur vie à démontrer à leur mère les miracles qu'ils peuvent accomplir ?

Dans son essai de 1988, *Écrire notre véritable nom*, Chinua Achebe évoque l'écrivain afro-américain James Baldwin, qui, dans son enfance et son adolescence torturées, méprisait l'Afrique pour son « manque d'accomplissements » et s'estimait inférieur aux paysans suisses dont les ancêtres étaient apparentés de loin à des figures telles que Dante, Shakespeare et Rembrandt. Leur glorieux héritage leur donnerait toujours l'avantage et les jeunes instincts de Baldwin le poussaient à blâmer ses propres ancêtres, qui n'avaient pas su se montrer à la hauteur – bien qu'il ait été privé de leurs histoires par cette même éducation occidentale qu'il révérait tant.

Achebe rejette l'idée que les accomplissements puissent servir à mesurer de quelque manière que ce soit notre devoir envers nos congénères. Dans le débat sur la crise des réfugiés, des gens cultivés continuent à avancer l'argument barbare que les pays d'accueil auraient avantage à ouvrir leurs portes. Il est temps d'oublier cet argument colonialiste démodé ; les migrants ne tirent pas leur valeur de ce qu'ils apportent aux Occidentaux, et les gens civilisés ne réclament pas de CV à ceux qui ont un pied dans la tombe. En 1988, Achebe déclarait : « Il ne me semble pas nécessaire qu'un peuple prouve à un autre qu'il a construit des cathédrales ou des pyramides, avant d'avoir droit à la paix et la sécurité. Partant de là, il n'est pas nécessaire que le peuple noir s'invente un passé glorieux afin de justifier son existence et sa dignité humaines aujourd'hui. Ce qu'il doit faire, c'est recouvrer ce qui lui appartient – son histoire – pour la raconter lui-même. »

Achebe évoque sa rencontre avec James Baldwin à une conférence, en 1983. Il se rappelle que l'écrivain s'était adressé à lui en ces termes : « Mon frère, que j'ai rencontré hier – que je n'ai pas vu depuis quatre cents ans ; il n'était pas prévu que nous nous retrouvions. » Achebe est frappé par ce terme, *prévu*, qui fait écho à un avertissement donné par Baldwin à son neveu : « On avait prévu que tu meures dans le ghetto. » D'après Achebe, ce mot contient la prise de conscience que les conquérants blancs ont intérêt à séparer les deux frères, à faire disparaître leur héritage de l'histoire, à semer l'amertume dans les cœurs des Afro-Américains en propageant l'idée que les Africains ont accompli peu de choses avant l'arrivée des Européens. J'ajouterais que cette idée justifie le fait que l'Occident s'arroge le talent et les accomplissements actuels des Afro-Américains et prive l'Afrique du travail exemplaire de ses descendants. S'assurer que l'Africain et l'Afro-Américain restent séparés, inciter l'un à mépriser l'autre (« Ils sont juste un cran au-dessus des Javad »), leur permet de continuer à s'approprier les personnes de couleur, en annexant leurs meilleures productions, présentées comme une conséquence de l'éducation et de la créativité occidentales.

Il y a peu, dans un monologue adressé à son public, le présentateur Trevor Noah a lu une lettre furieuse envoyée par l'ambassadeur français en réponse à sa plaisanterie : « l'Afrique a gagné la Coupe du monde ». La lettre accusait Noah de nier le caractère français des joueurs et soulignait à plusieurs reprises que ces joueurs, leur formation et leur éducation dépendaient de la France. « Pourquoi ne peuvent-ils pas être deux choses à la fois ? demandait Noah. Pour être français, il faut qu'ils effacent tout ce qui est africain en eux ? Pourquoi ? »

Parce que s'ils tournaient leur attention vers leur pays d'origine, ils cesseraient d'être redevables à la France, n'appartiendraient plus à l'Occident. En 2017, après la publication de mon essai pour le *Guardian*, parlant de la façon dont on attend que les réfugiés se comportent vis-à-vis de leurs compatriotes d'adoption, un lecteur m'a écrit pour me rappeler que ce ne sont pas toujours les natifs qui réclament des manifestations de gratitude aux nouveaux venus. Dans les ex-colonies, c'est le natif à la peau sombre qui doit encore se prosterner et remercier les enfants de ses anciens colonisateurs. Un autre lecteur, un homme d'environ soixante-dix ans, m'a écrit que malgré une vie de déracinements et de bouleversements majeurs, il ne s'était jamais senti coupé de son identité. Il avait découvert qu'il pouvait être partout chez lui. Bien qu'exilé, il ne s'était jamais considéré comme tel, mais comme un voyageur aux racines parfaitement intactes. Est-ce une surprise si son exil avait eu lieu de l'Occident vers l'Orient ?

Il s'agit bel et bien d'une question de domination raciale. Si la peau blanche doit être associée à l'éducation, la culture, la création des grandes cités, les gens de couleur les plus brillants ne peuvent pas s'intéresser à leur pays d'origine. Ils doivent appartenir à la culture blanche.

Dans son monologue, Noah remarquait que l'État français venait de naturaliser un Africain qui avait sauvé un bébé. Tout à coup, l'homme appartenait à la France. S'il avait commis un crime, il serait resté africain, évidemment. « La première chose que doivent faire les Africains et leurs cousins, les Afro-Américains, affirme Achebe, est de déjouer ce projet évoqué par Baldwin. Ils doivent travailler main dans la main pour mettre au jour leur histoire, dont la vérité a été enfouie si profondément sous la malveillance et les préjugés que nous aurons besoin de toute une armée d'archéologues pour l'exhumer. Nous devons être cette armée, des deux côtés de l'Atlantique. »

L'Occident nourrit peut-être le même projet pour moi – je suis un investissement. Ce serait bien dommage, s'il ne s'avérait pas payant. Mais même si je nageais à contre-courant des intentions occidentales et me rapprochais de mon pays natal d'une façon ou d'une autre, l'Iran voudrait-il de moi ? Je parle comme une étrangère. Je me comporte comme une étrangère. Aucun lieu d'origine ne reste jamais le même, pas seulement celui des réfugiés. Quand on y retourne, on découvre qu'on a mûri, et notre pays aussi. Notre chez-nous a disparu ; il ne vit que dans notre esprit. Le temps nous exile tous de notre enfance.

Un jour où je broyais du noir, un ami m'a cité ces paroles du regretté Jim Harrison, faisant écho à un avertissement de Rilke : *Prends garde, ô voyageur, la route aussi marche.*

Arrivée à l'âge de trente ans, j'avais donné à la petite réfugiée affamée tout ce qu'elle désirait. Sans objectifs, je me sentais vidée, privée d'identité. J'ai lentement comblé ce creux avec des choses iraniennes, tout ce que j'avais dédaigné ou mis de côté dans mes efforts pour devenir américaine. Ayant désormais fermement établi mon identité occidentale empruntée, je pouvais me permettre d'y ajouter quelques fioritures iraniennes. Je cuisinais sans relâche, essayant toutes les recettes que je connaissais. J'invitais des dizaines de personnes à partager ces festins. J'ai découvert la musique persane de nombreuses époques, l'art, les films, la poésie. Bientôt, je me suis replongée dans mon ancienne vie, cherchant des photos et des vidéos, m'efforçant de retrouver mes souvenirs. Forcément, tout cela m'a conduite à écrire sur mon pays.

Pour mes parents, c'était une trahison. Aux yeux de tant d'Iraniens qui en sont partis à l'âge adulte, la décennie que j'ai passée à me débarrasser de mon ancienne peau me prive du droit d'idéaliser l'Iran. La mémoire est une chose délicate, et ma mère préfère la sienne. Et pourtant le passé, si éloigné qu'il soit, est le domaine des écrivains ; écrire me permet de vivre dans un passé inchangé. Dans mes souvenirs, mon pays est exactement le même, sans un plat ou un livre qui manque. Il est toujours là, même si le fait de le revisiter pourrait être considéré comme un tic, un trouble de l'esprit. C'est peut-être une maladie d'écrivain, de choisir de vivre dans les limbes pour toujours. Les réfugiés peuvent les quitter, à force de temps et d'efforts. Ma grand-mère et moi partageons peut-être cette maladie parce que nous sommes toutes les deux écrivaines. Où que ses courriers et ses poèmes aient échoué, si indifférent qu'ait été leur destinataire, ils ont été écrits. Ils ont existé.

Ma grand-mère ne veut plus entendre parler du pays. Elle n'y retournera jamais. Elle est anglaise, maintenant. Pourtant, ses lettres débordent d'Iran. Elle couche son désir d'un retour sur chaque page, sans peut-être en avoir conscience. Mais l'idée d'être réunie avec son « autre moi », la personne qu'elle aurait été si elle était restée en Iran, lui paraîtrait impensable, une menace existentielle. J'imagine que si elle entendait Baldwin regretter qu'on l'ait privé de contact avec son frère africain, elle dirait que tout le monde a intérêt à garder ses distances.

J'ai passé beaucoup de temps à imaginer qui je serais, au pays. Que ce serait-il passé si je n'étais pas montée dans cet avion ? Si je tenais vraiment à le savoir, je pourrais : j'ai une demi-sœur qui a seize ans maintenant, et qui a été élevée en Iran.

Un jour à la fin de l'été, Baba me téléphone.

« Dina *joon*, dit-il, je veux que tu fasses quelque chose pour ta sœur. »

Mes défenses se dressent, et je me lève pour arpenter la pièce.

« De quoi a-t-elle besoin ?

— Elle veut aller à l'université en Angleterre. Elle est intelligente, et elle n'a pas d'avenir ici.

— Que veux-tu que je fasse ? Et comment ça, pas d'avenir ? »

Baba me dit que ma demi-sœur connaît une fille qui a obtenu un visa pour un voyage scolaire et qui, pendant une escale à Amsterdam, a déchiré son passeport et s'est présentée aux autorités en tant que mineure non accompagnée. Il me dit qu'elle apprend l'anglais maintenant, qu'elle va à l'école, qu'elle est heureuse. Il est convaincu que si sa fille adopte la même stratégie, devenant réfugiée avant ses dix-huit ans, le gouvernement prendra soin d'elle, s'occupera de sa santé et de sa protection. N'est-ce pas ce que nous avons fait trente ans plus tôt, après tout ? Prendre la fuite avec un visa touristique ?

« Il faut que tu aides ta sœur, déclare-t-il.

— Mais tu es fou ? Comment veux-tu que je me porte garante pour son visa, maintenant que je sais ce que tu mijotes ? » Je crie ; mon téléphone est déjà moite de sueur. « Tu as complètement perdu la tête ! Tu sais ce qui arrive aux gens qui tentent ce genre de combine ? »

Ma réaction ne semble pas le surprendre.

« Son amie…

— Si elle n'a pas de passeport, ils décideront de son âge eux-mêmes. Elle pourrait finir à la rue. Les bureaucrates n'en ont rien à faire ! Ils sont payés pour créer des labyrinthes qui broient l'âme des gens ! »

Je fais les cent pas, je crie, j'agite les mains. Sam jette un coup d'œil dans la pièce, m'observe. Il sait que je suis au téléphone avec l'Iran.

« D'accord, mais on a de la famille qui pourrait… »

La voix de Baba faiblit. Il se rend peut-être compte de l'absurdité de son projet. Je devine qu'elle le harcèle depuis des semaines, des mois. Il était peut-être réticent, au début. Il l'est peut-être encore. Mais qui peut dire non à une enfant qui supplie ?

« Baba, ça ne t'est pas venu à l'idée que si elle voulait vraiment aller à l'université ici, elle n'avait qu'à postuler ? »

J'ai déjà ouvert sur mon ordinateur les pages dédiées aux procédures d'admission de plusieurs universités britanniques, cherchant les rubriques concernant les candidats étrangers. J'en trouve plusieurs, dont une spécifiquement adressée aux Iraniens.

« Oui, mais elle ne parle pas assez bien anglais, dit-il. Elle ne serait pas prise. »

Je suis furieuse, maintenant, parce que je me rappelle encore très bien notre conversation d'il y a une dizaine d'années. J'y ai repensé régulièrement au fil du temps, surtout après être devenue mère : ma demi-sœur avait-elle appris l'anglais ?

« Je t'avais dit de l'inscrire à des cours, non ?

— C'est vrai, mais ce qui est fait est fait. Elle est intelligente. Elle a des vingt partout, comme toi. Est-ce qu'elle ne devrait pas avoir les mêmes opportunités que toi ? »

À présent, je repense à Katsikas, et au silence de Naser quand sa mère m'avait demandé de l'emmener, de le laisser dans un camp. Comment Baba peut-il être si naïf ? Comment peut-il ne pas comprendre que l'Iran est un bon endroit pour une musulmane avec une famille, de l'argent et un village paisible où s'évader le vendredi ? Les réfugiés s'enfuient parce qu'ils sont en danger de mort. Même ceux que nous appelons les « migrants économiques », ces soi-disant opportunistes, fuient une vie cruelle, misérable. Cette fille est peut-être ma propre sœur, mais elle devra me prouver sa détermination. Parce qu'aucun natif ne juge plus durement ceux qui dérogent aux règles qu'un ancien réfugié.

« Si elle y tient tellement, je l'aiderai à réussir ses examens, à préparer son dossier de candidature et à venir en Angleterre en suivant la procédure normale. La crise des réfugiés ne concerne pas les enfants gâtés de dentistes iraniens, Baba *joon*. Aujourd'hui encore, j'ai l'impression d'avoir pris la place de quelqu'un, et Maman a failli mourir, tu te rappelles ? Il y a de la place pour les filles comme elle à l'université, si elles sont prêtes à travailler. »

Je me suis postée près d'une plante dans le salon, dont j'arrache les feuilles. Sam me fait signe d'arrêter. Je m'éloigne.

« Tu sais ce que je dirais, à sa place ? Je dirais : "Chouette, il me reste un an pour améliorer mon anglais et décrocher une place à l'université." Si cette solution ne lui plaît pas, c'est que les études ne sont pas sa vraie priorité. Tu crois qu'elle n'arriverait pas à être admise dans l'université anglaise la plus médiocre, si elle essayait ? Parce qu'elles ont toutes beaucoup d'argent et que la barre est placée très bas, niveau scolaire, Baba *joon*. C'est largement plus facile que le Konkour. Et qu'il s'agisse de ma sœur ou pas, il est hors de question que je te laisse changer cette fille en réfugiée. Tu sais ce qui se passera ? L'Angleterre, ce n'est pas seulement la liberté, les fêtes et les hijabs jetés au vent. On lui dira qu'elle ment, qu'elle a vingt ans, et elle finira dans la rue ou violée dans un camp. C'est ça que tu veux ? »

Baba se tait. Je suis à bout de souffle.

« Tu veux que je t'envoie les liens pour les universités ? Ou je peux lui expliquer comment réviser ses examens et se préparer pour l'année prochaine. Je m'y connais, en candidature à l'université. Je peux corriger ses dissertations...

— Elle n'aura pas besoin que tu fasses grand-chose, une fois qu'elle aura demandé l'asile. Tu n'aurais qu'à t'en porter garante jusqu'à ce qu'elle soit installée à l'école... Tu travailles bien pour aider les réfugiés, non ? »

Sam m'apporte un verre d'eau. Je l'avale d'un trait, bruyamment.

« Je ne te laisserai pas la réduire au statut de mineure non accompagnée alors qu'elle a une famille, une maison, qu'elle mange à sa faim et a reçu une bonne éducation. Dis-lui de travailler à l'école. Si elle veut postuler à des programmes d'études anglais, je suis là. Les universités sont là. Baba *joon*, ce n'est pas une pauvre villageoise défavorisée. Dis-lui de travailler. Les autres réfugiés rêvent d'avoir accès aux livres et à une bonne éducation. » Le souvenir des élèves de Shola m'enhardit. « C'est tout ce qui compte, l'éducation. Et l'anglais est essentiel. Paie-lui des cours. Force-la à y aller. Ensuite, elle pourra peut-être venir chez moi pour visiter des universités. »

Pendant deux heures, j'arpente mon appartement. Sont-ils tous devenus fous ? Suis-je devenue folle ? Suis-je une hypocrite ? Suis-je en train de jauger ma demi-sœur, une étrangère mais aussi une autre moi, avec la même méfiance ordinaire qui affecte l'image que ma mère et ma grand-mère se font des nouveaux arrivants ? Pourquoi ses intentions me mettent-elles en colère ? Ce n'est pas seulement que je souhaite qu'elle travaille dur, ou lui épargner la torture d'une vie de migrante clandestine. Je lui en veux parce qu'elle s'est mal renseignée et que son plan ne tient pas debout. Parce qu'elle a une bonne vie et des ressources dont beaucoup de migrants manquent. Elle a la seule chose que je n'ai pas eue : Baba. Et elle a les vergers d'Ardestan et les mains teintes au henné de Maman Masi. Elle est née dans une famille relativement moderne et quand l'heure sera venue, elle épousera (ou pourra épouser) un homme qui souhaitera qu'elle ait un doctorat et un travail. Elle étudie les maths, la science et la grande littérature iranienne. Elle est aimée et bien nourrie. Petit à petit, les femmes iraniennes qui l'entourent, les avocates, les militantes, les écrivaines, les artistes et les médecins du pays, affirment leur identité. Elles rejettent l'obligation du hijab et réclament une place dans la société. Ma demi-sœur pourra se joindre à elles – ou elle pourra faire ses études tranquillement et prendre le chemin de l'Occident. Qu'elle veuille quitter son cocon pour se précipiter en Angleterre, en prenant le pas sur les dissidents torturés et les enfants affamés, sur les mères qui se cramponnent à leurs bébés dans des bateaux, sur Farzaneh et Majid, sur Taraa, Valid et Naser, qui me hante toujours, sur Darius, qui ne mettra probablement jamais les pieds en Angleterre ni aux États-Unis, c'est ça qui me rend furieuse.

Je suis peut-être hypocrite. Je suis partisane d'un monde sans frontières, mais l'Europe n'est pas un paradis. L'idée que le reste du monde est dénué de beauté ou de joie, que toute la planète cherche à enfoncer la porte de l'Europe, est absurde. Pour beaucoup, vivre en Occident serait indubitablement plus dur – ma mère a perdu son diplôme et travaillé dans des usines ; si elle avait été en sécurité en Iran, elle ne serait jamais partie. Je sais pertinemment que sans université pour l'accueillir, ma sœur dépérirait ici. On ne reçoit pas les mineurs non accompagnés à bras ouverts dans ce pays. On les interroge, on les soupçonne. Ceux qui n'ont pas de famille ni d'amis sont réduits à dormir sur un banc dans un parc. Ils souffrent, alors qu'ils sont si jeunes. Tous les soirs, ils s'endorment en imaginant le doux giron de leur mère, son odeur singulière. Ils ont froid et faim. Ils ne savourent pas la liberté ; ils veulent leur famille.

Et c'est vrai, je suis égoïste. Je ne veux pas repartir en arrière. Je ne veux pas être témoin une fois de plus de la laideur de l'assimilation. Je ne veux pas voir une parente avoir honte, cacher des tics, mettre en scène sa gratitude tandis qu'elle entame une quête éternelle pour trouver sa place et son identité. J'aimerais pouvoir faire visiter à ma demi-sœur mon monde intérieur, l'endroit où je passe le plus clair de mon temps. C'est un désastre. Bien que je vive depuis trente ans en Occident, malgré mes diplômes, mes passeports et mon anglais courant, je ne me sépare jamais de mon sac à dos. Sans avoir aucune raison de le faire, je soupire de soulagement chaque fois que j'arrive à payer un café avec ma carte de crédit. Je retiens mon souffle quand je vérifie le solde de mon compte, par crainte d'un coup d'État ou d'une crise bancaire. L'étonnement et l'éblouissement que m'inspirent des choses ordinaires me paralysent parfois pendant une heure, une journée. Je m'émerveille de recevoir du courrier, qu'une ampoule s'allume à ma demande, qu'une personne me vende à manger, qu'une autre me coupe les cheveux, que ma vie ne soit pas apocalyptique. De temps à autre, une scène que j'ai vue à la télévision trente ans plus tôt ressurgit sans crier gare : deux garçons qui errent dans des ruines après un bombardement, à la recherche des cadavres de leurs parents.

L'espace d'un instant, pendant que je parle à Baba, je m'imagine obliger ma petite sœur choyée à endurer le même parcours que Kaweh, les longues journées à la bibliothèque, la radio anglaise constamment allumée, toute cette rigueur – je m'assiérai à côté d'elle et la forcerai à apprendre, pour en faire un médecin ou une avocate. Je la refaçonnerai à mon image, ou à l'image d'une personne que j'admire, comme Kaweh. Mais si elle se rebelle ? Si ma famille n'est pas aussi forte et déterminée que celle de Kaweh, et que je n'ai travaillé aussi dur que parce que je suis arrivée au bon âge, et que j'ai eu de bonnes influences ? Je ne veux pas que ma demi-sœur pense atterrir au paradis et finisse seulement par garder des enfants illégalement, à la merci des pires penchants de l'être humain.

Toute la journée, après l'appel de Baba, je repense à Ahmed Pouri à l'aéroport. Trouverait-il une solution pour elle ? Lui conseillerait-il de rester en Iran ?

Je n'ai aucune envie de retourner en arrière. Je ne veux pas rencontrer ma sœur, la version de moi qui a été élevée en Iran, et me rendre compte que tout ce qui m'est le plus sacré et le plus cher m'a été donné par l'Occident. Je ne veux pas croire que je suis le produit générique d'une pensée eurocentrique et colonialiste, qu'il m'est impossible de faire marche arrière parce que l'Amérique m'a refaçonnée à son image. Je ne veux pas croire que je viens d'un peuple oisif et ordinaire, ou que je ne suis pas une version inéluctable de moi-même. Je ne veux pas observer les paysans suisses et trouver mon histoire médiocre en comparaison. Je veux croire à mon libre arbitre et mon pouvoir. Par conséquent, que j'accepte ou non, comme Baldwin a fini par le faire, qu'il n'a jamais été prévu que je regarde en arrière, que mon mépris et mes préjugés m'ont été instillés pour bénéficier à d'autres, qu'on s'arroge systématiquement mes talents au détriment de ma propre famille, je me détourne de mon plein gré, craignant de jeter un coup d'œil à un autre univers et d'y voir mon propre visage altéré.

Bien qu'un retour me soit impossible, la souffrance des réfugiés de notre époque érode mon sentiment d'être chez moi, acceptée, à ma place. Je ressasse des images orphelines ; puis-je me fier à mes souvenirs ? Chaque fois que j'incorpore les détails les plus vivants dans ma fiction, je ne laisse que leur enveloppe fanée pour ma propre histoire. Et le plus terrible, c'est que je ne suis pas celle que je crois – je suis mille fois pire. Comment ai-je évolué ? Dans *Autres rivages*, Vladimir Nabokov écrit : « Ni dans mon entourage, ni dans mon hérédité, je ne puis découvrir quel instrument au juste me façonna, quel anonyme rouleau imposa à ma vie certain filigrane compliqué, dont le dessin, unique en son genre, devient visible lorsqu'on fait luire la lampe de l'art à travers le tellière de la vie. »

L'écriture est donc un rapatriement, pour moi, une façon de retourner au pays.

Chaque semaine, je reçois des mails d'inconnus qui m'envoient leurs histoires ou leurs idées. Je suis très heureuse qu'ils se confient à moi de cette façon. Beaucoup d'entre eux, qu'ils soient hostiles ou sympathiques, terminent en me rappelant que la gratitude fait du bien, comme pour me dire : *Pourquoi ne pas essayer ?*

Comment se fait-il que je n'aie pas réussi à exprimer ma pensée, une fois de plus ? Tous les jours, je retrouve dans les propos des migrants des échos de gens que j'ai rencontrés et d'histoires que j'ai entendues depuis l'époque de l'hôtel Barba. « Nous comptons chaque seconde », disent-ils, décrivant leur attente. « S'ils nous accueillent, nous leur revaudront leur bonté. » Tous se battent pour montrer à l'Occident quel bon investissement, quel bon voisin ils feraient. Cette fébrilité ne disparaît pas sitôt les réfugiés installés. La gratitude fait partie intégrante de leur vie intérieure ; nul besoin de l'imposer. Chaque jour qui suit celui où on a été sauvé vibre de remerciements. Ma gratitude est personnelle et vaste, et guide mes moindres pas. Mais elle n'appartient qu'à moi. Je n'ai plus besoin de l'offrir pour apaiser des personnes qui n'ont rien à voir avec mon sauvetage. Et pourtant, je sais que les nouveaux venus céderont à l'instinct de se prosterner pendant des années, des décennies. Cela fait partie du chemin vers chez soi, où que ce soit.

Arrivés en Occident, nous rêvons de rendre ce qu'on nous a donné, de prouver notre valeur, de construire des maisons, de les abandonner et de tout recommencer de zéro. On nous a ouvert tant de portes qu'il est impossible de penser qu'on ne nous oblige à rien, que nous sommes parvenus à une étape où nous pouvons nous détendre et nous dégourdir les jambes, que tout ce travail honnête pour prouver notre valeur, soulager notre sentiment d'impuissance, effacer notre ancienne identité, n'a servi à rien. Est-il possible de rembourser cette dette imaginaire ? Et si nous nous autorisions à nous détendre et que nos enfants prenaient leurs aises et se croyaient tout permis, exigeant la gratitude du prochain groupe qui frappera à la porte ?

Ai-je exigé que ma propre demi-sœur joue un rôle ?

À chaque génération, quelqu'un doit rester vigilant. Quelqu'un doit trimer et forcer les autres à en faire de même. Mais comment trimer sans se prosterner ?

Et quand les années d'exil se terminent-elles enfin ? Je crains que cela n'arrive jamais – être enfermé à nouveau est à la fois le cauchemar et le désir du réfugié. C'est une étrange affliction que nous partageons, nous les immigrés. L'envie du retour s'éveille presque dès l'instant où nous nous installons dans notre pays d'accueil. Rêver de ce retour alimente notre désir de vivre et, en attendant, d'errer. Nous ne nous installons et ne prenons racine que dans les autres, nous plantant telles des roses dans leur jardin. Je suis heureuse que cette possibilité existe, que rentrer au pays ne soit peut-être pas une obligation, ni même une option, pour trouver le bonheur.

Être devenue la mère d'une petite fille à la peau sombre et au sourire malicieux à l'ère du Brexit et de Trump me terrifie – si talentueuse qu'elle soit, elle s'attirera des ennuis dans ce monde haineux qui s'agrège lentement autour de nous. Je redoute le fossé générationnel qui finira inévitablement par nous séparer. Cela m'est arrivé quand j'ai vu les difficultés de ma mère en Oklahoma, quand elle se plaignait du racisme, des préjugés, du manque de respect ou de véritable hospitalité. Je pensais qu'elle ne travaillait pas assez dur. Petit à petit, je suis devenue américaine, et cet élément que parent et enfant reconnaissent l'un en l'autre n'était plus si facile à déceler pour nous deux.

Un jour, un événement de ce genre se produira, une rupture. Je découvrirai peut-être brusquement que ma fille et moi sommes devenues des étrangères, que nous avons dérivé de part et d'autre d'océans différents. Elle aura choisi un pays. Je serai peut-être retournée en Iran, ou dans l'un des autres lieux où j'ai essayé de bâtir un foyer.

En attendant, sans que je sache comment ni ne l'aie fait exprès, un village s'est constitué dans mon petit appartement. Des mères, des voisins et des amis y passent. Une grand-mère têtue est assise à ma table, où on lui sert du thé et des Gü. Une tante née en Iran arrive avec des livres de jardinage et un rire tonitruant et communicatif. Un cousin joue de la guitare. Elena chante et fait semblant de savoir parler persan. Sam construit une cabane dans le jardin. Mon chez-moi est apparu, comme ça. On dirait que j'ai pris racine. Comment ai-je fait pour ne pas m'en apercevoir ?

Dehors, les choses ne sont pas aussi effrayantes que je le craignais en 2016. Les Anglais ont bon cœur. L'Angleterre pourrait ouvrir ses portes encore plus grand. Kaweh pourrait devenir député. Et surtout, Elena est là. Elle m'a aidée à me rapprocher de l'enfant que j'ai été, une collectionneuse de joie, une petite fille excentrique avec un cerveau qui la démangeait.

Ma fille est mon rapatriement. Elle est mon aperçu du pays. Je peux grandir avec elle, l'emmener partout où je vais. Elle gardera probablement toute sa vie la possibilité de retourner à l'endroit où elle est née, même si cela ne signifie pas qu'elle ne sera jamais une étrangère là-bas, ou ailleurs. Son avenir est une terre inconnue, comme le nôtre. Mais tous les réfugiés sont un jour partis à l'aveuglette, sans savoir où la route les mènerait – Elena aussi tracera son propre chemin.

Nous nous éloignons peu à peu des lieux sûrs de notre enfance. Nous ne pouvons pas y retourner. À l'instar des histoires, les villages et les villes passent leur temps à grandir, s'estomper ou se fondre les uns dans les autres. Nous sommes tous des immigrés du passé et notre chez-nous vit dans notre mémoire, où nous l'enfermons pour faire comme s'il n'avait jamais changé.

REMERCIEMENTS

Un grand merci à Jamie Byng, qui a cru en ce livre quand il n'était qu'une idée. Et à Jonathan Lee, avec qui je voulais travailler depuis des années. Merci à mon excellent éditeur, Simon Thorogood, qui a compris ma vision et l'a défendue (parfois contre moi-même), et à ma formidable éditrice américaine, Megha Majumdar, qui m'a toujours poussée à m'améliorer. Merci à mon agente anglaise, Georgina Capel, ainsi qu'à toute son équipe, et surtout à ma fidèle et sage agente Kathleen Anderson, qui me soutient depuis des années.

À tous les membres du réseau d'aide aux réfugiés à Londres : vous avez été si généreux. Merci de m'avoir ouvert vos portes, d'avoir partagé vos connaissances et vos histoires avec moi. Merci aux cofondateurs de Refugee Support, Paul Hutchings, si incroyablement gentil, et John Sloan ; à Jon Slack, de SINGA UK ; à Anneke Elwes, de HostNation ; et à Shola Mos-Shogbamimu, Natasha Walter et toutes les femmes courageuses et travailleuses de Women for Refugee Women : je suis fière de vous connaître. Merci à Steve Crawshaw, de Human Rights Watch et Freedom from Torture ; à Melissa Fleming, de l'UNHCR ; à Eduard Nazarski et Annemarie Busser, d'Amnesty International Pays-Bas ; à Anneke Van Woudenberg, de RAID ; aux avocats en droit d'asile Kaweh Beheshtizadeh, Marq Wijngaarden et Frank Van Haren ; et à l'avocat spécialiste en droits de l'homme Daniel Leader : vous m'avez facilité la tâche tant de fois. Parvis Noshirrani, merci de m'avoir raconté l'histoire de Kambiz, et pour ce déjeuner extraordinaire organisé en un clin d'œil. Ahmed Pouri, merci d'avoir donné votre vie aux réfugiés des Pays-Bas, d'avoir partagé vos histoires avec moi, et pour les noix. Merci à mes cousins et cousines Pooyan Tamimi Arab, Sara Emami et Forough Tamimi pour nos conversations, et à Kate Wiedmann Punwani pour m'avoir offert un très bel endroit où dormir à Amsterdam. Merci à Ros Ereira, de Solidarity with Refugees (chez Amnesty International), qui passe ses journées à réfléchir à des moyens de panser les plaies cachées des déracinés – allant jusqu'à demander à des feuilletons télévisés comme *Coronation Street* d'inclure des réfugiés dans leurs histoires, pour sensibiliser les Britanniques à leurs problèmes : tu m'as aidée à démarrer mes recherches grâce à ta générosité, en m'ouvrant ton carnet d'adresses et en me présentant à absolument toutes les personnes qui aident les réfugiés à Londres, m'a-t-il semblé. Tu es formidable ! Merci à Ariane Simard, qui m'a fait découvrir son incroyable atelier d'écriture pour réfugiés à Bard College Berlin. Et à mon amie Jen Percy, qui m'a rappelé avant mon départ pour la Grèce que parfois, les recherches sont l'histoire en elle-même. Merci à Iowa City, UNESCO City of Literature d'avoir soutenu et subventionné mes travaux avec le prix Paul Engle.

Enfin, je veux dire à ma famille à travers le monde et en particulier à mes parents ; à mon compagnon, Samuel Leader, qui a géré nos vies pendant que je voyageais et écrivais ; et à tous les demandeurs d'asile, les réfugiés et les personnes déracinées évoquées dans ces pages qui m'ont confié leur histoire : merci.

TABLE